علـــم
المالية العامة والتشريع الضريبي
بين النظرية والتطبيق العملي

إعـداد

المحامي الدكتور

جهاد سعيد خصاونة

مساعد مدير عام دائرة ضريبة الدخل

والمبيعات سابقاً

دار وائل للنشر

الطبعة الأولى

2010

رقم الايداع لدى دائرة المكتبة الوطنية : (2009/9/4101)
خصاونة ، جهاد سعيد
علم المالية العامة والتشريع الضريبي بين النظرية والتطبيق العملي / جهاد سعيد الخصاونة. - عمان : دار وائل للنشر والتوزيع ، 2009
(367) ص
ر.إ. : 2009/9/4101
الواصفات: المالية العامة / الضرائب
* تم إعداد بيانات الفهرسة والتصنيف الأولية من قبل دائرة المكتبة الوطنية

****

رقم التصنيف العشري / ديوي : 336
(ردمك) ISBN 978-9957-11-846-4

* علم المالية العامة والتشريع الضريبي
* الدكتور جهاد خصاونة
* الطبعــة الأولى 2010

* جميع الحقوق محفوظة للناشر

دار وائــل للنشر والتوزيع

* الأردن - عمان - شارع الجمعية العلمية الملكية - مبنى الجامعة الاردنية الاستثماري رقم (2) الطابق الثاني
هـاتف : 00962-6-5338410 - فاكس : 00962-6-5331661 - ص. ب (1615 - الجبيهة)
* الأردن - عمـان - وسـط البـلد - مجمـع الفحيص التجــاري- هــاتف: 00962-6-4627627
www.darwael.com
E-Mail: Wael@Darwael.Com

الإهـــداء

إلى روح والدي الجليل، وإلى روح والدتي الحنون

اللهَّم ارحمهما كما ربياني صغيراً

إلى زوجتي المخلصة رمز العطاء والوفاء والمحبة الصادقة

إلى أولادي أمل المستقبل الزاهر

حسام، إيناس، ميس، سعيد وسيرين

المحتويات

الموضوع	الصفحة

مقدمـــــة

في المكتبة العربية الكثير من المؤلفات التي تبحث في علم المالية العامة والتشريع الضريبي من كافة الجوانب القانونية والاقتصادية والمحاسبية وتطبيقاتها العملية في تشريعات مختلف الدول العربية وبالأخص مصر وسوريا ولبنان والعراق، وبالمقابل تفتقر المكتبة العربية للمؤلفات التي تبحث في المالية العامة والتشريع الضريبي الأردني باستثناء بعض المؤلفات القليلة جداً والتي تعد على أصابع اليد الواحدة وهذا هو السبب الذي دعاني لإصدار هذا المؤلف ليكون مرجعاً أساسياً لمادة المالية العامة والتشريع الضريبي والذي أتشرف بتدريسها لطلاب كلية الحقوق في معظم الجامعات الأردنية وفقاً للمنهاج المحدد حيث يختلف أسلوب دراسة هذا العلم عندما تكون في شكل دراسة اقتصادية للنصوص التي تهتم بدراسة الأسباب التي أدت إلى سن مثل هذا النص أو ذاك وهذه الدراسة تكون لطلاب كلية الاقتصاد والعلوم الادارية أو في شكل دراسة قانونية مجردة للنصوص وتهتم بدراسة الأحكام القانونية التي يثيرها النص الذي تم تشريعه وهذه الدراسة تكون لطلاب كلية الحقوق. وبناء عليه سوف نحاول ان ندرس علم المالية العامة (النفقات العامة، الايرادات العامة، الموازنة العامة) وتطبيقاتها العملية من واقع التشريع المالي والضريبي وبيان موقف التشريع الأردني وخاصة المتعلق بالضريبة على الدخل لأهمية الدور الذي تلعبه هذه الضريبة في حياة الأمة لتعلق ذلك بحقوقها المالية وكذلك بالتزامها المالية تجاه خزينة الدولة.

وبعد ان نفذت الطبعة الأولى من الأسواق عملت وبحمد الله وتوفيقه في شهر رمضان المبارك لسنة ١٤٣٠ هجرية ٢٠٠٩ ميلادية على اعداد هذه الطبعة من هذا المؤلف كطبعة مزيدة ومنقحة لمراعاة ما طرأ على علم المالية العامة والتشريع الضريبي من تعديلات.

راجياً أن أكون قد وفقت في هذا العمل المتواضع والذي من شأنه أن يضيف مؤلفاً إلى المكتبة القانونية الأردنية والتي هي بأمس الحاجة إلى المزيد من المؤلفات المتعلقة بهذا الموضوع ولست أطمع في أكثر من محاولة جادة لدراسة التطبيقات العملية لعلم المالية العامة والتشريع الضريبي وفقاً للتشريع الأردني لعل ذلك يمهد الطريق لأبحاث جديدة في هذا الميدان (والحكمة ضالة المؤمن أنى وجدها التقطها).

وعلى هذا الأساس فقد وجدنا من المناسب أن نقسم هذا المؤلف إلى: فصل تمهيدي وثلاثة أبواب:

الفصل التمهيدي: تحت عنوان المدخل إلى علم المالية العامة وقد خصص لبحث المواضيع التالية:

أولاً: مفهوم علم المالية العامة.

ثانياً: تعريف علم المالية العامة وبيان خصائصه.

ثالثاً: مصادر علم المالية العامة.

رابعاً: مقارنة مالية الدولة بمالية الشخص الطبيعي.

خامساً: القواعد العامة لعلم المالية العامة.

سادساً: علاقة علم المالية العامة بالعلوم الأخرى.

الباب الأول: خصص لبحث النفقات العامة.

والباب الثاني: خصص لبحث الإيرادات العامة.

والباب الثالث: خصص لبحث الموازنة العامة.

والله من وراء القصد

الدكتور

جهاد سعيد خصاونة

الفصل التمهيدي
المدخل إلى علم المالية العامة [1]

أولاً: مفهوم علم المالية العامة

من المعروف أن واجب الدولة الأول كدولة حارسة هو أن تقوم بإشباع الحاجات العامة التي يحتاجها جميع المواطنين والمقيمين فيها كالحاجة إلى الأمن الداخلي والأمن الخارجي وتسيير المرافق العامة الأساسية لهم كالتعليم والصحة وتحقيق العدل والمساواة بينهم ولكي تستطيع الدولة القيام بهذه الواجبات لا بد لها من إنفاق مبالغ مالية لإشباع هذه الحاجات وهذه المبالغ تعرف بالنفقات العامة وتحصل الدولة على هذه المبالغ من عدة مصادر كإيرادات أملاكها العامة كالطرق والساحات والحدائق العامة والموانئ والشواطئ..الخ وايرادات املاكها الخاصة كمشاريع البريد والهاتف والمياه والكهرباء وايراداتها من المشاريع الزراعية والعقارية والصناعية والتجارية..الخ، والضرائب التي تفرضها على الأشخاص المكلفين بدفعها، والرسوم التي تحصلها لقاء تقديم الدولة لخدمات معينة للمكلفين المستفيدين منها، والقروض العامة التي تعقدها، بالاضافة للمساعدات والهبات التي تتلقاها، ويطلق على هذه المصادر "الإيرادات العامة".

وتقوم الدولة بتحصيل الإيرادات العامة وفق خطة محددة يراعى فيها تعادل النفقات العامة مع الإيرادات العامة خلال مدة زمنية معينة مقبلة غالباً ما تكون سنة، ويطلق عليها اسم "الموازنة العامة للدولة".

---

(١) الدكتور محمد حلمي مراد - مالية الدولة - ١٩٦٤ - صفحة (٣) وما بعدها.

ثانياً: تعريف علم المالية العامة وبيان خصائصه [1]

علم المالية العامة هو "العلم الذي يبحث في الأسس والنظريات العامة التي يستحسن أن يعتمد عليها النظام المالي لتحديد النفقات العامة وتأمين الإيرادات العامة اللازمة لتغطيتها والموازنة بينهما لتحقيق أهداف الدولة الاقتصادية والاجتماعية والسياسية".

من هذا التعريف نستنتج عدة خصائص لعلم المالية العامة:

١. إنه علم كونه عبارة عن مجموعة من القواعد والأسس والنظريات العامة التي تبحث في موضوعات من شأنها تحديد النفقات العامة للدولة أولاً ثم تأمين الايرادات العامة اللازمة لتغطيتها ثانياً وضمان التوازن بينهما ثالثاً.

٢. وطالما أن علم المالية العامة يدرس الأسس والنظريات العامة لذلك يختلف عن التشريع المالي الذي يأخذ بهذه الأسس والنظريات العامة ويوردها في القوانين والأنظمة والتعليمات الصادرة تنفيذاً لها وبمعنى آخر فإن التشريع المالي هو تطبيق عملي لأسس ونظريات علم المالية العامة كلياً أو جزئياً.

وبناء على ذلك يعرف التشريع المالي "بأنه مجموعة القوانين والأنظمة والتعليمات المالية التي يأخذ بها المشرع المالي وتتعلق بالنفقات العامة للدولة وإيراداتها العامة المختلفة والموازنة بينهما".

فدراسةالأصول العامةوالقواعدالعلميةالمجردةالتي يستحسن اتباعها من قبل الدولةعندإعدادوإقراروتنفيذومراقبةالموازنةالعامةللدولةمثلايدخل في نطاق علم المالية العامةأماالقواعدالقانونيةالتي يجب أن يتقيدبهامعدو الموازنةومقروهاومنفذوهافبحث يدخل في نطاق التشريع المالي وكذلك دراسة نظريةالضرائب والأسس التي يجب أن يبنى عليها تقديروتحصيل هذه الضرائب فإنها

---

(١) - الدكتور رشيد الدقر – علم المالية العامة – الطبعة الثانية – الجزء الثاني – مطبعة الجامعة السورية – دمشق – ١٩٦٢ – صفحة (٩) وما بعدها.
- الدكتور محمد لبيب شقير – المالية العامة – القاهرة – ١٩٥٧ – صفحة (٤).

تتعلق بعلم المالية العامة أما دراسة الضرائب من الناحية العملية والتي تتضمن الأحكام القانونية المتعلقة بتحديد الأموال الخاضعة للضريبة والأموال المعفاة منها ومعدلها وطرق تقديرها وتحصيلها.. الخ فتتعلق بالتشريع الضريبي.

ويعتبر التشريع المالي والضريبي من أهم المصادر التي يستنبط منها علم المالية العامة نظرياته العلمية ويصحح بها أصوله النظرية نتيجة التجربة والتطبيق العملي.

٣. إن هذه الأسس والنظريات العامة يبنى عليها النظام المالي. بمعنى أن التقيد بها شرط لأي نظام مالي أو ضريبي يراد به الوصول إلى الكمال النسبي.

ثالثاً: مصادر علم المالية العامة والتشريع الضريبي

لعلم المالية العامة والتشريع الضريبي ثلاثة مصادر تعتبر وبحق مصادر رئيسة لهذا العلم.

أولاً: التشريع

التشريع على ثلاثة أنواع تندرج في القوة على شكل هرم يسمى هرم تدرج القواعد القانونية يحتل التشريع الأساسي (الدستور) قمة هذا الهرم ثم يلية في المرتبة التشريع الرئيسي (القانون العادي) الذي يصدر عن السلطة التشريعية ثم يأتي في النهاية التشريع الفرعي (اللائحي) وهو يشمل الأنظمة والتعليمات التي تصدرها السلطة التنفيذية.

١. **الدستور:** ففي دستور كل دولة مواد عديدة تتعلق بالشؤون المالية والضريبية تبين قواعد فرض الضرائب والاعفاء منها والقيود التي ترد على الانفاق العام وكذلك تحدد أحكام الموازنة العامة وكيفية إعدادها وإقرارها وتنفيذها.

فقد أفرد الدستور الأردني لسنة ١٩٥٢ الفصل السابع منه للشؤون المالية وبالذات المواد من (١١١) وحتى (١١٩) والتي سوف نشير إليها أثناء بحث المواضيع المختلفة في هذا المؤلف.

٢. **القوانين**: وهي مصادر مهمة للتشريع المالي والضريبي ولكنها دائمة التبدل والتطور بما يدخل عليها من تعديلات مستمرة تبعا للظروف ومقتضيات المصلحة العامة، ويمكن إعطاء مثال على ذلك من واقع التشريع الأردني كقوانين الضرائب وقانون تنظيم الميزانية العامة رقم (٣٩) لسنة ١٩٦٢.

٣. **الأنظمة والتعليمات**: وهي أكبر مصادر التشريع المالي والضريبي كونها تتحدث عن التفاصيل المتعلقة باحكام الدستور والقوانين المالية والضريبية حيث يصدر النظام من مجلس الوزراء، والتعليمات تصدر من الوزير أو مدير الدائرة المختصة وذلك بتفويض من الدستور أو القانون العادي، ويمكن إعطاء مثال على ذلك في النظام المالي رقم (٣) لسنة ١٩٩٤.

٤. **الاتفاقيات الدولية**: تعتبر الاتفاقيات الدولية من المصادر المهمة في المجال الضريبي كاتفاقيات تجنب الازدواج الضريبي ومنع التهرب من الضرائب سواء أكانت ثنائية أو متعددة الأطراف كاتفاقية مزايا وحصانات ممثلي وموظفي هيئة الأمم المتحدة لسنة ١٩٤٦ واتفاقية ممثلي وموظفي جامعة الدول العربية لسنة ١٩٥٢ وحيث تضمنت كل من الاتفاقيتين اعفاءات ضريبية. كما ويوجد العديد من اتفاقيات القروض العامة الخارجية واتفاقيات المنح والديون الخارجية التي تعقد بين الدول والهيئات الدولية.

ولم يتضمن الدستور الأردني لسنة ١٩٥٢ أي نص صريح حول القيمة القانونية للاتفاقيات الدولية في تدرج هرم القواعد القانونيةالا ان الفقه والاجتهاد القضائي في الأردن قد استقر على ان الاتفاقيات الدولية اعلى

مرتبة من القانون الداخلي واولى بالتطبيق في حال التعارض بينهما.[١] وان الاتفاقيات التي تعقدها حكومة المملكة الأردنية الهاشمية مع حكومات الدول الأخرى مقدمة في التطبيق على القوانين والأنظمة الأردنية.[٢]

رابعاً: مقارنة مالية الدولة بمالية الشخص الطبيعي[٣]

الدولة مثل أي شخص طبيعي تجمع الأموال وتنفقها بهدف الوصول لتحقيق حاجات عامة بأقل نفقة ممكنة وكذلك هي كالشخص الطبيعي تقوم بتنظيم معاملاتها وقيودها وحساباتها وفقاً للأصول المتعارف عليها.

ولكن أوجه التشابه هذه يقابلها بعض الاختلاف في الأمور التالية:

١. إن الشخص الطبيعي يكيف نفقاته وفقا لدخله لأن دخله من حيث المبدأ محدود ولا سلطة له على زيادته ويخضع لعوامل خارجية لا قدرة له عليها كالعرض والطلب، أما الدولة فدخلها غير محدود من حيث المبدأ وإنما تحدده بقدر ما تحتاج من نفقات، فهي بداية تقوم بتقدير النفقات التي تحتاجها لتسيير كافة المرافق العامة ثم تبدأ بتحصيل الإيرادات العامة اللازمة لتغطية هذه النفقات. إلا أن هناك بعض الاستثناءات فالشخص الطبيعي يستطيع أحياناً زيادة دخله إذا قام بعمل إضافي أو إذا زاد عدد ساعات عمله أو حسن إنتاجه وبالمقابل إن الدولة لا تستطيع بصورة مطلقة أن تجمع الإيرادات من المكلفين بدفعها وبالذات زيادة فرض الضرائب دون

---

(١) الدكتور محمد علوان - المعاهدات الدولية في النظام القانوني الأردني- بحث منشور في مجلة نقابة المحامين العددين (٣، ٤) لسنة ١٩٧٦ صفحة (٣٧٥، ٤١٣) .

(٢) القرار رقم (١) لسنة ٢٠٠٨ الصادر عن الديوان الخاص بتفسير القوانين بتاريخ ٢٠٠٨/٢/٧ المنشور في الصفحة (٤٤٧) وما بعدها من عدد الجريدة الرسمية رقم (٤٨٨٥) تاريخ ٢٠٠٨/٢/١٧ .

(٣) الدكتور رشيد الدقر - علم المالية العامة - المرجع السابق - صفحة (١٦) وما بعدها.

قيد أو حد لأن من شأن ذلك أن يعرقل الانتاج ويؤدي إلى الأضرار بالثروة القومية... الخ.

٢. إن الشخص ينفق ماله في سبيل تأمين حاجاته وحاجات أفراد أسرته حتى ولو حققت ضرراً للمصلحة العامة مثل النفقات على التدخين والمسكرات والمخدرات، أما الدولة فتنفق لتأمين مصلحة عامة يستفيد منها كافة أفراد المجتمع، حتى ولو استفاد منها أفراد دون آخرين أو كانت نسبة استفادة بعض الأفراد أكثر من البعض الآخر، فالدولة عندما تتفق على دراسة طالب أو معالجة مريض أو مساعدة محتاج لا تفعل ذلك خدمة لهذا الطالب أو المريض أو المحتاج فقط بل لمصلحة كافة المواطنين باعتبارهم أعضاء متضامنين في الدولة من خلال القضاء على الأمية والجهل والمرض والفقر والبطالة.

٣. إن الشخص الطبيعي إذا ما رغب في عمل معين يعمل جاهدا على أن تكون إيراداته أكثر من نفقاته لكي يحقق ربحا كون الربح هو هدفه من الإنفاق وإذا حقق عمله هذا خسارة امتنع عن القيام بهذا العمل لعدم الجدوى منه أما الدولة فالأصل أنها لا تهتم بالربح أو الخسارة وإنما تقوم بأعمالها بهدف تحقيق المصلحة العامة من خلال إشباع حاجة من الحاجات العامة كالقيام ببناء المدارس والمستشفيات الحكومية على الرغم انها تعلم سلفاً ان ايرادات هذه المدارس والمستشفيات لا تغطي نفقاتها ولا يعاب على الأعمال التي تقوم بها الدولة اذا لم تحقق ربحاً لأن معيار نجاح هذه الأعمال هو تحقيق أقصى منفعة عامة ممكنة.

٤. إن الشخص الطبيعي يحاول دائماً أن يدخر جزءاً من دخله لاعادة استثماره أو لاحتمال أن يحتاجه في المستقبل لظروف طارئة كالمرض والعجز أما الدولة فالأصل أنها لا تدخر شيئاً من المال وإنما تعمل جاهدة على أن توازن بين نفقاتهامن جهةوإيراداتهامن جهةأخرى وإذا صدف أن

احتاجت إلى مزيد من الأموال لمواجهة ظروف طارئة لجأت لعقد قرض أو فرض ضرائب ورسوم جديدة أو زيادة الضرائب والرسوم المعمول بها.

ويعاب على وجود الفائض في الموازنة العامة للدولة التي تعتمد على الضرائب والرسوم كما يعاب على وجود العجز، لأن ذلك يدل على أن الدولة قامت باحتجاز جزءاً من أموال المكلفين بدفع الضرائب والرسوم، الأصل أن يترك معهم لقضاء حاجاتهم أو لاستثماره في المجالات الاقتصادية المختلفة.

خامساً: القواعد العامة لعلم المالية العامة والتشريع الضريبي[1]

لعلم المالية العامة والتشريع الضريبي الكثير من القواعد العامة التي تعتبر مصدراً مهما لأصوله وأحكامه ونظمه فيما يلي أهم هذه القواعد مع شرح موجز لكل منها:

١. " الاحتياج حد الخراج والجباية بقدر الكفاية":

وتعني هذه القاعدة بضرورة ان لا تفرض الضرائب والرسوم ولا تحصل إلا بمقدار ما تحتاج إليه الدولة من أموال لتغطية نفقاتها العامة وهذا يتطلب من الدولة عند إعداد موازنتها أن تحدد أولاً النفقات العامة ثم تعمل على تأمين الإيرادات العامة اللازمة لتغطيتها بحيث يتم التوازن بينهما دون زيادة أو نقصان. وتطبيقا لهذه القاعدة فقد أوجبت المادة (١١١) من الدستور الأردني على الحكومة أن لا تتجاوز في فرض الضرائب مقدرة المكلفين على الأداء وحاجة الدولة إلى المال.

٢. "خزانة الدولة جيوب رعاياها":

وتعني هذه القاعدة انه يجب على الحكومة أن تعتمد في الأصل على الإيرادات العامة العادية كالضرائب والرسوم التي تحصلها من أموال المكلفين

---

(١) - الدكتور حسن عواضة - المالية العامة - دار النهضة العربية - بيروت - الطبعة الرابعة - ١٩٧٨ صفحة (١٩) وما بعدها.

بدفعها وذلك لتغطية نفقاتها العامة أما الإيرادات الاستثنائية والطارئة كالقروض العامة وخاصة الأجنبية منها فيجب على الدولة أن تتجنب اللجوء إليها إلا عند الضرورة القصوى، وطالما أن إيرادات الدولة من أموال المكلفين بدفعها من المواطنين فيجب على هؤلاء أن يحافظوا على الأموال العامة كمحافظتهم على أموالهم الخاصة.

٣. "الأمة لا تكلف جبرا ولا يكلف الأمة إلا ممثليها في المجالس النيابية":

تؤكد هذه القاعدة مبدأ سيادة الأمة وتعني انه يجب على الحكومة أن لا تفرض أية ضريبة أو رسم إلا بموافقة ممثلي الأمة بالإجماع أو الأكثرية كما وتعني هذه القاعدة بالتأكيد أيضاً على ممثلي الأمة ان يتمسكوا بهذا الحق الدستوري وان لا يتركوه للسلطة التنفيذية إلا عند الضرورة.

وتطبيقاً لهذه القاعدة فقد أوجبت المادة (١١١) من الدستور الأردني لسنة ١٩٥٢ على "لا تفرض ضريبة أو رسم إلا بقانون".

٤. "الفرد يجبر على مطاوعة الأمة":

وتعني هذه القاعدة ان على أي مكلف بدفع الضرائب والرسوم التي تفرض بقانون يصدر عن ممثلي الأمة أن يدفعها إلى خزينة الدولة فورا حتى ولو كان هذا المكلف غير ممثل في السلطة التشريعية كونه من الأجانب المقيمين في الدولة أو ينتمي إلى بعض الأحزاب السياسية التي تقاطع الانتخابات العامة، كما تنطبق هذه القاعدة حتى لو كان المكلف يعتقد ان ممثلي الأمة لا يمثلون إرادته.

٥. تحمل الضرائب منوط بالمقدرة لا بالمنفعة":

وتعني هذه القاعدة أن الضرائب تفرض على المكلفين بدفعها وتحصل منهم طالما أنهم قادرون على دفعها ولا يشترط أن ينتفعون من خدمات الدولة بشكل خاص ومباشر لقاء دفعهم للضرائب. وتطبيقاً لذلك فقد أوجبت المادة (١١١) من الدستور الأردني لسنة ١٩٥٢ على الحكومة أن لا يتجاوز في فرض الضرائب مقدرة المكلفين على الأداء.

٦. "ليس للضرائب أن تعرقل الانتاج":

وتعني هذه القاعدة انه يجب على السلطة التشريعية عندما تفرض الضرائب والرسوم وغيرها من الإيرادات العامة أن لا يؤدي ذلك حصول الخزينة العامة على قسم كبير من رأس مال أو ربح المكلف، مما يشكل عائقاً أمام الاستثمار ويضر بالثروة العامة، وهكذا تفقر الخزينة العامة من حيث أريد لها الوفرة.

٧. "الأصل ان لا يحمل جيل أعباء جيل آخر":

وتعتبر هذه القاعدة نتيجة طبيعية لقاعدة الجباية بقدر الكفاية بحيث أن الأصل يكون بدفع كل جيل من الضرائب والرسوم لتغطية ما يحتاج إليه هذا الجيل من نفقات عامة إلا أن اتساع دور الدولة في تقديم الخدمات العامة والقيام بالمشاريع الاقتصادية المختلفة حتم اللجوء إلى القروض العامة والتي تسدد مع فوائدها على فترات زمنية طويلة مما يشكل خروجاً على هذه القاعدة.

٨. "في فرض الضرائب العامة يراعى العدل بقدر الإمكان":

وتوجب هذه القاعدة على المشرع أن يتحرى العدل عند فرض الضرائب والرسوم بشكل خاص سواء في مصدر الضريبة أو الرسم ومعدل وطرق تقدير وكيفية تحصيل كل منهما.

وعلى الرغم من أن مقدرة المكلف الحقيقية قد تكون خفية على المشرع وكذلك مدى استفادة كل مكلف من خدمات الدولة مما يؤدي إلى عدم تحقيق العدل التام وعندها يكتفي بالعدل النسبي، وتطبيقا لهذه القاعدة أوجبت المادة (١١١) من الدستور الأردني لسنة ١٩٥٢ على الحكومة أن تأخذ في فرض الضرائب بمبدأ التكليف التصاعدي مع تحقيق المساواة والعدالة الاجتماعية وبما لا تتجاوز مقدرة المكلفين على الأداء.

٩. " من طبع الضريبة الالتصاق بمؤديها":

وتعني هذه القاعدة أن المكلف الذي يوجب عليه القانون دفع الضريبة هو الذي يجب أن يتحملها بصورة نهائية كالضريبة على الدخل باعتبارها ضريبة

مباشرة ويسمى في هذه الحالة " المكلف القانوني" وفي حالات كثيرة وخاصة في الضرائب غير المباشرة كالضريبة العامة على المبيعات يتحمل الضريبة في البداية المكلف القانوني ولكنه بكل سهولة ويسر ينقل عبئها إلى شخص آخر ويسمى "بالمكلف الاقتصادي" وهو المستهلك الذي يتحملها فعلا في النهاية.

١٠. " لا تخصيص في الجباية والإنفاق":

وتعني هذه القاعدة عدم تخصيص إيراد معين لسد نفقة معينة وتعتبر خزينة الدولة تطبيقا لهذه القاعدة مثل بحيرة عامة تصب فيها أنهار وجداول الإيرادات العامة وتتفرع منها انهار وجداول النفقات العامة دون إفراز أو تخصيص إلا في حالات استثنائية ومحدودة.

١١. "عبء الموازنة مستقر لا يخفف":

وتعني هذه القاعدة ان ما يدفع من موازنة الدولة في سنة ما لقاء الإنفاق على تغطية حاجة معينة ولو بصورة مؤقتة، يصبح في الغالب ذو صفة دائمة ومستقرة باعتبار ان المستفيدين من هذه النفقات ولو كانت طارئة وبصورة استثنائية من حيث المبدأ لا يرغبون في زوالها ويطالبون بذلك حتى تضطر الدولة وفي الكثير من الأحيان إلى الاستمرار في إنفاقها وتصبح دائمة فيما بعد مما يشكل عبئاً على الموازنة العامة للدولة.

١٢. "الخدمات العامة مبذولة لمحتاجها من الأمة":

وتعني هذه القاعدة أن افراد الأمة متساوون في حق الاستفادة من الخدمات العامة التي تقدمها الدولة سواء أكانوا من الذين يدفعون الضرائب أم لا، وذلك لمجرد احتياجهم لهذه الخدمات باعتبارهم أعضاء متضامنين في الدولة، وتطبيقاً لذلك نجد أن الذين يستفيدون من الخدمات العامة للدولة كالمعونة الوطنية والتربية والصحة..الخ من الفقراء من غير دافعي الضرائب كلياً أو جزئياً أكثر من استفادة الأغنياء من هذه الخدمات على الرغم من أنهم من دافعي الضرائب.

١٣. "الأصل أن الدولة راعية وليست تاجرة":

وتعني هذه القاعدة ان دور الدولة في الأصل يجب ان ينحصر في الحاجات الأساسية للمجتمع، تلك الأعمال التي تحتم سيادة الدولة أن تسيطر عليها كالأمن الخارجي والداخلي وتحقيق العدالة بين المواطنين أو تلك الخدمات ذات الكلفة العالية كالتعليم والصحة.

إلا أن المفهوم التدخلي للدولة الحديثة جعلها تسهم إلى حد بعيد في المشاريع الاقتصادية على اختلافها كمشاريع الكهرباء والمياه والصرف الصحي والاتصالات...الخ ومع ذلك نلاحظ أن الكثير من الدول قد تراجعت عن هذا المفهوم التدخلي وأصبحت تقوم بعملية تحويل ملكية هذه المشاريع إلى القطاع الخاص لكي يختصر دور الدولة على المهام الأساسية التي تجعلها راعية وليست تاجرة.

سادساً: علاقة علم المالية العامة بالعلوم الأخرى(١)

من خلال تعريف علم المالية العامة نلاحظ أن له علاقة وثيقة بالكثير من العلوم لا بد من معرفتها لدراسة هذا العلم:

١. العلاقة بين علم المالية العامة والعلوم الاقتصادية:

كان الاقتصاديون قديماً يعتبرون المالية العامة جزءاً من الاقتصاد فقد قدم آدم سميث في مؤلفه المشهور "ثروة الأمم" الصادر سنة ١٧٧٦ بحثاً خاصاً للحديث فيه عن القواعد العامة للضريبة، وكذلك فالعلاقة بين الظواهر المالية والظواهر الاقتصادية في الغالب ما تكون علاقة تبادلية ويمكن إعطاء أمثلة على ذلك فيما يلي:

---

(١) - الدكتور شريف رمسيس تكلا - الأسس الحديثة لعلم مالية الدولة - دار الفكر العربي - ١٩٧٨ / ١٩٧٩ صفحة (٢٠).

- الدكتور محمد سعيد فرهود- علم المالية العامة - معهد الإدارة العامة - الرياض- ١٩٨٢- صفحة(٢٥).

أ. إن تحصيلات الإيرادات العامة للدولة تتوقف على الدخل القومي فكلما زاد هذا الدخل تبعاً لتقدم النشاط الاقتصادي كلما زادت إيرادات الدولة من حصيلة الضرائب وتمكنت من فرض ضرائب جديدة لا يتضرر منها المكلفون نظراً لزيادة دخولهم.

ب. تتوقف الأوضاع الاقتصادية على الحالة المالية للدولة فوجود عجز في الموازنة العامة للدولة مثلاً من شأنه التأثير على الحالة الاقتصادية، فإذا لجأت الدولة إلى تمويل عجز الموازنة العامة بواسطة الإصدار النقدي على سبيل المثال سوف يؤدي ذلك إلى ارتفاع الأسعار والتضخم.

ج. تحديد حجم النفقات العامة يجب أن يتم على ضوء الحالة الاقتصادية العامة ففي حالة التضخم يترتب على الدولة أن تخفض الإنفاق العام وبالمقابل في حالة وجود كساد يترتب على الدولة زيادة الإنفاق العام لإنعاش الاقتصاد بصورة عامة.

٢. العلاقة بين علم المالية العامة والعلوم السياسية:

من المعروف أن أهم المواضيع التي تعالجها العلوم السياسية مثلاً علاقات السلطات العامة المركزية والمحلية بعضها بالبعض الآخر من جهة وعلاقاتها بالأفراد من جهة أخرى، وعلم المالية العامة يبحث في كيفية تمويل نفقات الخدمات العامة المقدمة من هذه السلطات لذلك لا بد أن تكون هناك علاقة وثيقة بين العلمين فتحديد تلك الخدمات يتوقف كثيراً على المذهب السياسي السائد في الدولة.

ففي الدول الرأسمالية المطلقة والتي تحافظ على الحرية الفردية تميل إلى تحديد حجم الخدمات العامة التي تقدمها للمواطنين، وبالمقابل فإن الدول التي تهتم أساساً بالعدالة الاجتماعية تتجه إلى مضاعفة هذه الخدمات وكذلك فإن الدور الذي تلعبه الضرائب يتوقف على المذهب السياسي السائد في الدولة ففي المذهب الرأسمالي يقتصر دور الضرائب بصورة أساسية على دور مالي يتمثل في تمويل خزينة الدولة بالمال اللازم لتغطية النفقات العامة، وفي المذهب التدخلي أو

الاشتراكي يتعدى دور الضرائب الدور المالي لتحقيق أهداف اجتماعية تتمثل في إعادة توزيع الثروة والتقريب بين مستويات الدخول وتحقيق قدر أكبر من العدالة الاجتماعية.

كما وقد لعبت الضريبة دوراً مهماً في نشوء الديمقراطيات الحديثة وذلك لشعور المكلفين بعبئها الثقيل مما دفعهم الى المطالبة بعدم فرضها دون موافقتهم وعندها ظهرت قاعدة سيادة الأمة والتي تعني انه يجب على الدولة ان لا تفرض الضرائب الا بموافقة ممثلي الأمة وبالتأكيد عليهم أن يتمسكوا بهذا الحق الدستوري وأن لا يتركوه للسلطة التنفيذية الا عند الضرورة القصوى.

مما سبق لا يعني ان المالية العامة وحدها متوقفة على السياسة بل ممكن أن يكون العكس تماماً فالأوضاع المالية لها قوة تأثير على السياسة فمعظم الثورات الكبرى وحركات الإصلاح للشؤون السياسية والاجتماعية تعود في أصلها إلى الأسباب المالية.

٣. علاقة علم المالية العامة بالعلوم القانونية:

تعتبر هذه العلاقة علاقة وثيقة جداً كون أغلب القواعد المالية تأخذ شكلاً قانونياً حيث تتضمن الدساتير في أغلب دول العالم الكثير من القواعد المالية خاصة تلك المتعلقة بالضرائب والرسوم والموازنة العامة من حيث التحضير والاعتماد وبالمقابل هناك القواعد المالية التنفيذية التي يجب أن تصدر في شكل قوانين أو أنظمة أو تعليمات، فعلى سبيل المثال فإن الديمقراطيات النيابية توجب أن لا تفرض الضريبة وأن لا يعقد قرض ولا تصدر الموازنة العامة إلا بقوانين لضمان موافقة ممثلي الأمة عليها.

فدراسة النظام المالي لأي دولة من الدول لا بد من الرجوع إلى التشريع المالي أي مجموعة القوانين المالية والأنظمة والتعليمات التي تبين القواعد المالية المطبقة فيها.

فالقانون والمالية العامة مرتبطان إذن من حيث الشكل والموضوع فالشكل هو وجود وثيقة تربط بينهما، والموضوع إذ يهدف كل منهما إلى تحقيق العدالة الاجتماعية في المجتمع على نحو معين فالقانون يهدف إلى تحقيق العدالة والمساواة واحترام حقوق الأفراد وإلزامهم في القيام أو الامتناع عن عمل ما، فإن المالية العامة تهدف لتحقيق العدالة الاجتماعية المتمثلة في توزيع أعباء النفقات العامة على مجموع الأفراد وفي تقريب مستويات دخولهم بما يحقق العدالة الاقتصادية والاجتماعية الحقيقية.

٤. علاقة المالية العامة بالمحاسبة

إن هذه العلاقة وثيقة الصلة ومترابطة ذلك أن دراسة الكثير من المواضيع المتعلقة بالمالية العامة يتطلب المعرفة بأصول المحاسبة والمراجعة كإعداد الميزانية العامة والقوائم المالية وتنفيذها والرقابة عليها وكذلك تقدير وتحصيل الضرائب والرسوم بمختلف أنواعها وتزداد هذه العلاقة كلما ازداد تدخل الدولة في الحياة الاقتصادية والاجتماعية حيث تقيم الدولة المشروعات العامة المختلفة وتدخلها ضمن الموازنة العامة أو تحدد لها موازنة مستقلة، هذا من جهة ومن جهة أخرى لا بد من تنظيم حسابات الدولة بمختلف أشكالها وفق الأصول المحاسبية الصحيحة. ومن أهم فروع المحاسبة التي ترتبط بالمالية العامة المحاسبة الحكومية والمحاسبة الضريبية ومحاسبة الزكاة.

الباب الأول

النفقــات العامــة

الفصل الأول
التعريف بالنفقة العامة

إن تعريف النفقة العامة التي تنفقها الدولة من الأهمية بمكان لتمييزها عن النفقات التي ينفقها أي شخص من الأشخاص الطبيعيين والمعنويين ولا تعتبر من النفقات العامة للدولة. ولتحديد معنى النفقة العامة لا بد أن نحدد العناصر التي تتكون منها هذه النفقة، والضوابط التي تضمن لهذه النفقة تحقيق الأهداف المطلوبة من إنفاقها.

المبحث الأول
تعريف النفقة العامة وبيان خصائصها

النفقة العامة عبارة عن "مبلغ من المال تقوم الدولة بإنفاقه من خزانتها بقصد إشباع حاجة عامة تحقيقاً لأهدافها".

ونستنتج من هذا التعريف ان للنفقة العامة أربعة عناصر وهي:

١- إن النفقة العامة مبلغ من المال:

عندما تحتاج الدولة إلى سلع معينة أو خدمات الأفراد لتسيير المرافق العامة لا بد لها من أن تنفق مبالغ معينة من المال بصورة نقدية لشراء الالات والمعدات مثلاً للوحدات الحكومية أو دفع رواتب الموظفين من مدنيين وعسكريين نقداً أو تقديم المسكن والملبس والمأكل لهم، اعتبر ذلك من النفقات العامة كونه يتضمن استعمالاً لمبالغ نقدية مالية (نقداً أو عيناً)، وبالمقابل لا يعتبر من النفقات العامة كافة الطرق والوسائل غير المالية التي يمكن للدولة أن تستعملها للحصول على ما يلزمها من سلع وخدمات ومثال ذلك عندما كانت الدولة قديماً تلجأ إلى الاستيلاء

الجبري على ما تحتاج إليه عيناً من الأفراد كالمحاصيل الزراعية دون أن تدفع ثمناً لها أو إكراههم على القيام ببعض الخدمات كالتجنيد الاجباري دون أن تدفع لهم أجراً.

وبناء عليه لا تعتبر الخدمات التي يقدمها المخاتير مجاناً للدولة ضمن النفقات العامة للدولة كونهم لا يتقاضون عنها رواتب وأجور من الدولة بصورة نقدية أو عينية.(١)

٢- إن النفقة العامة تنفق من خزينة الدولة:

وتعتبر نفقة عامة تلك التي تنفق من الخزينة العامة للدولة (المركزية) وخزائن المحافظات والسلطات المحلية والمؤسسات العامة المستقلة ماليا وإدارياً كالجامعات الحكومية، وبالمقابل لا تعتبر نفقة عامة تلك المبالغ التي تنفق من قبل الأفراد أو الشركات حتى ولو أنفقت لمنفعة عامة ما دامت أنها لم تدخل الذمة المالية للدولة أو إحدى الهيئات العامة، مثلا تقديم شخص منزلا له في منطقة ما لاستعمالها مدرسة أو مشفى أو مسجدا.(٢)

٣- إن النفقة العامة تبررها الحاجة العامة:

يجب أن يكون الهدف من الإنفاق هو إشباع حاجة عامة بمعنى آخر أن تهدف النفقة العامة تحقيق نفع عام يعود على كافة المواطنين والمقيمين المحتاجين للخدمة العامة وليس على مواطن أو مقيم بالذات، فعندما تستخدم الدولة بعض المبالغ النقدية من خزانتها العامة لتحقيق مصالح خاصة ذاتية فلا يمكن اعتبارها نفقة عامة وعندها تعتبر الدولة قد أساءت استعمال الأموال العامة وانحرفت عن أهدافها.(٣)

---

(١) الدكتور محمد حلمي مراد – مالية الدولة – المرجع السابق – صفحة (٢٥) وما بعدها.

(٢) الدكتور هشام العمري – اقتصاديات المالية العامة والسياسة المالية – مطبعة عصام- بغداد- ١٩٨٦- صفحة (٢١).

(٣) الدكتور محمد حلمي مراد – مالية الدولة – المرجع السابق – صفحة (٢٧).

والحاجات العامة يختلف تقدير نفعها وضرورتها باختلاف المذهب السياسي للدولة وعلى الرغم ان هناك حاجات أساسية يرتبط قيام الدولة ذاتها بأدائها وتتمثل في الدفاع عن الحدود ضد أي عدوان خارجي وتوفير الأمن الداخلي لكافة المواطنين والمقيمين فيها والفصل في المنازعات بينهم، نجد أن هناك حاجات عامة أخرى كالصحة والتعليم مثلاً تتحدد أهميتها بحسب النظام السياسي السائد في كل دولة، فمن الطبيعي أن يترك تحديد هذه الحاجات للحكومة مع تمكين ممثلي الأمة من مراقبتها في هذا الصدد للتحقق من توافر ركن النفع العام في كافة نفقات الدولة.

٤- إن النفقة العامة تحقق أهداف الدولة[(١)]:

لقد أدت زيادة الوظائف في الدولة الحديثة إلى تدخلها في المجالين الاجتماعي والاقتصادي، فاضطرت الدولة إلى تخصيص مبالغ معينة من المال تصرفها في النواحي الاجتماعية والاقتصادية إلى جانب تسيير المصالح الإدارية.

ويظهر دور النفقة العامة في المجالين الاجتماعي والاقتصادي من خلال إيجاد دخول جديدة لبعض الفئات الاجتماعية كالمعونة الوطنية او لمساعدة بعض المشاريع الاقتصادية من جهة، ومن خلال تنفيذ الدولة بصورة مباشرة أو عن طريق المؤسسات العامة لبعض المشروعات الاقتصادية من جهة أخرى فصرف النفقة العامة يؤمن دخلاً جديداً للأفراد، يزيد من مقدرتهم المالية ويؤدي إلى زيادة الطلب العام مما يؤثر في الحالة الاقتصادية ويدفع إلى توظيفات جديدة بغية زيادة الإنتاج والعرض.

ويظهر دور النفقة العامة في الحياة الاقتصادية بصورة أوضح من خلال النفقات الاستثمارية التي تزيد من الموجودات الثابتة للدولة وتنفيذ المشروعات الصناعية والزراعية والسياحية ... الخ.

---

(١) الدكتور عصام بشور - المالية العامة والتشريع المالي - الطبعة الثانية - منشورات جامعة دمشق - ١٩٧٨/١٩٧٧ - صفحة (٩٠) وما بعدها.

وبإمكان الدولة أن تستعمل النفقة العامة كوسيلة للتأثير في الحالة الاقتصادية بغية إقامة التوازن الاقتصادي والاجتماعي، فتزيد من النفقات العامة أثناء فترة الركود حتى تبعث النشاط الاقتصادي، وتخفض منها أثناء فترة الازدهار حتى تمنع التضخم وآثاره السلبية.

المبحث الثاني
التفرقة بين النفقات العامة والنفقات الخاصة [١]

تختلف النفقات العامة عن النفقات الخاصة بما يلي:

١. النفقة العامة تحدد الإيراد العام:

إن الدولة تعمل في البداية على تقدير نفقاتها العامة ثم تبدأ بتحصيل الإيرادات العامة لتغطية هذه النفقات، لذلك قيل بأن النفقات العامة تحدد إيرادات الدولة بحيث تكون مساوية لها ولا حاجة للادخار الحكومي. أما الشخص (طبيعي أو معنوي) فإنه يحدد إيراده أولاً ومن ثم يقوم بالإنفاق ويحاول تقليل إنفاقه لكي يستطيع ادخار شيء من إيراده للمستقبل.

٢. النفقة العامة لتغطية حاجة عامة:

فالدولة تنفق على المرافق العامة التي يستفيد منها كافة الأشخاص كمرافق الدفاع الخارجي والأمن الداخلي وتحقيق العدل والمساواة والصحة والتعليم والمعونة الاجتماعية وغيرها أما الشخص الطبيعي أو المعنوي فإنما ينفق لتأمين حاجاته الخاصة فحسب.

وفي الظاهر ان النفقة العامة قد يستفيد منها أشخاص بعينهم دون غيرهم كالعجزة والفقراء والمرضى والطلاب .....الخ، إلا أن ا لحقيقة ان الأمة بمجموعها

(١) الدكتور رشيد الدقر - علم المالية العامة - المرجع السابق - صفحة (٢٠٥) وما بعدها.

تستفيد من هذه النفقات بصورة مباشرة أو غير مباشرة كونها تؤدي إلى ارتفاع مستوى الأمة الاجتماعي والصحي والثقافي... الخ.

٣. النفقة العامة لا تهدف إلى تحقيق الربح المادي:

عندما تنفق الدولة المال اللازم للقيام بأعمال تهدف تحقيق المصلحة العامة ولا تهدف من ذلك تحقيق الربح المادي، حتى ولو حققت هذه الأعمال خسارة كما في النفقات التي تصرف على مرافق الدفاع أو التعليم أو الصحة، بعكس الأشخاص من الطبيعيين أو المعنويين الذين لا ينفقون المال إلا في مشاريع تهدف الربح المادي.

٤. النفقة العامة تتبع منهاجاً مرسوماً لا تتعداه:

فالحكومة مقيدة بالإنفاق بكثير من القيود فهي لا تستطيع إنفاق كمية من المال مهما بلغت وفي أي غرض دون أن تحصل على إذن من السلطة التشريعية مقدماً وتحدد بدقة مقدار المال الذي يجب أن تنفقه لكل غرض. أما الشخص الطبيعي أو المعنوي فهو من حيث المبدأ غير مقيد بإنفاقه وهو يستطيع أن ينفق المبالغ التي يرغب إنفاقها في الوقت الذي يريده دون خطة مسبقة.

٥. النفقة العامة من أجل غرض ما تزيد عما ينفقه الشخص في سبيل الغرض نفسه:

تستخدم الدولة الكثير من الموظفين والمستخدمين للاستفادة من خدماتهم لتسيير المرافق العامة وتضمن استمرارهم في وظائفهم وترقيتهم فيها، ثم تكفل لهم ولورثتهم من بعدهم رواتب التقاعد والتأمين الصحي وغيرها من المزايا الاجتماعية التي تمنحهم إياها أحياناً. إلا أنه ليس للموظفين حصة من أرباح أعمالهم سواء حققت هذه الأعمال ربحاً أم لم تحقق، فرواتبهم ثابتة لا تزيد ولا تنقص بربح أعمالهم أو خسارتها مما يؤدي إلى محدودية نشاطهم وإنتاجهم، وهذا يؤدي إلى زيادة نفقات الدولة وأعبائها أما الأشخاص من الطبيعيين والمعنويين الآخرين فإنهم

يستفيدون شخصياً من نجاح أعمالهم الخاصة لذلك ينشطون في العمل فيزيدون الإنتاج وينقصون النفقات بقدر الإمكان لتحقيق أكبر قدر ممكن من الربح.

٦. النفقة العامة أقل مرونة من النفقة الخاصة:

فالدولة لا تستطيع بسهولة ويسر زيادة نفقاتها العامة او إنقاصها كما يستطيع الشخص الطبيعي أو المعنوي. فإنقاص النفقات العامة او إلغاؤها ليس بالأمر السهل حتى ولو أصبحت هذه النفقات غير ضرورية باعتبار ان "عبء الموازنة مستقر لا يخفف" كما هو معلوم في قواعد علم المالية العامة، وكذلك فإن زيادة النفقات العامة يجب أن تصل إلى حد لا يمكن للدولة تجاوزه، وهو الذي تقف عنده مقدرة الثروة القومية على دفع الضرائب وتقديم الأموال لخزينة الدولة.

المبحث الثالث

النفقات العامة من الناحيتين القانونية والسياسية [(١)]

أولاً: النفقات العامة من الناحية القانونية

حتى يعتبر النظام المالي للدولة قانونياً، يجب أن تتقيد النفقات العامة بالقواعد القانونية العامة وأن تكون متمشية مع المبادىء الأربعة التالية:

١- ضرورة الإنفاق:

يشترط في النفقات العامة أن تخصص للأعمال الضرورية من واجب الدولة القيام بها حصراً دون سواها كالدفاع الخارجي والأمن الداخلي وتحقيق العدل والصحة والتعليم، وتختلف الضرورات بين دولة وأخرى وزمن وآخر. فبعض الأعمال التي كان الإنفاق عليها من واجب الدولة أصبح فيمابعديقوم به الأشخاص

(١) الدكتور رشيد الدقر - علم المالية العامة - المرجع السابق - صفحة (٢١٣) وما بعدها.

الآخرين من طبيعيين ومعنويين كالتعليم والصحة والمواصلات والاتصالات والبريد...الخ وما تعتبره دولة ما ضرورياً قد تراه دولة اخرى ثانوياً.

٢- التثبت من فائدة الإنفاق:

إن كل ما تنفقه الدولة يجب أن يكون له فائدة معينة ومقدرة وملموسة، ويجب معرفة الأسباب التي دعت إلى ترجيح هذه الفائدة على غيرها، فإذا ثبت وجاهة هذه الأسباب كان الإنفاق صحيحاً وإلا كان غير ذلك.

٣- شمول فائدة الإنفاق:

ويعني ذلك أن تستفيد كافة المناطق على السواء وجميع أفراد الشعب بلا استثناء من النفقات العامة، لا أن تخص بالفائدة منطقة دون غيرها أو فئة دون أخرى. على الرغم من ذلك فإن عاصمة البلاد في الغالب ما تحصل على السواد الأعظم من إنفاق الدولة ومع ذلك يجب أن لا يتعدى هذا الأمر حدود المعقول ومستلزمات المركزية.

أما إذا انحصرت فائدة الإنفاق في منطقة معينة فالأصل أن يفصل هذا الإنفاق عن موازنة الدولة العامة ويخضع لموازنة مستقلة وأن يكلف الذين يستفيدون منه وحدهم بدفع الضرائب والرسوم وغيرها من التكاليف العامة اللازمة لتغطية هذا الإنفاق، كما هو الأمر في موازنة السلطات المحلية.

ثانياً: النفقات العامة من الناحية السياسية:

من المعروف ان كل من الإدارة السياسية والإدارة المالية العامة تؤثر في الأخرى، لذا فإن الإنفاق مقيد من الوجهة السياسية بقواعد ثلاث وهي:

١. قاعدة مشروعية النفقة العامة:

وتطبيقاً لهذه القاعدة لا تكون النفقة العامة مشروعة إلا إذا وافق عليها المكلفون الذين تحصل منهم الإيرادات العامة كالضرائب والرسوم لتغطيتها،

ويختلف أسلوب هذه الموافقة وذلك إما أن يكون بصورة مباشرة بواسطة الإستفتاء العام، أو بواسطة ممثلي المكلفين في المجالس النيابية.

٢. قاعدة مراقبة الإنفاق العام:

وتوجب هذه القاعدة ضرورة مراقبة الموظفين المكلفين بالإنفاق العام مراقبة جدية وصارمة مما لا يسمح لهم التلاعب بالأموال العامة، وهذا يعزز الثقة بين المكلف الدافع للضرائب والرسوم وغيرها من التكاليف المالية العامة والحكومة القابضة لها.

٣. قاعدة وضوح النفقة العامة:

وتقضي هذه القاعدة ضرورة نشر ـ الموازنات العامة المركزية منها أو المحلية على حد سواء وأسبابها الموجبة والتي تتضمن بيان النفقات العامة ليطلع عليها المكلفون، وهذا ما يؤكد على ضرورة أن تكون النفقة العامة تأدية نقدية، أما في حالة لجوء بعض الدول إلى تأمين بعض الخدمات العامة دون مقابل كمصادرة الأشياء وتسخير الأشخاص وإجبارهم على أداء عمل معين فترة زمنية معينة أو إعطاء الموظفين رواتبهم وأجورهم كلها أو جزءاً منها أموال عينية لا نقدية وذلك بتوفير المسكن والمأكل ...الخ من شأنها أن تؤدي إلى ضعف مراقبة الإنفاق العام وعدم وضوحها.

الفصل الثاني
حجم النفقات العامة

من خلال الاطلاع على الموازنة العامة لأي بلد من البلدان لعدة سنوات يلاحظ أن النفقات العامة فيها تزداد سنة بعد أخرى وبنسب مرتفعة اكثر من نسب ازدياد ايرادات الدولة العامة نظراً لسهولة الانفاق وصعوبة فرض الايراد وخاصة الضرائب والرسوم وتحصيلها لذلك قيل وبحق "الخرج اسرع إلى النمو من الدخل".

ويبين الجدول التالي ازدياد حجم النفقات العامة وفقاً لقوانين الموازنة الأردنية للأعوام ٢٠٠٦ ، ٢٠٠٧ ، ٢٠٠٨ بالألف دينار أردني.

السنة المالية	النفقات العامة المقدرة
٢٠٠٦	٣٤٤٨٥٠٠ دينار
٢٠٠٧	٤٣٦٤٣٠١ دينار
٢٠٠٨	٥٢٢٤٩٦٨ دينار

ونخلص من هذا الجدول إلى أن النفقات العامة تنطبق عليها في المملكة الأردنية الهاشمية - مثل غيرها من البلاد الأخرى - ظاهرة ازدياد النفقات العامة، والسبب في ذلك هو زيادة كلفة الحاجات العامة التي تقوم الدولة بإشباعها.

وتجدر الإشارة هنا إلى ان الزيادة في النفقات العامة لا ترجع كلها لأسباب حقيقية بل ترجع في أكثرها لأسباب ظاهرية: فلو ازداد عدد السكان في بلد معين نتيجة عودة مجموعة كبيرة من أبنائه العاملين في دولة اخرى فإن الدولة سوف تضطر إلى زيادة نفقات التعليم مثلاً لمواجهة زيادة السكان وبالمقابل فإن نفقات

تعليم الطالب في المجتمع قد لا تزيد عن الماضي على الرغم من أن مجموع النفقات العامة قد ازداد ففي هذه الحالة يكون الازدياد شكلياً أو ظاهرياً، أما لو أنفقت الدولة في سنة ما من أجل فتح مدارس جديدة أو تزويد المدارس بالمكتبات أو المعارض أو الأجهزة مع افتراض ثبات عدد الطلاب فإن مجموع النفقات يزداد أيضاً ولكنه في هذه الحالة يكون ازدياداً حقيقياً.

ولكل من الزيادة الظاهرية والزيادة الحقيقية أسباب معينة نلخصها فيما يلي:

المبحث الأول
أسباب ازدياد النفقات العامة ازدياداً ظاهرياً [1]

وتعني الأسباب الظاهرية لازدياد النفقات العامة تلك التي تؤدي إلى تضخم أرقام النفقات العامة دون أن يقابلها زيادة في حجم الخدمات العامة المقدمة للمواطنين أو تحسين نوعيتها أو مستواها.

وأهم هذه الأسباب تتخلص فيما يلي:

(١) انخفاض القوة الشرائية للنقود:

يلاحظ بشكل عام أن القيمة الشرائية للنقود تميل للانخفاض على مر السنوات مما يؤدي إلى زيادة المبالغ النقدية التي تدفع من قبل الدولة للحصول على سلعة أو خدمة معينة، كانت تحصل عليها في السابق بكلفة أقل، ويعود السبب في ذلك إلى ارتفاع كلفة مشتريات الدولة لارتفاع سعرها، وهذا يؤدي إلى تزايد النفقات العامة مع بقاء حجم ومستوى السلع والخدمات المؤداة ثابتاً لذلك يعتبر هذا التزايد ظاهري كونه لا تقابله زيادة في خدمات الدولة المقدمة للمواطنين.

---

(١) - الدكتور رشيد الدقر - علم المالية العامة - المرجع السابق - صفحة (٢٢٥) وما بعدها.
- الدكتور محمد سعيد فرهود - علم المالية العامة - المرجع السابق - صفحة (١٢٧) وما بعدها.

(٢) اتساع المساحة الإقليمية للدولة:

إن اتساع المساحة الإقليمية للدولة نتيجة ضم مناطق جديدة لها، يترتب عليه زيادة النفقات العامة لمواجهة زيادة الخدمات العامة التي يجب على الدولة القيام بها لخدمة هذه المناطق الجديدة، كفتح الشوارع وبناء المدارس والمستشفيات والمراكز الامنية..الخ وإيصال الكهرباء والمياه والهاتف إليها، فالزيادة في النفقات العامة هنا زيادة ظاهرية كونها لا تزيد في كمية أو نوعية الخدمات المقدمة لسكان الإقليم الأصلي.

(٣) زيادة عدد السكان:

مما لا شك فيه أن الزيادة السكانية تؤثر في حجم النفقات العامة كونها تؤدي إلى زيادتها وكون زيادة عدد سكان الدولة يتطلب أعباء جديدة وإضافية في مختلف الخدمات العامة التي يجب على الدولة أن تقدمها للسكان الجدد كالتعليم والصحة...الخ. وهذا يؤدي إلى زيادة نفقات الدولة، فالدولة التي يبلغ عدد سكانها مليون نسمة تنفق أكثر عندما يصبح عدد سكانها مليون ونصف نسمة كون هذه الزيادة تتطلب عدداً أكبر من الموظفين ورجال الأمن والقضاة والمستشفيات والمدارس والجامعات... الخ، والزيادة هنا زيادة ظاهرية لأنها لا تزيد بنفس نسبة ازدياد عدد السكان هذا من جهة ومن جهة أخرى فإن هذه الزيادة لا يستفيد منها السكان الأصليين قبل زيادتهم.

المبحث الثاني
أسباب ازدياد النفقات العامة ازدياداً حقيقياً [1]

وتعني هذه الأسباب وجود عوامل معينة تؤدي لزيادة القيمة
الحقيقية للنفقات العامة وبالمقابل تؤدي هذه الزيادة لنمو حجم ومستوى
الخدمات العامة المقدمة للمواطنين وتحسين نوعيتها كماً وكيفاً. هذا وتتنوع
الأسباب الحقيقية لتزايد النفقات العامة لأسباب اقتصادية واجتماعية وإدارية
ومالية وسياسية وسنعرض لها بإيجاز فيما يلي:

أولاً: الأسباب الاقتصادية

وأهم هذه الأسباب تتلخص فيما يلي :

(١) تتدخل الدول بتوجيه الاقتصاد والتأثير في بنيانه، فتلجأ إلى انفاق مبالغ
نقدية من موازنتها لتشجيع المشاريع الصناعية والزراعية والسياحية...الخ
وكذلك منح قطاعات اقتصادية معينة إعانات ومساعدات فنية لإنشاء
الصناعات التي تشعر أنها بحاجة إليها أو لفتح أسواق عالمية لمنتوجاتها،
وهذا يتطلب إنفاق مبالغ كبيرة من المال يؤدي إلى زيادة حجم النفقات
العامة.

(٢) تأخذ الدولة على عاتقها أمر التنمية بشكل عام، فتضع الخطط الاقتصادية
والاجتماعية وتقوم أحياناً بتنفيذ المشروعات الصناعية والزراعية واستثمار
الثروات الطبيعية لكي تزيد من القدرة الإنتاجية وزيادة الدخل القومي
وهذا يحتاج إلى مزيد من النفقات العامة ويؤدي إلى زيادة حجمها.

---

(١) - الدكتور شريف رمسيس تكلا – الأسس الحديثة لعلم المالية العامة – دار الفكر العربي
١٩٧٨ / ١٩٧٩ صفحة (٥٤) وما بعدها.
- الدكتور عصام بشور – المالية العامة والتشريع المالي – المرجع السابق – صفحة (١٣٠)
وما بعدها.

وزيادة الدخل القومي سوف يؤدي إلى زيادة دخول الأشخاص مما يشجع الدولة على زيادة الضرائب والرسوم المفروضة عليهم وبالمقابل تتوسع الدولة في تقديم الخدمات العامة للمواطنين أو تعمل على تحسينها، وكل ذلك يؤدي إلى زيادة حقيقية في نفقاتها العامة.

(٣) تعمل الدولة على تحقيق الاستقرار الاقتصادي والقضاء على الآثار السلبية الناجمة عن الدورات الاقتصادية. فتزيد النفقات العامة في فترة الركود والكساد لترفع الطلب العام على السلع والخدمات ولتؤثر على زيادة حجم الاستثمارات وتعيد التوازن إلى حالته السابقة، وتكمن المشكلة هنا بأنه يصعب على الدولة تخفيض حجم نفقاتها العامة إلى ما كانت عليه قبل تطبيق هذه السياسة كون عبء الموازنة العامة مستقر لا يخفف كون المستفيدون من هذه النفقات ولو كانت طارئة وبصورة استثنائية لا يرغبون في زوالها، فتعود فترة الانتعاش والازدهار وتبقى النفقات العامة باتجاه الارتفاع نظراً لزيادة الإيرادات العامة ولموجة التفاؤل التي تعم المجتمع، فتتأثر النفقات العامة من جراء تحقيق الاستقرار الاقتصادي وتميل إلى الزيادة.

ثانياً: الأسباب الاجتماعية
وأهم هذه الأسباب تتلخص فيما يلي:
١. تطور مفهوم الخدمات العامة التي تقوم بها الدولة:
فالدولة في الوقت الحاضر تقوم بكثير من الخدمات العامة التي لم تكن تقوم بها في الماضي فقد كان دور الدولة القيام بخدمات الدفاع الخارجي وحفظ الأمن الداخلي وإقامة العدل بين الناس، أصبحت اليوم تقوم بخدمات التعليم والصحة والكهرباء والمياه والصرف الصحي ومشاريع الخدمات الضخمة المتعلقة بالثروة الطبيعية ... الخ. وكل هذا سوف يؤدي إلى زيادة النفقات العامة زيادة حقيقية.

٢. تطور الوعي الاجتماعي:

ونتيجة لهذا التطور تكاثرت حاجات المواطنين وتنوعت، وما كان يعد في الماضي من الحاجات الكمالية، أصبح اليوم من الحاجات الضرورية لذلك أصبحت المدن والقرى بحاجة ماسة إلى خدمات الكهرباء والمياه والمجاري العامة والشوارع المعبدة والحدائق والمتنزهات... الخ. كما وان انتشار الثقافة والوعي لدى الأفراد جعلهم يطالبون بحقوقهم الحالية والمستقبلية على حد سواء والمتمثلة بزيادة دخولهم مع ارتفاع مستوى دخل الفرد وتأمينهم ضد البطالة والمرض والعجز وضمان رواتب تقاعدية لهم ولأفراد أسرهم من بعدهم ... الخ.

وكل هذا يتطلب من الدولة ان تنفق المزيد من الأموال العامة لتغطية هذه الحاجات الاجتماعية المستحدثة، وتعتبر هذه الزيادة في النفقات العامة للدولة زيادة حقيقية.

ثالثاً: الأسباب الإدارية

لقد أدت كثرة وتنوع الحاجات العامة للمواطنين والتي أصبحت الدولة ملزمة بالقيام بها إلى تضخم وكبر حجم الجهاز الإداري للدولة للقيام بهذه الأعمال مما يؤدي إلى زيادة النفقات العامة لتغطية كلفة هذا الجهاز من رواتب وأجور ومبان وأثاث وسيارات... الخ. وتجدر الإشارة في هذا الصدد إلى عدم المبالغة في كلفة الجهاز الإداري وإلا اعتبرت زيادة النفقات العامة هنا زيادة غير مقبولة نظراً لأنها غير منتجة لا يصاحبها زيادة في الخدمات العامة.

رابعاً: الأسباب المالية

وأهم هذه الأسباب تتلخص فيما يلي:

١. سهولة الاقتراض: الأصل ان تعتبر القروض العامة وسيلة استثنائية لتغطية النفقات العامة وهذا الأصل يعتبر مبدأ من مبادىء علم المالية العامة فيما مضى،

خاصة وأن الدولة لم يكن أمامها إلا اللجوء إلى كبار الماليين لاقراضها وكان هؤلاء يفرضون العديد من الشروط التي كانت تدفع الحكومات أحياناً لتجنب عقد القروض العامة. وبالمقابل بطبيعة الحال فقد كان ذلك يجعلها تحد من النفقات العامة حتى لا تحتاج لعقد القروض العامة وخاصة الخارجية منها. أما الآن ونظراً لسهولة الاقتراض بعد ان تطورت أساليب الاقتراض العام والتجاء الحكومات إلى الجمهور للاكتتاب العام جعلها تلجأ إلى القروض العامة الداخلية باستمرار لسداد أي عجز في موازنتها والقيام بالمشاريع الخدمية والاستثمارية. وقد شجعها ذلك مراراً على التوسع في النفقات العامة مما ترتب عليه زيادة حجمها زيادة حقيقية.

٢. وجود فائض في الإيرادات العامة:

إن وجود فائض في الإيرادات العامة غير مخصص لغرض ما أو زيادة عما هو مخصص له من شأن ذلك أن يؤدي إلى تشجيع الحكومة بالتوسع في الإنفاق سواء أكان ذلك بإضافة خدمات جديدة أو تحسين الخدمات الموجودة وهذا بدوره يؤدي إلى زيادة النفقات العامة زيادة حقيقية، والمشكلة تكمن في صعوبة تخفيض هذه النفقات العامة سياسياً إذ يؤدي ذلك إلى تذمر من سبق لهم الانتفاع من هذه النفقات العامة والمطالبة بإبقائها. وهذا ما يؤكد قاعدة "أن عبء الموازنة العامة مستقر لا يخفف".

خامساً: الأسباب السياسية

وأهم هذه الأسباب تتلخص فيما يلي:

١- انتشار المبادىء الديمقراطية:

وقد أدى ذلك لإقرار مبدأ انتخاب كل أو بعض أعضاء السلطتين التشريعية والتنفيذيةوقد أدت عمليةالانتخاب هذه إلى زيادةنفقات الدولةهذامن جهة ومن جهةأخرى فإن كل نائب يطالب بزيادةنفقات دائرية الانتخابية لإنشاء المدارس والجامعات والمستشفيات أو فتح الطرق أو القيام بالمشروعات المختلفة... الخ.

وبالإضافة لذلك فإن انتشار المبادىء الديمقراطية أدى إلى مسؤولية الدولة أمام القضاء عما يلحق الأفراد من أضرار من قبل دوائر الدولة وموظفيها لأي سبب من الأسباب، بما في ذلك استملاك الدولة لبعض الأراضي أو الأبنية للمصلحة العامة فعلى الدولة تعويض أصحابها تعويضاً عادلاً مما يترتب عليه زيادة حجم النفقات العامة زيادة حقيقية.

٢- ازدياد نفقات التمثيل الخارجي:

نتيجة لتطور العلاقات الدولية في الوقت الحاضر وكثرة عدد الدول المستقلة اصبح لا بد من اتساع مدى التمثيل الدبلوماسي بين الدول لمراعاة مصالح الأفراد التي لم تعد مختصرة على دولة واحدة بل تعدى ذلك إلى عدة دول كما وأصبح من الضروري لكل دولة الاشتراك في المنظمات الدولية والإقليمية للاستفادة من مزايا هذا الاشتراك.

بالإضافة لذلك فإن واجبات التعاون الدولي تلزم الدول الغنية وفي الكثير من الأحيان ان تقدم للدول الأخرى وخاصة الفقيرة منها المساعدات والمنح المادية والفنية لتحقيق التنمية الاقتصادية والاجتماعية والسياسية فيها وكل هذا أدى إلى تزايد حجم النفقات العامة للدولة بصورة حقيقية.

٣- تزايد النفقات العسكرية والأمنية:

بالنظر إلى التقدم السريع والمستمر في التقدم التقني للفنون والمعدات العسكرية مما يجبر الدولة على إنفاق مبالغ طائلة لتزويد قواتها المسلحة وأجهزتها الأمنية بأحدث المخترعات من المعدات والأسلحة وإقامة التحصينات اللازمة لحماية ممتلكات الدولة ومواطنيها من مخاطر الغزو الخارجي أو الاضطرابات الداخلية، بالإضافة لذلك فإن الحروب الحديثة تتطلب تمويلاً مالياً ضخماً، وكما هو معروف فإن النفقات العامة العسكرية والامنية لا تزداد أثناء الحرب والعمليات القتالية فقط وإنما يستمر بعد ذلك فترة طويلة كون الدولة تعمل جاهدة على إعمار ما دمرته الحروب والذي يحتاج إلى مبالغ نقدية طائلة بفضل ما اخترعته المدنية من وسائل

التدمير بالإضافة لتعويض ضحايا الحروب من المدنيين والعسكريين على حد سواء. وغالباً ما تلجأ الدول إلى القروض العامة من أجل تغطية نفقات الحروب وما يترتب على ذلك من التزام بسداد قيمة هذه القروض والفوائد المترتبة عليها. وهذا بلا شك سوف يؤدي إلى زيادة النفقات العامة للدولة زيادة طائلة وعلى الدولة إن ترصد في موازنتها العامة المبالغ الكبيرة لهذا الغرض.

الفصل الثالث
تقسيم النفقات العامة

إن النفقات العامة التي تنفقها الدولة لإشباع الحاجات العامة تتعدد وتختلف في طبيعتها تبعاً لتدخل الدولة في الحياة العامة، وقد نتج عن ذلك اهتمام الفقهاء بتقسيم هذه النفقات ضمن فئات متجانسة تجمعها صفات مشتركة سواء من حيث دوريتها أو طبيعتها أو الأغراض التي تستخدمها. ولذلك نجد أن الفقهاء قد اختلفوا وتنوعت آراؤهم في التقسيمات النظرية للنفقات العامة، في حين ان كل دولة تأخذ بالتقسمات العملية التي تلائم ظروفها المالية ودرجة تطورها الاقتصادي والاجتماعي.

المبحث الأول
التقسيمات النظرية للنفقات العامة

ومن أهم هذه التقسيمات ما يلي:

أولا: تقسيم النفقات العامة من حيث دوريتها

حيث تنقسم النفقات العامة وفقا لهذا الأساس إلى ما يلي:

١- **النفقات العامة العادية:** وهي تلك النفقات التي تتصف بالدورية ويتكرر إنفاقها في كل سنة، وليس المقصود بالتكرار هنا هو ثبات المبلغ المنفق كل عام، فقد تتغير قيمة النفقة العادية كل سنة بالزيادة أو النقصان. فالموازنة العامة لأي دولة ولأي سنة لا تكاد تخلو من النفقات العادية ويمكن إعطاء أمثلة على هذه النفقات في الرواتب والأجور المدفوعة لموظفي الدولة ونفقات التعليم والصحة والقضاء والدفاع أثناء السلم.

٢- **النفقات غير العادية:** وهي تلك النفقات التي لا يتكرر إنفاقها كل سنة بانتظام في موازنة الدولة كون هذه النفقات تنفق في أوقات متباعدة وبصورة غير منتظمة. ويمكن إعطاء أمثلة على هذه النفقات بالنفقات الحربية والنفقات اللازمة لمواجهة حالات الطوارىء كالفيضانات والأوبئة والزلازل والاعاصير...الخ.

وتظهر أهمية هذا التقسيم في تطبيق قاعدة هامة من قواعد علم المالية العامة والتي تنص على أن "الدخل الدائم يسد الخرج الدائم والمورد الطارىء لا يخصص إلا لنفقة طارئة". وبناء عليه وكون النفقات العامة العادية تتكرر باستمرار وبصورة دورية من شأنه ان يجعل الحكومة قادرة على تقديرها بدقة وتأمين ما يلزم لتغطيتها من الإيرادات العامة العادية وأهمها الضرائب والرسوم أما النفقات غير العادية فهي غير متوقعة وتحدث بصورة مفاجئة لذلك يسمح للحكومة أن تلجأ إلى الإيرادات غير العادية لتغطيتها كالقروض العامة أو طلب المساعدات والهبات من الدول والهيئات الدولية.

ثانياً: تقسيم النفقات العامة من حيث مقابلها أو آثارها [1]

حيث تنقسم النفقات العامة وفقا لهذا الأساس إلى ما يلي:

(١) **النفقات العامة الحقيقية:** وهي تلك النفقات التي تنفقها الدولة مقابل الحصول على سلع وخدمات ضرورية لتسيير المصالح العامة وتؤدي إلى زيادة الإنتاج القومي. ويمكن إعطاء أمثلة على ذلك في شراء الأجهزة والمعدات والآليات حيث تحصل الدولة على سلع، وكذلك الرواتب والأجور المدفوعة للموظفين لقاء حصول الدولة على خدماتهم لتسيير المصالح العامة. وتسمى النفقات العامة

---

(١) - الدكتور هشام العمري - اقتصاديات المالية العامة - المرجع السابق - صفحة (٢٩).
- الدكتور شريف رمسيس تكلا - الأسس الحديثة لعلم مالية الدولة - المرجع السابق - صفحة (٣٧) وما بعدها.

الحقيقية بالنفقات العامة غير الناقلة لأن الدولة تحصل في مقابل ما تدفعه على سلع وأدوات وخدمات وتنقسم النفقات العامة الحقيقية إلى نفقات عامة جارية (أو تسييرية) ونفقات عامة استثمارية (أو رأسمالية).

أ- **النفقات العامة الجارية:** فهي تلك النفقات العامة اللازمة لتسيير المرافق العامة بصورة معتادة وبمعنى آخر تلك اللازمة لقيام الوحدات الحكومية المختلفة بوظائفها وخدماتها، وتتصف هذه النفقات بالدورية والانتظام فهي تتكرر بصورة معتادة في الموازنة العامة لكل سنة وتعمل الحكومة جاهدة لتغطية هذه النفقات بواسطة الإيرادات الجارية كالضرائب والرسوم ويمكن إعطاء أمثلة على هذه النفقات في الرواتب والأجور والنفقات التشغيلية كإيجارات المصالح الحكومية والكهرباء والمياه وأثمان مستلزمات الإنتاج من مواد أولية ووسائل نقل...الخ.

ب- **النفقات العامة الاستثمارية (الرأسمالية):** فهي تلك النفقات العامة التي تهدف لزيادة التكوين الرأسمالي للدولة، وتوسيع الطاقة الإنتاجية لها فهي تتعلق بالثروة القومية والمتمثلة بتنمية قدرة أجهزة الدولة على أداء الخدمات العامة التي تقدمها للمواطنين والقيام بالمشروعات الإنتاجية. ومثال هذه النفقات ما ينفق لبناء السدود وفتح الطرق وإقامة الجسور وبناء المدارس والمستشفيات والمراكز الصحية والأمنية...الخ. وتتميز هذه النفقات بأنها غير متكررة بصورة منتظمة من سنة لأخرى.

(٢) **النفقات العامة التحويلية:** فهي تلك النفقات العامة التي تنفقها الدولة دون أن تحصل مقابلها على سلع أو خدمات ودون أن تؤدي هذه النفقات العامة إلى زيادة الدخل القومي، فالدولة تهدف منها إلى تحويل أو نقل جزء من الثروة أو الدخل القومي من شخص إلى آخر داخل المجتمع بهدف تحقيق أهداف اقتصادية أو اجتماعية أو مالية...الخ.

وتنقسم هذه النفقات تبعا لأهم أهدافها إلى أنواع ثلاثة:

أ- **النفقات العامة التحويلية الاقتصادية:** وتتمثل بالإعلانات التي تمنحها الدولة لبعض المشاريع الإنتاجية بقصد تخفيض تكاليف إنتاجها، وذلك للمحافظة على أثمان منتجاتها عند مستوى معين. إما لتمكين الطبقات المختلفة في المجتمع من استهلاك هذه المنتجات بأسعار معقولة وإما لدعم المواد التموينية الضرورية أو لمساعدة هذه المشاريع لكي تستيطع منافسة المشاريع الأجنبية في الأسواق العالمية.

ب- **النفقات العامة التحويلية الاجتماعية:** وهي النفقات التي تنفقها الدولة وتهدف منها تحسين المستوى الاجتماعي لبعض فئات المجتمع وتتمثل بنفقات الإعانات التي تقدمها الدولة للفقراء والمحتاجين والعجزة لمساعدتهم على مواجهة تكاليف المعيشة، سواء كانت هذه الاعانات تتم بصورة دورية أو غير دورية ومن أمثلتها الرواتب التقاعدية، ونفقات التأمين الصحي واشتراكات الضمان الاجتماعي والمعونة الوطنية للمحتاجين من المواطنين والمساعدات الممنوحة للنوادي الرياضية والثقافية والجمعيات الخيرية والمشاريع الاستثمارية المختلفة.

ج- **النفقات العامة التحويلية المالية:** وهي النفقات التي تنفقها الدولة عندما تقوم بالنشاط المالي، وتتضمن أقساط استهلاك الدين العام والفوائد المترتبة عليه. وهذه النفقات تقوم بتحويل المبالغ النقدية من دافعي الضرائب إلى حاملي سندات الدين العام.

وقد ازدادت أرقام النفقات التحويلية بسبب توسع الحكومات في استخدام القروض العامة لتمويل عجز موازناتها المستمرة، واعتبارها موردا عاديا لتمويل نفقات الموازنة العامة.[1]

(١) الدكتور برهان الدين جمل - المالية العامة - مكتبة الاسد - دمشق - ١٩٩٢ - صفحة (٤٧).

ويلاحظ بوجه عام أن النفقات العامة التحويلية لا تؤدي لزيادة الدخل القومي بشكل مباشر، فهي لا تخلق خدمات او منتجات جديدة اي أنها لا تضيف شيئاً لهذا الدخل، وإنما تكتفي بالتأثير على قواعد توزيعه، غير انه من المتصور أن تؤدي بعض النفقات العامة التحويلية لزيادة الدخل القومي بصورة غير مباشرة، وهذا ما يتحقق عند استخدام الدولة لها في دعم بعض المشروعات الإنتاجية وتمكينها من تنمية قدراتها الإنتاجية وبزيادة حجم إنتاجها في المستقبل والتأثير تبعا لذلك بصورة إيجابية على حجم الدخل القومي.[١]

ثالثاً: معايير التفرقة بين النفقات الحقيقية والنفقات التحويلية[٢]

لقد تعددت معايير التميز بين النفقات الحقيقية والنفقات التحويلية إلا أن المعايير الأكثر اعتمادا هي ثلاثة:

(١) معيار الزيادة في الدخل القومي:

فإذا أنفقت الحكومة نفقات معينة للقيام بمشاريع صناعية أو زراعية أو سياحية اعتبرت هذه النفقات العامة حقيقية لأنها تضيف إنتاجاً جديداً إلى الإنتاج القومي وبالتالي يزداد الدخل القومي أما إذا أنفقت الحكومة إعانات للعاطلين عن العمل مثلا اعتبرت هذه النفقات تحويلية لأنها لم تضف شيئاً إلى الانتاج القومي بصورة مباشرة بل عملت على إعادة توزيع الدخل القومي بين فئات المجتمع وذلك بأخذ مبلغاً معيناً من دافعي الضرائب لتقديمها كمعونة لعاطل عن العمل مثلاً.

(١) الدكتور شريف رمسيس تكلا – الأسس الحديثة لعلم مالية الدولة – المرجع السابق – صفحة (٣٧) وما بعدها.

(٢) - الدكتور برهان الدين جمل – المالية العامة – المرجع السابق – صفحة (٤٩) وما بعدها.

- الدكتور عصام بشور – المالية العامة والتشريع المالي – المرجع السابق – صفحة (٩٩).

(٢) معيار المستهلك المباشر:

ويعتمد هذا المعيار على الشخص الذي يقوم باستهلاك الموارد (السلع والخدمات العامة) فإذا نتج عن النفقة العامة استخدام الدولة بصورة مباشرة للسلع والخدمات كانت النفقة العامة حقيقية كأن تشتري الدولة آلات وسيارات وأثاث للوحدات الحكومية فالدولة هنا هي التي استفادت من السلع التي اشترتها وكذلك عندما تدفع الدولة رواتب وأجور للعاملين لديها تكون قد استفادت من الخدمات التي يقدمها لها هؤلاء الموظفون.

أما إذا أدت النفقة إلى عدم استخدام الدولة للسلع والخدمات العامة بصورة مباشرة وكان المستهلك المباشر لها هم الأفراد كانت النفقة العامة تحويلية ومثالها إعانات العجز والشيخوخة والبطالة فالدولة هنا لم تحصل على سلع أو خدمات من هؤلاء الذين استفادوا من النفقة العامة بصورة مباشرة وإنما استفادت بصورة غير مباشرة لأنها حافظت على كيان المجتمع بشكل عام وذلك بالقضاء على الفقر والبطالة والمرض...الخ.

(٣) معيار المقابل:

يعتمد هذا المعيار على عنصر المقابل الذي يحدد ما إذا كانت النفقة العامة حقيقية أم تحويلية، فإذا حصلت الدولة على سلعة أو خدمة مقابل نفقاتها العامة اعتبرت هذه النفقات العامة حقيقية كحصول الدولة على الآلات والسيارات والاثاث المكتبي...الخ أو حصلت على خدمات الموظفين والمستخدمين لديها، أما إذا لم تحصل الدولة لقاء نفقاتها العامة على سلع أو خدمات بصورة مباشرة اعتبرت النفقة العامة تحويلية.

المبحث الثاني
التقسيمات العملية للنفقات العامة [1]

في الموازنة العامة لكل دولة يتم تقسيم النفقات العامة إلى أقسام متعددة، تختلف كثيراً عن التقسيمات النظرية للنفقات العامة والتي سبق الحديث عنها. وتقسيم النفقات العامة ضروري لتنظيم إدارة الأموال العامة، ولمعرفة ما يكلفه كل نشاط من أنشطة الدولة ولتمكين السلطة التشريعية من الرقابة على المالية العامة، ولضمان رقابة الرأي العام على أعمال الحكومة المالية.

وقد طرأ تطور كبير على التقسيمات العملية تبعا لتطور المالية العامة بشكل عام ودور الدولة في الحياة الاقتصادية بشكل خاص، فهناك التقسيم الإداري، والتقسيم الوظيفي، والتقسيم الاقتصادي.

أولاً: التقسيم الإداري للنفقات العامة

يتم تصنيف النفقات العامة وفقا لهذا التقسيم حسب الوحدات الإدارية الحكومية التي تمارس النشاط الحكومي، حيث يتم تقسيمها إلى وزارات ودوائر حكومية يضاف إليها مخصصات رئاسة الدولة ومخصصات السلطتين التشريعية والقضائية، فيقرر لكل وزارة أو دائرة أو مؤسسة عامة (وحدة حكومية) قسم خاص من النفقات العامة ثم يجري تقسيم النفقات العامة داخل الوحدة الحكومية إلى مجموعات مختلفة تمثل كل منها غرض الإنفاق العام.

---

(١) - الدكتور محمود رياض عطية – موجز في المالية العامة – دار المعارف بمصر – ١٩٦٩ – صفحة (٦٤).

- الدكتور شريف رمسيس تكلا – الأسس الحديثة لعلم مالية الدولة – المرجع السابق – صفحة (٤١) وما بعدها.

ثانياً: التقسيم الوظيفي للنفقات العامة

يتم تصنيف النفقات العامة تبعا لهذا التقسيم حسب الوظائف والخدمات التي تقوم بها الدولة في مختلف المجالات. وبناء عليه يتم تصنيف النفقات العامة في مجموعات متجانسة بحيث تخصص كل مجموعة لوظيفة معينة من هذه الوظائف. فيمكن مثلا تقسيم النفقات العامة على وظائف الدفاع والشؤون الخارجية والأمن الداخلي والعدالة والثقافة والتعليم والصحة والشؤون الاجتماعية والشؤون الاقتصادية...الخ .

ثالثاً: التقسيم الاقتصادي للنفقات العامة

يتم تصنيف النفقات العامة تبعا لهذا التقسيم إلى نفقات جارية ونفقات رأسمالية.

١- النفقات الجارية: وهي تلك التي تتكرر بصفة دورية وتهدف لتسيير المرافق العامة للدولة بانتظام وتشمل ما يلي:

أ. النفقات العامة على السلع والخدمات وتتضمن الرواتب والأجور ومشتريات السلع والخدمات.

ب. سداد فوائد الديون العامة على اختلاف أنواعها.

ج. الإعانات والمدفوعات التحويلية سواء كانت نقدية أم عينية وسواء كانت تهدف لتقديم دعم مباشر أو غير مباشر للأفراد أو لسلع وخدمات معينة.

٢- النفقات الرأسماية (الاستثمارية):

ويقصد بها تلك النفقات التي يتم دفعها في سبيل الحصول على الأصول المختلفة كالأبنية والأراضي والمعدات والأجهزة...الخ، بما في ذلك النفقات التي تؤدي إلى إطالة عمر هذه الأصول وزيادة قدرتها وطاقتها والقيام بتنفيذ المشاريع الاقتصادية المختلفة كبناء المستشفيات والمراكز الصحية والأمنية والمدارس والجامعات وفتح الطرق وبناء الجسور والسدود ...الخ، وهذه النفقات لا يتكرر

دفعها سنويا بصورة عامة، وتهدف في مجموعها إلى زيادة التكوين الرأسمالي للحكومة. [١]

المبحث الثالث
تقسيم النفقات العامة في الموازنة العامة الأردنية

تقسم النفقات العامة في الموازنة العامة الأردنية تقسيما وظيفيا وإداريا ونوعيا وإقليمياً وذلك على النحو التالي:

أولا: التقسيم الوظيفي

وتظهر فيه النفقات العامة على أساس وظائف الدولة، وقد قسمت وظائف الدولة إلى عدة قطاعات وكل قطاع يعطى رقما متسلسلا على النحو التالي:

١-   الخدمات العمومية العامة

٢-   الدفاع

٣-   النظام العام وشؤون السلامة العامة

٤-   الشؤون الاقتصادية

٥-   حماية البيئة

٦-   الاسكان ومرافق المجتمع

٧-   الصحة

٨-   التربية والثقافة والشؤون الدينية

٩-   التعليم

١٠-   الحماية الاجتماعية

---

(١) الدكتورة زينب حسين عوض الله – مبادىء المالية العامة – الدار الجامعية للطباعة والنشر – بيروت – ١٩٩٨ – صفحة (٤٤).

ثانياً: التقسيم الإداري

وتظهر نفقات كل وزارة أو دائرة أو مؤسسة أو هيئة حكومية لوحدها وتسمى (وحدة حكومية) ويخصص لها فصل مستقل.

وتطبيقا للتقسيم الوظيفي وكذلك التقسيم الإداري وفقا للموازنة العامة الأردنية لسنة ٢٠٠٨ نجد أن وظائف الدولة قد قسمت إلى عشرة قطاعات، ويتضمن كل قطاع عددا من الوحدات الحكومية والتي قسمت بدورها إلى عدداً من الفصول ويمثل كل فصل موازنة وحدة حكومية مفصلة على النحو التالي:

الديوان الملكي الهاشمي، مجلس الأمة (الاعيان والنواب)، رئاسة الوزراء، ديوان التشريع والرأي، ديوان المحاسبة، وزارة تطوير القطاع العام، ديوان الخدمة المدنية، وزارة التنمية السياسية، وزارة الدفاع، الخدمات الطبية الملكية، المركز الجغرافي الملكي الأردني، وزارة الداخلية، دائرة الأحوال المدنية والجوازات، مديرية الأمن العام، مديرية الدفاع المدني، وزارة العدل، دائرة قاضي القضاة، وزارة الاشغال العامة والاسكان، وزارة الزراعة، وزارة المياه والري، سلطة وادي الأردن، وزارة التربية والتعليم، وزارة التعليم العالي والبحث العلمي، وزارة البيئة، وزارة الصحة، وزارة التنمية الاجتماعية، وزارة العمل، وزارة الثقافة، دائرة المطبوعات والنشر، دائرة المكتبة الوطنية، وزارة النقل، وزارة الاتصالات وتكنولوجيا المعلومات، وزارة الخارجية، دائرة الشؤون الفلسطينية، وزارة المالية، دائرة الموازنة العامة، دائرة الجمارك، دائرة الأراضي والمساحة، دائرة اللوازم العامة، دائرة ضريبة الدخل والمبيعات، وزارة الصناعة والتجارة، وزارة التخطيط والتعاون الدولي، دائرة الاحصاءات العامة، وزارة السياحة والآثار، وزارة الشؤون البلدية والقروية والبيئة، وزارة الطاقة والثروة المعدنية، سلطة المصادر الطبيعية، وزارة الأشغال العامة والاسكان.

ثالثا: التقسيم النوعي

ويظهر تقسيم نفقات كل وحدة حكومية على أساس طبيعة النفقة إلى قسمين الأول: النفقات الجارية، والثاني: النفقات الرأسمالية.

القسم الأول: النفقات الجارية

وتقسم النفقات الجارية في كل فصل من فصول الموازنة العامة إلى أربع مجموعات، وكل منها تمثل هدف الإنفاق العام وتشتمل كل مجموعة على عدد من المواد وذلك بالتفصيل التالي:

رقم المجموعة	عنوانها	رقم المادة	عنوانها
١٠٠	الرواتب والعلاوات	١٠١	رواتب الموظفين المصنفين
		١٠٢	رواتب الموظفين غير المصنفين
		١٠٣	رواتب الموظفين بعقود
		١٠٤	أجور العمل الاضافي
		١٠٥	علاوة غلاء المعيشة الشخصية
		١٠٦	علاوة غلاء المعيشة العائلية
		١٠٧	العلاوة الأساسية
		١٠٨	العلاوة الفنية
		١٠٩	علاوة الاختصاص
		١١٠	علاوة العمل الاضافي
		١١١	العلاوة الإضافية
		١١٢	علاوات أخرى
		١١٣	علاوة النقل
		١١٤	بدل التنقلات
		١١٥	علاوة الميدان
		١١٦	مكافآت الموظفين
٢٠٠	النفقات التشغيلية (سلع وخدمات)	٢٠١	الإيجارات

رقم المجموعة	عنوانها	رقم المادة	عنوانها
		٢٠٢	الهاتف والتلكس والبرق والبريد
		٢٠٣	الماء
		٢٠٤	الكهرباء
		٢٠٥	المحروقات
		٢٠٦	صيانة الأجهزة والآلات والأثاث ولوازمها
		٢٠٧	صيانة السيارات والآليات ولوازمها
		٢٠٨	صيانة واصلاحات
		٢٠٩	قرطاسية مختلفة ومطبوعات ولوازم مكتبية
		٢١٠	مواد وخامات (اعاشه، البسة، ادوية، أقلام)
		٢١١	التنظيفات ولوزامها (منها عقود التنظيف)
		٢١٢	التأمين
		٢١٣	السفر في المهمات الرسمية (علاوة سفر ومياومات)
		٢١٤	أخرى
٣٠٠	النفقات التحويلية	٣٠١	الضمان الاجتماعي
		٣٠٢	المساهمات
		٣٠٣	البعثات العلمية والدورات التدريبية
		٣٠٤	الإعانات
		٣٠٥	مكافآت لغير الموظفين
		٣٠٦	رديات إيرادات لسنوات سابقة
		٣٠٧	فوائد
		٣٠٨	تقاعد وتعويضات
٤٠٠	النفقات الأخرى (غير العادية)	٤٠١	الأثاث
		٤٠٢	أجهزة وآلات ومعدات

القسم الثاني: النفقات الرأسمالية

وكـون المشـاريع الرأسـمالية مختلفـة مـن وحـدة حكوميـة إلى أخـرى وحيـث أن الأصل عدم تكرار مثل هذه النفقـات وتعطى هذه النفقـات رقم (٥٠٠) وتنقسم إلى عدة مواد على النحو التالي:

رقم المجموعة	عنوانها	رقم المادة	عنوانها
٥٠٠	النفقات الرأسمالية	٥٠١	رواتب
		٥٠٢	أجور
		٥٠٣	لوازم
		٥٠٤	دراسات وأبحاث واستشارات
		٥٠٥	معدات وآلات وأجهزة
		٥٠٦	مركبات وآليات
		٥٠٧	أراضي وأبنية
		٥٠٨	أشغال وإنشاءات
		٥٠٩	قروض ومساهمات
		٥١٠	صيانة وإصلاحات المبـاني والمرافق العامة
		٥١١	تجهيز وتأثيث
		٥١٢	أخرى

وبتحليل النفقات الرأسمالية:

١. نلاحظ عدم ظهور كافة مواد النفقات العامة الرأسمالية في كافة فصول الموازنـة العامـة بخـلاف النفقـات العامـة الجاريـة التـي تتكـرر بكافـة مجموعاتهـا الأربعـة التي سبق الحـديث عنها في جميع فصول الموازنـة العامة.

٢. إن المقصود بالرواتب والأجور واللوازم والدراسات والأبحاث والاستشارات وغيرها من مواد مجموعة النفقات العامة الرأسمالية المشار إليها أعلاه، هي تلك النفقات العامة التي تتعلق بالمشاريع الرأسمالية التي تقوم بها الوحدات الحكومية.

الفصل الرابع
الآثار الاقتصادية للنفقات العامة [1]

تعتبر النفقات العامة إحدى أدوات السياسة الاقتصادية للدولة والتي تترتب عليها آثار اقتصادية هامة، تتمثل فيما يلي:

المبحث الأول
تأثير النفقات العامة في إنتاج الدخل القومي

فالدولة عندما تنفق للقيام بالمهام الأساسية للدولة كالدفاع الخارجي والأمن الداخلي والقضاء فلا شك أنها تهدف من وراء ذلك تحقيق الاستقرار في البلاد وتهيئة الظروف لزيادة الإنتاج. وبالمقابل اختلال الأمن مثلاً يؤدي لتقليل الإنتاج لعدم اطمئنان المستثمرين على نتائج أعمالهم. أما إذا أنفقت الدولة على المرافق العامة الإضافية كالتعليم والصحة فإن ذلك سوف يؤدي إلى التأثير في الإنتاج. وذلك للأسباب التالية:

١. النفقات العامة تؤثر في الإنتاج بتأثيرها في مقدرة الأفراد على العمل وعلى الادخار، وذلك كونها تزيد من تلك المقدرة لأن جزءاً من النفقات العامة ينفق على خدمات من شأنها زيادة كفاية الأفراد ومقدرتهم على العمل فتزداد دخولهم وتزداد مقدرتهم على الادخار.

٢. النفقات العامة تؤثر في الإنتاج بتأثيرها في رغبة الأفراد في العمل وفي الادخار، فالإنفاق العام قد يؤدي إلى إضعاف تلك الرغبة لأن منح الأفراد معاشات أو إعانات مبالغ فيها قد يؤدي إلى عدم رغبة الفرد بالعمل

---

(١) الدكتور محمود رياض عطية – موجز في المالية العامة – المرجع السابق- صفحة (٧٤) وما بعدها.

والادخار كذلك فمن الأفضل أن لا تلجأ الدولة إلى منح إعانات للأفراد إلا في حالات الضرورة كالمرض والعجز والبطالة الإجبارية.

٣. النفقات العامة تؤثر في الإنتاج وذلك بنقلها بعض عناصر الإنتاج من فرع إلى آخر من فروع الإنتاج، فالدولة تستطيع بواسطة النفقات العامة توجيه الإنتاج وجهات معينة فإذا وجدت من الأفضل زيادة إنتاج السلع الضرورية عملت على إعطاء مساعدات لزيادة إنتاج هذه السلع وإذا رغبت بالتقليل من إنتاج السلع الكمالية فإنها تستطيع ذلك بفرض الضرائب والرسوم على إنتاجها وتكون النتيجة انتقال عناصر الإنتاج من فرع إلى آخر.

٤. النفقات العامة تؤثر في نقل بعض عناصر الإنتاج من منطقة إلى أخرى، وقد يؤدي إلى زيادة الإنتاج في مجموعة ومثال ذلك أن تزيد الدولة فيما تنفقه على التعليم والصحة وبعض المشاريع الاستثمارية في المناطق الفقيرة مما يؤدي إلى زيادة كفاية سكانها وزيادة مقدرتهم على العمل وعلى الادخار، مما يترتب عليه اجتذاب بعض عناصر الإنتاج إلى تلك المنطقة.

المبحث الثاني
تأثير النفقات العامة في توزيع الدخل القومي

تؤثر النفقات العامة في توزيع الدخل القومي على مختلف طبقات المجتمع بأسلوبين:

الأسلوب الأول:

إن كافة أفراد المجتمع يتمتعون بالخدمات العامة غير القابلة للتجزئة كخدمات الدفاع الخارجي والأمن الداخلي، لذلك فإن النفقات العامة يستفيد منها أصحاب الدخول الكبيرة والمتوسطة والصغيرة على حد سواء، على الرغم من أن أصحاب الدخول الكبيرة يتحملون الجزء الأكبر من الضرائب لتغطية هذه النفقات،

وبهذا تعتبر النفقات العامة وسيلة لنقل جزء من الدخل من أصحاب الدخول الكبيرة لصالح اصحاب الدخول المتوسطة والصغيرة.

الأسلوب الثاني:

إن الطبقات الفقيرة تستفيد من بعض الخدمات العامة أكثر من استفادة الطبقات الغنية منها مثل نفقات المعونة الوطنية ونفقات دعم المواد التموينية ونفقات إعانة البطالة ونفقات المستشفيات وملاجىء الأيتام والعجزة ولهذا تعتبر مثل هذه النفقات وسيلة لنقل جزء من الدخل من الأغنياء إلى الفقراء.

وتعتبر الضرائب المباشرة كالضريبة على الدخل وخاصة التي تأخذ بالأسلوب التصاعدي أفضل وسيلة لتحقيق هذا الأثر من استعمال النفقات العامة لذلك الأثر لأن نصيب أصحاب الدخول الكبيرة من حصيلة الضريبة التصاعدية أكبر من نصيب أصحاب الدخول المتوسطة والصغيرة أما أصحاب الدخول المتدنية فلا يساهمون بشيء منها.

الباب الثاني

الإيرادات العـامـة

مقدمة: التعريف بأنواع وتقسيمات الإيرادات العامة [(١)]

أولاً: تعريف

تعتبر الإيرادات العامة الوسيلة المالية التي تستطيع الدولة من خلالها تأمين المال اللازم لتغطية نفقاتها العامة، والقيام بالخدمات والوظائف الملقاة على عاتقها. وهي أداة للتأثير في الحياة الاقتصادية والاجتماعية، وتحقيق أهداف الدولة العامة وكون كل إيراد من الإيرادات العامة تحصل عليه الدولة يعني اقتطاع جزء من دخول الأشخاص الطبيعيين والمعنويين وتأثير ذلك على ثرواتهم وقراراتهم الاقتصادية، لذلك اهتم الفكر المالي بدراسة هذا الموضوع، وقد تعاظم هذا الاهتمام في الوقت الحاضر نتيجة تزايد النفقات العامة للدولة وسعي هذه الأخيرة لزيادة وتنمية إيراداتها العامة لتغطية نفقاتها العامة المتزايدة.

ثانياً: أنواع الإيرادات العامة

الجاري عليه العمل في الوقت الحاضر أن أي من الدول لا تعتمد على مصدر واحد للإيرادات العامة وذلك للحصول على المال اللازم للقيام بالخدمات العامة لمواطنيها والتي تنقسم إلى نوعين من الخدمات.

١- الخدمات القابلة للتجزئة:

وهي التي بالإمكان تقدير قيمة ما يحصل عليه كل شخص منها، مثل خدمة النقل العام والتعليم والصحة والبريد فعلى الرغم من أن القطاع الخاص قديقدم هذه الخدمة إلا أن الدولة عندما تقدم هذه الخدمات تسعى إلى تحقيق بعض الأهداف

---

(١) - الدكتور عصام بشور - المالية العامة والتشريع المالي - المرجع السابق - صفحة (١٧٣).
- الدكتور شريف رمسيس تكلا - الأسس الحديثة لعلم مالية الدولة - المرجع السابق - صفحة (٨١) وما بعدها.

الاقتصادية أو الاجتماعية أو السياسية المرتبطة بالمصلحة العامة، وبالمقابل هناك منفعة خاصة لكل مستفيد من هذه الخدمات على حدة ومن السهولة بمكان قياس ما يعود عليه من نفع من جراء قيام الدولة بأداء هذه الخدمات، لذلك تعمل الدولة على تحصيل مقابل هذه الخدمات من المستفيدين منها مباشرة في كل مرة تؤدى له فيها الخدمة فهو يستفيد من خدمة النقل العام مثلاً كلما رغب في الانتقال من مكان إلى آخر بوسائط النقل العام.

وتنقسم هذه الخدمات بحسب درجة توافر عنصر النفع العام وعنصر ـ النفع الخاص إلى قسمين:

القسم الأول: عندما يبدو عنصر النفع الخاص واضحاً وأكثر غلبة من عنصر ـ النفع العام الذي يعود على المجتمع، كما في حالة تقديم الدولة السلع والخدمات ومثالها السلع والبضائع التي تباع من قبل المؤسسة الاستهلاكية العسكرية والمدنية وخدمات المياه والمجاري والنقل العام ويطلق على المقابل التي تحصل عليه الدولة من تقديم هذا النوع من الخدمات "بالثمن العام".

القسم الثاني: عندما يبدو عنصر النفع العام واضحاً ولا يقل أهمية عن عنصر ـ النفع الخاص، كما في حالة تقديم الدولة الخدمات التعليمية والصحية فاستفادة أحد الأفراد من خدمة التطعيم ضد الأمراض مثلاً لا شك أنها تعود عليه بنفع خاص على درجة كبيرة من الأهمية ولكنها أيضاً تعود على المجتمع بنفع عام كبير لما يترتب على هذا التطعيم من حماية المجتمع من انتشار الأمراض، ويطلق على المقابل التي تحصل عليه الدولة من تقديم هذا النوع من الخدمات "بالرسم".

٢- الخدمات غير القابلة للتجزية:

وهي التي لا يمكن تحديد نصيب كل فرد من الاستفادة منها، ومثالها خدمات الدفاع الخارجي والأمن الداخلي فهذه الخدمات ذات نفع عام يعود على كافة أفراد المجتمع دون استثناء ولايمكن تحديد مايعودعلى كل فرد بشأنهامن نفع

خاص وبالتالي يتعذر محاسبته عما إستفاده شخصياً، لذلك فإن الدولة تتقاضى منه مقابل هذه الخدمات بصورة غير قياسية ويتمثل هذا المقابل "بالضرائب".

نستنتج مما سبق أن الدولة تحصل على ثلاثة أنواع من الإيرادات مقابل ما تقدمه للأفراد من خدمات:

١. الثمن العام: لقاء قيام الدولة بتقديم السلع والخدمات التي يغلب عليها النفع الخاص ويتمثل ذلك بايرادات ممتلكات الدولة العامة أو الخاصة.

٢. الرسوم : لقاء قيام الدولة بتقديم خدمات للأفراد يغلب عليها النفع العام بالإضافة إلى النفع الخاص.

٣. الضرائب: ويتم تحصيلها من قبل الدولة لقاء قيام هذه الأخيرة بتقديم الخدمات الأساسية غير القابلة للتجزئة التي تؤديها لجميع الأفراد بدون تمييز.

وتمثل هذه الأنواع الثلاثة من الإيرادات أهم مصادر إيرادات الموازنة العامة في العصر الحاضر إلا أن الحكومات قد تلجأ استثناء لمصدر آخر مكملاً لهذه المصادر على جانب كبير من الأهمية وهو القروض العامة الداخلية والخارجية (الدولية)

وبناء عليه سوف نبحث هذا الباب في أربعة فصول:

الفصل الأول: أملاك الدولة العامة والخاصة.

الفصل الثاني: الرسوم.

الفصل الثالث: الضرائب.

الفصل الرابع: القروض العامة.

الفصل الأول
أملاك الدولة [1]

يطلق على أملاك الدولة بشكل عام اسم (الدومين) وتنقسم من الناحية القانونية إلى قسمين:

(١) أملاك الدولة العامة (الدومين العام):

وتتكون من أملاك الدولة المخصصة للاستعمال من قبل أفراد المجتمع ككل مثل الطرق العامة والساحات والحدائق العامة والموانىء والشواطىء...الخ والهدف من هذه الأملاك هو تحقيق خدمة عامة أو منفعة خاصة مباشرة للمستفيدين منها لقاء دفع مبلغ معين من المال ويعتبر ذلك ايراداً لخزينة الدولة من املاكها العامة.

(٢) أملاك الدولة الخاصة (الدومين الخاص):

وتتكون من أملاك الدولة التي تديرها وتستثمرها بصفتها مالكة لها بهدف حصول الدولة على إيرادات للخزينة العامة. ونتيجة لتدخل الدولة في الحياة الاقتصادية والاجتماعية فقد اتسعت ملكيتها الخاصة وأخذت على عاتقها القيام بالمشاريع الكبيرة التي تؤدي خدمة عامة كالبريد والهاتف والكهرباء والمياة والمجاري العامة والاتصالات...الخ. كما وقد استولت على بعض الصناعات التي تتعلق بالأمن القومي وتتطلب السرية كالصناعات الحربية.

وتتضمن أملاك الدولة الخاصة على إيرادات زراعية وعقارية وصناعية وتجارية ومالية، نلخص كل منها فيما يلي:

---

(١) - الدكتور محمود رياض عطية - موجز في المالية العامة - المرجع السابق - صفحة (١٢١) وما بعدها.

- الدكتور عصام بشور - المالية العامة والتشريع المالي - المرجع السابق - صفحة (١٧٦) وما بعدها.

المبحث الأول
ايرادات الدولة الزراعية

تملك الدولة الكثير من الأراضي الزراعية والغابات ويتمثل الدخل من الأملاك الزراعية من ثمن بيع المنتوجات الزراعية أو من الإيجار الذي يدفعه المستأجرون للأراضي الزراعية.

وعلى الرغم من فقدان أهمية الأملاك الزراعية كمصدر من مصادر إيرادات الخزينة العامة نتيجة تصرف الدولة في أملاكها الزراعية ونقل ملكيتها للأفراد لأسباب سياسية أو اقتصادية أو اجتماعية، إلا أن ملكية واستغلال الغابات ما زالت من مسؤولية الدولة لأسباب عدة من أهمها أن استثمار الأموال في استغلال الغابات من وجهة نظر الأفراد يحتاج إلى مبالغ طائلة جداً ويتطلب مدة زمنية طويلة حتى يؤتي ثماره ويحقق لهم الربح المتوقع.

ويتأتى للدولة ايرادات معينة من مشاريعها الزراعية لدعم ايراداتها العامة لتغطية نفقاتها العامة فإن هذه الايرادات لا تشكل الا نسبة ضئيلة من الايرادات العامة للدولة والسبب في ذلك أن الدولة تسعى دائماً من خلال مشاريعها الزراعية بالدرجة الأولى إلى تحقيق خدمة ومنفعة عامة كزراعة القمح مثلاً وتحقيق الربح بالدرجة الثانية لذلك فمن الخطأ قياس درجة كفاءة الدولة لادارة مشاريعها الزراعية بالأرباح التي تحققها.

المبحث الثاني
إيرادات الدولة العقارية

تعتبر ملكية الأرض من أقدم أشكال أملاك الدولة الخاصة بسبب ملكية الدولة للأراضي الشائعة، ثم بدأت الدولة بالتخلي عن ملكية الأراضي للأفراد كما قامت بعض الدول ببيع جزء من أراضيها إلى دول أخرى فقد باعت فرنسا ولاية اللويزيانا إلى أمريكيا عام ١٨٠٣ ، كما وباعت فرنسا في نفس السنة مدينة نيواولنيز باعتبارها جزءاً من المستعمرات الفرنسية إلى امريكيا بثمن بخس لم يتعد خمسة عشر مليون دولار نكاية باسبانيا وبريطانيا في ذلك الحين[1] ، وباعت روسيا القيصرية ولاية آلاسكا عام ١٨٦٧ إلى أمريكيا أيضاً.

وتعتبر الثروات الموجودة في باطن الأرض ومجاري المياه من أهم إيرادات الدولة العقارية، لذلك فقد احتفظت الدول لنفسها بحق ملكية الموارد التعدينية وتقوم باستثمارها كي تحصل على إيرادات مالية ضخمة تتناسب مع الثروة والإنتاج.

وتعتبر مجاري المياه ذات أهمية كبرى نظراً لأن استغلالها يساعد في الري وزيادة المساحات المزروعة وفي توليد الكهرباء للإنارة والصناعة فمجاري المياه مصدر طاقة تزداد أهميته مع ارتفاع كلفة مصادر الطاقة لذلك أصبح يشكل أحد إيرادات الدولة.

ويتأتي للدولة ايرادات ضخمة من املاكها العقارية لدعم ايراداتها العامة لتغطية نفقاتها العامة خاصة في الدول التي تمتلك ثروة طبيعية كالبترول والمعادن مما يخفف العبء الضريبي على المواطنين في تلك الدول.

---

(١) حسني عايش مقالة بعنوان (الاعصار) المنشور في جريدة الرأي - العدد ١٢٧٧٦ السنة الخامسة والثلاثون - تاريخ ٢٠٠٥/٩/١٣ عمان - الأردن.

المبحث الثالث
إيرادات الدولة الصناعية

تسعى الدولة الحديثة لتبني خطة تنمية اقتصادية لرفع مستوى معيشة المواطنين وتعتمد في تحقيق ذلك على إقامة المؤسسات الصناعية للأسباب التالية:

١. إن بعض الصناعات تتطلب السرية والأمن وتتعلق بأمن الدولة وسلامتها كالصناعات الحربية.

٢. تهدف الدولة من القيام ببعض أنواع الصناعات منفعة عامة للمواطنين باعتبارها أكثر قدرة على القيام بها كمرافق المياه والمجاري والنقل (براً وبحراً وجواً) والكهرباء... الخ.

٣. يعجز الأفراد أحياناً عن القيام بالمشروعات التي تتطلب كلفة عالية والتي تقام لأهداف ليس القصد منها تحقيق الربح فقط كإنشاء السكك الحديدية.

ويتأتي للدولة إيرادات معينة من مشاريعها الصناعية لدعم ايراداتها العامة لتغطية نفقاتها العامة، فإن هذه الإيرادات لا تشكل إلا نسبة ضئيلة من الإيرادات العامة للدولة والسبب في ذلك أن الدولة تسعى دائماً من خلال مشاريعها الصناعية بالدرجة الأولى إلى تحقيق خدمة ومنفعة عامة وتحقيق الربح بالدرجة الثانية لذلك فمن الخطأ قياس درجة كفاءة الدولة لإدارة مشاريعها الصناعية بالأرباح التي تحققها.

المبحث الرابع
إيرادات الدولة التجارية

الأصل في الدولة أنها راعية وليست تاجرة لذلك فإن إيرادات الدولة التجارية كانت معدومة في الزمن الماضي لأن دور الدولة كان يختصر على تقديم الخدمات العامة الأساسية للمواطنين وتترك المشاريع التجارية للأفراد لما يتمتعون به من الخبرة والمغامرة.

أما في الوقت الحاضر فقد أصبحت الدولة تتدخل في الكثير من المشاريع التجارية للأسباب التالية:

١. القيام بالمشاريع التجارية التي تتعلق بسيادة الدولة واعتبارها كإصدار الأوراق النقدية وصك النقود.

٢. القيام بالمشاريع التجارية التي لها تأثير على الاقتصاد القومي كخدمات التأمين والبنوك.

٣. القيام بالمشاريع التجارية التي تهتم بطبيعة المادة المتاجر بها كأن تكون من المواد التموينية الأساسية التي تضطر الدولة تأمينها للمواطنين بأسعار معقولة. كما هو الحال في المؤسسة الاستهلاكية المدنية والعسكرية.

ويتأتى للدولة ايرادات معينة من مشاريعها التجارية لدعم ايراداتها العامة لتغطية نفقاتها العامة فإن هذه الايرادات لا تشكل الا نسبة ضئيلة من الايرادات العامة للدولة والسبب في ذلك ان الدولة تسعى دائماً من خلال مشاريعها التجارية بالدرجة الأولى إلى تحقيق خدمة ومنفعة عامة وتحقيق الربح بالدرجة الثانية، لذلك من الخطأ قياس درجة كفاءة الدولة لادارة مشاريعها التجارية بالأرباح التي تحققها.

المبحث الخامس
الإيرادات العامة المالية

ويقصـد بـإيرادات الدولـة الماليـة محفظـة الدولـة مـن الأوراق الماليـة (الأسهم والسـندات) التـي تمثـل مساهمة الدولة في المشروعات الاقتصادية المشتركة التي تشترك فيها الدولة مع القطاع الخاص لعدة أسباب من أهمها:

١. من أجل السيطرة على بعض المشروعات الضخمة حتى تتمكن من توجيهها نحو تحقيق الصالح العام.

٢. لتحقيق هدف سياسي أو مصلحة اقتصادية يكون من شأنه دعم بعض المشروعات الهامة ورعايتها وتشجيع واطمئنان الأفراد على شراء الأسهم والسندات الخاصة بالمشروعات التي تشارك فيها مما يترتب عليه زيادة التنمية الاقتصادية في البلاد.

وتحصل الدولة نتيجة مشاركتها في المشاريع الاقتصادية على أربـاح وفوائد تعتبر من إيرادات الدولة العامة.

كما وقد تلجأ الدولة إلى إنشاء مؤسسات الإقراض المختلفـة الاقتصادية والاجتماعية والعقارية والحرفية مـما يـأتي للدولـة فوائـد نتيجـة أعمـال هـذه المؤسسات وتعتبر من إيرادات الدولة العامة بالإضافة إلى فوائد القروض التـي تمنحهـا الدولـة للهيئـات العامـة المحليـة وللمؤسسـات والمشروعات العامـة. بالإضافة إلى أن الدولة تلجأ إلى فتح حسابات لها في البنوك المختلفة كما قد تلجأ إلى إيداع أموالها لدى هذه البنوك لقاء فوائد وعمولات معينة تعتبر مـن الإيرادات العامة للدولة.

الفصل الثاني
إيرادات الدولة من الرسوم

في العصور القديمة كانت الرسوم تشكل أهم إيرادات الدولة بعد إيراداتها الخاصة، بسبب عدم تبلور فكرة الضريبة التضامنية القائمة على التضامن والتكافل بين أفراد المجتمع. وقد كانت الفكرة السائدة أن الشخص يدفع لخزينة الدولة بنسبة ما تؤديه الدول له من خدمة ومنفعة عامة وهي الفكرة الأساسية التي يقوم عليها مبدأ الرسوم.

أما في العصر الحديث فقد فقدت الرسوم أهميتها المالية كمورد أساسي لخزينة الدولة وأصبحت خزينة الدولة تعتمد على الضرائب بالدرجة الأولى والتي تقوم على فكرة التضامن الاجتماعي والخدمات العامة.

المبحث الأول
تعريف الرسم وبيان خصائصه

الرسم هو "مبلغ من المال يدفعه المنتفعون إلى الدولة لقاء خدمة معينة ذات نفع عام تؤديها الدولة إليهم"[(١)].

ويستنتج من هذا التعريف أن خصائص الرسم تتلخص بما يلي:

١- الرسم هو عبارةعن مبلغ من المال يدفعه المكلفون إلى خزينةالدولة مقابل الحصول على خدمةخاصةوالأصل أن يكون هذا المبلغ بصورة نقدية تمشياً مع فكرةاستخدام النقودفي التعامل والمبادلات الاقتصاديةفي الوقت الحاضر،كما وأن الدولة نفق المال في سبيل تحقيق أهدافها العامة بصورة

(١) الدكتور رشيد الدقر - المالية العامة - المرجع السابق - صفحة (٢٧).

نقدية، وتقدر مبالغ نفقاتها وإيراداتها بصورة نقدية. ولكن لا يوجد ما يمنع أحياناً أن يؤدي المكلف الرسم بصورة عينية كالسلع والخدمات.

٢- يدفع الرسم إلى الدولة وليس إلى الأفراد والأشخاص والشركات، ويقصد بالدولة الشخصية المعنوية التي منحها إياها القانون وتتمثل بالوزارات والدوائر الحكومية والمؤسسات العامة والسلطات المحلية والإقليمية التي تقوم بخدمة عامة وتمارس سلطة عامة.

٣- لا يدفع الرسم إلا لقاء خدمة خاصة يحصل عليها المكلف من الدولة أو مؤسساتها العامة أو من سلطاتها المحلية وهذه الخدمة قد تكون على أشكال متنوعة[1].

أ. عملاً يؤديه أحد أو بعض الموظفين لمصلحة المكلف بدفع الرسم كتوثيق عقد أو تسجيل دعوى قضائية أو تصديق شهادة... الخ.

ب. امتيازاً خاصاً يمنح للمكلف بدفع الرسم كرخصة قيادة سيارة أو رخصة سوق مركبة أو رخصة حمل السلاح أو منح جواز سفر ... الخ.

جـ. تسهيلاً من جانب الدولة لمباشرة المكلف بدفع الرسم لعمله أو مهنته أو حرفته كالرسوم والرخص لكافة أصحاب المهن ... الخ.

د. السماح للمكلف بدفع الرسم باستعمال مرفق عام من المرافق العامة كالحدائق والشواطئ والأماكن الاثرية والطرق...الخ.

٤- ويجب أن تكون الخدمة الخاصة التي تقدمها الدولة لقاء الرسم في نفس الوقت ذات نفع عام للمجتمع بأكمله. فعندما تقوم الدولة بناء المدارس والجامعات يكون هدفها نشر التعليم بين أفراد المجتمع وتكون قد قامت بخدمة عامة نافعة للمجتمع على الرغم من أن الذين استفادوا من التعليم اشخاص معينون هم الطلاب لقاء رسم معين إلا أن تحصيل الرسم هنا

---

(١) الدكتور محمود رياض عطية – موجز في المالية العامة – المرجع السابق – صفحة (١٣٤) وما بعدها.

حادثاً ثانوياً قياساً بالهدف الأصلي من الخدمة وهو النفع العام وتطبيقاً لذلك فإن كل خدمة تقدمها الدولة وتكون ذات طبيعة تجارية أو صناعية بحتة لا يجوز للدولة ان تفرض رسماً عنها بل تفرض ثمناً أو أجراً لها.

المبحث الثاني
الصفات الاختيارية والإجبارية للرسم [١]

الأصل في الرسم أنه اختياري وليس إجباري. فإذا رغب المكلف الاستفادة من الخدمة التي تقدمها الدولة فهو يدفع الرسم وإذا لم يرغب في الاستفادة من هذه الخدمة فهو غير ملزم على دفعه. فالطالب يدفع الرسوم الجامعية إذا ما رغب في متابعة دراسته العليا في حين أنه غير ملزم على ذلك إذا اكتفى بشهادة الدراسة الثانوية ولكن الصفة الاختيارية للرسم هي ظاهرية أكثر منها حقيقية لأن المكلف يقوم بدفع الرسم بصورة إجبارية للدولة التي تؤدي له الخدمة، ويبدو عنصر الإجبار واضحاً في القواعد القانونية التي تحدد مقدار الرسم وكيفية تحصيله وطريقة الاستفادة من الخدمة المقدمة كمقابل له. ويمكن في هذا الصدد التمييز بين نوعين من الإجبار الأول: الإجبار القانوني، والثاني: الإجبار المعنوي. ويقصد بالإجبار القانوني أن يجبر المكلف بموجب أحكام القانون بالحصول على بعض الخدمات العامة ودفع الرسوم المقررة عنها ومثال ذلك الزام كل أردني يزيد عمره على ست عشرة سنة ان يحصل على بطاقة شخصية وإذا أصبح رب أسرة عليه أن يحصل على دفتر عائلة خلال تسعين يوماً من تاريخ عقد زواجه لقاء دفع رسم مقداره ديناران عن كل من البطاقة الشخصية ودفتر العائلة[٢]. ففي هذه الحالة تنعدم

(١) - الدكتور عصام بشور – المالية العامة والتشريع المالي – المرجع السابق – صفحة (١٨٦) وما بعدها.
- الدكتور شريف رمسيس تكلا – الأسس الحديثة لعلم مالية الدولة – المرجع السابق – صفحة (١١٣).

(٢) الفقرتان (أ، ب) من المادة (٣٨) من قانون الأحوال المدنية رقم (٩) لسنة ٢٠٠١ .

فيها كلياً حرية المكلف في دفع الرسم من عدمه، فالقاعدة القانونية الآمرة تلزمه وغيره من المكلفين بالحصول على الخدمات المقدمة من الدولة مقابل أن يدفع مقابلها جبراً في صورة رسوم.

أما المقصود بالإجبار المعنوي، هو أن يجبر المكلف بدفع الرسوم فقط في حالة ما إذا قرر الانتفاع بالخدمات العامة التي تقدمها الدولة، وبمعنى آخر فإن الشخص لا يجبر بمقتضى القانون أن يطلب الخدمة العامة وإنما هو حر في الاستفادة منها باختياره، ولكنه متى قرر الاستفادة منها التزم بمقتضى أحكام القانون بدفع الرسم المقرر عنها ومثال ذلك رسوم التعليم غير الإلزامي والتعليم الجامعي.

المبحث الثالث
قواعد تحديد معدل الرسم [1]

القاعدة العامة التي تحكم تحديد معدل الرسم الذي يفرض على المكلفين هي ضرورة توزيع كلفة الخدمة المقدمة من الدولة – مقابل الرسم – على المجتمع والمكلف الذي استفاد من هذه الخدمة بقدر استفادة كل منهما من فائدة أو منفعة. كون الرسم يهدف إلى تحقيق نفعاً خاصاً للمكلف الذي يطلب الخدمة بالإضافة إلى تحقيق نفع عام للمجتمع بأكمله.

وبناء على هذه القاعدة فيجب عند تحديد معدل الرسم مراعاة كلفة المنفعة من جهة والأهداف التي تسعى الدولة لتحقيقها من جهة أخرى فيرتفع معدل الرسم عندما تكون نسبة المنفعة الخاصة أكبر من المنفعة العامة أو عندما تريد الدولة حصر الخدمة العامة بعدد معين من أفراد المجتمع كالرسوم المدفوعة من أصحاب

---

(١) - الدكتور شريف رمسيس تكلا - الأسس الحديثة لعلم مالية الدولة - المرجع السابق - صفحة (١١٥) وما بعدها.
- الدكتور عصام بشور - المالية العامة والتشريع المالي - المرجع السابق - صفحة (١٩٣).

المهن الحرة. وبالمقابل ينخفض معدل الرسم عندما تكون نسبة المنفعة العامة أكبر أو عندما تريد الدولة توزيع الخدمة العامة على أكبر عدد ممكن من أفراد المجتمع كالتعليم الالزامي لذلك يكون مجاناً في مدارس الحكومة.[1]

إلا أن الدولة كثيراً ما تخرج عن قاعدة توزيع الخدمة العامة المشار إليها سابقاً لتحديد معدل الرسم لذلك نجد أن هناك عدة اعتبارات تؤخذ بعين الاعتبار عند تحديد معدل الرسم ومن أهمها ما يلي:

(١) الرغبة في تحقيق إيرادات عامة للدولة حيث أن الرسوم تعتبر من إيرادات الموازنة العامة لذلك تستغل الدولة أحياناً رغبة الأفراد في الاستفادة من بعض الخدمات التي يستفيد منها المكلف القادر على دفع الرسم مقابل لها لذلك تعمد الدولة عند تحديد معدل الرسم أن يكون مرتفعاً بحيث يفوق تكاليف الخدمة المقدمة من الدولة كالرسوم التي تفرض على رخص المهن ورخص البناء. كما وينطبق هذا الوضع عندما ترغب الدولة ان تحد من الطلب على بعض السلع والخدمات كالمشروبات الكحولية والدخان .. الخ وذلك بفرض رسوم مرتفعة عليها.

(٢) الرغبة في تحقيق المصلحة العامة وتنظيم أدائها حيث ترغب الدولة في تشجيع الأشخاص على طلب بعض الخدمات العامة كالخدمات التعليمية والصحية لنشر الوعي التعليمي والمحافظة على الصحة العامة لذلك تعمل الدولة جاهدة على ان يكون معدل الرسم بصورة تقل عن الكلفة الفعلية للخدمة حتى وعن قيمة النفع الخاص الذي يعود على المكلف من جراء الاستفادة منها. ومثال ذلك في رسوم التعليم الثانوي (غير الالزامي) حيث تحصل الدولة هذه الرسوم من طلاب المدارس بصورة رمزية لا تتناسب مطلقاً مع ما تتحمله الدولة من نفقات التعليم بشكل عام.

---

(١) المادة (٢٠) من الدستور الأردني لسنة ١٩٥٢ .

وكذلك رسوم الخدمات الصحية في المراكز والمستشفيات الحكومية حيث تحدد الرسوم عند مستوى يقل كثيراً عن الكلفة لدرجة أنها تكون عبارة عن رسوم رمزية الهدف منها تنظيم الاستفادة من المرافق العامة.

المبحث الرابع
طرق تحصيل الرسوم

تحصل الدولة الرسوم المختلفة بعدة طرق وتؤخذ بعين الاعتبار عند تحديدها لهذه الطرق وفرة هذه الرسوم كإيراد عام من إيرادات الخزينة العامة والتقليل ما أمكن من كلفة تحصيلها والمتمثلة بالنفقات التي تنفقها الدولة في تحصيل الرسوم كرواتب الموظفين ونفقات الإدارة المختلفة. وأهم هذه الطرق:

١- **طريقة التحصيل المباشر:** وذلك في حالة وجوب أن يدفع المكلف الذي يرغب في الاستفادة من الخدمة مبلغ الرسم المترتب عليها إلى خزينة الدولة مباشرة ويؤخذ إيصالاً بذلك وبواسطته يحصل على الخدمة المطلوبة من الموظف العام المختص. كرسوم الحصول على وثائق السفر والأحوال المدنية وترخيص المركبات ... الخ. أو في حالة إذا كان دفع الرسم يتم إلى المرفق العام الذي يتولى القيام بخدمة عامة كالرسوم الجامعية والمدرسية والرسوم القضائية.

٢- **طريقة التحصيل غير المباشر:** وذلك بواسطة الطوابع في حالة إذا كان الهدف من الخدمة هو الحصول على وثيقة مكتوبة أو في حالة إذا كان يجب تقديم طلب كتابي (استدعاء) للحصول على الخدمة المطلوبة وعندها يتم تحصيل الرسم باستعمال أوراق مدموغة بقيمة هذا الرسم أو بإلصاق طابع على الطلب كما هو الحال في الحصول على صورة طبق الأصل عن شهادة ميلاد أو دفتر عائلة ...الخ .

المبحث الخامس
التفرقة بين الرسم وبعض الإيرادات العامة الأخرى [1]

(١) الرسم والثمن العام:

ويقصد بالثمن العام هو ثمـن منتوجـات مشـروعات الدولـة التجاريـة
والصناعية والخدمية لذلك فالهدف مـن دفـع الـثمن هـو حصول الفـرد عـلى
سلعة معينة لمنفعته الخاصة كالثمن الذي يدفع لقاء الحصول على سـلعة مـن
المؤسسة الاستهلاكية المدنية والعسكرية أو الثمن المدفوع لسـلطة المياة لقاء
استهلاك كمية معينة من المياه.

والرسم يختلف عن الثمن العام بعدة جوانب من أهمها:

أ- إن الرسم يدفع مقابل الحصـول عـلى خدمـة خاصـة مـن أحـد مرافـق
الدولة بالإضافة للمنفعة العامة التي تعود عليه وعلى أفراد المجتمـع
بشكل عام لذلك فإن النفع العام هو الغالب، بعكس الثمن العام الذي
يدفع للحصول على سلعة يستفيد منها دافع الثمن وليس غيره لـذلك
فإن النفع الخاص في الثمن هو الغالب.

ب- غالباً ما تستقل الدولة في تحديد مقدار الرسم دون تدخل من الأفراد
باعتبار الدولة ذات سيادة وسلطان على أفراد الرعية أمـا الـثمن العـام
فإنه يتحدد بنفس الطريقة التي يتحدد بها الثمن الخاص وفقاً لقـوانين
العرض والطلب في السوق.

ج- إن الرسم يفرض بقانون وفقاً للمادة (١١١) من الدسـتور الأردني لسـنة
١٩٥٢ والتي أوجبت بأن لا تفرض ضريبة أو رسم الا بقانون ، في حين

---

(١) - الدكتورة زينب حسين عوض الله - مبادىء المالية العامـة - المرجع السـابق - صفحة
(١١٦) وما بعدها.
- الدكتور رشيد الدقر - علم المالية العامة - المرجع السابق - صفحة (٤٩) وما بعدها.

ان الثمن يفرض بقرارات عادية ادارية من المجالس الادارية للمرافق العامة التي تتولى إدارة المشاريع التجارية والصناعية والخدمية حيث ان المادة (١١١) المذكورة أعلاه لم تشترط صدور قانون لتنظيم الثمن العام التي تتقاضاها الدولة مقابل ما تقوم به من بيع السلع والبضائع.

(٢) الرسم ومقابل التحسين :

ويعرف مقابل التحسين بانه "مبلغ من المال يفرض على مالك العقار بنسبة النفع الخاص الذي عاد على عقاره من أشغال ذات نفع عام قامت به الدولة أو إحدى السلطات المحلية كفتح شارع أو شق طريق جديد إلى ضاحية حديثة".

ويشترك مقابل التحسين مع الرسم في كونه مقابل خدمة خاصة ويجب دفعه بصورة نقدية لدرجة انه اعتبر نوع من الرسوم ومع ذلك نجد ان كل منهما يختلف عن الاخر من عدة وجوه أهمها أن مقابل التحسين يدفع من قبل مالك العقار بسبب الزيادة التي طرأت على قيمة عقاره نتيجة قيام الدولة بأحد المشروعات العامة، حيث يجبر مالك العقار على دفع مقابل التحسين طالما ان عقاره قد استفاد من مشاريع الدولة، أما في الرسم فإنه يمكن للشخص عدم دفع المقابل النقدي المترتب عليه وذلك في حالة الامتناع عن الانتفاع من الخدمة التي تقرر هذا الرسم في مقابلها وذلك في الحالات التي لا يتحقق فيها الإكراه او الإجبار القانوني.

الفصل الثالث
إيرادات الدولة من الضرائب

تعتبر الضرائب من أهم مصادر الإيرادات العامة من الناحية المالية وما تلعبه من أهمية في تحقيق أهداف الدولة الاقتصادية والاجتماعية والسياسية ... الخ. لذلك فإن دراسة موضوع الضرائب يجب أن يتناول كافة الجوانب النظرية والعملية، وعليه سكنتفي بدراسة بعض الموضوعات النظرية والعملية بصورة مختصرة في هذا الفصل.

المبحث الأول
المبادىء العامة للضرائب

أولاً: تعريف الضريبة وبيان خصائصها[1]

تعرف الضريبة بأنها ((مبلغ من المال تفرضه الدولة على المكلفين بدفعها جبراً مساهمة منهم في تغطية نفقاتها العامة وتدفع من قبلهم بصفة نهائية ودون أن يعود عليهم نفع خاص مقابل دفع هذا المبلغ باعتبارهم أعضاء متضامنين في الدولة ويكون فرضها مرتبطاً بالمقدرة على الدفع لتحقيق أهداف الدولة المالية والاقتصادية والاجتماعية...الخ)).

---

(١) - الدكتور رشيد الدقر - علم المالية العامة - المرجع السابق - صفحة (٤٠) وما بعدها.

- الدكتور محمود رياض عطية - موجز في المالية العامة - المرجع السابق - صفحة (١٤٥) وما بعدها.

- الدكتور زين العابدين ناصر - علم المالية العامة - بدون دار نشر - بدون سنة نشر - صفحة (١٦٠) وما بعدها.

- الدكتور جهاد سعيد خصاونة - الضمانات الدستورية للالتزام الضريبي وفقاً للتشريع الأردني - دراسة مقارنة - رسالة دكتوراه - ٢٠٠٦ - صفحة (١٤) وما بعدها.

يتضح من هذا التعريف ان خصائص الضريبة هي:

١- الضريبة مبلغ من المال (فريضة مالية):

قد يكون هذا المـال نقداً أو عيناً فقد كانت الضرائب في العصور القديمة والوسطى تدفع عيناً كأن يقتطع جزء مـن المحاصيل الزراعية لقاء الضريبة علـى الإنتاج الزراعي أو أن تكـون خـدمات إجبارية تفرض علـى الأشخاص دون مقابل محدد كنظام السخرة أو التجنيد الاجباري وتمشياً مع الطابع النقدي للمعاملات الاقتصادية في العصر- الحديث أصبحت الضريبة تدفع نقداً باعتبار ذلك أسهل فرضاً وتحصيلاً وأقل إنفاقاً مـن الضرـيبة علـى المال العيني لأن الضريبة العينية تحتاج لنقل البضائع والحفظ والبيع ناهيـك عما قد تتعرض اليه من تلف أو نقص وما شابه ذلك نتيجة تعرضها للظروف الجوية المختلفة. ومن التطبيقات العملية لفرض الضريبة بصورة عينية ما قـام بـه الاتحاد السوفياتي (سابقاً) عام ١٩١٨ بفرض ضريبـة عينيـة علـى المحصـولات الزراعية لمعالجة أزمة المـواد الغذائية في ذلك العـام، كما وقد اجاز قانون الموازنة العامة في بريطانيا لسنة ١٩٥٦ دفع ضريبة "التركات" بصورة عينيـة اذا كانت تتألف من لوحات فنية تاريخية ذات قيمة. [١]

٢- الضريبة تفرض بحكم القانون

وفقاً لهذه الخاصية لا يجوز ان تفرض الضرـيبة الا بقـانون وهـو مـا يسمى بمبدأ قانونية الضريبة والذي يتمثل في المـادة (١٤) مـن اعلان حقـوق الإنسان والمواطن الفرنسي لسنة ١٧٨٩ والتي نصت على ان "لجميع المـواطنين الحق سواء بأنفسهم أو عن طريق من يمثلونهم في التأكد من ضرورة الضريبة وتحديد مقدارها ووعائها وتحصيلها ومدتها" .

---

(١) الدكتور عصام بشـور - المالية العامة والتشريع الضرـيبي - المرجع السابق - صفحة (٢٢٠) .

لذلك يلاحظ ان معظم الدساتير في العالم ان لم تكن جميعها تنص صراحة على قاعدة تتضمن عدم فرض الضريبة الا بقانون وتطبيقاً لذلك فقد نصت المادة (١١١) من الدستور الأردني لسنة ١٩٥٢ على ان لا تفرض ضريبة أو رسم إلا بقانون وفي ذلك تأكيداً لمبدأ سيادة الأمة وعدم فرض الضرائب والرسوم إلا بموافقة ممثلي الأمة وبالتأكيد ايضاً على ان يتمسك ممثلي الأمة بهذا الحق الدستوري وان لا يتركوه للسلطة التنفيذية إلا عند الضرورة.

٣- إن الضريبة تفرض بصورة جبرية:

أي إنها تفرض على المكلفين بها بحكم القانون ولا يخيرون في أدائها ولا في كيفية دفعها وموعده وإذا امتنعوا عن دفعها طواعية حصلت منهم بصورة جبرية. ولا يغير من الأمر شيئاً إن الضريبة وفي أغلب الدساتير لا تفرض إلا بقانون يصدر عن السلطة التشريعية لأن قوانين الضرائب متى أقرت من السلطة التشريعية أصبحت إجبارية بالنسبة للكافة سواء كانوا من الموطنيين أو الأجانب المقيمين بالبلاد باعتبارهم أعضاء متضامنين في الدولة التي تقررت الضريبة فيها. وليس لأي شخص أن يمتنع عن دفعها بحجة أنه غير ممثل في السلطة التشريعية كالأجنبي أو بحجة أن ممثليه لم يصوتوا في جانب فرضها.

٤- تفرض الضريبة على المكلفين بها

القانون الضريبي هو الذي يحدد الشخص المكلف بدفع الضريبة سواء كان من الأشخاص الطبيعيين أو المعنويين كالشركات والمؤسسات العامة والجمعيات التعاونية أو الهيئات المعنوية الأخرى. وسواء كان من الموطنيين أم الأجانب وسواء كان من المقيمين في الدولة أم من غير المقيمين فيها.

٥- الضريبة تدفع لخزينة الدولة

المقصود بالدولة الوزارات والدوائر الحكومية والمؤسسات العامة والسلطات المحلية وكلها تتمتع بالشخصية الاعتبارية والسلطة العامة وتنقسم الضرائب وفقاً للجهة المدفوع لها الضريبة إلى ضرائب مركزية في حال دفعها

للحكومة المركزية في الدولة وخاصة في الدول المركبة (الفدرالية) وضرائب اقليمية اذا دفعت للولايات في تلك الدول وضرائب محلية إذا دفعت للبلديات والسلطات المحلية وتجدر الاشارة هنا إلى أن الضرائب كلها تكون مركزية في الدول البسيطة (غير المركبة).

٦- تفرض الضريبة بصفة نهائية:

وهذا يعني أن المكلف بعد دفع الضريبة المترتبة عليه لا يحق له المطالبة باسترداد المبالغ التي دفعها كضريبة ما دام انها فرضت عليه ودفعت بشكل يتفق وأحكام القانون الضريبي. كما ولا يحق له المطالبة بفوائد عنها لأنها فرضت عليه بصفة نهائية ولا يغير من هذه الصفة ان القانون الضريبي يعطي للمكلف الحق باسترداد الضريبة في حالات معينة كدفعها دون وجه حق أو دفعها زيادة عما هو مقرر قانوناً[١]، وهذا ما يميز الضريبة عن القروض العامة الإجبارية التي تحصل عليها الدولة من المكلفين جبراً إلا أن الدولة تلتزم بإعادة أصل القرض العام مع الفوائد المترتبة عليه قانوناً ضمن شروط وقيود اصدارات الدين العام.

٧- ليس للضريبة مقابل معين:

من المعروف أن الضريبة تدفع من قبل المكلف باعتباره عضواً متضامناً في المجتمع يلتزم بالمساهمة في الأعباء والتكاليف العامة للدولة لذلك لا يحق للمكلف أن يطلب من الدولة ان تقدم له نفعاً خاصاً ومباشراً لقاء دفعة الضريبة التي يلتزم بها سواء كان هذا النفع بصورة خدمة أو أي شيء آخر وهذا لا يعني أن المكلف بدفع الضريبة لا يستفيد من خدمات الدولة العامة، وإذا استفاد منها يكون ذلك باعتباره عضواً في المجتمع وليس باعتباره من دافعي الضريبة.

وبناء عليه فإن الالتزام بالضريبة يعتمد على مدى قدرة الشخص على المساهمة في تغطية الاعباءوالتكاليف العامةللدولةوليس مدى تمتعه بالخدمات أو

(١) المادة (٤٠) من قانون ضريبة الدخل رقم (٥٧) لسنة ١٩٨٥ وتعديلاته .

المنافع العامة. فالفقراء يستفيدون كثيراً من الخدمات العامة التي تقدمها الدولة في مجال الصحة والتعليم والأمن والقضاء على الرغم من أنهم لا يدفعون من الضرائب شيئاً أو يدفعون مبالغ بسيطة تتناسب ومقدرتهم على الدفع بينما قد تفرض الضريبة على الأغنياء بضرائب تصاعدية وبأسعار مرتفعة على الرغم من عدم استفادتهم بشكل واضح من الخدمات التي تقدمها الدولة كالصحة والتعليم مثلاً لأنهم يعتمدون على خدمات المستشفيات والمدارس والجامعات الخاصة ويدفعون مبالغ باهظة للاستفادة من هذه الخدمات. وتطبيقاً لذلك فقد أوجبت المادة (١١١) من الدستور الأردني لسنة ١٩٥٢ على الحكومة عند فرض الضرائب ان لا تتجاوز مقدرة المكلفين على الأداء وحاجة الدولة إلى المال.

٨- الضريبة تمكن الدولة من تحقيق أهدافها:

أول هدف كان للضريبة هو هدف مالي باعتبارها وسيلة للحصول على الأموال اللازمة لتغطية النفقات العامة للدولة بحيث احتل الهدف المالي للضريــبة مركـز الصــدارة بــين أهدافها العامة، ولكن التطــور الاجتماعي والاقتصادي وسع أهداف الضريبة وأصبحت تستخدم كأداة مهمة لتحقيق أهداف الدولة الاقتصادية والاجتماعية والسياسية ... الخ. ويمكن إعطاء أمثلة على ذلك في استخدام مبدأ التكليف التصاعدي في فرض الضريبة كوسيلة إعادة توزيع الــدخل والــثروة بــين أفراد المجتمع الواحد والحد مــن التفاوت بــين الطبقات، وأحياناً تستخدم الضرائب الجمركية لحماية الصناعات الوطنية مــن منافسة الصناعات الأجنبية لها وذلك بفرض رسوم عالية على استيراد البضائع الأجنبية التي يوجد لها مثيل في الصناعات الوطنية، كما وان فرض الضرائب على الاستهلاك قد يكون الهدف منه تشجيع الأفراد على الادخار والحد مــن الإنفاق على المواد الاستهلاكية وخاصة غير الضرورية لإتاحة الفرصة لاستثمار المدخرات لديهم في المشاريع الإنتاجية كما وأن الضريبة قد تستخدم للحد من استهلاك المواد والسلع المضرة بالصحة العامة أو البيئة كالدخان والمسكرات ومخلفات الصناعات... الخ.

كما وتستخدم الضريبة أحياناً كوسيلة لتشجيع النسل أو الحد منه حسب ظروف المجتمع.

المبحث الثاني
القواعد الأساسية للضريبة [1]

لقد وضع آدم سميث في كتابة المشهور ثروة الأمم الصادر في سنة ١٧٧٦، عدداً من القواعد التي تتضمن المبادئ والأسس التي يجب على المُشرع أخذها بعين الاعتبار عند إصداره للقانون الضريبي، لدرجة أن هذه القواعد اعتبرت بمثابة الدستور العام الضمني الذي تخضع له أحكام القانون الضريبي، لذلك قيل إنّ قيام المُشرع باحترام هذه القواعد عند فرض الضريبة يخفف من حدتها ويجعلها مقبولة ومستساغة من قبل المكلفين بدفعها، ومن أهم هذه القواعد قاعدة المساواة أمام الضريبة وقاعدة العدالة الاجتماعية باعتبار أن كل من هاتين القاعدتين تشكل ضمانة هامة من الضمانات الدستورية في مجال الالتزام الضريبي ويعتبر الإخلال بها مدعاة للقول بتعسف المُشرـع في استعمال حقه في فرض الضريبة وتتلخص هذه القواعد بالإضافة لقاعدة المساواة وقاعدة العدالة الاجتماعية بقاعدة اليقين وقاعدة الملائمة وقاعدة الاقتصاد في نفقات التحصيل.

---

(١) لمزيد من التفاصيل راجع:

–   الدكتور شريف رمسيس تكلا - الأسس الحديثة لعلم مالية الدولة- المرجع السابق- صفحة (١٣٩) وما بعدها.

–   الدكتور عبد الأمير شمس الدين- الضرائب العلمية وتطبيقاتها العملية - دراسة مقارنة مع أحكام أهم الضرائب المباشرة- الطبعة الأولى- المؤسسة الجامعية للدراسات والنشر والتوزيع- بيروت- ١٩٨٧.

–   الدكتور زين العابدين ناصر- علم المالية العامة- المرجع السابق- صفحة (١٧٣) وما بعدها.

الفرع الأول: قاعدة (مبدأ) المساواة أمام القانون الضريبي

أولاً: الأساس الدستوري لقاعدة (مبدأ) المساواة أمام القانون الضريبي

يعتبر مبدأ المساواة أمام القانون الضريبي من المبادئ الدستورية الذي يجد مصدره في الوثائق الدستورية، ففي فرنسا مثلاً يتبين أن هذا المبدأ قد ورد في المادة (١٣) من إعلان حقوق الإنسان والمواطن الصادر في سنة ١٧٨٩ التي تنص على أنه "يجب أن توزع الضريبة العامة توزيعاً متساوياً بين جميع المواطنين"، وقد أكدت مقدمة الدستور الفرنسي لسنة ١٩٥٨ على تمسك الشعب الفرنسي بما جاء في هذا الإعلان[١].

وقد ذهب غالبية الفقه إلى القول بأن المبادئ الواردة في إعلانات الحقوق تتمتع بقيمة قانونية معادلة لقيمة القواعد الدستورية[٢]، ليمثل بلا شك ضمانة حقيقية للأحكام الواردة فيها بحيث يتعين على المُشرع العادي عند إصداره للقانون الضريبي الالتزام بها واحترامها وعدم الخروج عليها، ومنها مبدأ المساواة أما الضريبة، كما يجد هذا المبدأ مصدره في المبادئ القانونية العامة التي تعتبر من أهم المصادر غير المكتوبة لمبدأ المشروعية، ومن أمثلة هذه المبادئ التي أقرها مجلس الدولة الفرنسي مبدأ المساواة أمام القانون والذي يشمل المساواة أمام الضرائب والمساواة أمام الأعباء والتكاليف العامة[٣]، وهذا ما جعله يقرر في سنة ١٩٣٦

---

(١) الدكتور محمد محمد عبد اللطيف- الضمانات الدستورية في المجال الضريبي- منشورات جامعة الكويت- ١٩٩٩- صفحة (١٣١).

(٢) - الدكتور علي خطار شطناوي- القضاء الإداري الأردني- الكتاب الأول- قضاء الإلغاء- مؤسسة وائل للنسخ السريع - عمان - ١٩٩٥- صفحة (٤٣).

- الدكتور أنور أحمد رسلان- الحقوق والحريات العامة في عالم متغير- دار النهضة العربية- القاهرة- ١٩٩٣- صفحة (١٨١).

(٣) الدكتور محمود حافظ- القضاء الإداري في الأردن- منشورات الجامعة الأردنية - الطبعة الأولى - عمان - الأردن- ١٩٨٧- صفحة (١٩).

وجوب أخذ كل من الإدارة الضريبية والقضاء في فرنسا بمبدأ المساواة بين المكلفين أمام الضريبة سواء تعلق الأمر بضرائب الدولة المركزية أم بالضرائب المحلية[1].

ولما كان مبدأ المساواة أمام الضريبة من أهم التطبيقات العملية لمبدأ المساواة أمام القانون بشكل عام، كون الضريبة من الناحية الدستورية كما هو معروف لا تفرض إلا بقانون يصدر بالأصل عن السلطة التشريعية، لذلك وجد مصدره في الدستور في كل من فرنسا ومصر والأردن.

ففي فرنسا تنص المادة (٢) من دستور سنة ١٩٥٨ على أن "تكفل فرنسا مساواة جميع المواطنين أمام القانون دون تمييز يرجع إلى الأصل أو الجنس أو العقيدة"، وفي مصر تنص المادة (٤٠) من دستور ١٩٧١ على مايلي: "المواطنون لدى القانون سواء وهم متساون في الحقوق والواجبات العامة لا تمييز بينهم في ذلك بسبب الجنس أو اللغة أو الدين أو العقيدة".

وفي الأردن تنص الفقرة (١) من المادة (٦) من دستور سنة ١٩٥٢ على ما يلي: "الأردنيون أمام القانون سواء لا تمييز بينهم في الحقوق والواجبات وإن اختلفوا في العرق أو اللغة أو الدين".

وتجدر الإشارة إلى أن المادة (١١) من الميثاق العربي لحقوق الإنسان لسنة ٢٠٠٤[2] قد نصت على أن جميع الأشخاص متساوون أمام القانون ولهم الحق في التمتع بحمايته دون تمييز.

ويترتب على مثل هذه النصوص الدستورية أن مبدأ المساواة أمام الضريبة لا يجيز للمشرع عند إصداره للقانون الضريبي أن يضمنه أحكاماً تعمل على التفرقة بين المكلفين بدفع الضريبة بسبب الجنس أو اللغةأوالدين أوالعقيدة فالكل

---

(١) الدكتور حسين خلاف- الأحكام العامة في قانون الضريبة- دار النهضة العربية – القاهرة- ١٩٦٦- صفحة (٧٢).

(٢) المنشور على الصفحة (٤٤٧٨) من العدد رقم (٤٦٧٥) من الجريدة الرسمية في الأردن، الصادر بتاريخ ٢٠٠٤/٩/١٦.

أمام القانون الضريبي سواء ما داموا جميعاً في مراكز قانونية متماثلة أي ما دامت قد توافرت بالنسبة لكل منهم الشروط التي يستلزمها القانون الضريبي ويرى كفايتها لنشوء دين الضريبة في ذمة المكلف بدفعها[1].

كما وأن مبدأ المساواة أمام الضريبة باعتباره تطبيقاً عملياً مستمداً من مبدأ المساواة أمام القانون بشكل عام يعني المساواة في التمتع بالحقوق المدنية والسياسية والواجبات والتكاليف العامة، ولما كانت الضريبة من أهم التكاليف العامة فوجب أن يتساوى الجميع في تحمل أعبائها[2] وبهذا المعنى نصت المادة (٧) من الدستور اللبناني على أن "كل اللبنانيين سواء لدى القانون وهم يتمتعون بالسواء بالحقوق المدنية والسياسية ويتحملون الفرائض والواجبات العامة دون ما فرق بينهم".

ولما كان مبدأ المساواة أمام الضريبة يعني المساواة في الحقوق والواجبات، لذلك يتطلب هذا المبدأ أن يراعي المُشرع فكرة المساواة في مضمون القانون الضريبي عندما يتضمن هذا القانون نظاماً واحداً لمن يكونون في مراكز قانونية متماثلة، كما تراعي الإدارة الضريبية مبدأ المساواة أمام الضريبة عندما تقوم بتنفيذ أحكام القانون الضريبي وتطبيقها على أشخاص تتماثل مراكزهم القانونية[3].

إن تحقيق مبدأ المساواة أمام الضريبة لا يعني أن يدفع جميع المكلفين الضريبة بنفس المقدار، بل يجب أن يتناسب ما يدفعه كل منهم وسعته ومقدرته التكليفية على الدفع وهذه المقدرة تعتبر من أهم أسس الالتزام بالضريبة والتي تعني قدرة المكلف على تحمل الأعباء العامة دون الإضرار بوجوده أو بمقدرته

---

(١) الدكتور حسين خلاف- الأحكام العامة في قانون الضريبة- المرجع السابق- صفحة (٧٤).

(٢) الدكتور حسين خلاف- الأحكام العامة في قانون الضريبة- المرجع السابق- صفحة (٧٦).

(٣) الدكتور محمد عبد اللطيف- الضمانات الدستورية في المجال الضريبي- المرجع السابق- صفحة (١٣٢).

الإنتاجية[1]، وقد أعطت المحكمة الدستورية العليا في مصر[2] هذا المعنى بعداً دستورياً عندما اعتبرت أن من المقرر في قضاء هذه المحكمة أن مبدأ المساواة أمام الضريبة لا يعني أن يتماثل الممولون (المكلفون) في مقدار الضريبة التي يؤدونها.

ولضمان تحقيق فكرة التناسب بين ما يدفعه المكلف ومقدرته على الدفع يعمل المُشرع جاهداً بوسائل شتى لتحقيق هذه الفكرة كأن يفرض ضريبة عامة على الدخل بالإضافة للضرائب النوعية على فروع هذا الدخل، أو يجعل بعض الضرائب تأخذ بمبدأ التكليف التصاعدي أو إعفاء أو تخفيض الضريبة على السلع التي تستهلكها الطبقات الفقيرة وبنفس الوقت فرض ضريبة مرتفعة على السلع التي تستهلكها الطبقات الغنية.

ثانياً: عدم التمييز بين المكلفين بدفع الضريبة من أصحاب المراكز المتماثلة.

مبدأ المساواة أمام الضريبة كمبدأ دستوري يوجب على المُشرع عند إصداره للقانون الضريبي أن يقرر قواعد متماثلة للمراكز القانونية المتماثلة، وإلا كان هذا القانون مخالفاً للدستور وفي هذا المعنى تقرر المحكمة الدستورية العليا في مصر[3]، أن مبدأ المساواة أمام القانون غدا في جوهره وسيلة لتقرير الحماية القانونية المتكافئة التي لا تمييز فيها بين المراكز القانونية المتماثلة.

---

(١) محمد كمال الجرف- الضرائب المقارنة بين النظام الإسلامي والنظم المعاصرة- منشورات كلية الحقوق- جامعة القاهرة- القاهرة - ١٩٧٥-١٩٧٦ - صفحة (٩٩).

(٢) الحكم في الدعوى رقم (٩) لسنة (١٧) قضائية في جلسة ١٩٩٦/٩/٧ - المنشور في الجريدة الرسمية في مصر- العدد (٣٧) تاريخ ١٩٩٦/٩/١٩.

(٣) الحكم في الدعوى رقم (١١) لسنة (١٥) قضائية دستورية- الجريدة الرسمية الصفحة (٣٣٧) من العدد (٥١) تاريخ (٢٣) ديسمبر/ ١٩٩٣ مشار إليه في صفحة (١٣٨) من مؤلف الدكتور محمد عبد اللطيف- الضمانات الدستورية في المجال الضريبي- المرجع السابق.

وبنفس المعنى قررت محكمة العدل العليا في الأردن[1] أن من الواجب على السلطة الإدارية أن تسوي في المعاملة بين المواطنين إذا اتحدت ظروفهم فيما أعطاها المُشرع من سلطان في تصريف الشؤون العامة، فلا تعطي حقاً لبعضهم ثم تحرم غيرهم منه متى كانت ظروفهم جميعاً متماثلة، لأن في ذلك تعارضاً مع مبدأ المساواة بين المواطنين وإخلالاً بهذا المبدأ من المبادئ الدستورية العليا خلافاً لأحكام الفقرة (أ) من المادة السادسة من الدستور في الأردن لسنة ١٩٥٢.

وتطبيقاً لذلك فقد تصدت محكمة التمييز في الأردن[2] لمفهوم المخالفة لهذه الفكرة والمتمثلة بأن أصحاب المراكز المختلفة يجب أن يعاملوا معاملة مختلفة، عندما طعن أمامها بحكم المادة (٤/ب) من قانون ضريبة الدخل رقم (٥٧) لسنة ١٩٨٥ والتي تنص على أن الإعفاءات المنصوص عليها في القانون هي للزوج ويجوز منحها كلها أو بعضها لزوجته أو أن تكون الزوجة هي المعيل الوحيد للعائلة ويفترض في الزوج الذي يرغب بمنح كل أو جزء من الإعفاءات لزوجته أن يكون مكلفاً أي ملزماً بدفع الضريبة، فإذا لم يكن مكلفاً أو ليس له إعفاءات لأنه ليس له دخل ليكون محلاً للإعفاءات، أو أن يكون دخله معفى من الضريبة فليس له منح زوجته الإعفاءات المقررة له في مثل هذه الحالة.

وقد أجابت المحكمة على هذا الدفع بقولها بأن المُشرع غير ملزم بمراعاة مبدأ المساواة المنصوص عليها في المادة (٦) من الدستورلسنة ١٩٥٢،عند قيامه بسن القوانين والأنظمةذات الخصوصيةأو قديجد المُشرع أن جوهرالمساواةهو الذي يجب أن يسودسواءبالنسبة للجنس أو السن أو المقدرة الاقتصادية ، فقانون خدمة العلم مثلاً يجري تطبيقه على الرجال دون النساء وكذلك القوانين التي توجب

---

(١) القرار رقم (١٩٦٤/١٠٧) (هيئة خماسية)- المنشـور علـى الصـفحة (١٠٥٦)- مـن مجلـة نقابـة المحامين الأردنيين لسنة ١٩٦٥.

(٢) تمييز حقوق (٩٩/١٦٨)- المنشور في الصفحة (٩٤٨)- مـن العددين الثالـث والرابـع مـن مجلـة نقابة المحامين الأردنيين لسنة ٢٠٠٠.

على الرجل الإنفاق على زوجته وأولاده معيشة وسكناً وخلافه دون أن يفرض ذلك على المرأة وليس في ذلك إخلال في قواعد المساواة، وعليه فإن منح الرجل (الزوج) ابتداء الإعفاءات الضريبية المشار إليها في المادة الرابعة من قانون ضريبة الدخل إنما كان بإعتباره هو الذي يقوم بالإنفاق شرعاً على أسرته ومن حقه الحصول على الإعفاءات، أما إذا ثبت أن الزوجة هي المعيل الوحيد للعائلة فإنها هي التي تتمتع بالإعفاءات هذه، كما حددت الفقرة (ج) من المادة الرابعة الإعفاءات المقررة للزوجة عمن تتولى هي إعالتهم حقيقة من دخلها.

وتحقيقاً لمبدأ المساواة بين الزوج والزوجة في منح الإعفاءات نصت الفقرة (ب) من المادة (٤) من قانون ضريبة الدخل رقم (٥٧) لسنة ١٩٨٥ المعدلة بالقانون رقم (٢٥) لسنة ٢٠٠١ على أن يتمتع بالإعفاءات المنصوص عليها في هذا القانون الزوج المكلف والزوجة المكلفة، ويجوز لأي منهما منح هذه الإعفاءات كلياً أو جزئياً للآخر حسب مقتضى الحال، كما قد أصبحت الزوجة وفقاً للفقرة (جـ) من المادة المذكورة تتمتع بالإعفاءات المتعلقة بشخصها كالإعفاء الشخصي والإعفاءات المترتبة على دراستها أو إعالة ودراسة أولادها وغيرهم من الأشخاص الذين تكون إعالتهم من مسؤوليتها، وكذلك نفقات إعالة والديها إذا تولت إعالتهما، كما وتتمتع بالإعفاءات الواردة في المادة (١٤) من القانون إذا ثبت أنها مسؤولة فعلاً عما تم دفعه من النفقات المتعلقة بهذه الإعفاءات[1]، وبهذا تكون المادة (٤) المذكورة قد ساوت بين الزوج والزوجة في حال تماثلت مراكزهم القانونية وذلك

---

(١) وتتلخص أهم هذه الإعفاءات بما يلي:

أ- بدل الإيجار الذي يدفعه المكلف المقيم أو زوجه عن سكنه في المملكة ولغاية ٢٠٠٠ دينار.

ب- الفائدة أو مبلغ الربح الذي يدفعه المكلف المقيم أو زوجه عن قرض أنفقه في إنشاء أو شراء مسكن له في المملكة ولغاية ٢٠٠٠ دينار.

ج- المبلغ الذي يدفعه المكلف المقيم أجراً لعملية جراحية أجريت في المملكة له أو لمن يعيله شرعاً في أحد مستشفيات المملكة.

عندما تصبح الزوجة هي التي تقوم بالإنفاق على نفسها أو على أفراد عائلتها في حال عدم قيام الزوج بذلك لأي سبب من الأسباب.

كما وقد تصدت المحكمة الدستورية العليا في مصر[1]، لفكرة عدم التمييز بين أصحاب المراكز المتماثلة عندما طعن أمامها بعدم دستورية القانون رقم (٢٢٩) لسنة ١٩٨٩، بفرض ضريبة على مرتبات العاملين المصريين في الخارج والتي نصت المادة الأولى منه على أن " تفرض ضريبة على الأجور والمرتبات التي يتقاضاها عن عملهم بالخارج العاملون بالدولة والقطاع العام والعاملون بنظم أو كادرات خاصة الحاصلون على إعارة أو إجازة خاصة بدون مرتب للعمل في الخارج".

وقد حددت المادة (٢) من القانون المذكور قيمة الضريبة بعشرين جنيهاً شهرياً لكل عامل من الدرجات الرابعة والخامسة والسادسة، وأربعين جنيهاً شهرياً لكل عامل من الدرجتين الثانية والثالثة، وثمانين جنيهاً شهرياً لكل عامل من الدرجتين مدير عام والأولى، ومئة وعشرين جنيهاً شهرياً لكل عامل بالدرجات فوق مدير عام.

وترى المحكمة الدستورية العليا في مصر أن هذه المادة قد حددت لكل درجة وظيفية ضريبة ثابتة نص عليها في صلب القانون المطعون فيه، وكان الشاغلون لهذه الدرجة يتفاوتون فيما بينهم فيما قد يحصلون عليه من دخل لقاء عملهم خارج جمهورية مصر العربية، وكان هذا التباين في مقدار المال المحمل بالضريبة لازمة لأن مراكزهم القانونية غير متماثلة بالنسبة إليه فإن إخضاعهم جميعاً لضريبة واحدة ثابت مبلغها يعتبر كذلك ومن هذه الناحية مناهضاً لمبدأ المساواة أمام القانون، متى كان ذلك فإن القانون المطعون فيه يكون مخالفاً لأحكام

_____

(١) الحكم في الدعوى رقم (٤٣) لسنة (١٣) قضائية دستورية- جلسة ١٩٩٣/١٢/٦- مشار إليه في الموسوعة الجامعة لأحكام المحكمة الدستورية العليا- الصادرة عن المكتب الفني للموسوعات القانونية- الجزء الأول ١٩٩٨- صفحة (٢٦٠) وما بعدها.

المـواد (٤، ٣٨، ٤٠، ٦١، ١١٩) [١] ومـن الدسـتور المصري لسـنة ١٩٧١، وبالتالي حكمت المحكمة بعدم دستورية القانون رقم (٢٢٩) لسـنة ١٩٨٩، بفرض ضريبة على مرتبات العاملين المصريين في الخارج.

ولما كان الحكم الصادر عن المحكمة الدستورية بعد نشره في الجريدة الرسمية ملزماً لجميع سلطات الدولة وللكافة، وبالتالي يترتب على الحكم القاضي بعدم دستورية نص في قانون عدم جواز تطبيقه من اليوم التالي لنشر ـ الحكم [٢]، فقد صدر قانون جديد بفرض الضريبة على أجور العاملين في الخارج برقم (٢٠٨) لسنة ١٩٩٤، تلافى جزئياً الإخلال بمبدأ المساواة أمام الضريبة وفرضها على العاملين في الخارج لتشمل العاملين في الدولة أو القطاع العام أو القطاع الخاص غير أن هذا القانون هو الآخر قد وقع من جديد في مخالفة مبدأ المساواة أمام الضريبة من جانب آخر للأسباب التالية [٣]:-

---

(١) وتنص هذه المواد على ما يلي:
المادة (٤): الأسـاس الاقتصـادي لجمهوريـة مصرـ العربيـة وهو النظـام الإشتراكـي الـديمقراطي القائم على الكفاية والعدل بما يحول دون الإستغلال ويؤدي إلى تقريب الفـوارق بـين الدخول ويحمي الكسب المشروع ويكفل عدالة توزيع الأعباء والتكاليف العامة.
المادة (٣٨): يقوم النظام الضريبي على العدالة الإجتماعية.
المادة (٤٠): المواطنون لدى القانون سواء وهـم متسـاوون في الحقـوق والواجبـات العامـة لا تمييز في ذلك بسبب الجنس أو الأصل أو اللغة أو الدين أو العقيدة.
المادة (٦١): أداء الضرائب والتكاليف العامة واجب وفقاً للقانون.
المادة (١١٩): إنشاء الضرائب العامة وتعديلها أو الغائها لا يكون إلا بقانون ولا يعفى أحـد من أدائها إلا في الأحوال المبينة في القانون.
(٢) الدكتورة نبيلـة عبد الحليم كامل ـ الرقابـة القضائيـة عـلى دسـتورية القوانين "القضاء الدستوري"ـ دار النهضة العربية ـ القاهرة ـ ١٩٩٣ـ صفحة (٢٣١) وما بعدها.
(٣) الدكتور رمضان صديق محمد ـ الضرائب بين الفكر المالي والقضاء الدستوري ـ القاهرة ـ ١٩٩٧ـ صفحـة (١٥٤) مشار إليه في مؤلف الـدكتور محمد محمـد عبد اللطيف ـ الضمانات الدستورية في المجال الضريبي ـ المرجع السابق ـ صفحة (١٤٣).

١- أن هذا القانون قد فرض الضريبة على الأجور والمرتبات التي يتقاضاها العاملون المصريون في الخارج ممن يزاولون عملاً لدى الغير يتوافر فيه عنصر التبعية، ولم يخضع دخل المواطن المصري الذي يعمل في الخارج على وجه الاستقلال كأصحاب المهن الحرة وغيرهم ممن يعملون في الخارج بصفة أساسية أي يكون مركزهم الرئيسي في الخارج وليس في داخل مصر.

٢- لقد استبعد القانون دخول المصريون المهاجرين هجرة دائمة، على الرغم من أن الكثير منهم يحتفظون بجنسيتهم المصرية، وبالتالي تنطبق عليهم الواقعة المنشئة للضريبة خاصة وأن الضريبة وفقاً لهذا القانون تأخذ بمعيار رابطة التبعية السياسية (الجنسية) الأمر الذي يتطلب مساهمتهم في تغطية نفقات الدولة العامة التي تلتزم بحمايتهم.

٣- لم يراع هذا القانون المقدرة التكليفية على الدفع للمكلفين بهذه الضريبة بسبب اختلاف أماكن عملهم في الخارج واختلاف دخولهم تبعاً لاختلاف أعمالهم واختلاف أوضاعهم المعيشية، ويعتبر فرض الضريبة دون مراعاة ذلك خروجاً على مبدأ المساواة بين المكلفين بدفع الضريبة.

وعندما طعن بهذا القانون لدى المحكمة الدستورية العليا في مصر[(١)]، قضت بأن مبدأ مساواة المواطنين أمام القانون مؤداه أنه لا يجوز أن تخل السلطتان التشريعية والتنفيذية في مباشرتهما لاختصاصهما التي نص عليها الدستور بالحماية المتكافئة للحقوق جميعها سواء في تلك التي نص عليها الدستور أو التي ضمنها المُشرع، ومن ثم كان هذا المبدأ عاصماً من النصوص القانونيةالتي يقيم بها

---

(١) الحكم في الدعوى رقم (٤٣) لسنة (١٧) قضائية دستورية جلسة (٢) يناير ١٩٩٩، مشار إليه في موسوعة الدكتور زكريا بيومي في القوانين والأحكام والفتاوي الضريبية- بدون دار نشر، سنة ٢٠٠٠ - الجزء الأول- المجلد الأول- الضريبة على دخل الأشخاص الطبيعيين- الضريبة على أرباح شركات الأموال- الجزء الأول- المجلد الثاني- الأحكام العامة لضرائب الدخل- الصفحة (٦١١).

المُشرع تمييزاً غير مبرر تتنافر به المراكز القانونية التي تتماثل عناصرها، ولما كان القانون المطعون فيه قد استبعد من دائرة تطبيقه فئة من العاملين المصريين في الخارج هم الذين لا يتوافر في عملهم عناصر التبعية، بينما أخضع لأحكامه أولئك الذين يتوافر في عملهم ذلك العنصر فإن هذا التمييز وقد قام على غير أسس موضوعية تبرره، يصف المبدأ الذي اعتنقه ذلك القانون بالإخلال بالمساواة التي كفلتها المادة (٤٠) من الدستور المصري لسنة ١٩٧١، ولهذه الأسباب حكمت المحكمة بعدم دستورية هذا القانون.

وقد تطرق المجلس الدستوري في فرنسا[1] لفكرة عدم التمييز بين المكلفين بدفع الضريبة من أصحاب المراكز المتماثلة عندما عرض عليه مشروع قانون الميزانية لسنة ١٩٩٧، والذي يتضمن نصاً يتعلق بنفقات الطفل في الأسر أحادية الآباء والذي كان يحدد هذه النفقات بمبلغ أكبر بالنسبة للأرامل وبمبلغ أقل بالنسبة للمطلقين والعزاب، على الرغم من أن الأعباء العائلية للطفل متساوية عند الجميع، حيث قرر عدم دستورية مثل هذا النص كونه خالف مبدأ المساواة أمام الضريبة لأنه عامل المكلف المطلق والأعزب بصورة أسوأ من المكلف الأرمل على الرغم من تماثل مراكزهم القانونية.

مما سبق يلاحظ أن أحكام الفقرة (أ) من المادة (١٤) من قانون ضريبة الدخل في الأردن رقم (٥٧) لسنة ١٩٨٥ وتعديلاته قد ساوت في المعاملة الضريبية بين فئة موظفي القطاع العام (الحكومة والمؤسسات العامة والسلطات المحلية)، وفئة موظفي القطاع الخاص عندما أعفت من الضريبة (٥٠%) من الاثني عشر ألفاً الأولى من الرواتب والأجور والعلاوات والمكافآت والمخصصات التي تدفع لأي موظف من موظفي هاتين الفئتين لتماثل مراكزهم القانونية، وبالمقابل يلاحظ أن هذه الفقرة قد خرجت عن مبدأ المساواة أمام القانون الضريبي عندما فرقت في

(١) الدكتور محمد محمد عبد اللطيف - الضمانات الدستورية في المجال الضريبي- المرجع السابق- صفحة (١٣٨) وما بعدها.

المعاملة الضريبية بين المكلفين على الرغم من تماثل مراكزهم القانونية وذلك عندما فرقت في المعاملة الضريبية بين فئة موظفي القطاع العام وفئة موظفي القطاع الخاص، عندما أعفت من الضريبة الرواتب والأجور والعلاوات والمكافآت والمخصصات بنسبة (٥٠%) إذا دفعت لموظفي القطاع العام وبنسبة (٥٠%) من الاثني عشر ألفاً الأولى و (٢٥%) مما يزيد على ذلك إذا دفعت لموظفي القطاع الخاص، على الرغم من أن مصدر دخل كل من القطاعين واحد وربما يكون مبلغ الراتب والأجر واحداً أيضاً، وبالتالي تكون مراكزهم القانونية واحدة مما يستوجب الأمر معاملتهم معاملة ضريبية واحدة، ولكن جاءت هذه الفقرة لتعاملهم معاملة ضريبية مختلفة على الرغم من أن مراكزهم القانونية متماثلة، وبالتالي يعتبر هذا النص مخالفاً لمبدأ المساواة أمام القانون الضريبي يشوبه عيب عدم الدستورية.

ثالثاً: الاستثناءات الواردة على مبدأ المساواة أمام الضريبة

الأصل أن مبدأ المساواة أمام الضريبة كمبدأ دستوري يقضي بأن يعامل القانون الضريبي المراكز القانونية المتماثلة المعاملة الضريبية ذاتها، وبالمقابل أن يعامل أصحاب المراكز القانونية المختلفة معاملة ضريبية مختلفة، فالمجلس الدستوري في فرنسا قرر أن النظام الضريبي الذي يطبق على الأشخاص الذين ليس لهم موطن ضريبي في فرنسا يختلف عن النظام الضريبي الذي يخضع له الأشخاص الذين لهم موطن ضريبي في فرنسا[1].

إلا أن هذا الأصل يرد عليه استثناءان: أحدهما عندما يقرر القانون الضريبي معاملة أصحاب المراكز القانونية المختلفة نفس المعاملة الضريبية، والثاني عندما يقرر معاملة أصحاب المراكز القانونية المتماثلة معاملة ضريبية مختلفة تحقيقاً للمصلحة العامة.

---

(١) الدكتور محمد محمد عبد اللطيف- الضمانات الدستورية في المجال الضريبي- المرجع السابق- صفحة (١٥٢).

١- توحيد المعاملة الضريبية لأصحاب المراكز القانونية المختلفة

يعامل المُشرع في القوانين الضريبية أحياناً أصحاب المراكز القانونية المختلفة نفس المعاملة الضريبية، خروجاً على القاعدة العامة التي تقضي بمعاملة أصحاب المراكز القانونية المختلفة معاملة ضريبية مختلفة.

ومن التطبيقات العملية لهذه المعاملة ما جاء في الفقرة (ب) من المادة (٣٢) من قانون ضريبة الدخل في الأردن رقم (٥٧) لسنة ١٩٨٥، والتي نصت على ما يلي "بالرغم من أي نص مخالف يجوز للمدير (مدير عام دائرة ضريبة الدخل والمبيعات) أن يصدر قراراً يفرض بموجبه ضريبة دخل سنوية مقطوعة على فئة أو فئات معينة من المكلفين، ويحدد في القرار أنواع الدخول التي تفرض عليها تلك الضريبة والسنوات التي تسري خلالها وللمدير تفويض صلاحياته هذه خطياً للمقدر".

واستناداً إلى أحكام هذه الفقرة فقد أصدرت الإدارة الضريبية في الأردن العديد من القرارات التي بموجبها تم فرض ضريبة مقطوعة على قطاعات المقاولين[(١)]، والمهندسين[(٢)]، والصيادلة[(٣)]، والمخابز[(٤)]، والإسكان[(٥)]، وأصحاب السيارات والشاحنات[(٦)].

---

(١) قرار فرض ضريبة دخل مقطوعة على قطاع مقاولي الإنشاءات الأردنيين رقم م ض د/٣٦/١٥ تاريخ ٢٠٠١/١١/٣.

(٢) قرار فرض ضريبة مقطوعة على دخل قطاع هيئة المكاتب والشركات الهندسية رقم م ض د/١٧٧٩/٢٢ تاريخ ٢٠٠٣/٤/٢٧.

(٣) قرار فرض ضريبة مقطوعة على الدخل المتأتي لقطاع الصيادلة رقم م ض د/٢١٥٩/١٥ تاريخ ٢٠٠٤/٤/٢١.

(٤) قرار فرض ضريبة مقطوعة على الدخل المتحقق من المهنة للمكلفين مالكي المخابز رقم م ض د/١٣٣٠/١٥ تاريخ ٢٠٠٠/٢/٢٠.

(٥) قرار فرض ضريبة مقطوعة على المستثمرين في قطاع الإسكان رقم م ض د/٥٢٧٦/١٥ تاريخ ٢٠٠٤/١٠/٢٠.

(٦) قرار فرض ضريبة مقطوعة على المركبات رقم ٩٤٠٣/٤/٥ تاريخ ٢٠٠٥/٢/١٤، لاحقاً للقرار رقم م ض د/٥١٧٥/١٧ تاريخ ٢٠٠٤/١٠/١٢، وقرار رقم م ض د/٢٧١٦/١٥ تاريخ ٢٠٠٣/٦/٢٣.

فمثلاً فرضت الضريبة المقطوعة على دخل المقاولين في قطاع المقاولات الإنشائية وذلك على أساس النسب المئوية التالية من كافة المستخلصات المقبوضة عن الأعمال المنجزة والتي تم التعاقد عليها اعتباراً من ٢٠٠١/١/١.

١- (٠.٥%) ضريبة دخل من قيمة الإيرادات المقبوضة عن الـ ١٠٠.٠٠٠ دينار الأولى من الإيرادات.

- (١%) عما زاد عن ذلك، وهذه النسب تنطبق على الشخص الطبيعي أو الشريك في شركتي التضامن والتوصية البسيطة، ويضاف إلى ذلك ما نسبته (١٠%) منها ضريبة خدمات اجتماعية.

ب- (١.٣%) من الإيرادات المقبوضة إذا كان المقاول يمثل شركة مساهمة عامة أو ذات مسؤولية محدودة أو شركة توصية بالأسهم أو شركة أجنبية، وتعتبر هذه الضريبة مقطوعة ونهائية.

وباستعراض أحكام هذه الضريبة المقطوعة، يلاحظ أنها تخالف مبدأ المساواة أمام الضريبة كمبدأ دستوري كونها تفرض بنفس النسبة على كل مقاول حقق إيرادات معينة وكأنهم أصحاب مراكز قانونية متماثلة، والحقيقة هي خلاف ذلك إذ أن مراكزهم القانونية مختلفة للأسباب التالية:-

السبب الأول: اختلاف الدخل الإجمالي (القائم) لكل منهم بإختلاف نسب الأرباح حتى ولو تساوت الإيرادات، فمثلاً قد تكون نسبة الربح الإجمالية (القائمة) لأحدهم (٥%) وللثاني (١٠%) وللثالث (٢٠%) وهكذا. وتطبيقاً لذلك فإذا فرضنا أن كل منهم حصل على إيرادات إجمالية (قائمة) بـ١٠٠.٠٠٠ دينار فإن الدخل الإجمالي (القائم) للأول سوف يكون= ١٠٠.٠٠٠ × ٥% = ٥٠٠٠ دينار وللثاني ١٠٠.٠٠٠ × ١٠% = ١٠.٠٠٠ وللثالث ١٠٠.٠٠٠ × ٢٠% = ٢٠.٠٠٠ دينار وهكذا، وهنا يلاحظ أن دخولهم الإجمالية (القائمة) مختلفة على الرغم من أن إيراداتهم نفسها وبالتالي تعتبر مراكزهم القانونية مختلفة.

السبب الثاني: اختلاف النفقات والمصاريف التي أنفقت من قبل كل منهم في سبيل الحصول على دخله الإجمالي (القائم)، فقد ينفق الأول مثلاً ٢٠٠٠ دينار والثاني ٦٠٠٠ دينار والثالث ٢٥.٠٠٠ دينار وهكذا، وبناء عليه يكون الأول قد حقق ربحاً صافياً مقداره ٥٠٠٠-٢٠٠٠=٣٠٠٠ دينار، والثاني ١٠.٠٠٠ – ٦٠٠٠ = ٤٠٠٠ دينار، والثالث خسارة مقدارها ٥٠٠٠ دينار، وهذا يؤكد مرة أخرى أن المراكز القانونية غير متماثلة، وتجدر الإشارة إلى أن تصفية الوعاء الذي تفرض عليه الضريبة أي تنزيل النفقات والمصاريف من الدخل الإجمالي للتوصل إلى الدخل الصافي هو أحد عناصر تشخيص الضريبة والتي إذا توافرت يتحقق مبدأ العدالة الضريبية.

السبب الثالث: اختلاف الأعباء العائلية لكل منهم، فقد يكون أحدهم أعزب والثاني متزوجاً وليس له أولاد يعولهم، والثالث متزوجاً ولديه أولاد يعولهم، ولا شك أن الثالث تقل مقدرته المالية على دفع الضريبة عن الثاني وهذا الأخير تقل مقدرته على دفع الضريبة عن الأول، وبالتالي تختلف مراكزهم القانونية، وتجدر الإشارة إلى أن مراعاة الأعباء العائلية هو أحد عناصر تشخيص الضريبة والتي إذا توافرت يتحقق مبدأ العدالة الضريبية.

مما سبق يمكن القول بوجود شائبة عيب عدم دستورية أحكام الفقرة (ب) من المادة (٣٢) من قانون ضريبة الدخل رقم (٥٧) لسنة ١٩٨٥ وتعديلاته، فيما قررته من إعطاء مدير عام دائرة ضريبة الدخل والمبيعات من صلاحية فرض ضريبة دخل مقطوعة تخالف مبدأ المساواة أمام الضريبة عندما تعامل الأشخاص نفس المعاملة الضريبية على الرغم من اختلاف مراكزهم القانونية، كما وتخالف مبدأ العدالة الضريبية كما سبق القول، ويترتب على الحكم بعدم دستورية أحكام هذه الفقرة سقوط قرارات فرض الضريبة المقطوعة والتي صدرت استناداً إليها.

٢- التمييز في المعاملة الضريبية تحقيقاً للمصلحة العامة

لا يمنع مبدأ المساواة أمام الضريبة قيام المُشرع أحياناً بالخروج على هذا المبدأ مراعاة للمصلحة العامة، حيث يعامل جميع المكلفين معاملة ضريبية واحدة بغض النظر عن مراكزهم القانونية سواء كانت متماثلة أو مختلفة، فقد طعن في فرنسا بالمادة (٩٠) من قانون الميزانية لسنة ١٩٨٤ والتي كانت تنص على أن الدفع لأي مبلغ يزيد على (١٠،٠٠٠) فرنك من جانب أحد الأفراد غير التجار مقابل الحصول على مال أو خدمة يجب أن يتم بواسطة شيك، ولا يخضع لهذا الالتزام من ليس له موطن ضريبي في فرنسا، وقد رأى النواب الذين أحالوا هذا النص إلى المجلس الدستوري أن هذا الاختلاف في المعاملة ليس له مسوّغ ويخالف مبدأ المساواة أمام الضريبة ويقيم تمييزاً تحكمياً بين المكلفين من غير التجار تبعاً لما إذا كان لهم موطن ضريبي في فرنسا أم لا، غير أن المجلس الدستوري في فرنسا قرر أن موضوع هذا النص هو مكافحة التهرب الضريبي وهو الذي يسوغ هذا التمييز في المعاملة الضريبية فهو مناط المصلحة العامة[١].

كما ويقرر المجلس الدستوري في فرنسا منح مزايا ضريبية لمكلفين دون آخرين على الرغم من تماثل مراكزهم القانونية، والهدف من هذه المزايا هو الحث عن تنمية وتطوير بعض المناطق الإقليمية لتحقيق هدف يتعلق بالمصلحة العامة بشرط أن يقيم المُشرع تقديره على أسس موضوعية ومعقولة وفقاً للهدف الذي يحدده[٢] وقد اتبع هذا النهج المجلس الدستوري في لبنان[٣]، عندما قرر دستورية

---

(١) الدكتور محمد محمد عبد اللطيف- الضمانات الدستورية في المجال الضريبي- المرجع السابق- صفحة (١٥٢).

(٢) الدكتور محمد محمد عبد اللطيف- الضمانات الدستورية في المجال الضريبي- المرجع السابق- صفحة (١٥٢) وما بعدها.

(٣) القرار رقم (١) تاريخ ٢٠٠٢/١/٣١ المتعلق بالطعن بدستورية قانون الضريبة على القيمة المضافة في لبنان رقم (٣٧٢) لسنة ٢٠٠١ تاريخ ٢٠٠١/١٢/١٤، المنشور في موسوعه صادر في المجلس الدستوري في لبنان- المرجع السابق- صفحة (١٠٨).

المواد (١٦ إلى ٢١) من قانون الضريبة على القيمة المضافة رقم (٣٧٩) لسنة ٢٠٠١ التي توسعت في موضوع الإعفاءات من الضريبة كونها قد ارتكزت على معايير مختلفة قد يكون أهمها العدالة الاجتماعية وعدم إثقال كاهل المواطنين عن طريق تكليفهم بهذه الضريبة عن الخدمات أو السلع المتعلقة بأمورهم الحياتية الأساسية.

ولا يوجد في قضاء المحكمة الدستورية العليا في مصر ولا في القضاء الضريبي في الأردن ما يؤيد أو ينكر هذا التمييز في المعاملة الضريبية تحقيقاً للمصلحة العامة، وبالمقابل يوجد مثل هذا التمييز في التشريعات المتعلقة بتشجيع الاستثمار في كل من مصر والأردن، ففي مصر على سبيل المثال لا الحصر يعفى من الضريبة: (١) أرباح منشآت استصلاح أو استزراع الأراضي وذلك لمدة عشر سنوات إعتباراً من تاريخ بدء مزاولة النشاط (٢) أرباح منشآت الإنتاج الداجني وتربية النحل وحظائر المواشي وتسمينها ومشروعات مصايد ومزارع الأسماك (٣) أرباح مشروعات مراكب الصيد وذلك لمدة عشر سنوات من تاريخ بدء مزاولة النشاط[1].

وفي الأردن يلاحظ على سبيل المثال لاالحصر- أن الفقرة(ب)من المادة (١٦) من قانون ضريبةالدخل رقم (٥٧)لسنة ١٩٨٥ وتعديلاته قدنصت على أن تستوفى الضريبةمن الدخل الخاضع للضريبة أي شركةبنسبة(١٥%)من ذلك الدخل المتأتي لهامن مشروع في كل من القطاعات التالية:التعدين، الصناعة،الفنادق،المستشفيات،النقل،المقاولات،وبنسبة(٣٥%) من الدخل الخاضع للضريبة المتأتي للبنوك والشركات المالية ، وبنسبة (٢٥%) من الدخل الخاضع

(١) المادة (٢/٣١) من قانون الضريبة على الدخل في مصر رقم (٩١) لسنة (٢٠٠٥) لمزيد من التفاصيل راجع الدكتور السيد عبد المولي- الضريبة الموحدة على دخل الأشخاص الطبيعيين- دار النهضة العربية- القاهرة- ١٩٩٥- صفحة (١٣٨).

للضريبة المتأتي لشركات التأمين وللصرافة والوساطة وللإتصالات وللخدمات والشركات التجارية والشركات الأخرى بمختلف أنواعها.

ويلاحظ على مثل هذه النصوص أن المُشرع يعمل على التمييز في المعاملة الضريبية بهدف تشجيع الاستثمار في مجالات التعدين والصناعة مثلاً أكثر من الاستثمار في أعمال البنوك والتأمين والأعمال التجارية والخدمية، تحقيقاً للمصلحة العامة من جهة، ومراعاة للمقدرة التكليفية على الدفع والتي تكون من وجهة نظر المُشرع أكبر لدى البنوك والشركات المالية من جهة أخرى.

فمثلاً الدخل الصافي المتأتي لشركة صناعية ١٠٠.٠٠٠ دينار غير مشمولة بالإعفاءات المقررة بتشجيع الاستثمار يخضع للضريبة بنسبة (١٥%) لتكون الضريبة المتوجب دفعها من قبل الشركة ١٠٠.٠٠٠ ×١٥% = ١٥.٠٠٠ دينار، بينما لو أن هذا الدخل حققته شركة تتعاطى أعمالاً تجارية لدفعت ضريبة مقدارها ٢٥.٠٠٠ دينار ولو أن هذا الدخل حققته شركة تتعاطى أعمال البنوك لدفعت ضريبة مقدارها ٣٥.٠٠٠ دينار.

رابعاً: المخاطبون بمبدأ المساواة أمام القانون الضريبي

إن مبدأ المساواة أمام القانون الضريبي يقضي بأن المعاملة الضريبية يجب أن تكون متساوية عندما تفرض الضريبة على أموال جميع الأشخاص الخاضعين لها، كما وأن هذا المبدأ يقضي بضرورة المساواة في المعاملة الضريبية بين جميع الأشخاص عندما يعفون منها.

١- المساواة بين الأشخاص الخاضعين للضريبة

يتطلب مبدأ المساواة أمام القانون الضريبي أن تفرض الضريبة على أموال جميع الأشخاص الخاضعين للضريبة سواء كانوا من المواطنين أم من الأجانب ، سواء كانوا من الأشخاص الطبيعيين أو المعنويين من أشخاص القانون الخاص أم

من أشخاص القانون العام، طالما تماثلت مراكزهم القانونية وتوافرت كل الشروط التي يتطلبها القانون الضريبي لإخضاع أموالهم للضريبة.

وبناء على ذلك لا يجوز أن تخضع فئة من هؤلاء الأشخاص للضريبة بينما لا تخضع فئة أخرى لهذه الضريبة طالما أن الواقعة المنشئة للضريبة قد تحققت في الفئتين معاً بحجة أن القانون الضريبي قد نص على الفئة الأولى، ولم يتضمن نصاً بالنسبة للفئة الأخرى، وتحاشياً لمثل هذا الموقف فقد عارض الفقيه الفرنسي (Trotabas) مذهب التزام التفسير الحرفي للقانون الضريبي فاسحاً المجال للبحث العلمي الحر والقياس في تفسيره[1]، وذلك من أجل تطبيق هذا القانون التطبيق الصحيح وذلك بالالتجاء إلى إرادة المُشرع الحقيقية، فيطبق القانون الضريبي على كافة الأموال التي تقضي- حكمة التشريع أن يمتد إليها أثر هذا القانون لدرجة أن قيل أن تحريم الالتجاء إلى القياس قد يؤدي إلى الإخلال بالقانون الضريبي وذلك في الحالات التي يؤخذ فيها بحرفيه النصوص في حد ذاتها مما قد يترتب عليه تفويت غرض المُشرع بعدم خضوع فئة من المكلفين للضريبة بمقولة أنه لم يرد نص بشأنها في حين أن فئة أخرى مشابهة لها تماماً تخضع للضريبة، وبذلك لا يعامل المكلفون الخاضعون للضريبة نفس المعاملة بالرغم من تماثل مراكزهم فعلاً وقانوناً وهو الأمر الذي يترتب عليه إهدار قاعدة المساواة في تحمل الأعباء العامة، تلك القاعدةالجوهريةالتي تحظرأن تخضع للضريبةفئةمعينةأوتعفى من أدائهادون فئةأخرى على الرغم من توافرنفس الظروف وكافةالشروط لالسبب سوى أن القانون نص على الفئةالأولى دون الأخرى،ففي هذه الحالة يتعين الإلتجاءإلى القياس لمعاملة الفئة التي لم يرد بشأنها النص نفس المعاملة للفئة التي تضمنها

---

(١) الدكتور محمد كمال الجرف- قانون الضريبة- منشورات جامعة القاهرة - كلية الحقوق - ١٩٦٧-١٩٦٨- صفحة (٣٩٤).

النص إعمالاً لقاعدة المساواة في الواجبات العامة بحيث يعامل الجميع معاملة واحدة في تحمل عبء الضريبة[1].

فإذا ما انصرفت إرادة المُشرع في القانون الضريبي مثلاً إلى تقرير قاعدة عامة بفرض الضريبة على أنواع الدخول المختلفة، فيجب الالتجاء إلى كل من التوسع في التفسير والقياس حتى تتحقق إرادة المُشرع الحقيقية من حيث فرض الضريبة على مختلف أنواع الدخول وعدم إجازة تهرب أي دخل من الضريبة بمقولة أنه لم يتضمنه النص، وذلك لأن إرادة المُشرع قد اتجهت إلى وضع نظام كامل بشأن ضريبة الدخل مثلاً، وجعل الالتزام بالضريبة هو القاعدة العامة بحيث لا يفلت دخل من الخضوع للضريبة إلا ما استثني بنص صريح في القانون[2]، وهو الأمر الذي طبقه مجلس الدولة الفرنسي في أحكامه العديدة التي قضى فيها بفرض ضريبة الدخل على أنواع الدخول التي لم ترد صراحة في النصوص عن طريق التوسع في التفسير وقياس الدخول التي لم يرد نص بشأنها على دخول أخرى وردت صراحة في النصوص[3].

كما وقد أخذت محكمة التمييز في الأردن بالتفسير الواسع للقانون الضريبي، حيث قضت بأن المجمع عليه فقهاً وقضاءاً عند تفسير نص ما، أن يؤخذ بما قصد المُشرع من ذلك النص دون التقيد بحرفيته سيما وأن القضاء عند تفسيره لقاعدة قانونية يتأثر إلى حد بعيد بالاعتبارات والظروف العملية[4]، ويلاحظ أن التفسير القضائي في مثل هذه الحالات لا يضيف إلى القانون الضريبي أمراً لم

---

(١) الدكتور قدري نقولا عطية - ذاتية القانون الضريبي وأهم تطبيقاتها- رسالة دكتوراة - مقدمة إلى كلية الحقوق- جامعة الاسكندرية- ١٩٦٠ - صفحة (٢٢٢) وما بعدها.

(٢) نصت الفقرة (أ/١٢) من المادة (٣) من قانون ضريبة الدخل في الأردن رقم (٥٧) لسنة ١٩٨٥ وتعديلاته على أن تخضع للضريبة "أرباح أو مكاسب أي مصدر آخر غير مشمول في البنود من (١-١١) من هذه الفقرة التي لم تستثنى بصراحة من هذه البنود والتي لم يمنح اعفاء بشأنها بمقتضى هذا القانون أو أي قانون آخر".

(٣) الدكتور قدري نقولا عطية - ذاتية القانون الضريبي وأهم تطبيقاتها- المرجع السابق - صفحة (٢٤٠).

(٤) تمييز حقوق رقم (٩٤/١٢٥٩)- المنشور في الصفحة (٢٦١٩)- من مجلة نقابة المحامين لسنة ١٩٩٦.

يفرضه ذلك القانون، كما وأن هذا التفسير لا ينشىء ضريبة ولا يقرر زيادة فيها لأن مثل هذه الأمور من اختصاص المُشرع وحده.

٢- المساواة بين الأشخاص الطبيعيين أمام القانون الضريبي

إن من البديهيات التي يتطلبها مبدأ المساواة أمام القانون الضريبي هي المساواة بين الأشخاص الطبيعيين (الأفراد) عند الخضوع للضريبة، حيث يجب أن يعامل الجميع معاملة ضريبية واحدة طالما أن مراكزهم القانونية متماثلة، وفي حال التمييز بينهم في المعاملة الضريبية دون مسوغ- كاختلاف المراكز القانونية أو تحقيقاً للمصلحة العامة- كان هذا التمييز محظوراً بحكم الدستور.

وبناء على ذلك لا يجوز للمُشرع أن يخضع فئة من الأشخاص الطبيعيين لضريبة معينة بينما لا يخضع فئة أخرى منهم لهذه الضريبة طالما أن الواقعة المنشئة للضريبة قد تحققت في الفئتين معاً.

وقد تصدت المحكمة الدستورية العليا في مصر[(١)] لفكرة المساواة بين الأشخاص الطبيعيين أمام القانون الضريبي في حكم شهير لها، والذي حكمت بموجبه بعدم دستورية القانون رقم (٢٢٩) لسنة ١٩٨٩ بفرض ضريبة على مرتبات العاملين المصريين في الخارج، حيث قالت أن القانون المطعون فيه يقضي- بفرض ضريبة على مرتبات العاملين في الخارج إلا أن النصوص التي فصّل بها المُشرع أحكام هذه الضريبة، ومن بينها تحديده للمخاطبين بها تدل على أنه قصر- تطبيقها على العاملين في الدولة والقطاع العام أياً كانت طبيعة النظم الوظيفية التي يخضعون لها، وبذلك أخرج من مجال سريانها غير هؤلاء ممن يحققون دخلاً ناجماً عن عملهم في الخارج ومتولداً عنه، وهم فئة من المواطنين تتوافر بالنسبة إليها عين الواقعة المنشئة للضريبة التي فرضها على العاملين في الدولة ووحداتها الاقتصادية بما مؤداه اتحاد هاتين الفئتين في المركز القانوني، وكان ينبغي من ثم

---

(١) الحكم في الدعوى رقم (٤٣) لسنة (١٣) قضائية (دستورية)- جلسة ١٩٩٣/١٢/٦- المنشور بالجريدة الرسمية في مصر- العدد (٥١) تاريخ ١٩٩٣/١٢/٢٣.

إخضاعها معاً لقاعدة قانونية واحدة يتحقق من خلالها التكافؤ في المعاملة القانونية، غير أن القانون المطعون فيه ما يميز بين هاتين الفئتين بأن اختص إحداهما بأحكامه دون أن يستند في هذا التمييز إلى أسس موضوعية، وأضحى هذا التمييز تحكمياً ومنهياً عنه بنص المادة (٤٠) من الدستور[١].

٣- المساواة بين الأشخاص الطبيعيين والمعنويين أمام القانون الضريبي

إن مبدأ المساواة أمام القانون الضريبي يقضي الأخذ بالمساواة بين الأشخاص الطبيعيين والمعنويين عند الخضوع للضريبة، عندما تتحقق الواقعة المنشئة للضريبة بينهم، وبالتالي لا يجوز التمييز بينهم في المعاملة الضريبية لصالح فئة منهم والإضرار بفئة أخرى دون مسوغ معقول كاختلاف المراكز القانونية أو تحقيقاً للمصلحة العامة، ومن أشهر التطبيقات العملية لاختلاف المعاملة الضريبية بين الأشخاص الطبيعيين والمعنويين ما ورد في المادة الأولى من قانون ضريبة الدخل في الكويت رقم (٣) لسنة ١٩٥٥، والتي تنص على أنه "تفرض ضريبة دخل على كل هيئة مؤسسة أينما كان مكان تأسيسها تزاول العمل أو التجارة في الكويت بطريقة مباشرة أو غير مباشرة من خلال وكيل".

ووفقاً لهذا النص لا يخضع لضريبة الدخل في الكويت إلا الأشخاص المعنويون سواء كانت وطنية أم أجنبية، ومن الواضح أن هذا النص يقيم تمييزاً بين الأشخاص الطبيعيين والمعنويين، حيث يعفى دخل الأشخاص الطبيعيين من الضريبة على الرغم من تحقق الواقعة المنشئة للضريبة، وهو تمييز لا يقوم على أسس واعتبارات موضوعية معقولة[٢].

(١) تنص المادة (٤٠) من الدستور المصري لسنة ١٩٧١ على ما يلي: "المواطنون لدى القانون سواء وهم متساوون في الحقوق والواجبات العامة لا تمييز بينهم في ذلك بسبب الجنس أو الأصل أو اللغة أو الدين أو العقيدة".

(٢) الدكتور عثمان عبد الملك الصالح- الأسس الدستورية للضرائب والرسوم والتكاليف- مجلة الحقوق للبحوث القانونية والإقتصادية- جامعة الإسكندرية- السنة (١٩) العدد الأول- ١٩٨٨ - صفحة (٣٠).

وعلى خلاف موقف قانون ضريبة الدخل في الكويت جاءت القوانين الضريبية في مصر ـ ولبنان لتأخذ بمبدأ المساواة بين الأشخاص الطبيعيين والمعنويين في الخضوع للضريبة، وقد أيد القضاء في كل دولة هذا الموقف، فقد قضت محكمة النقض في مصر ـ [(1)] بعدم وجود تفرقة في فرض الضريبة على المهن غير التجارية بين الشخص الطبيعي والشخص المعنوي كما هو الحال في أي عمل أو مهنة أخرى.

كما وقد قرر المجلس الدستوري في لبنان [(2)] بدستورية قانون الضريبة على القيمة المضافة رقم (٣٧٩) لسنة ٢٠٠١، كونه قد أخضع لهذه الضريبة جميع الأشخاص الطبيعيين والمعنويين الذين يقومون من خلال ممارستهم لنشاط اقتصادي بصورة مستقلة بعمليات تسليم أموال أو تقديم خدمات خاضعة للضريبة أو معفاة منها مع حق الحسم وفقاً لأحكام هذا القانون بشرط بلوغ رقم الأعمال السنوي حداً معيناً، ومع لحظ إمكانية أن يبادر غير المكلفين حكماً بهذه الضريبة إلى إخضاع أنفسهم إختيارياً لها بشرط عدم تدني رقم أعمالهم السنوي عن مبلغ معين.

ولما كان مبدأ المساواة أمام القانون الضريبي يقضي ـ بالمساواة بين الأشخاص الطبيعيين والمعنويين عند الخضوع للضريبة، فإن هذا المبدأ يقضي ـ كذلك بالمساواة بين الشركات الوطنية سواء كانت من شركات القطاع العام أو شركات القطاع الخاص، بحيث تخضع للضريبة شركات القطاع العام على قدم المساواة مع شركات القطاع الخاص، على الرغم من أنها مملوكة للحكومة ملكية كاملة أو جزئية، وهذا ما تقرره قوانين الضرائب في مصر والأردن، ففي مصر

(١) الطعن رقم (٢٣٧٦) سنة (٥٢) قضائية جلسة ١٩٨٧/١٢/١٤ مشار إليه في موسوعة الدكتور زكريا بيومي في القوانين والأحكام والفتاوى الضريبية- الجزء الأول- المجلد الأول- المرجع السابق- صفحة (٧٣٢).

(٢) القرار رقم (١) تاريخ ٢٠٠٢/١/٣١ - المتعلق بالطعن بدستورية قانون الضريبة على القيمة المضافة في لبنان رقم (٣٧٢) لسنة ٢٠٠١ تاريخ ٢٠٠١/١٢/١٤ - المنشور في موسوعة صادر في المجلس الدستوري في لبنان- المرجع السابق- صفحة (١٠٨).

تنص المادة (٤٧) من قانون الضريبة على الدخل رقم (٩١) لسنة ٢٠٠٥ على أن تفرض ضريبة سنوية على صافي الأرباح الكلية للأشخاص الاعتبارية أياً كان غرضها وتسري الضريبة على:

١- الأشخاص الاعتبارية المقيمة في مصر بالنسبة إلى جميع الأرباح التي تحققها سواء من مصر أو من خارجها.

٢- الأشخاص الاعتبارية غير المقيمة بالنسبة للأرباح التي تحققها من خلال منشأة دائمة في مصر.

ويعد من الأشخاص الاعتبارية وفقاً للمادة (٤٨) من القانون المذكور ما يأتي:

أ- شركات الأموال وشركات الأشخاص أياً كان القانون الذي تخضع له، وكذلك شركات الواقع.

ب- الجمعيات التعاونية واتحاداتها مع مراعاة الإعفاءات المقرر لها بحكم القانون.

ج- الهيئات العامة وغيرها من الأشخاص الاعتبارية العامة بالنسبة إلى ما تزاوله من نشاط خاضع للضريبة، وذلك مع عدم الإخلال بالإعفاءات المقررة في قوانين إنشائها.

د- البنوك والشركات والمنشآت الأجنبية ولو كان مركزها الرئيس في الخارج وفروعها في مصر.

هـ- الوحدات التي تنشئها الإدارة المحلية بالنسبة لما تزاوله من نشاط خاضع للضريبة.

وقد قضت محكمة النقض في مصر[1] بأن الهيئات العامة وغيرها من الأشخاص الاعتبارية العامة متى زاولت نشاطاً خاضعاً للضريبة بذاتها أو بالاشتراك مع آخرين تعين فرض ضريبة سنوية على صافي ما تحققه من أرباح كلية أسوة بشركات الأموال.

---

(١) الحكم في الدعوى رقم (٤٠) لسنة (٦٦) قضائية- جلسة ٢٠٠٣/٤/٢٢ - مشار إليه في موسوعة النقض والدستورية العليا- الدكتور أحمد مليجي -الطبعة الأولى – ٢٠٠٤ - صفحة (٩٠٧).

وقد أفتت الجمعية العمومية لقسمي الفتوى والتشريع في مصر[1]، بخضوع بنك مصر للضريبة على الأرباح التجارية بغض النظر عن أيلولة أرباحه إلى الدولة وعدم احتفاظه بها لنفسه، لأن الضريبة تفرض مجرد تحقق الربح الذي تجنيه المنشأة التجارية بغض النظر عن الأوجه التي يستعمل فيها الربح بعد تحققه، كما وقد أفتت بخضوع كافة أنواع نشاط الهيئات العامة للضرائب إذا توافرت فيها أحكام وشروط القوانين الخاصة بهذه الضرائب ما لم تكن هناك نصوصاً خاصة بالإعفاء بشرط أن يكون نشاط هذه الهيئات مماثلاً لنشاط الأفراد الخاضع للضريبة[2].

وفي الأردن تنص الفقرة (أ) من المادة (٣) من قانون ضريبة الدخل رقم (٥٧) لسنة ١٩٨٥ وتعديلاته، على أن يخضع للضريبة الدخل الذي يتأتى في المملكة لأي شخص أو يجنيه منها، والشخص قد يكون طبيعياً أو معنوياً ومن أهم الأشخاص المعنويين الشركات والتي تشمل حسب المادة (٢) من القانون المذكور ما يلي: (١) الشركة المساهمة العامة (٢) الشركة ذات المسؤولية المحدودة (٣) شركة التوصية بالأسهم (٤) الشركة الأجنبية أو فرعها مهما كان نوعها مقيمة كانت أو غير مقيمة.

وبناء على هذه النصوص فإن مبدأ المساواة في الخضوع للضريبة يتحقق في مصر والأردن سواء كانت الشركة مملوكة للقطاع العام وحده وذلك عندما تملك الحكومة كامل أسهمها أو مملوكة للقطاع الخاص وحده أو مشتركة بين القطاعين.

---

(١) الفتوى رقم (١٠٦٥) تاريخ ١٩٦٣/١٠/١٠.

(٢) الفتوى رقم (٢٣٥) تاريخ ١٩٥٦/٣/١، مشار إليهما في موسوعة الدكتور زكريا بيومي في القوانين والأحكام والفتاوي الضريبية- الجزء الأول- المجلد الأول- المرجع السابق - صفحة (٨٦٨)، (٨٧٤) على التوالي.

ويرى جانب من الفقه[1] أنه بالنظر إلى الحكمة من تشريع ضريبة الدخل وما تنتهجه بعض التشريعات العربية فإنه يجب استبعاد شركات القطاع العام من الخضوع لقانون ضريبة الدخل نظراً لأنه يفترض في الشركات أن تكون مملوكة بالكامل للدولة ومن ثم فإن أرباحها تذهب للخزانة العامة للدولة وهذا يعني أنه لا جدوى من تحصيل ضرائب دخل من هذه الشركات.

ويخالف جانب آخر من الفقه[2] وبحق هذا الرأي لصعوبة التسليم به لأن شركات القطاع العام يجب أن تكون على قدم المساواة في المنافسة مع شركات القطاع الخاص ولن يتحقق ذلك إلا إذا خضعت للضرائب أسوة بالأخيرة، إستناداً لمبدأ المساواة أمام القانون الضريبي.

بالإضافة إلى ذلك ينبغي أن تعكس ميزانية هذه الشركات التكاليف والنفقات الحقيقية للمشروع ومنها الضرائب حتى يمكن معرفة مركزها المالي الحقيقي وحتى يمكن ممارسة الرقابة عليها على نحو سليم.

كما وأن أشخاص القانون العام كالمؤسسات العامة والسلطات المحلية وأي مؤسسة دينية أو خيرية أو ثقافية أو تربوية أو رياضية أو صحية ذات صبغة عامة يجب أن تقف على قدم المساواة في المنافسة مع شركات القطاع العام أو شركات القطاع الخاص إذا قامت بعمل استهدفت منه تحقيق الربح، ولن تتحقق هذه المساواة إلا إذا هي خضعت كذلك للضريبة لأن الأصل هو المساواة في الخضوع للضريبة إلا إذا ورد نص خاص يعفي دخل مثل هذه المؤسسات من الضريبة لأسباب موضوعية ومعقولة، وهذا هو المعمول به تشريعياً في كل من مصر والأردن، ففي مصر إن الفقرة (٣) من المادة (٤٨) عطفاً على المادة (٤٧) من قانون الضريبة

---

(١) الدكتور طعمة صفعك الشمري - قانون ضريبة الدخل الكويتي رقم (٣) لسنة ١٩٥٥ - مجلة الحقوق- جامعة الإسكندرية- السنة (٢٠) عدد شهر آذار ١٩٩٦ الصفحة (١٢٠).

(٢) الدكتور محمد محمد عبد اللطيف- الضمانات الدستورية في المجال الضريبي- المرجع السابق- صفحة (١١٩).

على الدخل رقم (٩١) لسنة ٢٠٠٥ تنص على أن تفرض ضريبة سنوية على صافي الأرباح الكلية...،.... وتسري الضريبة على الهيئات العامة وغيرها من الأشخاص الاعتبارية العامة بالنسبة لما تزاوله من نشاط خاضع للضريبة مع عدم الإخلال بالإعفاءات المقررة في قوانين إنشائها.

أما في الأردن فقد نصت الفقرة (أ/٥) من المادة (٧) من قانون ضريبة الدخل رقم (٥٧) لسنة ١٩٨٥ وتعديلاته، على أن يعفى من الضريبة إعفاء كلياً دخل أي مؤسسة دينية أو خيرية أو ثقافية أو تربوية أو رياضية أو صحية ذات صبغة عامة لا تستهدف الربح، وبناء على هذا النص يلاحظ أن سبب عدم خضوع دخول مثل هذه الهيئات العامة هو عدم استهداف الربح أما إذا استهدفته فإنها سوف تخضع للضريبة على قدم المساواة مع الهيئات الخاصة استجابة لمبدأ المساواة أمام القانون الضريبي.

وأخيراً فإن هذا المبدأ يقضي بالمساواة بين المواطنين والأجانب من حيث الخضوع للضريبة بحيث تفرض الضريبة على جميع الأشخاص الخاضعين لسيادتها أو التابعين لها من المواطنين والأجانب الذين يقيمون فيها على حد سواء، والقول بغير ذلك يبدو حقيقة مجافياً لمنطق العدالة كما كان عليه الحال في أوروبا قبل الثروة الفرنسية عندما كانت الضرائب تفرض على العامة فقط دون النبلاء ورجال الكنيسة، كما وأن الأجانب كانوا يتمتعون بإعفاء شامل من الضرائب في الدول التي كانت تحت نير الاحتلال الأجنبي[(١)].

وعلى المستوى التشريعي فإن معظم إن لم تكن كافة التشريعات تحرص على احترام هذا المبدأ كما هو الحال في مصر والأردن وفرنسا،ففي مصر يلاحظ أن الفقرة(٤)من المادة(٤٨) عطفاً على المادة (٤٧) من قانون الضريبة على الدخل رقم (٩١) لسنة ٢٠٠٥ تنص على أن تسري الضريبة على البنوك

---

(١) الدكتور شريف رمسيس تكلا- الأسس الحديثة لعلم مالية الدولة - المرجع السابق - صفحة (١٣٩) وما بعدها.

والشركات والمنشآت الأجنبية ولو كان مركزها الرئيس في الخارج وفروعها في مصر، وتطبيقاً لذلك فقد أفتت الجمعية العمومية لقسمي الفتوى والتشريع في مصر [1] "بإخضاع الأرباح التي تحققها الشركة النرويجية الناشئة عن عقد التصميم المعماري والهندسي لمكتبة الإسكندرية للضريبة على أرباح شركات الأموال"، وهذا إعمال سيادة الدولة في فرض الضريبة على الشركات الأجنبية التي تعمل في مصر.

وفي الأردن نصت الفقرة (أ) من المادة (٣) من قانون ضريبة الدخل رقم (٥٧) لسنة ١٩٨٥ وتعديلاته على أنه "يخضع للضريبة الدخل الذي يتأتى في المملكة لأي شخص أو يجنبه منها.." والشخص قد يكون أردنياً أو أجنبياً، كما وأن تعريف الشركة لغايات هذا القانون شمل الشركة الأجنبية أو فرعها مهما كان نوعها مقيمة كانت أو غير مقيمة، وبناء عليه فإن الدخل الذي يتأتى لشخص طبيعي أو معنوي (شركة) أجنبي سوف يخضع للضريبة إلا إذا وجد نص في قانون ضريبة الدخل أو أي قانون آخر أو اتفاقية دولية يعفى هذا الدخل من الضريبة.

وبهذا الخصوص فقد قررت محكمة التمييز في الأردن في قرارها رقم ٨٦/٨٩ [2] أن من جنى دخلاً من المصادر المبينة في القانون الضريبي وجبت عليه الضريبة المستحقة عن دخله وفق القانون، ما دام أنه قد جناه ضمن حدود المملكة سواء كان أردنياً أو أجنبياً مقيماً أو غير مقيم.

وفي فرنسا تسري الضريبة على جميع الأشخاص الطبيعيين الفرنسيين أو الأجانب المقيمين في فرنسا عن جميع دخولهم بصرف النظر عن مصدرها، كما

---

(١) الفتوى رقم (٩٥٢) تاريخ ١٩٩٦/١١/١٨، مشار إليها في موسوعة الدكتور زكريا بيومي في القوانين والأحكام والفتاوي الضريبية - الجزء الأول - المجلد الأول - المرجع السابق - صفحة (٨٨٧).

(٢) قرار محكمة التمييز رقم (٨٦/٨٩) - المنشور في الصفحة (٨٩٩) - من مجلة نقابة المحامين لسنة ١٩٨٨.

وتسري على جميع الأجانب غير المقيمين بالنسبة للدخول التي يحققونها في فرنسا[1].

٤- المساواة بين المستفيدين من الإعفاء من الضريبة

لقد سبق وأن تبين أن مبدأ المساواة بين المكلفين أمام القانون الضريبي يقضي بالمساواة بينهم في الخضوع للضريبة، فإن هذا المبدأ يقضي كذلك بالمساواة بينهم في الإعفاء من الضريبة حيث لا يجوز التمييز بين المكلفين من أصحاب المراكز القانونية المتماثلة سواء عند إخضاعهم للضريبة أو عند إعفائهم منها، وإستناداً إلى ذلك فقد أفتت الجمعية العمومية لقسمي الفتوى والتشريع بمجلس الدولة في مصر[2] بعدم استفادة شركات قطاع الأعمال العام من الإعفاء من الرسوم المحلية، لأن ذلك يعد مزية يشكل انفراد هذه الشركات بها دون الشركات المساهمة الخاصة، إخلالاً بمبدأ المساواة بين الممولين (المكلفين) أمام الضريبة، وذلك لأن شركات قطاع الأعمال العام تسعى إلى تحقيق الربح المادي والمضاربة في السوق وهي في ذلك لا تختلف عن الشركات المساهمة الخاصة المملوكة للقطاع الخاص.

وقد قرر المجلس الدستوري في لبنان أن الإعفاء من الضريبة على القيمة المضافة والتي جاءت في المادة (٦١) من القانون رقم (٣٧٢) لسنة ٢٠٠١ يتناقض ومبدأ المساواة بالمطلق وتحديداً مساواة المواطنين أمام الفرائض العامة والضرائب، وذلك دون أي مبرر أو مرتكز، وبالتالي مشوبة بعيب عدم الدستورية لإهدارها مبدأ

---

(١) الدكتور عبد العزيز أحمد فتوح - مدى ملاءمة الأخذ بنظام الضريبة الموحدة في المجتمع المصري- مقالة منشورة في مجلة الاهرام الاقتصادي- تاريخ (٣) اغسطس ١٩٩٢- صفحة (٦).

(٢) الدكتور محمد محمد عبد اللطيف- الضمانات الدستورية في المجال الضريبي- المرجع السابق- صفحة (١٢٥) حيث أشار إلى هذه الفتوى.

المساواة المنصوص عليه في مقدمة الدستور اللبناني وفي المادة (٧) من متنه بحيث تكون واجبة الإبطال[١].

وتجدر الإشارة إلى أن الأصل في القوانين الضريبية هو الخضوع للضريبة كقاعدة عامة، والاستثناء هو الإعفاء منها، حيث لا يجوز إعفاء أحد من تأدية الضرائب والرسوم في غير الأحوال المبينة في القانون[٢]، فقانون ضريبة الدخل في الأردن رقم (٥٧) لسنة ١٩٨٥ مثلاً نص في الفقرة (أ/١٢) من المادة (٣) منه على أن يخضع للضريبة أرباح أو مكاسب أي مصدر آخر غير مشمول في البنود من (١-١١) من هذه الفقرة التي لم تستثن بصراحة من هذه البنود، والتي لم يمنح إعفاء بشأنها بمقتضى هذا القانون أو أي قانون آخر، كإعفاء الرواتب والمخصصات التي تدفع لأعضاء السلك السياسي أو القنصلي غير الأردنيين الممثلين للبلدان الأخرى في المملكة شريطة المعاملة بالمثل[٣].

وتطبيقاً لذلك فقد قضت المحكمة العليا في أمريكيا في القضية رقم (٥٠٧) لسنة ٢٠٠٠ بعدم دستورية المادة (20 (A)) من قانون تنظيم المراهنات الهندي المتعلقة باستثناء القبائل الهندية من الخضوع لضرائب المراهنات المفروضة بموجب القانون الفدرالي إذ لا يجوز أن يتضمن ذلك التشريع المحلي إعفاءاً ضريبياً لم يمنحه الكونجرس.[٤]

---

(١) القرار رقم (١) تاريخ ٢٠٠٢/١/٣١، المتعلق بالطعن بدستورية قانون الضريبة على القيمة المضافة في لبنان رقم (٣٧٢) لسنة ٢٠٠١ تاريخ ٢٠٠١/١٢/١٤ - المنشور في موسوعة صادر في المجلس الدستوري في لبنان- المرجع السابق- صفحة (١٠٧).

(٢) - المادة (١١٨) من الدستور الأردني لسنة ١٩٥٢.
- المادة (١١٩) من الدستور المصري لسنة ١٩٧١.

(٣) الفقرة (ب/٣) من المادة (٧) من قانون ضريبة الدخل في الأردن رقم (٥٧) لسنة ١٩٨٥ وتعديلاته.

(4) U.S Supreme Court, Chickasaw Nation V. United States No 00-907. Decided November 27, 2001. Through http//Laws.findLaw.com/us/000/00-907html.

ومثل هذا الإعفاء يتقرر بقانون وما دور السلطة التنفيذية في هذا المجال سوى التنفيذ المادي لهذا الإعفاء، وقد يكون الإعفاء مقرراً لمصلحة فئة من الأشخاص معينين بصفاتهم لا بذواتهم تحقيقاً للمصلحة العامة، ولا شك أن مثل هذا الإعفاء لا يخالف أية قاعدة دستورية، بخلاف ما إذا كان الإعفاء لأشخاص معينين بذواتهم كرؤساء الدول تقديراً للدور المهم الذي قاموا به، كما حدث في فرنسا سنة ١٩٧٠ عندما صدر قانون يعفي تركة الجنرال ديغول من رسوم الأيلولة، وكذلك ما حدث في مصر في سنة ١٩٧٠ عندما صدر قانون يعفي الدار التي كان يقيم فيها المرحوم الرئيس جمال عبد الناصر بكل من القاهرة والإسكندرية من جميع أنواع الضرائب والرسوم وفي سنة ١٩٨١ عندما صدر قانون يعفي الدار التي كان يقيم بها المرحوم الرئيس السادات بالجيزة والإسكندرية من جميع الضرائب والرسوم.

ويمكن تأييد ما يراه جانب من الفقه[١] بعدم دستورية مثل هذه القوانين كون أحكامها تفتقر لصفة العمومية والتجريد، وبالتالي تخالف مبدأ المساواة بين المكلفين أمام القانون الضريبي كونها تمنح إعفاءات ضريبية لأشخاص بذواتهم لا تسمح بها القوانين الضريبية السارية المفعول.

وتجدر الإشارة في هذا الصدد إلى أن أغلب القوانين الضريبية تتضمن إعفاءات ضريبية لملوك ولرؤساء الدول، كإعفاء المخصصات الرسمية التي يتقاضاها الملك من ضريبة الدخل[٢]، وإعفاء مشترياته ومستورداته من السلع والخدمات من الضريبة العامة على المبيعات[٣]، وإعفاء ما يرد باسمه من الرسوم الجمركية ومن الرسوم والضرائب الأخرى[٤].

---

(١) الدكتور محمد محمد عبد اللطيف- الضمانات الدستورية في المجال الضريبي- المرجع السابق- صفحة (١٢٩).

(٢) الفقرة (أ/١) من المادة (٧) من قانون ضريبة الدخل في الأردن رقم (٥٧) لسنة ١٩٨٥ وتعديلاته.

(٣) الفقرة (أ/١) من المادة (٢١) من قانون الضريبة العامة على المبيعات في الأردن رقم (٦) لسنة ١٩٩٤ وتعديلاته.

(٤) الفقرة (أ) من المادة (١٤٩) من قانون الجمارك في الأردن رقم (٢٠) لسنة ١٩٩٨ وتعديلاته.

ويمكن القول بأن مثل هذه النصوص قد جاءت متفقة مع أحكام المادة (١١٨) من الدستور الأردني لسنة ١٩٥٢، والتي لا تجيز إعفاء أحد من تأدية الضرائب والرسوم في غير الأحوال المبينة في القانون، كما أن مثل هذه النصوص تتصف بالعمومية والتجريد على الرغم من أنها قد تنطبق على شخص واحد ما دامت قابلة لأن يتكرر تطبيقها على كل شخص يخلفه، والحقيقة أن فكرة العمومية والتجريد التي تنطوي عليها طبيعة التشريع هي الأساس الذي تقوم عليه الحماية المستمدة من القانون الذي يحمي المكلفين بدفع الضريبة بعمومه وتجرده فالتشريع إذا لم يكن عاماً ومجرداً بل اقتصر على حالة فردية بالذات، كما إذا أعفى من الضريبة رئيس دولة محدد بالاسم افتقد طبيعة التشريع وكان باطلاً لمخالفته للدستور في محله[١].

وأخيراً قد يحدد القانون الضريبي شروطاً معينة يجب توافرها في حالات معينة أو أشخاص معينين للاستفادة من الإعفاءات الضريبية كإعفاء دخل الأعمى والمصاب بعجز كلي من حرفة أو وظيفة[٢]، وإعفاء أي تعويض مقطوع يدفع لأي شخص بسبب إصابات العمل أو اعتزال الخدمة أو الوفاة[٣] وإعفاء الرواتب والمخصصات التي تدفع لأعضاء السلك السياسي أو القنصلي غير الأردنيين الممثلين للبلدان الأخرى في المملكة شريطة المعاملة بالمثل[٤] ولا جناح على المُشرع أن يقرر إتباع هذا الأسلوب في الإعفاء من الضريبة، وأن دور الإدارة الضريبية هنا يقتصر على التحقق من توافر مثل هذه الشروط التي حددها القانون للاستفادة من الإعفاء من الضريبة[٥]، ويجب في ذلك أن تفسر عبارة النص الواردة

---

(١) الدكتور عبد الرزاق السنهوري- مخالفة التشريع للدستور والانحراف في اسعمال السلطة التشريعية- بحث منشور في مجلة مجلس الدولة- السنة الثالثة- ١٩٥٢- دار النشر للجامعات المصرية- القاهرة- صفحة (٤١).

(٢) الفقرة (أ/١٠) من المادة (٧) من قانون ضريبة الدخل في الأردن رقم (٥٧) لسنة ١٩٨٥ وتعديلاته.

(٣) الفقرة (أ/١٢) من المادة (٧) من قانون ضريبة الدخل في الأردن رقم (٥٧) لسنة ١٩٨٥ وتعديلاته.

(٤) الفقرة (ب/٣) من المادة (٧) من قانون ضريبة الدخل في الأردن رقم (٥٧) لسنة ١٩٨٥ وتعديلاته.

(٥) محمد محمد عبد اللطيف- الضمانات الدستورية في المجال الضريبي- المرجع السابق- صفحة (١٣٠).

في القانون الضريبي في هذه الحالات تفسيراً من شأنه أن يقتصر في تطبيق النص على الأمور التي انصرفت إرادة المُشرع إليها، ولا يجوز أن تمتد إلى غيرها عن طريق التوسع في التفسير أو القياس، إذا انصرفت إرادة المُشرع في القانون الضريبي إلى الإعفاء من الضريبة فيجب أن تكون بصورة استثنائية ومحددة بعينها ويجب عدم الالتجاء إلى كل من التوسع في التفسير أو القياس على ذلك، وقد استقر اجتهاد محكمة النقض في مصر(١)، على أن إرادة المُشرع الضريبي قد انصرفت إلى إعفاء الإيرادات الزراعية استثناء من مبدأ الخضوع للضريبة، لذلك يجب تفسير المقصود بالإيرادات الزراعية المعفاة تفسيراً ضيقاً ينحصر في دائرة العمليات المتصلة بإنتاج المحصول الزراعي واللازمة لبيعه وتتصل به اتصال لزوم وضرورة بحيث لا يجوز أن يمتد إلى غيرها عن طريق التوسع في التفسير ليشمل أي نشاط جديد استخدم فيه رأس المال والخبرة الفنية وقصد به المضاربة في سبيل تحقيق الأرباح، كما وقد استقر اجتهاد محكمة التمييز في الأردن بعدم جواز التوسع في تفسير النصوص القانونية المتعلقة بالإعفاءات حيث أكدت في هذا الاتجاه أن مخصصات أعضاء مجلس الوصاية على العرش لا تعفى من ضريبة الدخل ولا تقاس على مخصصات جلالة الملك المعفاة من الضريبة قانوناً(٢).

وقد أكد القضاء الفدرالي الأمريكي على أن النتيجة التي تلازم المادة المتعلقة بمفهوم الدخل هي القاعدة الأساسية في التفسير التشريعي المتمثلة بأن الاستثناءات من الدخل الخاضع للضريبة لابد أن تفسر تفسيراً ضيقاً(٣).

---

(١) الطعن رقم (١٨٤٢) لسنة (٦١) قضائية تاريخ ١٩٩٨/١٢/٢٤ مشار إليه في موسوعة الدكتور زكريا بيومي في القوانين والأحكام والفتاوى الضريبية- الجزء الأول- المجلد الأول- المرجع السابق- صفحة (٤٨٠).

(٢) تمييز حقوق رقم (٥٤/١١٦)- المنشور في الصفحة (١٨٣)- من مجموعة قانون ضريبة الدخل لسنة ١٩٨١- اعداد المكتب الفني لنقابة المحامين الأردنيين- ١٩٨١.

(3) U.S Court of Appeals for the feseral Circuit, Reidar Abrghmsen and others V.U.S. No. (99-9136) Appwaled from U.S court of federal claims, Through.
http// Law.findlaw.com.fed994/36.html.

الفرع الثاني: قاعدة العدالة أمام القانون الضريبي

من المعروف أن مبدأ العدالة يجب أن يكون أساساً لكل عمل تقوم به الدولة تجاه رعاياها، وأهمية هذه العدالة تتجلى بصورة خاصة في التكليف الضريبي[١]، وبالذات في الوقت الذي ارتفع فيه حجم النفقات العامة للدولة وزادت بالمقابل التكاليف العامة وأصبح المكلف يشعر بثقل وطأة الضريبة فكان لابد من المطالبة بعدالتها[٢]، وذلك لأن العدالة الضريبية تعمل على التخفيف من عبء الضريبة على مكلف معين وتشتد به على مكلف آخر مستندة في ذلك إلى المقدرة التكليفية لكل منهما[٣].

أولاً: الأساس الدستوري لمبدأ العدالة أمام القانون الضريبي

نظراً لأهمية مبدأ العدالة الضريبية، فقد تضمنت الدساتير في معظم دول العالم كمصر والأردن ولبنان النص صراحة على هذا المبدأ وأصبح يستمد مصدره من الدستور مباشرة، ففي مصر تنص المادة (٣٨) من الدستور لسنة ١٩٧١ على أن يقوم النظام الضريبي على العدالة الاجتماعية، كما و تنص المادة (٤) منه على أن النظام الاشتراكي في مصر يكفل عدالة توزيع الأعباء والتكاليف العامة، وفي الأردن توجب المادة (١١١) من دستور سنة ١٩٥٢ على الحكومة أن تأخذ في فرض الضرائب بمبدأ التكليف التصاعدي مع تحقيق المساواة والعدالة الاجتماعية وأن لا تتجاوز مقدرة المكلفين على الأداء وحاجة الدولة إلى المال، وفي لبنان تنص الفقرة (ج) من مقدمة الدستور أن العدالة الاجتماعية والمساواة بين الحقوق

---

(١) الدكتور رشيد الدقر- علم المالية العامة- المرجع السابق- صفحة (١٣٨).

(٢) الدكتور عصام بشور- المالية العامة والتشريع المالي- المرجع السابق- صفحة (٢٤٣).

(٣) محمد كمال الجرف- الضرائب المقارنة بين النظام الإسلامي والنظم المعاصرة- منشورات كلية الحقوق – جامعة القاهرة- ١٩٧٥-١٩٧٦ - صفحة (٧٦).

والواجبات بين جميع المواطنين دون تمايز أو تفضيل هي من مرتكزات نظام لبنان الديمقراطي البرلماني.

ويعتبر إدراج مبدأ العدالة الاجتماعية في وثيقة الدستور كما هو الحال في مصر والأردن ولبنان من بين مرتكزات نظام الحكم الديمقراطي البرلماني يجعل من هذا المرتكز مبدأ دستورياً نصياً يصار إلى التحقق من تقيد المُشرع في القانون الضريبي به، بمعرض إعمال الرقابة على دستوريته أي على التزامه أحكام الدستور ومبادئه ومنها مبدأ العدالة الاجتماعية(١).

أما في فرنسا فلا يوجد في دستور سنة ١٩٥٨ نص مماثل لما ورد في الدستور لكل من مصر والأردن ولبنان، ومع ذلك فإن فكرة العدالة الاجتماعية في مجال الالتزام الضريبي ليست غائبة هناك كونها مرتبطة بمبدأ المساواة بين المكلفين أمام الضريبة، والذي سبق للمجلس الدستوري في فرنسا أن اعتبر مبدأ المساواة بين المواطنين في التزاماتهم الضريبية من المبادئ الدستورية النصية القابلة للتقييم وفقاً للأوضاع القانونية المشابهة أو المختلفة وذلك عملاً بالاجتهاد الثابت الذي عبرت عنه مختلف المحاكم الدستورية(٢).

ثانياً: مفهوم مبدأ العدالة الضريبية

تخلو الدساتير في العادة من تحديد مفهوم معين للعدالة الاجتماعية في مجال الالتزام الضريبي (العدالة الضريبية)، مما يجعل القضاء والفقه يتصدى لهذه

(١) قرار المجلس الدستوري في لبنان رقم (١) تاريخ ٢٠٠٢/١/٣١، المتعلق بالطعن بدستورية قانون الضريبة على القيمة المضافة في لبنان رقم (٣٧٢) لسنة ٢٠٠١ - المشار إليه في موسوعة صادر- المرجع السابق- صفحة (١٠٦).

(٢) مشار إليه في قرار للمجلس الدستوري في لبنان رقم (١) تاريخ ٢٠٠٢/١/٣١- المتعلق بالطعن بدستورية قانون الضريبة على القيمة المضافة في لبنان رقم (٣٧٢) لسنة ٢٠٠١- المشار إليه سابقاً - صفحة (١٠٦).

المهمة، فالمحكمة الدستورية العليا في مصر[1]، ترى أن مفهوم العدل يتعين أن يكون محدداً من منظور اجتماعي وباعتبار أن العدل هو التعبير عن تلك القيم الاجتماعية التي لا تنفصل الجماعة في حركتها عنها فلا يكون العدل مفهوماً مطلقاً ثابتاً بأطوال بل مرناً ومتغيراً وفقاً لمعايير الضمير الاجتماعي ومستوياتها وازناً بالقسط تلك الأعباء التي يفرضها المُشرع بقانون على المواطنين فلا تكون وطأتها على بعضهم عدواناً بل تطبيقها فيما بينهم إنصافاً وإلا صار قانون منهياً للتوافق في مجال تنفيذه وغدا إلغاؤه لازماً، وحيث أن الأعباء التي يجوز فرضها على المواطنين ولو في الحدود التي يبينها- وسواء كان بنيانها ضريبة أو رسماً أو تكليفاً آخر- هي التي نظمها الدستور بنص المادة (١١٩) وكانت المادة (٣٨) منه وإن خص بها النظام الضريبي متطلباً أن تكون العدالة الاجتماعية مضموناً لمحتوى القانون الذي يفرضها وغاية يتوخاها فلا تنفصل عنها النصوص القانونية التي يقيم المُشرع عليها النظم الضريبية على اختلافها إلا أن الضريبة بكل صورها تمثل في جوهرها عبئاً مالياً على المكلفين بها شأنها في ذلك شأن غيرها من الأعباء أن يكون العدل من منظور اجتماعي مهيمناً عليها بمختلف صورها محدداً الشروط الموضوعية لاقتضائها نائياً عن التمييز بينها دون مسوغ فذلك وحده ضمان خضوعها لشرط الحماية القانونية المتكافئة التي كفلها الدستور للمواطنين جميعاً في شأن الحقوق عينها فلا تحكمها إلا مقاييس موحدة لا تتفرق بها ضوابطها.

ويرى المجلس الدستوري في لبنان[2] أن الدستور قد خلا من تحديد عام لمعنى العدالةالاجتماعيةإلا أنه أوجدمفهوماً تطبيقيألها في بعض المواضيع التي

(١) الحكم في الدعوى رقم (٦٥) لسنة (١٧) قضائية دستورية تاريخ ١٩٩٧/٢/١- مشار إليها في الموسوعة الجامعة لأحكام المحكمة الدستورية العليا في مصر- الجزء الثاني- ١٩٩٨- المرجع السابق- صفحة (١٨٨) وما بعدها.

(٢) قرار المجلس الدستوري في لبنان رقم (١) تاريخ ٢٠٠٢/١/٣١ - المتعلق بالطعن بدستورية قانون الضريبة على القيمة المضافة في لبنان رقم (٣٧٢) لسنة ٢٠٠١ - المشار إليه سابقاً.

حجزها للقانون الضامن لهذه العدالة، ومن أبرز هذه المواضيع الفرائض العامة كالضرائب التي اقر الدستور بأن يخضع لها جميع اللبنانيين على حد سواء وبشكل عادل فلا يلحق غبن بفئة من جرائها ولا تخضع لها منطقة من إقليم الدولة دون أخرى، وهو ما يؤلف في الموضوع الضريبي مفهوماً تطبيقياً للعدالة الاجتماعية فلا تعتبر جباية الأموال في ذاتها- أي مصلحة الدولة بأن تحصل على إيرادها الواجب والمشروع- هدفاً يؤثره القانون بمنحه حمايته دون أن يوازنه مع سواه من الاعتبارات الناجمة عن أن الأصل في النظام الضريبي كما سبق القول، أن يكون قائماً على العدالة الاجتماعية بمفهومها أعلاه، وبما أن ما تقدم مؤداه أن المعيار في توافر العدالة الاجتماعية في نص قانوني ما، هو عدم انفصام غايتها من القانون المعني باعتباره أداة لتحقيقها فلا يكون القانون الضريبي منصفاً وبمنأى عن الطعن إلا إذا كان قانوناً عادلاً وشاملاً أي ضامناً غايات الدولة المذكورة بالمساواة بين جميع المناطق وجميع المعنيين به في أوضاع مشابهة.

أما الفقه فقد وجد أن تحديد مفهوم العدالة الاجتماعية في مجال الالتزام الضريبي (العدالة الضريبية) تعترضه صعوبات كثيرة ناشئة عن اختلاف النظرة للعدالة الضريبية من جهة وعن صعوبة قياس أثر الضريبة وتحديد عبئها بالنسبة لكل مكلف على إنفراد من جهة أخرى[١].

وقد اختلف الفقه حول النظرية التي يمكن الاعتماد عليها لتحديد مفهوم معين للعدالة الضريبية وانقسم إلى جانبين، فجانب منهم[٢] اعتمد على نظرية المنفعة، وجانب آخر[٣] اعتمد على نظرية المقدرة على الدفع.

---

(١) الدكتور عصام بشور - المالية العامة والتشريع المالي- المرجع السابق- صفحة (٢٣٤).

(٢) منهم الفقيه الفرنسي ميرابو (Mirabeau) في كتابه نظرية الضريبة الصادر في عام ١٧٦٦ مشار إليه في مؤلف الدكتور عصام بشور- المالية العامة والتشريع المالي- المرجع السابق- صفحة (٢٢٧).

(٣) منهم آدم سميث في كتابه ثروة الأمم- الصادر في سنة (١٧٧٦)- مشار إليه في مؤلف الدكتور رشيد الدقر- علم المالية العامة- المرجع السابق- صفحة (١٣٩).

وفيما يلي ملخص لأهم ما قيل حول هاتين النظريتين:

١- نظرية المنفعة

فالضريبة تكون عادلة وفقاً لهذه النظرية عندما يدفع المكلف ضريبة تعادل ما يحصل عليه من خدمات تقدمها له الدولة أثناء قيامها بإشباع الحاجات العامة للمواطنين، وقد عرفت الضريبة وفقاً لهذه النظرية "بأنها ثمن ما يدفعه المكلف مقابل الخدمات والمنافع التي يحصل عليها من جراء قيام الدولة بوظائفها"، فالمكلف وفقاً لهذه النظرية يدفع الضريبة لأنه يحصل بصورة مباشرة على خدمة معينة من الدولة.

ولكن هذه النظرية لم تصمد أمام الانتقادات التي وجهها الفقه لها والتي يمكن تلخيصها فيما يلي:

أ- أن ما جاء فيها يخالف من الناحية العملية مفهوم الضريبة وطبيعتها القانونية والتي أصبحت تفرض على المكلفين باعتبارهم أعضاء متضامنين في الدولة دون أي مقابل، وبذلك يجب عليهم أن يدفعوا الضريبة حسب مقدرة كل منهم على الدفع وليس ثمناً للخدمات التي يحصلون عليها من الدولة، وأن الدولة عندما تفرض الضريبة تهدف لتحقيق أهداف مالية واقتصادية واجتماعية تحدد وفقاً لسياستها العامة وليس ثمناً لخدمات أو منافع معينة تعود على المكلفين بصورة مباشرة[١].

ب- صعوبة أن يتم تقييم الكثير من الخدمات والمنافع العامة التي يحصل عليها المكلف من الدولة بالنقود، مثالها خدمات الدفاع الخارجي والأمن الداخلي كونها خدمات ذات نفع عام يعود على كافة أفراد المجتمع دون استثناء، ولا يمكن تحديد ما يعود على كل شخص بشأنها من نفع خاص وبالتالي يتعذر محاسبته عما استفاده شخصياً، لذلك فإن الدولة تتقاضى منه مقابل هذه الخدمات بصورة

---

(١) الدكتور حسن عواضة- المالية العامة- المرجع السابق- صفحة (٣٩٧).

غير قياسية ويتمثل هذا المقابل بالضرائب بحيث يؤخذ بعين الاعتبار المقدرة التكليفية وليس مقدار النفع العائد من هذه الخدمات كمعيار لتحديد مساهمة كل شخص في تكاليفها[١].

جـ- يستفيد من خدمات الدولة كالتعليم والصحة الكثير من الفقراء أو ذوي الدخول المتدنية أو المحدودة وهم معفون من الضريبة، وبالمقابل يدفع الأغنياء تكاليف هذه الخدمات حسب مقدرة كل منهم على الدفع على الرغم من أنهم قد لا يستفيدون منها إلا قليلاً، وإذا عمدت الدولة إلى جعل الضريبة متكافئة مع الخدمة فإن ذلك سوف يؤدي إلى إلزام الطبقات الفقيرة بدفع ضرائب فوق طاقتها كثمن للخدمات العامة التي تستفيد منها، وهذا يجافي مبدأ العدالة الضريبية بشكل واضح[٢].

٢- نظرية المقدرة على الدفع

الأساس الذي يقوم عليه فرض الضريبة هو المقدرة على الدفع ومن المسلم به أن مقدرة المكلف على دفع الضريبة يعتبر الأساس العادل الذي يجب أن يحدد على ضوئه نصيب المكلف في المساهمة في الأعباء العامة للدولة[٣]، إن المبدأ القاضي بتأسيس المسؤولية الضريبية على أساس المقدرة على الدفع هو مبدأ مقبول في بعض الدول كأحد ركائز النظام الضريبي.

وبالرغم من أن هذا المبدأ يستخدم كمبدأ عام للمشرعين عند إصدار القانون الضريبي فإنه لم ينص عليه في دساتير معظم الدول كمصر ولبنان وبالتالي لا يمكن تطبيقه من قبل المحاكم للحد من صلاحية الحكومة في فرض الضريبة، وبالرغم من ذلك فإن مبدأ المقدرة على الدفع ملزم دستورياً في عدد من الدول

---

(١) الدكتور شريف رمسيس تكلا- الأسس الحديثة لعلم مالية الدولة- المرجع السابق- صفحة (٨١) وما بعدها.

(٢) الدكتور محمد سعيد فرهود- علم المالية العامة- المرجع السابق - صفحة (٢٧٣).

(٣) الدكتور عبد العزيز أحمد فتوح- بحث بعنوان مدى ملائمة الأخذ بنظام الضريبة الموحدة في المجتمع المصري- مجلة الاهرام الإقتصادي- العدد الصادر بتاريخ (٣) آذار ١٩٩٢ - صفحة (٦).

وكمثال على ذلك، المادة (٥٣) من الدستور الإيطالي التي تنص على أن كل شخص لابد أن يساهم في النفقات العامة بما يتناسب مع مصادر دخله، وقد قضت المحكمة الدستورية في إيطاليا أن مبدأ المقدرة على الدفع يعد تطبيقاً واضحاً لقاعدة العدالة الضريبية وبالتالي فقد قضت هذه المحكمة أن ضريبة الدخل التي يتم فيها معاملة الأشخاص المتزوجين معاملة ضريبية واحدة مع عدم مراعاة عدد الأولاد المعالين تخالف قاعدة العدالة الضريبية وقاعدة المقدرة على الدفع، كما وقد احتوى الدستور الإسباني على نص مشابه للنص الإيطالي، أما المحكمة الدستورية في ألمانيا فقد قضت أن هذا المبدأ يمكن اشتقاقه من المادة (١/٣) من الدستور والتي تنص على أن جميع الأشخاص لابد أن يعاملوا على قدم المساواة أمام القانون وخلصت إلى أن النصوص التي ترد في قانون ضريبة الدخل وتضع قيوداً على خصم المبالغ المدفوعة نظير النفقات الشخصية غير دستورية لأنها تمنح خصماً غير مناسب ولا يراعى مقدرة المكلفين على الدفع[1].

وعلى ضوء الملاءة المالية تقوم العدالة الضريبية على أساس المساواة في التضحية أو الحرمان الذي تحدثه الضريبة عند المكلفين بدفعها[2]، وليس المقصود هنا المساواة الحسابية والتي ساد مفهومها في القرن الثامن عشر والتي كانت تتحقق بإيجاد نسبة دقيقة بين التزام المكلف بدفع الضريبة ومبلغ دخله مراعاة لقاعدة النسبية بين دخل المكلف ومبلغ الضريبة المتوجب دفعه[3] فإذا كانت الضريبة التي تستحق على دخل خاضع للضريبة مقداره ١٠.٠٠٠ دينار تبلغ ٥٠٠ دينار أي بنسبة ثابتة (٥%) فإن الضريبة التي تستحق على دخل خاضع مقداره ١٠٠.٠٠٠

(1) Frans Vanistendael, Legal Framework for Taxation Taxlaw Design and drafting. Op. cit, p (819).

(٢) الدكتور عصام بشور- المالية العامة والتشريع المالي- المرجع السابق- صفحة (٢٤٤).

(٣) الدكتور حسن عواضة- المالية العامة- المرجع السابق- صفحة (٤٠٣) وما بعدها.

دينار عشرة أضعاف ذلك أي ٥٠٠٠ دينار، والضريبة التي تستحق على دخل خاضع مقداره ١.٠٠٠.٠٠٠ دينار مبلغ ٥٠.٠٠٠ دينار وهكذا.

ويقال أن المساواة الحسابية بهذه الصورة لم تحقق العدالة الضريبية لأنها جاءت مقطوعة أو نسبية على كافة المكلفين مما جعل التضحية غير متساوية من جهة ومن جهة أخرى لم تراع الأوضاع المالية والاقتصادية والاجتماعية للمكلفين بدفع الضريبة.

وفي أواخر القرن التاسع عشر تطور مفهوم المساواة الحسابية إلى مفهوم المساواة الشخصية والذي يعني بتشخيص الضريبة أي فرضها وفقاً لأوضاع المكلف الشخصية[١]، ومراعاة تشخيص الضريبة يؤدي غالباً إلى إعفاء كثير من المكلفين من دفعها، وبالتالي يؤثر سلباً على خزينة الدولة وذلك بانخفاض حصيلة الضريبة كمورد مهم من إيرادات الموازنة العامة وكل ذلك يتم بإسم المساواة في التضحية[٢].

٣- وجه الائتلاف والتعارض بين مبدأ العدالة الضريبية ووفرة حصيلتها

إن المُشرع غالباً ما يحاول التوفيق بين مبدأ العدالة الضريبية كمبدأ دستوري، ومبدأ دستوري آخر نصت عليه المادة (١١١) من الدستور الأردني لسنة ١٩٥٢ عندما أوجبت على الحكومة عند فرض الضريبة أن لا تتجاوز حاجة الدولة إلى المال، ويعتبر هذا التوفيق ضرورياً لكل نظام ضريبي يهدف إصلاحاً منشوداً من الناحية المالية وعادلاً في الوقت نفسه، وهنا تظهر مشكلة على درجة كبيرة من الأهمية وهي أن مبدأ العدالة الضريبية قد يأتلف مع وفرة الحصيلة مرة ويتضارب معها مرات عديدة.

---

(١) الدكتور حسن عواضة- المالية العامة- المرجع السابق- صفحة (٤٠٣) وما بعدها.
(٢) الدكتور رشيد الدقر- علم المالية العامة- المرجع السابق- صفحة (١٣٩).

أ- وجه الائتلاف بين مبدأ العدالة الضريبية ووفرة حصيلتها

إن الشرط الأساسي لمبدأ العدالة الضريبية ووفرة حصيلتها هو وجود قاعدة عمومية الضريبة وهي ذات شقين: عمومية شخصية بالنسبة للأفراد، وعمومية مادية بالنسبة للأموال.

- فيما يتعلق بالعمومية الشخصية للضريبة بالنسبة للأفراد

حيث تفرض الضريبة على جميع الأشخاص الخاضعين لسيادة الدولة أو التابعين لها من المواطنين والأجانب الذين يقيمون فيها على حد سواء من الذين تتكشف مقدرتهم على الدفع عن طريق ما يملكون من أموال أو ما يحصلون عليه من دخول أو عن طريق ما ينفقونه [1]، وهذه المقدرة لا تتكشف إلا بعد أن يؤخذ بعين الاعتبار الأوضاع الشخصية والعائلية بحيث تتساوى التضحية التي يتحملها كل منهم حين دفعه للضريبة المترتبة عليه، وهو ما يسمى بمبدأ شخصية الضريبة وهذا المبدأ لا يؤدي كشمولها إلى وفرة حصيلتها بل على العكس تماماً يحدث تناقصاً مستمراً فيها [2].

لذلك يلاحظ أن الضريبة العينية التي تفرض على الأموال الخاضعة لها دون مراعاة ظروف المكلف الشخصية والعائلية- الاجتماعية منها والاقتصادية- ومثالها الضرائب الجمركية والضريبة العامة على المبيعات قد احتفظت بوفرة حصيلتها على عكس الضريبة التي تأخذ بمبدأ شخصية الضريبة كالضريبة على الدخل.

وتقضي العمومية الشخصية للضريبة بالنسبة للأفراد بأن يعامل المواطنين والأجانب على حد سواء من حيث الخضوع للضريبة والإعفاء منها بما في ذلك مراعاة الظروف الشخصية والعائلية لكل منهم، فمبدأ العدالة الضريبية يتطلب أن

---

(١) الدكتور محمد حلمي مراد- مالية الدولة- المرجع السابق- صفحة (١٩٨).

(٢) الدكتور رشيد الدقر- علم المالية العامة- المرجع السابق- صفحة (١٤٢).

يخضع الأجانب للضريبة التي يخضع لها المواطنين، كما يقضي هذا المبدأ أن يتمتع الأجنبي بكافة الإعفاءات الشخصية والعائلية التي يتمتع بها المواطن.

وبناء عليه يمكن القول بأن أحكام الفقرتين (جـ د) من المادة (١٣) من قانون ضريبة الدخل في الأردن رقم (٥٧) لسنة ١٩٨٥ كما هي معدلة بالقانون المعدل رقم (١٤) لسنة ١٩٩٥ والذي عمل به اعتباراً من ١٩٩٦/١/١ تخالف مبدأ العدالة الضريبية كونها قد ميزت بين الأردني وغير الأردني في المعاملة الضريبية عندما سمحت للشخص الطبيعي الأردني فقط بإعفاء قدرة (٢٠٠٠) دينار في السنة إذا كان مكلفاً وكان طالباً غير مبعوث في جامعة أو كلية مجتمع أو معهد فوق مستوى شهادة الدراسة الثانوية العامة، أو كان ينفق على دراسة كل ولد من أولاده أو على دراسة حفيده أو زوجه أو أخيه أو أخته ممن يتولى إعالتهم، وكان غير موفد ولا يستطيع الإنفاق على دراسته وكان طالباً يدرس في جامعة أو كلية مجتمع أو معهد فوق مستوى شهادة الثانوية العامة، وبالتالي يتطلب الأمر بضرورة تعديل نص كل من هاتين الفقرتين لكي يسمح للشخص الطبيعي غير الأردني بالتمتع في مثل هذا الإعفاء طالما أن دخله قد خضع للضريبة مثله مثل الأردني، كما كان عليه الوضع من قبل بالقانون الأصلي رقم (٥٧) لسنة ١٩٨٥ والذي عمل به اعتباراً من ١٩٨٥/١/١ وحتى ١٩٩٥/١٢/٣١.

وأخيراً فإن مبدأ العمومية الشخصية للضريبة بالنسبة للأفراد لا يمنع المُشرع أحياناً من الخروج على هذا المبدأ والنص صراحة على إعفاء بعض الأشخاص من دفع بعض الضرائب ومنها الإعفاءات المقررة لاعتبارات سياسية وقنصلية، وكذلك الإعفاءات المقررة باتفاقيات دولية والإعفاءات المنصوص عليها قانوناً لأسباب اجتماعية واقتصادية(١).

---

(١) لمزيد من التفاصيل راجع:

- رفاعي الهزايمة، الإعفاءات من الضريبة على الدخل في الأردن- الطبعة الأولى- المطبعة الأردنية ومكتبتها- عمان- ١٩٨٣.

- فيما يتعلق بالعمومية المادية للضريبة بالنسبة للأموال

حيث يجب أن تخضع للضريبة كافة الأموال الموجودة في إقليم الدولة وتخضع لسيادتها فمثلاً تخضع للضريبة الأرباح التجارية والصناعية وأرباح المهن الحرة... الخ إلا إذا نص القانون على إعفاء بعض الأرباح من الضريبة رغبة من المُشرع في تحقيق أهداف اقتصادية واجتماعية وسياسية معينة[1].

ب- وجه التعارض بين مبدأ العدالة الضريبية ووفرة حصيلتها

إذا كانت قاعدة وفرة الضريبة والرغبة في زيادة حصيلتها قد دفعت بالمُشرعين عند إصدار القوانين الضريبية إلى الأخذ بمبدأ عمومية الضريبة، بحيث تفرض الضريبة على جميع الأشخاص من الذين تتكشف مقدرتهم المالية على دفع الضريبة عن طريق ما يملكون من أموال أو ما يحصلون عليه من دخول أو عن طريق ما ينفقونه، كما وتفرض الضريبة على كافة أنواع الأموال لدى كل شخص منهم، وهو ما يسمى بقاعدة عمومية الضريبة الشخصية والمادية الذي هو من متطلبات مبدأ العدالة الضريبة والتي تتطلب إخضاع جميع الأشخاص وكافة الأموال للضريبة.

وغالباً ما يؤدي الأخذ بهذه القاعدة إلى حدوث ظاهرة الازدواج الضريبي سواء على الصعيد المحلي أو على الصعيد الدولي، والتي تخل بمبدأ العدالة الضريبية بسبب تعرض المكلف لدفع الضريبة أكثر من مرة عن نفس المال ونفس الواقعة المنشئة للضريبة ونفس المدة الزمنية.

— المادة (٧) بفقرتيها (أ،ب) من قانون ضريبة الدخل في الأردن رقم (٥٧) لسنة ١٩٨٥ وتعديلاته.

(١) - رفاعي الهزايمة، الإعفاءات من الضريبة على الدخل في الأردن - المرجع السابق- صفحة (٤٧) وما بعدها.

- المادة (٧) بفقرتيها (أ،ب) من قانون ضريبة الدخل في الأردن رقم (٥٧) لسنة ١٩٨٥ وتعديلاته.

الفرع الثالث: قاعدة اليقين

وتعني هذه القاعدة أن تكون أحكام قوانين الضرائب واضحة للمكلف وبسيطة دون غموض أو إبهام وذلك فيما يتعلق بتحديد الأموال الخاضعة للضريبة والنسبة التي تقتطع من وعائها (سعر الضريبة) وميعاد وكيفية دفعها وأسلوب تحصيلها وكل ما يتصل بها من أحكام وإجراءات بحيث تكون معروفة بوضوح وبصورة مسبقة لدى المكلفين بأدائها، وقاعدة اليقين هذه لن تتحقق إذا كانت أحكام القوانين الضريبية تتغير باستمرار أو في أوقات متقاربة، ففي هذه الحالة لا يعرف المكلف مركزه الضريبي بصورةً واضحة مما يشعره دائماً بالقلق وهذه القاعدة لا تعني أن لا تطرأ على أحكام القوانين الضريبية أية تعديلات بل يجب أن تكون في أضيق نطاق ليكون القانون الضريبي مرناً يستطيع المشرـع في أي وقت أن يسارع إلى اجراء التعديلات اللازمة عليه لمسايرة التطورات الاقتصادية والاجتماعية مـن جهـة ومـن جهـة أخرى لسـد الثغرات التـي يحـاول مـن خلالهـا المكلفـون التجنـب مـن دفـع الضريبة.

الفرع الرابع: قاعدة الملائمة

وتعني هذه القاعدة ضرورة أن تكون أحكام تحصيل الضريبة المتعلقة بمواعيد وأساليب تحصيلها ملائمة للمكلف وتتلاءم مع ظروفه وأوضاعه، فمثلاً تحصل الضرائب المفروضة على الأرباح التجارية والصناعية بعد تحقق هذه الأرباح مباشرة، ذلك أن تحصيلها قبل ذلك سوف يثير الكثير من الإشكالات للمكلف ويجعله يشعر بشدة وطأتها وعدم استطاعته دفعها، وبالمقابل إذا تمت مطالبة المكلف بدفع الضريبة المستحقة على هذه الأرباح بعد مضي مدة طويلة من تحقيقها فإن تحصيلها سيكون صعباً لأن المكلف سيكون قد أنفق ما حصل عليه من دخل، وبناء عليه فمن الأفضل تحصيل الضريبة مباشرة بعد تحقق الربح لأن

المكلف لن يشعر عندها بثقل عبء الضريبة وإنما سيعتبر دفعها بمثابة دفعة لنفقة من النفقات الأخرى.

وتطبيقاً لذلك تلتزم الإدارة الضريبية استناداً إلى هذه القاعدة بأن تسمح للمكلف بدفع الضريبة والمبالغ المتوجب دفعها على حساب الضريبة وكذلك دفع الغرامات والمبالغ الإضافية على أقساط محددة ويترتب على رصيد هذه الأقساط فائدة سنوية مقدارها (٩%)[1]، وذلك حتى يسهل على المكلف الدفع بسهولة ويسر وبأقل تضحية ممكنة.

الفرع الخامس : قاعدة الاقتصاد في نفقات التحصيل:

وتعني هذه القاعدة ضرورة أن تعمل الدولة جاهدة على ضغط نفقات تحصيل الضرائب إلى أقل قدر ممكن مقارنة مع ما يدفعه المكلفون إلى الخزينة العامة من حصيلة الضرائب فلا خير في ضريبة تتكلف جبايتها الجزء الأكبر من حصيلتها.

وتظهر أهمية هذه القاعدة حديثاً حيث تتحمل الدولة نفقات كبيرة في سبيل تحصيل الضرائب ومراقبتها ولمنع التهرب من دفعها لدرجة أن الكثير من الدول تتردد أحياناً في فرض الضريبة على الدخل الزراعي مثلاً أو فرض ضريبة على الأراضي الواقعة خارج تنظيم المدن والقرى، خوفاً من ضخامة نفقات تحصيلها مقارنة مع إيراداتها التي يعتقد أنها ستكون قليلة.

---

(١) الفقرة (د) من المادة (٣٩) من قانون ضريبة الدخل رقم (٥٧) لسنة ١٩٨٥.

المبحث الثالث
التنظيم الفني للضريبة

يقصد بالتنظيم الفني للضريبة تلك الأحكام والإجراءات التي تتناول تحديد الأشخاص والأموال الخاضعة للضريبة، وكذلك الأموال المعفاة من الضريبة، وكذلك السعر الذي تفرض به الضريبة وبيان كيفية تقديرها وطرق الطعن في تقديرها وإجراءات تحصيلها... الخ.

الفرع الأول: مطرح (وعاء) الضريبة

مطرح الضريبة أو وعاء الضريبة هو العنصر أو الموضوع الذي تفرض عليه الضريبة ويعتبر مطرح أو وعاء الضريبة من أهم العناصر الأساسية المكونة للضريبة لذلك يدخل في اختصاص المشرع وحده اختيار المادة الخاضعة للضريبة، وبالتالي لا يجوز للسلطة التنفيذية أن تفرض ضريبة من تلقاء نفسها بنظام تصدره لهذه الغاية تحت طائلة اعتبارها ضريبةً غير دستورية وقد استقر الاجتهاد القضائي[1] على أن المادة (١١١) من الدستور الأردني لسنة ١٩٥٢ أوجبت عدم فرض أية ضريبة أو رسم إلا بقانون، وبناء عليه فإن نص الفقرة (أ) من المادة (١٤) من قانون الضريبة العامة على المبيعات رقم (٦) لسنة ١٩٩٤ يشوبه عيب عدم الدستورية كونها تجعل تعيين حد التسجيل في الضريبة العامة على المبيعات بنظام يصدر عن مجلس الوزراء لأن هذا النص يفوض تحديد الحد الأدنى لمطرح أو لوعاء هذه الضريبة إلى غير السلطة التشريعية.

---

(١) - قرار محكمة التمييز رقم (٩٩/٢٦) تاريخ ١٩٩٩/٧/٢٣ .
- قرار محكمة التمييز رقم (٢٠٠٧/٢٢٤) تاريخ ٢٠٠٧/٦/١٧ .
- قرار محكمة التمييز رقم (٢٠٠٧/١٧٨٣) تاريخ ٢٠٠٧/٨/٢١ .

ويتوجب أن يكون لكل ضريبة مطرح أو وعاء محدد وواضح وأن تحديد المطرح أو الوعاء الضريبي انما يتم بموجب القانون وإذا كان فرض الضريبة من اختصاص المشرع وحدة كما سبق القول، فإن إلغاء الضريبة لا يكون كذلك إلا من اختصاص المشرع وحدة، وبناء على ذلك يكون غير مشروع النظام الذي يلغي ضريبة معمول بها، كما ويعتبر مطرح أو وعاء الضريبة العامل المشترك لتقسيمات الضرائب من الناحيتين النظرية والعملية حيث تنقسم الضرائب إلى عدة أقسام وهي:

أولاً: الضريبة الواحدة والضرائب المتعددة.

ثانياً: الضريبة الموحدة على الدخل والضرائب النوعية على الدخل.

ثالثاً: الضريبة العينية والضريبة الشخصية.

رابعاًً: الضريبة المباشرة والضريبة غير المباشرة.

أولاً: الضريبة الواحدة والضرائب المتعددة. (١)

١- الضريبة الواحدة.

من المعروف أن الأموال بشكل عام تعتبر مطرحاً أو وعاءاً للضرائب الحديثه في مختلف دول العالم ويعمل النظام الضريبي في الدولة على اختيار أفضل الأموال حتى تكون محلاً لفرض الضريبة لتمويل الخزينة العامة بالأموال اللازمة لها وقد اختلف الفقهاء في تحديد مطرح أو وعاء الضريبة الواحدة فقد نادى اقتصاديو القرنين السابع عشر والثامن عشر في دول أوروبا بضرورة فرض ضريبة واحدة على الإنفاق كالضريبة العامة على المبيعات كما طالب الطبيعيون بفرض ضريبة واحدة على الناتج الصافي المتأتي من الأرض الزراعية باعتبارها

---

(١) الدكتور زين العابدين ناصر - علم المالية العامة- المرجع السابق- صفحة (١٩٧) وما بعدها.

- الدكتور رشيد الدقر- علم المالية العامة- المرجع السابق- صفحة (٥١) وما بعدها.
- الدكتور محمود رياض عطية- الموجز في المالية العامة- المرجع السابق- صفحة (١٦١) وما بعدها.

أهـم مصـدر للـثروات، وفي مرحلـة لاحقـة خـلال القـرن التاسـع عشرـ نـادى الاقتصادي الأمريكي (هـنري جـورج) في كتابـه عـن الفقـر والتقـدم عـام ١٨٧٩ بفكرة الضريبة الواحدة على الريع العقاري، وحديثاً يرى أنصار نظـام الضرـيبة الواحدة بفرضها على الدخل العـام الـذي يحققـه الشـخص خـلال السـنة مـن مصادر الدخل المتعددة ويرون أن الضريبة على الدخل العام قادرة على تمويـل خزينة الدولة بالأموال الكافية من جهة ومن جهة أخرى تستطيع الدولـة عنـد فرضها أن تراعي اعتبارات العدالة والمساواة والمقدرة التكليفية للمكلف.

٢- الضرائب المتعددة.

إن نظام الضريبة الواحدة ظل نظاماً نظرياً ولم تحاول أية دولة في العالم تطبيقه لأن فيه من المساوئ ما يذهب بكل مزاياه الصورية لذلك تعتمد الدول في أنظمتها الضريبية على مجموعة من الضرائب الأساسية كالضريبة على الدخل والضريبة العامة على المبيعات والضرائب الجمركية والضرائب العقارية... الخ بالإضافة لوجود ضرائب أخرى ثانوية.

ثانياً: الضريبة الموحدة على الدخل والضرائب النوعية على الدخل

تواجه الباحث في الضريبة على الدخل معرفة شكل هذه الضريبة المتبع في التشريع الضريبي لأي دولة ذلك الشكل الذي تتنازعه نظريتان:

- **النظرية الأولى:** إجمالية تنادي بفرض ضريبة واحدة على مجموع دخل المكلف مهما تنوعت مصادره واختلفت وتسمى في هذه الحالة الضريبة الموحدة على الدخل.

- **والنظرية الثانية:** تحليلية تنادي بفرض ضريبة خاصة على كل فرع من فروع الدخل وتسمى في هذه الحالة بالضرائب النوعية على الدخل.

ولكل من هاتين النظريتين أنصار يدافعون عنها وخصوم يتهجمون عليها والكل يقول بحسنات نظريته ومساوئ الأخرى وسوف نطرح كل هذا جانباً لضيق الوقت ونبحث في أهم ما قيل في كل نظرية.

(١) الضريبة الموحدة.

ظهر مذهب الضريبة الموحدة على الدخل منذ القرنين السابع عشر والثامن عشر في بريطانيا وأمريكا وفرنسا[١] وتمتاز هذه الضريبة بمزايا كثيرة لدرجة أن جانباً من الفقه[٢] أطلق عليها اسم (الضريبة الفذة).

ويمكن تلخيص هذه المزايا فيما يلي:

أ- تحقيق العدالة في توزيع الأعباء المالية العامة على المكلفين من حيث مراعاة أوضاع المكلف الشخصية والعائلية ومقدرته على دفع الضريبة، لأن تطبيق الضريبة الموحدة يجعل أمام الإدارة الضريبية مجموع دخول المكلف من جهة ووضعه ومقدرته من جهة أخرى لكي تنسب هذه إلى تلك وتفرض الضريبة على هذا الأساس، وهذا الوضع قد لا يتحقق في ظل نظام الضرائب النوعية فلو فرضنا أن أحد المكلفين له أربع مصادر دخل يتأتى له من كل مصدر (٢٠٠٠) دينار، وإذا أخذنا كل مصدر لوحده لغايات فرض الضريبة اعتبر هذا المكلف من صغار المكلفين كون هذا الدخل بالكاد يغطي نفقاته العائلية ولكن لو أخذنا مجموع دخله من المصادر كافة والبالغ (٨٠٠٠) دينار مقارنة مع إعفاءاته لأمكن اعتباره من المكلفين متوسطي الدخل وهكذا، هذا من جهة ومن جهة أخرى فإن الضريبة الموحدة تفرض على مجموع دخل المكلف كمطرح واحد وبالتالي يتم تنزيل الإعفاءات الشخصية والعائلية لمرة واحدة علماً أنه في نظام الضرائب النوعية تتعدد المصادر وبتعددها تتعدد

---

(١) الدكتور هاشم الجعفري- مبادىء المالية العامة والتشريع المالي- الطبعة الثالثة- مطبعة سلمان الأعظمي- بغداد ١٩٦٧/١٩٦٨- صفحة (٩٨).

(٢) الدكتور رشيد باقر- علم المالية- المرجع السابق- صفحة (٥٨).

الإعفاءات على الرغم من أن المشرع عادة لا يسمح بها إلا أن كثرة الضرائب تجعل من فرصة ازدواج تنزيل الإعفاءات من الدخل الخاضع للضريبة واردة، ولا شك أن هذا الازدواج سيؤدي إلى الخلل في توزيع الأعباء المالية لصالح المكلف الذي له أكثر من دخل على حساب المكلف الذي ينحصر دخله في مصدر واحد مع العلم أن الأول أقدر على دفع الضريبة من الثاني.

ب- امكانية تطبيق المعدلات التصاعدية في فرض الضريبة على الدخل بشكل يحقق العدالة الضريبية أكثر من تطبيقها في ظل نظام الضرائب النوعية كون المعدل يزداد كلما ازداد الدخل الخاضع للضريبة وبالتالي تزداد الضريبة حسب مقدرة المكلف باعتبار أن مجموع الدخل كمطرح للضريبة غالباً ما يكون أكبر من كل دخل على حدة كمطرح للضريبة ثم إن العدالة في تصاعد الضريبة تستوجب النظر إلى الدخل بمجموعه لإمكان المساواة في معاملة المكلفين الذين يتمتعون بالظروف نفسها، ولهذا يمكن القول أن التدرج التصاعدي في الضرائب النوعية بجانب العدالة الضريبية ذلك أن المكلف الذي يحصل على دخله من مصدر واحد يخضع لعبء ضريبي في ظل نظام الضرائب النوعية يختلف عن عبء المكلف الذي يحصل على مثل هذا الدخل من مصادر متعددة في حين أن العدالة الضريبية تقتضي المساواة بينهما ما دام أنهما يخضعان للظروف نفسها ويحصلان على مقدار متساو من الدخل[١].

وأهم ما يؤخذ على الضريبة الموحدة يتلخص في الخطر الذي قد يواجه سلطات الإدارة الضريبية من حيث عدم وصولها إلى دخول المكلفين الحقيقية مهما بذلت من جهد في تقديرها، وذلك لأن المكلف لديه الرغبة الجامحة

---

(١) الدكتور عادل الحياري- الضريبة على الدخل العام- مطابع مؤسسة الاهرام- القاهرة- ١٩٦٨- صفحة (١٢٦).

في التهرب من الضريبة على الدخل بمجموعه لما تتسم به من ارتفاع في المعدل وضخامة في الحجم[1] وفي الحقيقة نرى على هذا المأخذ ما يراه جانب من الفقه[2] من أن الخطر يمكن أن يقوم في وجه أي ضريبة أخرى مهما كان شكلها، والمشكلة هنا تتوقف على كفاءة الإدارة الضريبية من جهة ومن جهة أخرى على نمو الوعي الضريبي لدى المكلفين والتخلص من الفكرة المترسخة لديهم بأن الضريبة شر لا بد منها وما التزامهم بها إلا خضوعاً لأحكام القانون المؤيدة بعقوبات رادعة.

(٢) الضرائب النوعية.

حيث يخضع كل مصدر من مصادر الدخل لضريبة خاصة به ومستقلة وبمعاملة ضريبية مختلفة مراعاة لطبيعة كل مصدر من حيث الخضوع للضريبة والإعفاء منها ومن حيث المعدل، وربط الضريبة، وتحصيلها، وأهم ما يميز الضرائب النوعية ما يلي:

أ- إمكانية التمييز في المعاملة الضريبية بين مصادر الدخل المختلفة حين فرض الضريبة على الدخل فقد يجد المشرع أن الضرورة تقتضي أن تكون معاملة الدخل المتأتي من رأس المال والعمل معاً كالتجارة والصناعة أفضل من معاملة الدخل المتأتي من رأس المال وحده كالدخل من فروقات العملة والفوائد ومعاملة الدخل المتأتي من الرواتب والأجور معاملة أقرب ما تكون إلى التسامح، وبالمقابل فإن نظام الضريبة الموحدة لا يصلح لهذا التمييز في المعاملة مما لا يحقق العدالة الضريبية.

ب- إن التفريق بين مصادر الدخل المختلفة يمكن الإدارة الضريبية من إتباع طرق التقدير والتحصيل المختلفة باختلاف مصادر الدخل واختيار أكثرها ملائمة

---

(١) الدكتور محمد حلمي مراد- النظم الضريبية في البلاد العربية- صفحة (٧) مشار إليه في مؤلف الدكتور عادل الحياري- الضريبة على الدخل العام- المرجع السابق- ص (١٢٧).
(٢) الدكتور عادل الحياري- الضريبة على الدخل العام- المرجع السابق- ص(١٢٧).

لكل مصدر، مثلاً يمكن إتباع أسلوب إقرار المكلف في تقدير دخل التجارة والصناعة واسلوب التقدير الإداري في تقدير دخل العقارات، وأسلوب التقدير الجزافي في تقدير دخل المهن الحرة، كما ويمكن في جباية بعض مصادر الدخل اتباع أسلوب التحصيل المباشر من المكلف وفي بعضها الآخر أسلوب التوسط والخصم أي تكليف مدين المكلف بالـدفع كصاحب العمل المدين بأجر عامله ومن هاتين الميزتين نلاحظ من حيث المبدأ أن الضريبة الموحدة لا تصلح للتمييز في المعاملة الضريبية بين مصادر الدخل وهي كذلك لا تصلح للتفريق بينهما مـن حيـث طرق تقدير وتحصيل الضريبة.

وفي الحقيقة نرى أن هذا القول لا يستقيم مع الواقع العملي إطلاقاً لأن المشرع إذا ما رغب في التمييز في المعاملة الضريبية بين مصادر الدخل المختلفة فإنه يستطيع ذلك وبكل سهولة حيث ينص صراحة على تفضيل مصدر دخل على آخر وذلك بمنحه إعفاءات خاصة به دون غيره من مصادر الدخل الأخرى، ويمكن إعطاء مثالين على ذلك من واقع أحكام قانون ضريبة الدخل رقم (٥٧) لسنة ١٩٨٥ الذي يأخذ بالضريبة الموحدة على الدخل.

المثال الأول: يعفى من ضريبة الدخل ما نسبته (١٥%) من صافي بدلات الإيجار المتأتي من تأجير العقارات في أمانة عمان الكبرى و (٣٠%) من صافي هذا البدل في باقي مناطق المملكة[١].

المثال الثاني: يعفى من ضريبة الدخل ما نسبته (٥٠%) من الرواتب والأجور والعلاوات والمكافآت والمخصصات التي تدفعها الحكومة للعاملين لديها وما نسبته (٥٠%) من الاثني عشر ألفاً الأولى و (٢٥%) مما زاد على ذلك من الرواتب والأجور والعلاوات والمكافآت والمخصصات التي يتقاضاها العاملون من غير الجهات المذكورة أعلاه[٢].

---

(١) الفقرة (أ/١٧) من المادة (٧) من قانون ضريبة الدخل رقم (٥٧) لسنة ١٩٨٥ وتعديلاته.

(٢) الفقرة (أ) من المادة (١٤) من قانون ضريبة الدخل رقم (٥٧) لسنة ١٩٨٥ وتعديلاته.

وفيما يتعلق بطرق تقدير الدخل وتحصيل الضريبة فإن مبدأ الضريبة الموحدة لا يمكن أن يكون عقبة أمام المشرع إذا ما رغب في إتباع طريقة معينة لتقدير دخل معين ومن أتباع وسيلة معينة لتحصيل ضريبة ناتجة عن دخل معين، ويمكن إعطاء مثالين على ذلك من واقع أحكام قانون ضريبة الدخل رقم (٥٧) لسنة ١٩٨٥ الذي يأخذ بالضريبة الموحدة على الدخل وهما:

المثال الأول: إتباع أسلوب إقرار المكلف (التقدير الذاتي) كأساس عام في تقدير دخل كل شخص له مصدر دخل أو أكثر خاضع للضريبة[1] وقد أجاز القانون لمدير عام ضريبة الدخل بتعليمات يصدرها ولأسباب تنظيمية أن يعفي مؤقتاً فئات معينة من المكلفين من تقديم كشوف التقدير الذاتي أي من تقدير دخلهم بهذا الأسلوب[2]، كما وقد أجاز قانون ضريبة الدخل للمقدر في الأحوال التي لا يقدم فيها كشف التقدير الذاتي القيام بإجراء التقدير على ذلك المكلف إدارياً وذلك على ضوء المعلومات المتوفرة لديه[3].

المثال الثاني: إتباع أسلوب تحصيل الضريبة من المنبع في حالة الرواتب والأجور حيث الزم قانون ضريبة الدخل كل شخص مسؤول عن دفع الرواتب والأجور أن يخصم منها عند دفعها الضريبة المقررة وأن يوردها إلى دائرة ضريبة الدخل[4] وإتباع أسلوب تحصيل الضريبة مباشرة في حالة تقدير الأرباح التجارية والصناعية مثلاً.

وأهم ما يؤخذ على الضرائب النوعية أن العدالة تقتضي مراعاة المقدرة التكليفية للمكلف والأخذبعين الاعتبارحالته الشخصية،ونظام الضرائب النوعية

(١) أنظر الفقرة (أ) من المادة (٢٦) من قانون ضريبة الدخل رقم (٥٧) لسنة ١٩٨٥ وتعديلاته.

(٢) الفقرة (ج) من المادة (٢٦) من قانون ضريبة الدخل رقم (٥٧) لسنة ١٩٨٥ وتعديلاته، وتعليمات الاعفاء المؤقت من تقديم الكشوف السنوية رقم (٢) لسنة ٢٠٠٢ الصادرة بالاستناد إليها .

(٣) المادة (٣٠) من قانون ضريبة الدخل رقم (٥٧) لسنة ١٩٨٥ وتعديلاته.

(٤) الفقرة (أ) من المادة (١٩) من قانون ضريبة الدخل رقم (٥٧) لسنة ١٩٨٥ وتعديلاته.

ليس بوسيلة صالحة لهذا الغرض، وذلك أن تحديد المقدرة التكليفية للمكلف لا يتم إلا بأن تؤخذ بعين الاعتبار ظروفه بمجموعها وتنسب إلى مجموع دخله[1].

(٣) المفاضلة بين النظامين.

باستعراض ما سبق وما قيل عن أهم حسنات وسلبيات كل من الضريبة الموحدة والضرائب النوعية نجد أن في حسنات الضريبة الموحدة حقائق لا يماري فيها أحد وما يؤخذ عليها يؤخذ على أية ضريبة مهما كان شكلها ولا ينالها وحدها كما سبق وإن أشرنا إلى ذلك، ومهما يكن من الأمر فإن هذه المآخذ ليست بذات بال تذكر إذا ما قيست بحسناتها وإن ما قيل في حسنات الضرائب النوعية من إمكانية التمييز بين مصادر الدخل المختلفة من حيث المعاملة الضريبية ومن حيث إجراءات التقدير والتحصيل لا تنفرد بها لوحدها بل إن إمكانية ذلك متوفرة أيضاً في ظل نظام الضريبة الموحدة وبهذا تقترب هذه الأخيرة في واقع الأمر من الضرائب النوعية مع بقاء ميزة هامة تتمتع بها الضريبة الموحدة وهي قيام المقدرة التكليفية للمكلف بصورة أقرب إلى الحقيقة[2]، وهذا ما جعل الهيئات الدولية والإقليمية تطالب الدول والحكومات بالتخلي عن نظام الضرائب النوعية والأخذ بنظام الضريبة الموحدة[3].

فعلى الصعيد الدولي: فقد أوصى المجلس الاقتصادي التابع لهيئة الأمم المتحدة عام ١٩٥٢ أن تأخذ الدول الناهضة بنظام الضريبة الموحدة على الدخل، تفادياً للمشكلات التي تسببها الضرائب النوعية.

---

(١) الدكتور محمد حليم مراد - النظم الضريبية في البلاد العربية- صفحة (٦)- مشار إليه في مؤلف الدكتور عادل الحياري- الضريبة على الدخل العام- المرجع السابق- صفحة (١٢٣).

(٢) الدكتور عادل الحياري- الضريبة على الدخل العام- المرجع السابق- صفحة (١٣١).

(٣) الدكتور محمد مبارك حجير- ضرائب وتطور اقتصاديات الدول العربية- منشورات معهد البحوث والدراسات العربية- جامعة الدول العربية- القاهرة- ١٩٦٥/١٩٦٦- صفحة (٣١٦).

وعلى الصعيد الاقليمي: فقد قرر المؤتمر التجاري العربي الأول المنعقد في القاهرة سنة ١٩٥٠ العدول عن نظام الضرائب النوعية والأخذ بنظام الضريبة الموحدة تحقيقاً للعدالة الضريبية وتبسيطاً لإجراءات تقدير وتحصيل الضريبة، وقد أكد على هذا الاتجاه المؤتمر التجاري العربي الثاني المنعقد في القاهرة سنة ١٩٥٧، ولقد تقرر هذا الاتجاه بالاستفتاء الذي عقدته مصلحة الضرائب المصرية سنة ١٩٥٤ في هذا الصدد، وأخيراً فقد أخذ المشرع الضريبي المصري بنظام الضريبة الموحدة على الدخل بالقانون رقم (١٨٧) لسنة ١٩٩٣م.

(٤) موقف المشرع الضريبي الأردني.

لقد أخذ المشرع بنظرية الضريبة الموحدة على الدخل بدليل صدور قانون ضريبة دخل واحد، وبمقتضى أحكامه فرضت الضريبة على كافة مصادر الدخل الخاضعة للضريبة والتي ذكر بعض منها على سبيل المثال لا الحصر[١]، وقد تحدث عن طرق تقدير واعفاءات ومعدل وطرق تحصيل... الخ بشكل موحد ينطبق في الأصل على كل مصدر دخل من المصادر المذكورة مع وجود بعض الاستثناءات وهذا الموقف الذي يحمد المشرع عليه وذلك بأخذه أرقى أنواع الضرائب على الدخل وأعدلها، وهذا الموقف لم يأت من فراغ حيث أن أول نشأة للضريبة الموحدة في الدخل كان في بريطانيا وأن التشريع الضريبي البريطاني هو المصدر التاريخي للتشريع الضريبي الأردني لذلك لن نعجب إذا ما وجدنا الكثير من مبادئ وأحكام هذا التشريع قد تأثر بالتشريع الضريبي البريطاني.

ثالثاً: الضريبة العينية والضريبة الشخصية

الضريبة العينية تلك الضريبة التي تفرض على الأموال (الأعيان) الخاضعة لها دون مراعاة لظروف المكلف الشخصية (الاجتماعية منها والاقتصادية والعائلية) ومثالها الضرائب الجمركية والضريبة العامة على المبيعات.

---

(١) أنظر: أحكام المادة (٣) من قانون ضريبة الدخل رقم (٥٧) لسنة ١٩٨٥ بكافة فقراتها.

أما الضريبة الشخصية فهي تلك الضريبة التي تفرض على الأموال الخاضعة لها بعد أن تأخذ بعين الاعتبار المركز الشخصي- للمكلف وظروفه الاقتصادية والاجتماعية إلى جانب الأموال الخاضعة للضريبة ومثالها الضريبة على الدخل.

ولكل من الضريبة العينية والضريبة الشخصية مزايا وعيوب يمكن تلخيصها فيما يلي:

١- مزايا وعيوب الضريبة العينية:

للضريبة العينية مزايا بالنسبة للمكلف وأخرى بالنسبة للإدارة الضريبية.

فمن مزاياها بالنسبة للمكلف: إبعاد تعسف الإدارة الضريبية عنه وعدم مضايقته بوسائل التقدير والمعاينة والتدخل في شؤونه أو تكليفه بواجبات والتزامات مرهقة كتقديم إقرارات ضريبية.

ومن مزاياها بالنسبة للإدارة الضريبية، سهولة أصولها العلمية وبساطة تطبيقاتها العملية كونها لا تهتم إلا بعنصر واحد هو المادة الخاضعة للضريبة دون غيرها هذا من جهة ومن جهة أخرى لا يمكن إخفاء مطرحها أو وعائها لأنها تفرض على مطارح أو أوعية ظاهرة كالملكية العقارية أو المبيعات أو الاستيراد، لذلك لا تحتاج إلى إدارة ضريبية ذات كفاءة عالية.

أما عيوبها بالنسبة للمكلف: أنها غير عادلة لأنها تتجاهل مقدرته التكليفية فتعامل المكلفين معاملة واحدة على اختلاف ظروفهم، دون مراعاة لظروفهم وأوضاعهم الشخصية والعائلية والمادية مما يؤدي في الحقيقة إلى عدم المساواة بينهم.

وأهم عيوبها بالنسبة للخزينة العامة: عدم مرونتها فالمشرع يحجم عن تغيير سعرها لما في ذلك من التأثير على القيمة الرأسمالية للمادة الخاضعة للضريبة كالضريبة على الابنية والأراضي.

٢- مزايا وعيوب الضريبة الشخصية:

أهم ميزة للضريبة الشخصية هي أنها عادلة كونها تتمشى مع ظروف المكلف ومقدرته التكليفية وتتفق والفكرة الحديثة للعدالة والمساواة في التضحية بين المكلفين فلا يدفع المكلف الضريبة إلا حسب مقدرته، وأنها أكثر مرونة من الضريبة العينية بحيث يمكن زيادة معدلها عندما تحتاج الدولة إلى مزيد من الإيرادات العامة وبذلك تتلاءم مع الوضع الاقتصادي في البلاد. وبالمقابل تتمثل عيوبها في مضايقة المكلف بمطالبته بتقديم إقرارت ضريبية وتدخل الإدارة في شؤونه المالية والعائلية بوسائل التقدير والمعاينة والمراقبة كما أنها قد تؤدي إلى إرهاق بعض المكلفين أو محاباة البعض الآخر لاتساع مجال التقدير المتروك للإدارة الضريبية وفقاً لأحكام القوانين.

ولهذا يتطلب تطبيق الضرائب الشخصية إدارة ضريبية على جانب كبير من الاستقلال والكفاءة لكي تستطيع معرفة ظروف المكلف الاقتصادية والاجتماعية والشخصية وتقديرها.

مما سبق يتبين أن كلا من الضريبة الشخصية والضريبة العينية تقع على مطرح أو وعاء الضريبة (الأموال) ولكن الضريبة العينية لا تهتم إلا بمطرح أو وعاء الضريبة فهو المعيار الوحيد لقياس المقدرة التكليفية دون مراعاة لمدى تأثر تلك المقدرة بمركز المكلف وظروفه بينما الضريبة الشخصية تهتم بالإضافة لمطرح أو وعاء الضريبة بمركز المكلف وظروفه حيث تبنى المقدرة التكليفية على عنصري المطرح أو الوعاء من جهة والمركز الشخصي للمكلف من جهة أخرى.[١]

---

(١) الدكتور عبد الحميد محمد القاضي – اقتصاديات المالية العامة والنظام المالي في الإسلام – مطبعة الرشاد – الإسكندرية – ١٩٨٠ – صفحة (١٠١).

وحتى تتحقق شخصية الضريبة على الدخل لا بد من توافر عدة عناصر وأهم هذه العناصر نوجزها فيما يلي:[1]

أ- إعفاء الحد الأدنى اللازم لمعيشة المكلف:

وهو يعني إعفاء جزء من دخل المكلف باعتباره ضروريا ولازما لتوفير الحد الأدنى لمعيشته والمتمثل بمبلغ نقدي معين يكفي لتغطية نفقة معيشته من مسكن ومأكل وملبس ... الخ لضمان بقاءه على قيد الحياة. ويبرر إعفاء الحد الأدنى اللازم لمعيشة المكلف من الضريبة اعتبارات اجتماعية. وقد يتقرر هذا الإعفاء لكل شخص طبيعي أيا كان دخله كما وقد يقتصر على أصحاب الدخول الصغيرة فلا يتمتع به ذوو الدخول الكبيرة. كما جاء في المادة (٥٩) من الدستور المصري لسنة ١٩٥٦ بقولها "اداء الضرائب والتكاليف واجب وفقاً للقانون وينظم القانون اعفاء الدخول الصغرى من الضرائب بما يكفل عدم المساس بالحد الادنى اللازم للمعيشة.

وقد أخذ المشرع الأردني بقاعدة إعفاء الحد الأدنى للدخل بالنسبة للضريبة على الدخل حيث نصت الفقرة (أ) من المادة (١٣) من قانون ضريبة الدخل رقم (٥٧) لسنة ١٩٨٥ وتعديلاته على ما يلي: للتوصل إلى الدخل الخاضع للضريبة يتمتع الشخص الطبيعي المقيم بإعفاء مبلغ (١٠٠٠) دينار إعفاء شخصيا ويتقرر هذا الاعفاء لكل شخص طبيعي اياً كان دخله حتى ولو كان من أصحاب الدخول المرتفعة التي تتجاوز حد الاعفاء على اعتبار ان الحد الادنى اللازم للمعيشة ضروري للغني والفقير على حد سواء.[2]

---

(١) الدكتور جهاد سعيد خصاونة - مطرح الضريبة على الدخل في التشريع الضريبي الأردني - دراسة تحليلية - نقابة المحامين الأردنيين - مطبعة التوفيق - عمان - ١٩٩٥ - صفحة (١٣٥) وما بعدها.

(٢) اصبح هذا المبلغ وفقاً لاحكام الفقرة (أ) من المادة (٩) من مشروع قانون ضريبة الدخل لسنة ٢٠٠٩ (١٢٠٠٠) دينار في السنة لمراعاة ارتفاع تكاليف المعيشة.

ب- مراعاة الأعباء العائلية:

لا شك أن المكلف المتزوج ولديه أولاد يعولهم تقل مقدرته المالية عن المكلف غير المتزوج ولا يعيل أحدا وذلك في حالة تساوي دخولهما، وعلى هذا الأساس تتطلب العدالة الضريبية أن يراعى المكلف الأول عند فرض الضريبة على دخله وذلك إما بخصم جزء من هذا الدخل وعدم فرض الضريبة عليه أو بتخفيض الضريبة بنسبة معينة تختلف باختلاف عدد الأولاد الذين يعولهم المكلف، وذلك لأنه كلما زادت الأعباء العائلية على المكلف كلما قل ما يتبقى من دخله لدفع الضرائب.(١)

وقد اخذ المشرع الأردني بقاعدة الخصم للاعباء العائلية وذلك بالمادتين (١٣، ١٤) من قانون ضريبة الدخل رقم (٥٧) لسنة ١٩٨٥ وتعديلاته حسب التفصيل التالي:

المادة (١٣) للتوصل إلى الدخل الخاضع للضريبة:

أ- يتمتع الشخص الطبيعي المقيم بالإعفاءات التالية:
- مبلغ ١٠٠٠ دينار إعفاءً شخصياً.
- مبلغ ١٠٠٠ دينار عن زوجه على أن لا يتكرر ذلك لأي منهما.
- مبلغ ٥٠٠ دينار عن كل ولد من أولاده يتولى إعالته وعن كل من والديه إذا تولى إعالته.
- مبلغ ٢٠٠ دينار عن كل شخص تكون إعالته من مسؤولية المكلف شرعا وبحد أقصاه ١٠٠٠ دينار ويشترط في ذلك أن لا يمنح الإعفاء عن الشخص المعال الواحد لأكثر من مكلف معيل واحد.

(١) الدكتور محمود رياض عطية - موجز في المالية العامة - المرجع السابق - صفحة (١٦٧).

ويشترط لمنح الإعفاء المتعلق بالزوجة والأولاد والأبوين والمعالين لغير الأردني أن يكونوا مقيمين في المملكة.

ب- يتمتع الشخص الطبيعي الأردني غير المقيم بالإعفاءات الخاصة بالزوجة والأولاد والمعالين المقيمين في المملكة إذا كان هذا الشخص مسؤولا عن اعالتهم.

ج- يتمتع الشخص الطبيعي الأردني بإعفاء قدره (٢٠٠٠) دينار في السنة إذا كان مكلفاً وكان طالباً غير مبعوث في جامعة أو كلية مجتمع أو معهد فوق مستوى شهادة الدراسة الثانوية العامة.

د- يسمح للشخص الطبيعي الأردني باعفاء قدره (٢٠٠٠) دينار في السنة لقاء الإنفاق على دراسة كل ولد من أولاده أو على دراسة حفيده أو زوجه أو أخيه أو أخته ممن يتولى اعالتهم وكان أي منهم غير موفد في بعثة ولا يستطيع الانفاق على دراسته وكان طالبا يدرس في جامعة أو في كلية مجتمع أو معهد فوق مستوى شهادة الدراسة الثانوية العامة، وإذا تعدد الأشخاص الذين ينفقون على دراسة طالب واحد غير موفد في بعثة فيوزع بينهم مبلغ الإعفاء بمقدار ما ينفقه كل منهم على الطالب.

هـ- على مجلس الوزراء اعادة النظر في الإعفاءات المنصوص عليها في هذه المادة مرة أو أكثر كل خمس سنوات في ضوء الأرقام القياسية لتكاليف المعيشة.

المادة (١٤): للتوصل إلى الدخل الخاضع للضريبة:

أ- ١. يعفى من الضريبة (٥٠%) من الرواتب والأجور والعلاوات والمكافآت والمخصصات التي تدفعها الحكومة والمؤسسات العامة والسلطات المحلية للعاملين لديها.

٢. يعفى من الضريبة (٥٠%) من الإثني عشر ألفا الأولى و (٢٥%) مما زاد على ذلك من الرواتب والأجور والعلاوات والمكافآت والمخصصات التي يتقاضاها العاملون من غير الجهات المنصوص عليها في البند (١) من هذه الفقرة.

ب- يعفى من الضريبة بدل الإيجار الذي يدفعه المكلف المقيم أو زوجه عن سكنه في المملكة سواء كان عقد الإيجار بإسمه أو بإسم زوجه شريطة أن لا يزيد مجموع المبلغ المعفى بموجب هذه الفقرة على (٢٠٠٠) دينار في السنة.

ج- يعفى من الضريبة الفائدة التي دفعها الشخص المقيم أو زوجه على قرض أنفقه في إنشاء سكن له في المملكة أو شرائه أو مبلغ الربح الذي دفعه هو أو زوجه لأي بنك أو شركة لا يتعامل أي منهما بالفائدة مقابل إنشاء أو شراء مثل ذلك المسكن ويشترط للسماح بهذا الإعفاء أن يقيم الشخص وزوجه أو أحدهما أو أي من أصوله أو فروعه في المسكن، وأن لا يتجاوز مبلغ الفائدة أو الربح الذي يسمح بإعفائه في هذه الحالة ألفي دينار سواء كان البيت ملكاً للزوج أو الزوجة وأيا كان المقترض منهما.

د- يعفى من الضريبة المبلغ الذي يدفعه المقيم أجراً لعملية جراحية أجريت في المملكة له أو لمن يعيله شرعاً وكذلك المبلغ الذي يدفعه لاستشفاء أي منهم في أحد مستشفيات المملكة.

هـ- يعفى من الضريبة المبلغ الذي يدفعه المقيم للمعالجة والاستشفاء من الأمراض المستعصية له أو لمن يعيله شرعاً وذلك بموجب تعليمات وأسس يصدرها وزير المالية بتنسيب من مدير عام دائرة ضريبة الدخل والمبيعات شريطة أن لا يزيد مجموع المبلغ المعفى بموجب هذه الفقرة على (١٠٠٠٠) دينار في السنة للمعالجة والاستشفاء من تلك الأمراض في المملكة وعلى (١٥٠٠٠) دينار خارجها.

و- يعفى من الضريبة المبلغ الذي يدفعه المقيم عن عملية جراحية أجريت له في خارج المملكة أو لمن يعيله شرعاً وتكون عملية طارئة أو يتعذر اجراؤها في داخل المملكة وذلك بموجب تعليمات وأسس يصدرها وزير المالية بتنسيب من مدير عام دائرة ضريبة الدخل والمبيعات شريطة أن لا يزيد مجموع المبلغ المعفى بموجب هذه الفقرة على (١٠٠٠٠) دينار في السنة.

ز- تعفى من الضريبة مساهمة المستخدم "بفتح الدال" في المؤسسة العامة للضمان الاجتماعي أو في صندوق ادخار أو توفير أو تأمين صحي أو تقاعد أو أي صندوق آخر مماثل يوافق عليه وزير المالية.

ح- يعفى من الضريبة ما يدفعه المستخدَم "بفتح الدال" عن شراء سنوات خدمة بموجب قانون المؤسسة العامة للضمان الاجتماعي.

ط- يعفى من الضريبة ما يدفعه المكلف عن نفسه وزوجته وأفراد عائلته ممن يتولى إعالتهم كأقساط وثائق التأمين على الحياة المستهلكة غير المستردة بفروعه المختلفة وكذلك أقساط وثائق التأمين الصحي غير المسترد بأي صورة كانت.

ويرجع السبب في مراعاة الاعباء العائلية للمكلف لتحقيق مبدأ المساواة في التضحية بين المكلفين عند فرض الضريبة على دخولهم وهذا المبدأ يقتضى- النظر إلى مقدرة المكلفين على دفع الضريبة وليس إلى مبلغ الدخل في حد ذاته فاذا وجد مكلفان يتساوى دخل كل منهما احدهما أعزب والآخر متزوج فلا جدال في ان مقدرة الاعزب على دفع الضريبة تعتبر اكبر من مقدرة المكلف المتزوج ويترتب على ذلك وجوب تخفيف العبء الضريبي عن الأخير تبعاً لنقص مقدرته على الدفع.

والعدالة الضريبية توجب كذلك بحث حالات مختلف المكلفين للوقوف على مقدار الاعباء العائلية على وجه الدقة فقد يعول المكلف بعض اقاربه ايضاً كماان من يعول اولاداً صغاراً يتحمل عبئاً اقل بكثير ممايعول ابناء يتلقون العلم في

المدارس والمعاهد والجامعات. كما أن من يسكن بالايجار وينفق على علاج نفسه وعلاج من يعول يجب أن يتحمل عبئاً ضريبياً اقل بكثير ممن يسكن في منزلاً مملوكاً له ولا ينفق على العلاج من الأمراض ويتطلب مبدأ العدالة الضريبية أن يحدد المشرع المبالغ التي يتوجب اعفاؤها لمراعاة الحد الأدنى اللازم للمعيشة والاعباء العائلية وأن تكون متمشية مع تكاليف المعيشة، وان هذه المبالغ يجب ان تتغير تبعاً لتغير القيمة الشرائية للنقود، وان يعاد النظر فيها من وقت إلى آخر تبعاً لذلك، كما جاء في نص الفقرة (هـ) من المادة (١٣) من قانون ضريبة الدخل رقم (٥٧) لسنة ١٩٨٥ وتعديلاته التي أوجبت على مجلس الوزراء اعادة النظر في الاعفاءات المنصوص عليها في هذه المادة مرة أو أكثر كل خمس سنوات في ضوء الأرقام القياسية لتكاليف المعيشة.

وقد خالفت الفقرة (أ) من المادة (٩) من مشروع قانون ضريبة الدخل لسنة ٢٠٠٩ مبدأ المساواة في التضحية بين المكلفين عندما حصرت الاعفاءات العائلية التي يجب تنزيلها للشخص الطبيعي المقيم بمبلغ (١٢٠٠٠) دينار عن الزوجة والمعالين مهما كان عددهم ويلاحظ ان طريقة الخصم للأعباء العائلية للمكلف الشخصي الطبيعي المقيم في القانون الساري المفعول افضل منها في مشروع القانون لسنة ٢٠٠٩ لأن العدالة الضريبية تتحقق بصورة أفضل عندما يؤخذ بعين الاعتبار عدد الأولاد الذين يتولى المكلف اعالتهم ومهما بلغ هذا العدد بالإضافة لاعالة والديه واخوانه واقاربه ناهيك عن الاعفاءات المتعلقة بالدراسة الجامعية وايجار بيت السكن المدفوع وفوائد وأرباح قرض السكن المدفوعة ونفقات العلاج له ولأفراد أسرته ... الخ.

وبالتالي يجب ان لا يكون المبلغ المقرر خصمه مسقوفاً برقم معين والذي قد يكون مساوياً للدخل الصافي للمكلف وبالتالي لا يدفع ضريبة دخل بالمرة وفي هذا تحقيق للعدالة الضريبية بصورة افضل من خصم مبلغ مقطوع ولكل المكلفين

وبغض النظر عن عدد الاولاد والوالدين والمعالين الآخرين الـذي يتـولى المكلف اعالتهم.

جـ- تصفية المطرح أو الوعاء الذي تتناوله الضريبة:

تتطلب شخصية الضريـبة أن لا تسـري إلا عـلى الدخل الصـافي الـذي يستطيع المكلف التصرف فيه وبناء عليه يجب خصـم جميـع تكـاليف الدخل الخاضع للضريبة من نفقات صيانة واستهلاك واستثمار، وقد طبق المشـرع الأردني تلك القاعدة حيث نصت المادة (٩) من قانون ضريبة الدخل رقم (٥٧) لسنة ١٩٨٥ وتعديلاته على ما يلي: للتوصل إلى مقدار الدخل الخاضع للضريبة تنزل المصاريف والنفقات الإنتاجية التي أنفقت أو استحقت كليـا وحصـرا في سبيل إنتاج الدخل الإجمالي خلال السنة بما فيها:

أ- أرباح المرابحة أو الفوائد المدينة.

ب- بدلات الإيجار المدفوعة.

ج- الرواتب والأجور المدفوعة.

د- الضرائب والرسوم المدفوعة.

هـ- المبالغ التي يدفعها المستخدِم (بكسر الدال) عن العاملين لديـه للمؤسسة العامة للضمان الاجتماعي ومساهمته في أي صندوق تقاعد أو ادخار أو أي صندوق آخر يؤسسه المستخدِم (بكسر الدال) بموافقة وزير المالية لمصلحة العاملين عنده.

و- مكافآت نهاية الخدمة المدفوعة.

ز- ١. الديون الهالكة الناجمة عن أي عمـل أو تجـارة أو حرفـة أو صنعة ولـو كانت تلك الديون مستحقة الدفع قبل بدء السنة وكل مبلغ يسـترد في أي سنة من المبالغ التي سمح بتنزيلها في السابق باعتبارها ديوناً هالكة يعتبر دخلاً خلال تلك السنة.

٢. يعتبر هالكاً أي دين أو جزء منه مما لم يعد ممكنا استيفاؤه نتيجة لأي من الحالات التالية:
- إفلاس المدين أو إعساره.
- إجرائه الصلح الواقي مع دائنيه.
- وفاته دون تركة تكفي لسداد ديونه كلياً أو جزئياً.
- إختفائه أو سفره وانقطاع أخباره مع عدم وجود أموال تكفي لسداد ديونه كلياً أو جزئياً.
- عدم تمكن المدين من السداد رغم مطالبته بالوسائل المتاحة وكان الدين أو أي جزء منه غير مغطى بضمانات كافية ولا يوجد لدى المدين أموال منقولة أو غير منقولة يمكن التنفيذ عليها بموجب إقرار خطي من الدائن ووفق الترتيب التالي:
- بعد مرور ١٢ شهراً من تاريخ إشعاره خطياً بالتخلف عن الدفع للمبالغ من ١-١٠٠٠٠٠ دينار.
- بعد مرور ٢٤ شهراً من تاريخ إشعاره خطياً بالتخلف عن الدفع للمبالغ من ١٠٠٠٠١-٥٠٠٠٠٠ دينار.
- بعد مرور ٣٦ شهراً من تاريخ إشعاره خطياً بالتخلف عن الدفع للمبالغ التي تتجاوز ٥٠٠٠٠٠ دينار.

٣. يصدر وزير المالية بتنسيب من مدير عام دائرة ضريبة الدخل والمبيعات تعليمات لتنفيذ أحكام هذه الفقرة تتضمن فيما تتضمنه إستهلاك الديون الهالكة على أقساط سنوية وبما لا يتجاوز ماية الف دينار أو (٢٥%) من الدخل الصافي أيهما اكثر وذلك قبل تنزيل هذه النفقة، أما الديون الهالكة التي صدرت بها أحكام قضائية وتعذر تنفيذها في دوائر الاجراء فيجري تنزيلها بالكامل وفق أحكام هذه الفقرة. ويجوز أن تشترط هذه التعليمات الاحتفاظ بحسابات أصولية وصحيحة لفئات محددة من المكلفين.

ح- المبالغ التي انفقت على ترميم العقارات واصلاح الآلات والماكنات أو على تجديد أو تصليح أو تغيير قطع غيار أو أدوات أو مواد استعملت في انتاج الدخل.

ط- المبلغ المنفق على استبدال الماكنات والآلات المستخدمة في العمل والتي بطل استعمالها وتحسب هذه المبالغ على أساس تكلفة الماكنات والآلات المستبدلة مطروحا منها الثمن المتحصل من بيعها وما سبق تنزيله عن استهلاكها.

ي- استهلاك وتلف الأبنية والماكنات والآلات والأثاث والمفروشات التي يملكها المكلف أو التي هي بحوزته على سبيل التملك حالاً أو مآلاً ويستعملها في سبيل انتاج الدخل ويحدد ذلك على أساس نسب مئوية من تكلفتها الأصلية بموجب تعليمات يصدرها وزير المالية بتنسيب من مدير عام دائرة ضريبة الدخل والمبيعات وتنشر في الجريدة الرسمية تتضمن فيما تتضمنه اعتماد مبدأ الاستهلاك المتسارع.

ويراعى عند اجراء تنزيل الاستهلاك الأحكام التالية:

١. ان لا تستهلك قيمة الأرض.

٢. ان تقدم المعلومات الخاصة بالأصول المطالب باستهلاكها وفق التعليمات التي يصدرها وزير المالية.

٣. أن لا يزيد مجموع تنزيل الاستهلاك والتلف بموجب هذا القانون والقوانين السابقة على الكلفة الأصلية.

٤. إذا كان اجمالي الدخل أقل من قيمة الاستهلاكات في أي سنة يدور رصيدها الى السنة او السنوات التالية.

ك- ١. مصاريف التأسيس وما قبل التشغيل بما في ذلك مصاريف دراسة الجدوى الإقتصادية وتستهلك خلال السنة التي تتحقق فيها.

٢. الخلو والمفتاحية المدفوعة وتستهلك خلال مدة يحددها المكلف على أن لا تتجاوز خمس سنوات.

٣. الشهرة والمبالغ المدفوعة لشراء أو استئجار حق امتياز لاستعمال او استغلال أي علامة تجارية أو تصميم أو براءة اختراع أو حقوق تأليف أو طبع أو أي عوض آخر عنها وتستهلك خلال مدة يحددها المكلف على أن لا تتجاوز عشر سنوات.

ل- حصة الفرع من نفقات المركز أو المكتب الرئيسي- الموجود خارج المملكة على أن لا يتجاوز ما يسمح بتنزيله في هذه الحالة (٥%) من الدخل الخاضع للضريبة الذي حققه الفرع في المملكة.

م- نفقات الضيافة والسفر التي يتكبدها المكلف وفق تعليمات وأسس يصدرها مدير عام دائرة ضريبة الدخل والمبيعات ويوافق عليها وزير المالية.

ن- نفقات تدريب الموظفين والعمال ومعالجتهم ووجبات طعامهم في موقع العمل وسفرهم وتنقلهم والتأمين على حياتهم ضد اصابات العمل أو الوفاة، وفق تعليمات وأسس يصدرها مدير عام دائرة ضريبة الدخل والمبيعات بموافقة وزير المالية.

س- نفقات التدريب والتسويق والأبحاث والتطوير وفق تعليمات يصدرها وزير المالية بتنسيب من مدير عام دائرة ضريبة الدخل والمبيعات.

ع- نفقات السنوات السابقة التي لم تكن محددة ونهائية.

ف- نفقات السنوات الأربع السابقة التي لم تنزل في تلك السنوات بسبب السهو أو الخطأ.

وقد استقر اجتهاد محكمة التمييز في الأردن على أن يقوم المقدر بتقدير الدخل الاجمالي (القائم) أولاً ويتم تنزيل كافة المصاريف والنفقات الانتاجية التي انفقت في سبيل انتاجه ثانياً وذلك من أجل التوصل إلى الدخل الصافي وفي هذا اتاحة الفرصة للمحكمة من مراقبة تنزيل المصاريف والنفقات الانتاجية منها وغير الانتاجية من

دخل المكلف ولمعرفة ما اذا كانت إجراءات المقدر بهذا الخصوص سليمة وقانونية أم لا؟ [1]

د- التمييز بين مصادر الدخل المختلفة:

لقد أصبح هذا التمييز من القواعد العامة التي سادت في علم المالية العامة حيث يعامل الدخل من العمل كالرواتب والأجور معاملة ضريبية أفضل من معاملة الدخل المتأتي من العمل ورأس المال معا كالأرباح التجارية والصناعية ويعامل هذا الدخل الأخير معاملة أفضل من معاملة الدخل المتأتي من رأس المال وحده كأرباح وفوائد الأسهم والسندات والدخل من الأبنية والأراضي المؤجرة ويتحقق هذا التمييز عادة بخصم نسبة من الدخل المراد رعايته قبل ضمه لباقي الدخول لتكوين الدخل العام في ظل نظام الضريبة الموحدة.[2] كما فعل المشرع الأردني في الفقرة (أ) من المادة (١٤) من قانون ضريبة الدخل رقم (٥٧) لسنة ١٩٨٥ وتعديلاته والتي نصت على ما يلي:

١- يعفى من الضريبة (٥٠%) من الرواتب والأجور والعلاوات والمكافآت والمخصصات التي تدفعها الحكومة والمؤسسات العامة والسلطات المحلية للعاملين لديها.

٢- يعفى من الضريبة (٥٠%) من الاثني عشر الفاً الأولى و (٢٥%) مما زاد على ذلك من الرواتب والأجور والعلاوات والمكافآت والمخصصات التي يتقاضاها العاملون من الجهات المنصوص عليها في البند (١) من هذه الفقرة.

ويلاحظ على هذا الاعفاء ان المشرع قد خالف مبدأ العدالة الضريبية من جهة اذ انه لا يجوز بأي حال من الأحوال معاملة مكلفين يقومان بنفس العمل في مهنة الطب مثلاًويحصلان على نفس الدخل معاملةضريبيةمختلفةلمجرد أن الأول يحصل على دخله تحت مسمى رواتب وأجور كونه يعمل لدى مستشفى معين والآخر

---

(١) القرار رقم (٨٦/٤٠٩) المنشور في الصفحة (٢٠٧٢) من مجلة نقابة المحامين لسنة ١٩٨٨.

(٢) الدكتور عبد الحميد محمد القاضي - اقتصاديات المالية العامة - المرجع السابق - صفحة (١٠٣).

يحصل عليه تحت مسمى مهنة حرة من عيادته الخاصة حيث يتمتع الأول باعفاء نسبة مئوية معينة ولا يتمتع الآخر باعفاء مثل هذه النسبة كما وأن مثل هذا النص يخالف مبدأ المساواة أمام القانون الضريبي عندما فرق في المعاملة الضريبية بين الموظفين على الرغم من تماثل مراكزهم القانونية لمجرد أن الأول يعمل لدى الحكومة والآخر يعمل لدى القطاع الخاص على الرغم من أنهم يحصلان على نفس الدخل حيث يتمتع الأول باعفاء بنسبة أكبر من الثاني وقد احسن المشرع صنعاً عندما ألغى مثل هذه الاعفاءات في مشروع قانون ضريبة الدخل لسنة ٢٠٠٩.

رابعاً: الضرائب المباشرة والضرائب غير المباشرة (١)

لقد اجمع الفقه على تقسيم كافة الضرائب المعمول بها في النظم الضريبية المقارنة إلى قسمين رئيسيين هما الضرائب المباشرة كالضريبة على الدخل والضريبة العقارية والضرائب غير المباشرة كالضرائب الجمركية والضريبة العامة على المبيعات. ولكنهم لا يتفقون على معايير محددة للتفرقة بينهما.

١- معايير التفرقة بين الضرائب المباشرة والضرائب غير المباشرة:

وندرس فيما يلي ثلاثة معايير من المعايير الفقهية التي تساعد على تحديد ما يعتبر ضريبة مباشرة وما يعتبر ضريبة غير مباشرة.

أ- المعيار الإداري: أسلوب تحصيل الضريبة

يعتمد هذا المعيار على أسلوب تحصيل الضريبة وكيفية الاتصال بين المكلف من جهة والإدارة الضريبية من جهة أخرى عند دفع الضريبة فتكون الضريبة مباشرة طبقاً لهذا المعيار إذا كان تحصيلها يتم بواسطة جداول إسمية يعرف بموجبها سلفا إسم المكلف ودخله الخاضع للضريبة والسعر أو المعدل الذي تفرض به الضريبة وكافة العناصر الضروريةلتقديرها وفي هذه الحالة يتم

---

(١) الدكتور زين العابدين ناصر - علم المالية العامة - المرجع السابق - صفحة (٢٠٠) وما بعدها.

الاتصال بين المكلف والإدارة الضريبية بصورة مباشرة بشأن تقدير الدخل الخاضع للضريبة وتحديد الضريبة المترتبة عليه وبيان كيفية تحصيلها. بينما تكون الضريبة غير مباشرة إذا كان تقديرها وتحصيلها يتم بمناسبة حدوث بعض الوقائع والتصرفات كاجتياز السلعة حدود الدولة، لذلك لا يحتاج المكلف إلى الاتصال المباشر بالإدارة الضريبية مسبقاً كونه غير معروف لديها إلا وقت حدوث الواقعة أو التصرف. وإن كان هذا المعيار يصلح لغالبية الضرائب إلا أنه لا يصلح لبعضها فمثلاً ضريبة إيرادات القيم المنقولة (ضريبة توزيع أرباح الأسهم وحصص الأرباح الموزعة من قبل الشركة) تعتبر حسب هذا المعيار من الضرائب غير المباشرة وذلك لأنها لا تحصل بواسطة الجداول الإسمية. ولا يتم الاتصال المباشر بين المكلف بدفعها والإدارة الضريبية نظراً لوجود اسهم لحاملها. على الرغم من أن المتفق عليه فقهاً وتطبيقاً أن ضريبة القيم المنقولة تعتبر من الضرائب المباشرة كباقي الضرائب على الدخل. وبناء عليه فإن هذا المعيار ليس بالمعيار الحاسم الذي يعتمد عليه للتفرقة بين الضرائب المباشرة والضرائب غير المباشرة.

ب- المعيار الاقتصادي: معيار نقل العبء الضريبي

في كثير من الأحيان تفرض الضريبة على شخص معين تتوفر فيه شروط الخضوع لها، ويسمى بالمكلف القانوني ثم لا يلبث هذا الأخير أن يعمل جاهداً على التخلص من عبء الضريبة هذا بنقله إلى شخص آخر يتحمله بصفة نهائية ويسمى بالمكلف الاقتصادي أو الفعلي فالضرائب الجمركية مثلاً يدفعها الشخص الذي استورد البضاعة من الخارج ثم يحاول التخلص منها بنقل عبئها نهائياً إلى المستهلك من خلال رفع ثمن هذه البضاعة بنفس مقدار الضرائب التي دفعها.

وحسب هذا المعيار فإن الضريبة تعتبر مباشرة إذا كان المكلف القانوني هو الذي يتحمل العبء الضريبي المترتب عليها بصفة نهائية بحيث لا يمكن التخلص منها ونقل عبئها إلى شخص آخر ومثال ذلك الضريبة على الدخل، بينما تكون الضريبة غير مباشرة إذا ما استطاع المكلف القانوني أن ينقل عبئها إلى المكلف

الاقتصادي أو الفعلي، إلا أن هذا المعيار بهذه الصورة منتقد لأن فكرة نقل العبء الضريبي من مكلف إلى آخر تتوقف غالباً على ظروف العرض والطلب في السوق، فالمكلف الذي استورد البضاعة من الخارج ودفع عليها الضرائب الجمركية يستطيع بسهولة ويسر أن ينقل عبئها للمستهلك في أوقات الرخاء عندما تزداد الدخول ويرتفع فيها مستوى الطلب وبالعكس تماماً فإنه يضطر لتحمل هذا العبء كليا في أوقات الكساد عندما تتناقص فيه الدخول ويقل عندها الطلب ومع ذلك تبقى الضرائب الجمركية من الضرائب غير المباشرة حتى ولو لم ينقل عبئها إلى المستهلك كليا. وكذلك الحال فقد يستطيع المكلف القانوني وحسب ظروف السوق نقل عبء الضريبة الجمركية مثلاً إلى المستهلك جزئياً ويتحمل عبء الجزء الآخر وهنا يثور السؤال: هل تعتبر الضريبة الجمركية في هذه الحالة مباشرة أم غير مباشرة؟ ونفس السؤال يثور عندما يقوم بعض الأشخاص باستيراد بضائع معينة من الخارج لاستهلاكهم الشخصيـ ويدفعون عنها الضريبة الجمركية وبالتالي لا يتم نقل العبء الضريبي إلى شخص آخر والمكلف القانوني هو الذي تحملها بصفة نهائية ففي هذه الحالة هل تعتبر الضريبة الجمركية مباشرة؟ الجواب قطعا لا.

ومن جهة أخرى فالضريبة على الدخل تعتبر من الضرائب المباشرة فإذا تمكن التاجر مثلا من نقل عبء الضريبة التي دفعها في سنة معينة إلى المستهلك في السنة التالية برفع أثمان البضائع التي يتاجر بها بمقدار الضريبة على الدخل التي دفعها في السنة السابقة ومع ذلك تعتبر هذه الضريبة ضريبة مباشرة. وهذه الفرضية لا يمكن أن تتم بسهولة ويسر كما لا يمكن أن يستطيع هذا التاجر من نقل عبء الضريبة إلى المستهلك كليا كون هذه المحاولة من قبله سوف تؤدي إلى زيادة في الربح للسنة التالية وبالتالي زيادة في دخله الخاضع للضريبة وفرض ضريبة دخل زيادة عما دفعه في السنة السابقة وهكذا.

مما سبق يتبين أن هذا المعيار يصلح للتفرقة بين الضرائب المباشرة وغير المباشرة باعتبار ان الضرائب المباشرة لن تنتقل كلية من شخص دافعها إلى شخص آخر بينما الضرائب غير المباشرة يكون الأصل فيها قابليتها للانتقال كلية إلى عاتق شخص آخر غير المكلف بدفعها ولا يهم بعد ذلك ما إذا سمحت ظروف العرض والطلب بهذا الانتقال أو لم تسمح به.[1]

جـ- المعيار الفني: معيار الثبات والاستقرار أو عرضية المادة الخاضعة للضريبة

يعتمد هذا المعيار على أساس النظر إلى مدى ما يتمتع به مطرح أو وعاء الضريبة من ثبات واستقرار فالضريبة المباشرة هي التي تفرض على مطرح أو وعاء يتمتع بقدر معين من الثبات أو الدوام والاستمرار والمقصود هنا هو الثبات النسبي وليس المطلق ومثالها الضريبة العقارية والضريبة على الدخل فالعقار والدخل من المصادر التي تتسم بهذه الصفات، أما الضرائب غير المباشرة فهي التي تفرض على أفعال أو وقائع أو تصرفات تتم غالباً بصورة عرضية أو متقطعة كتصدير السلع والبضائع واستيرادها وكذلك عمليات التداول ونقل الملكية كالضريبة الجمركية والضريبة العامة على المبيعات.

وما يؤخذ على هذا المعيار أنه يفتقر إلى التحديد الواضح الذي يحسم الموضوع فقد يثور الخلاف حول طبيعة مطرح أو وعاء الضريبة من حيث أنه يتمتع بالثبات أو الدوام النسبي أو كونه يتسم بالعرضية ومن ثم تظل المشكلة قائمة.

مما سبق فإن من الحكمة أن يستعين الباحث بجوهر المعايير المتقدمة كافة لتكوين خط واضح للتمييز بين الضرائب المباشرة والضرائب غير المباشرة.

---

(١) الدكتور عبد العال الصكبان - علم المالية العامة - الطبعة الثانية - الجزء الأول - مطبعة الإرشاد - بغداد - ١٩٦٦ - صفحة (١٩٥) وما بعدها.

٢- المفاضلة بين الضرائب المباشرة والضرائب غير المباشرة:[١]

يقارن الفقه بين كل من الضرائب المباشرة والضرائب غير المباشرة بهدف بيان إيجابيات وسلبيات كل منهما من جهة ومن جهة أخرى تقدير أيهما أفضل وأكثر ملاءمة من الآخر.

وسوف لا نخوض في تفاصيل هذه المقارنات لنستطيع أن نوجز صفات كل منهما مع الأخذ بعين الاعتبار ان ما يعتبر ميزة إيجابية لنوع معين يعتبر سلبية للنوع الآخر.

بالنسبة للضرائب المباشرة فتمتاز بما يلي:

أ- إنها أكثر تحقيقا للعدالة في توزيع الأعباء العامة لأن المشرع الضريبي يستطيع عند فرضها الأخذ بالاعتبارات الشخصية والعائلية للمكلفين وبالتالي مراعاة مقدرتهم على دفع الضرائب كما وأن تصاعد سعر أو معدل الضرائب المباشرة من شأنه أن يدفع الضريبة أصحاب الدخول الكبيرة على العكس من الضرائب غير المباشرة التي تفرض على أفعال وتصرفات لا يمكن التمييز فيها بين غني أو فقير لذلك فإن العبء المترتب عليها يكون أكثر على أصحاب الدخول الصغيرة منه على أصحاب الدخول الكبيرة وخاصة عندما تفرض كالعادة على مواد شائعة الاستهلاك خاصة وأن الضريبة على مثل هذه المواد تأتي بإيراد كبير إلا أن الدولة تحاول دائما أن تجعل من الضرائب غير المباشرة من شأنها أن تحقق شيئا من العدالة الضريبية بان ترفع سعر الضريبة على السلع الكمالية التي يستهلكها الأغنياء بصورة أعلى من سعرها على السلع التي يستهلكها عامة الشعب.

---

(١) - الدكتور محمود رياض عطية - موجز في المالية العامة - المرجع السابق - صفحة (١٧٤) وما بعدها.

- الدكتور شريف رمسيس تكلا - الأسس الحديثة لعلم مالية الدولة - المرجع السابق - صفحة (١٥٠) وما بعدها.

ب- إنها أثبت حصيلة من الضرائب غير المباشرة مما يجعل الدولة تطمئن في الاعتماد عليها لتزويد الخزينة العامة بمبلغ معين من الإيرادات وذلك كون الضرائب المباشرة تقع على مطارح أو أوعية تتصف بالثبات والاستمرار أما الضرائب غير المباشرة فحصيلتها في الغالب تتغير باستمرار نتيجة لتغير الأوضاع الاقتصادية فتزداد في أوقات الانتعاش وتقل في أوقات الكساد.

جـ- إنها أكثر ملاءمة من الضرائب غير المباشرة لأن الإدارة الضريبية تعرف مسبقاً أشخاص المكلفين بدفعها وتستطيع بالتالي أن تختار أساليب ومواعيد مناسبة لتحصيل الضريبة منهم بالإضافة إلى إمكانية تقسيطها بحيث يتم دفعها على دفعات معينة بصورة معقولة وغير مرهقة.

د- إنها تشعر الأشخاص بأنهم يساهمون في تحمل الأعباء والتكاليف العامة للدولة ويشعرون بعبئها، وفائدة هذا الشعور أنه يشجعهم على الاهتمام بحقوقهم السياسية ويجعلهم يشاركون بفاعلية في اختيار ممثليهم في المجالس النيابية من أجل مراقبة ومحاسبة الحكومة عن أوجه إنفاقها.

أما بالنسبة للضرائب غير المباشرة فتمتاز بما يلي:

أ- إنها أكثر حصيلة من الضرائب المباشرة ويعود ذلك إلى أنها تفرض على سلع وخدمات شائعة الاستعمال يستهلكها عامة الشعب ويجبرون على دفع الضرائب غير المباشرة المترتبة عليها.

ب- إنها أكثر قبولاً للمكلف من الضرائب المباشرة كون المكلف بدفعها لا يشعر بها ولا تضايقه لأنها تضاف إلى ثمن السلعة أو الخدمة التي يشتريها، لذلك لا يحاول التهرب من دفعها بشكل عام لأنه يستطيع وبكل سهولة ويسر ان ينقل عبئها إلى شخص آخر، على العكس تماماً من الضرائب المباشرة إذ يشعر المكلف بوطأة عبئها عليه وخاصة إذا كان سعرها مرتفعاً لذلك فهي اكثر تعرضاً للتهرب من دفعها.

جـ- إنها أكثر مرونة من الضرائب المباشرة فيكفي أن يرفع المشرع سعرها قليلاً حتى تزداد حصيلتها كثيراً وحتى دون حاجة إلى رفع سعرها فإن الإنفاق والاستهلاك يزدادان باستمرار كما تزداد الواردات خاصة في الدول النامية وبالذات في أوقات الانتعاش الاقتصادي، ويترتب على ذلك ازدياد حصيلة الضرائب غير المباشرة في هذه الأوقات، بينما تظل حصيلة بعض الضرائب المباشرة كضريبة الأبنية والأراضي ثابتة.

ويجب أن لا يفهم من هذا ان الضرائب المباشرة غير مرنة إطلاقاً بل بالعكس فإن حصيلتها هي الأخرى تزداد في أوقات الانتعاش الاقتصادي وتقل في أوقات الكساد كالضريبة على الدخل، ولكن بصورة أقل وضوحا من الضرائب غير المباشرة.

د- إن عنصر الإجبار في الضرائب غير المباشرة أقل وضوحاً منه في الضرائب المباشرة، مما يكون للمكلف شيئاً من الاختيار في دفع الضرائب غير المباشرة، بحيث أنه يستطيع أن يقلل من استهلاك بعض السلع والخدمات المفروضة عليها الضريبة غير المباشرة أو باستهلاك سلع أو خدمات أخرى لا تفرض عليها مثل هذا النوع من الضرائب أو تفرض ولكن بنسبة أقل، وكل ذلك يؤدي إلى تحكم المكلف نوعا ما في مقدار ما يدفعه من الضرائب غير المباشرة كالضريبة العامة على المبيعات.

هـ- إنها تزود خزينة الدولة بالإيرادات اللازمة بسرعة وباستمرار ومنذ بداية السنة المالية كالضريبة العامة على المبيعات والضريبة الجمركية على العكس من الضرائب المباشرة كالضريبة على الدخل أو ضريبة الابنية والأراضي التي يتأخر في العادة تحصيل إيراداتها إلى نهاية السنة المالية. ولهذه الميزة أهميتها عندما تكون الدولة بحاجة إلى مبالغ كبيرة لتغطية نفقاتها وخاصة في بداية السنة المالية.

٣- **مكانة الضرائب المباشرة والضرائب غير المباشرة في الأنظمة الضريبية**

مما سبق يلاحظ عدم استطاعتنا الجزم بتفضيل أحد النوعين على الآخر ما دام أن النظام المتبع في الغالب هو نظام تعدد الضرائب وليس نظام الضريبة الواحدة لذلك لا بد من الجمع بين النوعين حتى تعدل مزايا أحد النوعين عيوب الآخر.

وتعتمد معظم إن لم يكن جميع الدول في تشريعاتها الضريبية على النوعين معا لكي يكمل كل منهما الآخر ويحققان بوجودهما معا نظاما للضرائب أفضل من نظام يعتمد على أحدهما فقط.

الفرع الثاني: معدل (سعر) الضريبة

معدل الضريبة أو سعر الضريبة هو النسبة التي تقتطع من مطرحها (وعائها) ألفية كانت أو مئوية أو مقطوعة: فمعدل الضريبة على رأس المال مثلاً يكون عشرين بالألف ومعدل الضريبة على الدخل مثلا (١٠%) عشرة بالمائة ومبلغا مقطوعاً عن كل وزن أو وحدة من البضاعة أو طول من القماش كما هو الحال في الضرائب الجمركية. ومعدل أو سعر الضريبة يجب أن يحدد من قبل المشرع في القانون الضريبي، وقد يكون معدل أو سعر الضريبة بصورة ثابتة أو تصاعدية.

وتطبيقاً لذلك فقد قررت المحكمة الدستورية العليا في مصر- أن السلطة التشريعية تتولى بنفسها تحديد معدل أو سعر الضريبة [١] ويقف نفس الموقف المجلس الدستوري في لبنان [٢] عندما قرر دستورية قانون الضريبة على القيمة

---

(١) الدكتور جهاد خصاونة - الضمانات الدستورية للالتزام الضريبي - مرجع سابق - صفحة (٥٤) وما بعدها.

(٢) الدكتور جهاد خصاونة - الضمانات الدستورية للالتزام الضريبي - مرجع سابق - صفحة (٥٤) وما بعدها.

المضافة رقم (٣٧٩) لسنة ٢٠٠١ كونه قد حدد لهذه الضريبة معدلاً (سعراً) ثابتاً وموحداً بشكل قاطع وغير قابل للتعديل الا بموجب قانون.

مما سبق يمكن القول ان نص الفقرة (ب) من المادة (٦) من قانون الضريبة العامة على المبيعات في الأردن رقم (٦) لسنة ١٩٩٤ يشوبه عيب عدم الدستورية كون المشرع اعطى مجلس الوزراء صلاحية التدخل في موضوع معدل أو سعر الضريبة الخاصة بأنظمة يصدرها خلافاً للمادة (١١١) من الدستور الأردني لسنة ١٩٥٢ التي نصت صراحة على أن لا تفرض ضريبة الا بقانون والتي تعني ضرورة ان يحدد المشرع بنفسه معدل أو سعر الضريبة كما جاء في نص الفقرة (أ) من المادة (٦) من قانون الضريبة العامة على المبيعات المشار اليه عندما حدد معدل أو سعر الضريبة العامة على استيراد أي سلعة أو خدمة أو بيع أي منهما بنسبة (١٦%) من قيمة هذه السلعة أو بدل هذه الخدمة.

أولاً: المعدل الثابت والمعدل المتصاعد

المعدل الثابت هو المحدد بنسبة مئوية أو ألفية معينة تبقى ثابتة سواء زاد مطرح أو وعاء الضريبة الخاضع للتكليف أو نقص. وهذا لا يعني أن تبقى حصيلة الضريبة ثابتة كونها تتعلق بمطرح أو وعاء الضريبة فتزداد بازدياد المطرح أو الوعاء وتنخفض بانخفاضه. فإذا فرضت الدولة مثلا ضريبة على الدخل الخاضع ثابتة مقدارها (١٠%) فالمكلف الذي لديه دخل (١٠٠٠) دينار يدفع ضريبة مقدراها (١٠٠) دينار والمكلف الذي لديه دخل (١٠٠٠٠) دينار يدفع ضريبة مقدارها (١٠٠٠) دينار وهكذا فالنسبة بين الضريبة والدخل الخاضع تبقى ثابتة.

أما المعدل المتصاعد فهو الذي يتغير وفق مقدار مطرح أو وعاء الضريبة الخاضع للتكليف. فيتدرج المعدل صعودا كلما ارتفع مقدار المطرح أو الوعاء حيث يبدأ المعدل بـ (٥%) على سبيل المثال بالنسبة للدخل الذي لا يتجاوز (٢٠٠٠) دينار وعندها تكون الضريبة المتوجب دفعها على هذا الدخل (١٠٠) دينار في حين

لا يدفع المكلف الـذي لديـه (٤٠٠٠) دينار مثلاً ضعف هـذا المبلـغ أي (٢٠٠) دينار فقط بل يزداد معدل الضريبة بالنسبة إليه ليصبح ١٠% بحيث يدفع ضريبة مقدارها (٤٠٠) دينار أو بمعنى آخر أن المعدل المتصاعد لا يحافظ على نفس النسبة بين الضريبة والدخل الخاضع لها بل تـزداد الضريبة بنسبة أكبر من زيادة الدخل أو المطرح الخاضع لها [١].

ثانياً: المفاضلة بـين المعدل الثابت (الضريبة النسبية) والمعدل المتصاعد (الضريبة التصاعدية) [٢]

إن المفاضلـة بـين الضريبـة النسبيـة والضريبـة التصاعدية في الوقت الحاضر لها أهمية بالغة بالنظر للدور الهام الذي تلعبه الضريبة التصاعدية في الدخول والثروات التي تعتبر من أهم وسائل الإصلاح الضريبي.

١- تمتاز الضريبة النسبية الثابتة بالمزايا التالية:

أ- إنها ضريبة عادلة كونها تفرض على جميع المكلفين بمعدل واحد لا فرق بـين مكلف وآخر وبغض النظر عن شخصية المكلف وأوضاعه الخاصة.

ب- إنها ضريبة بسيطة وسهلة التطبيق بالنسبة لحساب الضريبة لأن معدلها لا يتغير بارتفاع مطرح أو وعاء الضريبة أو باختلاف مصدرها.

ولكن هـذه المزايا سرعان مـا تنهـار أمـام الدراسـة المعمقـة للضريبة النسبية الثابتة كون العدالة التي تحققها مـا هـي إلا عدالة ظاهرية تحقق مساواة حسابية وليس عدالة حقيقية تقوم على أساس المساواة في التضحية.

---

(١) الدكتور عصام بشور – المالية العامة والتشريع المالي – المرجع السابق – صفحة (٢٨٢) وما بعدها.

(٢) - الدكتور رشيد الدقر – علم المالية العامة – المرجع السابق – صفحة (٩٦) وما بعدها.

- الدكتور عصام بشور – علم المالية والتشريع المالي – المرجع السابق – صفحة (٢٨٤) وما بعدها.

- الدكتور جهاد خصاونة – الضمانات الدستورية للالتـزام الضريبـي – المرجع السابق – صفحة (٢٠٣) وما بعدها.

فكل مكلف لديه دخل خاضع للضريبة (٢٠٠٠) دينار مثلاً يجب أن يدفع نفس الضريبة في ظل نظام الضريبة النسبية الثابتة وهنا تتحقق المساواة الحسابية بينهما مع العلم ان العدالة الضريبية تقضي مراعاة الأوضاع الشخصية والعائلية للمكلف عند فرض الضريبة بحيث يدفع أصحاب الدخل الواحد ضرائب مختلفة حسب مقدرة كل منهم على الدفع على ضوء ذلك، وبناء عليه فإن سهولة تحقيق الضريبة النسبية الثابتة وتحصيلها لا يكفي لتبرير فرضها بشكل يخالف مبدأ العدالة لأن عدالة الضريبة شرط وتحصيلها وسيلة.

٢- تمتاز الضريبة التصاعدية بتحقيق النظريات التالية :

أ- نظرية المساواة في التضحية:

وتعني هذه النظرية أن كل شخص في المجتمع ملزم بدفع الضريبة مساهمة منه بالنفقات العامة للدولة على أساس بذل تضحية مساوية لتضحية الأشخاص الآخرين.

وبناء عليه ليس صحيحاً أن يدفع المكلف الذي لديه دخل مقداره (١٠٠.٠٠٠) دينار ما نسبته (١٠%) منه أي مبلغ (١٠.٠٠٠) دينار وفي المقابل يدفع المكلف الذي لديه دخل مقداره (١٠٠٠) دينار ما نسبته (١٠%) منه أي مبلغ (١٠٠) دينار والسبب في ذلك أن تضحية المكلف الأول بالنسبة لدخله الكبير أقل بكثير من تضحية المكلف الثاني بالنسبة لدخله القليل الأمر الذي يتطلب فرض الضريبة التصاعدية بصورة طردية مع ازدياد الدخل لدى المكلف الأول كما سنرى فيما بعد.

ت- نظرية المنفعة الحدية:

وتتلخص هذه النظرية بأن منفعة الشيء وبالتالي قيمته تتناقص كلما زادت كميته لأن كل وحدة جديدة منه تسد حاجات أقل ضرورة من الحاجات التي أشبعتها الوحدات السابقة. وبناء عليه فإذا لم تكن الضريبة تصاعدية فإن الضريبة على الفقير تخرج من دخله المخصص لحاجاته الضرورية بينماتخرج الضريبة على

الغني من دخله المخصص لكمالياته فتكون تضحيته أخف وأقل وهذا ما يتنافى مع مبدأ المساواة في التضحية.

ولتطبيق نظرية المنفعة الحدية يجب التمييز بين طرق استعمال المكلف لدخله أو بمعنى آخر الفائدة التي تتأتى للمكلف من دخله. فإذا كانت الفائدة قليلة ارتفع معدل الضريبة وإذا كانت الفائدة كبيرة انخفض معدل الضريبة ولتوضيح ذلك أعرض المثال التالي:

لنفرض أن مكلف دخله (٣٠٠) دينار في الشهر ينفقه على شراء حاجاته الضرورية، وآخر دخله (١٠٠٠) دينار ينفق منه (٤٠٠) دينار على حاجاته الضرورية و (٣٠٠) دينار على حاجاته شبه الضرورية و (١٠٠) دينار على حاجاته الكمالية ويوفر لدى البنك (٢٠٠) دينار الباقية.

فإذا فرضت الضريبة على المكلف الأول فإنها سوف تقتطع جزءاً مما ينفقه على حاجاته الضرورية وتؤثر في مستوى معيشته فتخفضه في حين أنها تقتطع من الآخر جزءاً من المبالغ المدخرة. فاستعمال الأول للمبلغ الذي اقتطعته الضريبة منه أكثر فائدة له من المبلغ الذي اقتطعته الضريبة من الثاني. والعدالة تقضي- التمييز في معاملتهما لكي تتساوى تضحيتهما وذلك بفرض معدلاً منخفضاً جداً على المكلف الأول أو أن لا يدفع ضريبة بالمرة ويخضع المكلف الثاني لمعدل مرتفع وهذا ما تحققه الضريبة التصاعدية الذي يزداد معدلها بازدياد مطرحها. وتعمل الضريبة التصاعدية على تخفيف حدة الفوارق بين فئات المجتمع بواسطة اقتطاع جزء كبير من ذوي الدخول العالية فتنقص ثروتهم ودخولهم وتزود الخزينة العامة بالإيرادات اللازمة والتي تنفقها الدولة ويستفيد منها أصحاب الدخول القليلة مما يساعد على رفع مستوى معيشتهم.

جـ- النظرية الواقعية:

وتتلخص هذه النظرية في أن الضريبة التصاعدية هي الطريقة العملية الوحيدة للحصول على الإيرادات الغزيرة التي تتطلبها الخزينة العامة للدولة في

العصر الحديث. فمبدأ التصاعد أصبح من حيث الواقع الأسلوب العملي الصحيح للحصول على الإيرادات العامة في عصر- ازدادت فيه النفقات التي تتطلبها الخدمات العامة.

وعلى الرغم من وجود الكثير من المزايا للضريبة التصاعدية إلا أن هذا لا يمنع مع توجيه بعض الانتقادات لها وأهم ما قيل في هذا الشأن ما يلي:

- صعوبة قياس التضحية أو الحرمان الذي يتحمله المكلفون بسبب فرض الضريبة عليهم، بحيث تكون نسبة الحرمان أو التضحية متساوية فيما بينهم.[١]
- إن التصاعد المستمر يصل من الوجهة الحسابية إلى استحالة عملية حيث أن الضريبة المتصاعدة باستمرار تتجاوز الدخل نفسه.[٢]

ونرى أن هذه الانتقادات ليست من الأهمية بمكان وسرعان ما تزول عند أول مواجهة لها، فرغم ما قيل من صعوبة قياس المنفعة واختلافها من شخص إلى آخر وصعوبة تحديد درجة التصاعد التي تحقق المساواة في التضحية بين المكلفين فلا شك أن فكرة المنفعة الحدية وحدها تكفي لتبرير تصاعد الضريبة، فالاختيار بين الضرائب النسبية والضرائب التصاعدية يعتبر اختيارا بين عدم عدالة مؤكدة (الضريبة النسبية) وعدالة غير مؤكدة المقدار (الضريبة التصاعدية)[٣] وفيما يتعلق بالاستحالة العملية الناشئة عن الاستمرار اللانهائي في التصاعد فإنها استحالة حسابية لا ريب فيها. ولكن لا يوجد ما يرغم على الاستمرار في تصاعد سعر الضريبة إلى ما لا نهاية بل يستطيع ان يقف هذا السعر بمجرد وصوله إلى نقطة كافية لتحقيق الهدف المنشود منه.[٤] ويمكن إعطاء مثال عملي على ذلك من واقع

---

(١) الدكتور حسن عواضة - المالية العامة - المرجع السابق - صفحة (٤٥٢).

(٢) الدكتور رشيد الدقر - علم المالية - المرجع السابق - صفحة (١٠٥) وما بعدها.

(٣) الدكتور عبد الحميد محمد القاضي - اقتصاديات المالية العامة - المرجع السابق - صفحة (١٠٨).

(٤) الدكتور رشيد الدقر - علم المالية - المرجع السابق - صفحة (١٠٦).

قانون ضريبة الدخل حيث يتوقف تصاعد الضريبة على الدخل الخاضع للضريبة للشخص الطبيعي عند نسبة (٢٥%).[١]

ثالثاً: الأشكال التطبيقية للضريبة التصاعدية[٢]

لقد تنوعت الأشكال التطبيقية للضريبة التصاعدية كثيراً من الوجهتين النظرية والعملية وفيما يلي أهم ثلاثة أشكال وهي:

١- أسلوب (التصاعد المقطوع) القائم على مجموع الدخل الخاضع للضريبة:

ويتميز هذا الأسلوب في التصاعد أن معدل الضريبة فيه مقطوع ويعتبر الدخل الخاضع للضريبة ككتلة واحدة غير مقسمة إلى أجزاء أو شرائح ويمكن توضيح هذا الأسلوب بالمثال التالي:

مجموع الدخل الخاضع للضريبة	المعدل المقطوع
من ١٠٠ دينار إلى ١٠٠٠ دينار	٥٠ دينار
من ١٠٠١ دينار إلى ٢٠٠٠ دينار	٧٠ دينار وهكذا

وما يؤخذ على هذا الأسلوب ما يلي:

أ- إن التصاعد فيه لا يفرق بين أجزاء الدخل الخاضع للضريبة لأن معدله مقطوع غير نسبي فالمكلف يدفع (٥٠) دينار سواء بلغ دخله الخاضع للضريبة ١٠٠ دينار أو ٦٠٠ دينار أو ١٠٠٠ دينار.

---

(١) أنظر: - الفقرة (أ) من المادة (١٦) من قانون ضريبة الدخل رقم (٥٧) لسنة (١٩٨٥) وتعديلاته.

- وقد أصبحت هذه النسبة (١٢%) في مشروع قانون ضريبة الدخل لسنة ٢٠٠٩ .

(٢) - جهاد سعيد خصاونة – مطرح الضريبة على الدخل في التشريع الضريبي الأردني – المرجع السابق – صفحة (١٤٢) وما بعدها.

- الدكتور جهاد سعيد خصاونة – الضمانات الدستورية للالتزام الضريبي- المرجع السابق- صفحة(٢٠٧) وما بعدها.

ب- أنه يرفع الضريبة كثيراً بمجرد ازدياد الدخل الخاضع للضريبة مبلغاً قليلاً لأن التصاعد فيه قائم على مجموع الدخل الخاضع للضريبة لا على أجزائه فالدخل الخاضع للضريبة والبالغ (١٠٠٠) دينار يدفع (٥٠) دينار في حين ان الدخل الخاضع للضريبة البالغ (١٠٠١) يدفع (٧٠) دينار أي أن زيادة دينار واحد على الدخل الخاضع للضريبة تؤدي إلى زيادة الضريبة (٢٠) دينار وفي هذا مجافاة للعدالة الضريبية.

٢- أسلوب (التصاعد النسبي) القائم على مجموع الدخل الخاضع للضريبة:

هذا الأسلوب يختلف عن الأسلوب الأول وذلك بأن معدل الضريبة فيه نسبي غير مقطوع ولكنه يوافقه بأنه يعتبر الدخل الخاضع للضريبة كتلة واحدة غير مقسمة إلى أجزاء أو شرائح. ويمكن توضيح هذا الأسلوب بالمثال التالي:

مجموع الدخل الخاضع للضريبة	المعدل النسبي
من ١٠٠ دينار إلى ١٠٠٠ دينار	٥%
من ١٠٠١ دينار إلى ٢٠٠٠ دينار	٧% وهكذا

ويمتاز هذا الأسلوب بأن التصاعد فيه نسبي ويفرق بين أجزاء الدخل الخاضع للضريبة لأنه تصاعد نسبي، فالمكلف الذي يبلغ دخله الخاضع للضريبة (٨٠٠) دينار يدفع (٤٠) دينار بمعدل (٥%) بينما المكلف الذي يبلغ دخله الخاضع للضريبة (١٠٠٠) دينار يدفع (٥٠) دينار بمعدل (٥%) أيضاً، وإلى هنا لا بأس ولكن المشكلة تكمن في ارتفاع الدخل الخاضع للضريبة عن ال (١٠٠٠) دينار حيث يتعرض المعدل إلى قفزة فجائية كبيرة بمجرد زيادة الدخل الخاضع للضريبة زيادة بسيطة فالمكلف الذي يبلغ دخله الخاضع للضريبة (١٠٠١) دينار يدفع (٧٠) دينارا تقريبا بمعدل (٧%) وهكذا تؤدي زيادة الدخل الخاضع للضريبة دينار واحد إلى زيادة الضريبة بمقدار (٢٠) دينار وفي هذا أيضاً مجافاة للعدالة الضريبية.

٣- أسلوب التصاعد (النسبي) القائم على شرائح الدخل الخاضع للضريبة:

ويمتاز هذا الأسلوب بأنه يفرق بين شرائح الدخل الخاضع للضريبة بحيث يقسم هذا الأخير إلى شرائح ويفرض على كل شريحة معدلا مختلفا. ويمكن توضيح هذا الأسلوب بالمثال التالي:

مجموع الدخل الخاضع للضريبة	شرائح الدخل الخاضع للضريبة	المعدل المقطوع
٢٠٠٠ دينار	من ١٠٠ دينار إلى ١٠٠٠ دينار	%٥
	من ١٠٠١ دينار إلى ٢٠٠٠ دينار	%٧

ويعتبر هذا الأسلوب أكثر عدالة من غيره من الأسلوبين السابقين فالضريبة بموجبه لا تزداد زيادة كبيرة مجرد زيادة الدخل الخاضع زيادة قليلة كما هو الحال في الأسلوبين السابقين فالمكلف الذي يبلغ دخله الخاضع للضريبة (١٧٠٠) دينار مثلا يدفع (٥%) عن ال (١٠٠٠) دينار الأولى ويدفع (٧%) عن الباقي كما أن كافة المكلفين يدفعون (٥%) عن شريحة الدخل الخاضع للضريبة البالغة (١٠٠٠) دينار و (٧%) من شريحة الدخل الخاضع للضريبة التالية وهكذا مهما بلغ مقدار الدخل الخاضع للضريبة.

رابعاً: موقف المشرع الأردني من الأشكال التطبيقية للضريبة التصاعدية

يتولى المشرع في الأردن بنفسه تحديد معدل أو سعر الضريبة بقانون يصدره وبالتالي لا يجوز للسلطة التنفيذية أن تصدر أنظمة لتحديد معدل أو سعر الضريبة تحت طائلة عدم دستورية مثل هذه الأنظمة، وسلطة المشرع بتحديد معدل أو سعر الضريبة بشكل عام والضريبة على الدخل بشكل خاص سلطة مقيدة بأن يأخذ بالتكليف التصاعدي عند تحديده لهذا المعدل أو السعر وفقاً للمادة (١١١) من الدستور لسنة ١٩٥٢ .

١- معدل الضريبة بالنسبة للأشخاص الطبيعيين:

لقد أخذ المشرع الأردني بالمعدل المتصاعد عند فرض الضريبة على دخل الأشخاص الطبيعيين حيث نصت الفقرة (أ) من المادة (١٦) من قانون ضريبة الدخل رقم (٥٧) لسنة ١٩٨٥ وتعديلاته على أن تستوفي الضريبة عن الدخل الخاضع لأي شخص طبيعي حسب الفئات التالية:

عن كل دينار من الـ ٢٠٠٠ دينار الأولى ٥%.

عن كل دينار من الـ ٤٠٠٠ دينار التالية ١٠%.

عن كل دينار من الـ ٨٠٠٠ دينار التالية ٢٠%.

عن كل دينار مما تلاها ٢٥%. [١]

ونلاحظ على ذلك ما يلي:

أ- إن المشرع أخذ بأسلوب التصاعد النسبي القائم على شرائح الدخل الخاضع للضريبة وهو الأسلوب الذي يعتبر وبحق الأسلوب الأكثر عدالة.

ب- إن النسبة التي يتوقف عندها تصاعد الضريبة على دخل الأشخاص الطبيعيين هي ٢٥% أي عندما يبلغ الدخل الخاضع للضريبة (١٤٠٠٠) دينار وما يزيد على ذلك يبقى المعدل الثابت بنسبة (٢٥%).

ث- لقد استجاب المشرع الضريبي لأحكام المادة (١١١) من الدستور الأردني لسنة ١٩٥٢ والتي أوجبت على الحكومة عند فرض الضريبة أن تأخذ بمبدأ التكليف التصاعدي باعتباره ضمانة من أهم الضمانات الدستورية في مجال الالتزام الضريبي.

---

(١) وأصبحت هذه الفئات وفقاً لنص الفقرة (أ) من المادة (١١) من مشروع قانون ضريبة الدخل لسنة ٢٠٠٩ على النحو التالي:

- (٦%) عن كل دينار من العشرة آلاف دينار الأولى.

- (١٢%) عن كل دينار مما تلاها.

٢- معدل الضريبة بالنسبة للشركات ولأي شخص معنوي آخر:

لقد أخذ المشرع الأردني بفرض الضريبة على دخل الشركات وأي شخص معنوي آخر بمعدل نسبي ثابت حيث نصت الفقرة (ب) من المادة (١٦) من قانون ضريبة الدخل رقم (٥٧) لسنة ١٩٨٥ وتعديلاته على أن تستوفى الضريبة من الدخل الخاضع للضريبة للشركات ولأي شخص معنوي آخر على النحو الآتي:

١- بنسبة (١٥%) من ذلك الدخل المتأتي من مشروع في أحد القطاعات التالية: التعدين، الصناعة، الفنادق، المستشفيات، النقل، المقاولات الإنشائية .

٢- بنسبة (٣٥%) من ذلك الدخل للبنوك والشركات المالية.

٣- بنسبة (٢٥%) من الدخل الخاضع للضريبة المتأتي.

أ- لشركات التأمين

ب- لشركات الصرافة والوساطة

ج- لشركات الاتصالات

د- لشركات الخدمات والشركات التجارية والشركات الاخرى بمختلف أنواعها.

هـ- لأي شخص معنوي آخر

ويلاحظ ان نص الفقرة (ب) من المادة (١٦) من قانون ضريبة الدخل المشار اليها قد خالفت أحكام المادة (١١١) من الدستور الأردني لسنة ١٩٥٢ التي أوجبت على الحكومة عند فرض الضريبة ان تأخذ بمبدأ التكليف التصاعدي.[١]

---

(١) وقد اتبع المشرع نفس النهج في مشروع قانون ضريبة الدخل لسنة ٢٠٠٩ حيث نصت الفقرة (ب) من المادة (١١) منه على أن تستوفى الضريبة عن الدخل الخاضع للضريبة للشخص الاعتباري حسب النسب التالية:

١- (١٢%) لأي شخص اعتباري عدا الشركات.

٢- (١٥%) للشركات الصناعية والتجارية والخدمية.

٣- (٢٥%) للشركات المالية وشركات الوساطة المالية وشركات التأمين.

٤- (٣٥%) لشركات التعدين الأساسية وشركات الاتصالات الأساسية والبنوك والشركات المالية.

ويستحسـن بالمشرـع ان يأخـذ بهـذا المبـدأ للتوصـل إلى الـدخل الخاضـع للضريبة بالنسبة للشركات كـما فعـل بالنسبة للأشخاص الطبيعيين حيـث لا يوجد ما يمنع من ذلك.

وقد سبق وأن أثير دفع بعدم دستورية نص الفقرة (ب) من المادة (١٦) من القانون المعدل لقانون ضريبة الدخل رقم (٤) لسنة ١٩٩٢ المشابهة لنص الفقرة (ب) من المادة (١٦) من قانون ضريبة الـدخل رقم (٥٧) لسنة ١٩٨٥ وتعديلاته المشار اليها لدى محكمة إستئناف ضريبة الدخل والتي قررت أن المادة (١١١) من الدستور الأردني لسنة ١٩٥٢ قد أوجبت عـلى الحكومـة أن تأخذ في فرض الضرائب بمبدأ التكليف التصاعدي مع تحقيق المساواة والعدالة الاجتماعية، وأن النص المذكور قد جاء مخالفاً لأحكام هذه المادة، وقررت فسخ القرار المستأنف وإعادة الأوراق للمستأنف عليه (مقدر ضريبة الدخل) لفرض الضريبة على الشركة المستأنفة، وحسـب نسب الضريـبة التصاعدية المقررة بموجب المادة (١٦) من قانون ضريبة الدخل رقم (٥٧) لسنة ١٩٨٥ الأصلي. ^(١)

وقد خالف محكمة التمييز هذا الإجتهاد واعتبرته أنه لا يستند إلى أي أسـاس، لأن المادة (١٦) المذكورة قد راعت أحكام المادة (١١١) مـن الدسـتور المنـوه عنهـا، وأخذت بمبدأ التكليف التصاعدي بالنسبة للأفراد بصورة عامة، وبالنسبة للشركات بصورة خاصة، بدليل تفاوت النسب المفروضة على الشركات والتي تـتراوح مـا بـين (١٥%، ٢٥%، ٣٥%)^(٢). وقد أكدت محكمة التمييز ^(٣) على نفس الموقـف عنـدما قررت أن دفع وكيل المميز ضدها من حيث عدم دستورية القانون المعدل لقانون

---

(١) قرار محكمة إستئناف ضريبة الدخل رقم (٩٤/٦٨٤) - تاريخ ١٩٩٤/١٢/٢٨ غير منشور.

(٢) القرار رقم (٩٥/٣٣٩) تاريخ ١٩٩٥/٤/٩ - المنشور في الصفحة (٢٦٣٣) مـن مجلـة نقابـة المحامين لسنة ١٩٩٦.

(٣) القرار رقم (٩٥/١٠٩٨) تاريخ ١٩٩٥/٨/١٢ - المنشور في الصفحة (٢٧١٦) وما بعدها مـن مجلة نقابة المحامين لسنة ١٩٩٦.

ضريبة الدخل رقم (٤) لسنة ١٩٩٢ ليس في محله، لأن هذا القانون وما سبقه من قوانين إنما تفرض الضريبة بنسب معينة حسب أنواع الشركات بما مؤداه أنه لو إعتبرنا هذا القانون غير دستوري، بإدعاء مخالفة المادة (١١١) من الدستور، فإن ذلك ينسحب على القوانين السابقة، مما يجعل إستيفاء الضريبة مستحيلاً ويعطل نصاً قانونياً تعطيلاً كاملاً، وهو ما لا يمكن القبول به حيث أن إعمال النص أولى من إهماله مما يجعل دفع وكيل المميز ضدها هذا غير وارد.

وبتحليل ما جاء في الأحكام السابقة نرى أن محكمة إستئناف ضريبة الدخل قد أصابت باجتهادها عندما قررت عدم دستورية نص الفقرة (ب) من المادة (١٦) المشار اليها سابقاً، كونها لم تأخذ بمبدأ التكليف التصاعدي عند فرض الضريبة على الشركات، حيث أن هذه الفقرة قد أشارت إلى نسب ثابتة بالنسبة للشركات تختلف حسب نوع الشركة وطبيعة نشاطها، ولا يمكن تأييد إجتهاد محكمة التمييز الذي جانب الصواب مع الاحترام بالقرارين الصادرين عنها للأسباب التالية:

أولاً: إن المادة (١٦) المذكورة لم تراع أحكام المادة (١١١) من الدستور ولم تأخذ بمبدأ التكليف التصاعدي بالنسبة للشركات وأن الدليل الذي استندت إليه محكمة التمييز بقولها تفاوت النسب المفروضة على الشركات لا يصلح ليكون دليلاً على التصاعد لأن هذا التفاوت كان بسبب اختلاف نوع الشركة وطبيعة نشاطها، ولكن النسبة الضريبية لكل نوع تبقى ثابتة فمثلاً هناك نسبة ثابتة بواقع (١٥%) للشركات الصناعية وبالمقابل هناك نسبة ثابتة بواقع (٣٥%) للبنوك والشركات المالية وهكذا، وهذا الوضع لا يمت لمبدأ التصاعد في فرض الضريبة بصلة.

ثانياً: إن تخوف محكمة التمييز من إعتبار القانون المطعون فيه غير دستوري بإدعاء مخالفة أحكام المادة (١١١) من الدستور، سوف ينسحب على القوانين السابقة المشابهة له وتعتبر هي الأخرى غير دستورية مما يجعل إستيفاء الضريبة مستحيلاً ويعطل نصاً قانونياً تعطيلاً كاملاً ليس دقيقاً مع الاحترام لأن القانون الأصلي لضريبة الدخل رقم (٥٧) لسنة ١٩٨٥ قبل تعديله كأن يأخذ بمبدأ التكليف التصاعدي والذي لم تنتبه محكمة التمييز الموقرة له، وبالتالي فإن تخوفها من جعل استيفاء الضريبة مستحيلاً ويعطل نصاً قانونياً تعطيلاً كاملاً لا يمكن القبول به لإمكانية الرجوع إلى القانون الأصلي المذكور والذي يأخذ بمبدأ التكليف التصاعدي فيما لو قررت المحكمة عدم دستورية القوانين المعدلة لهذا القانون والمشار إليها أعلاه.

ثالثاً: لا يمكن التسليم بقول محكمة التمييز أن إعمال النص أولى من إهماله بصورة مطلقة لأن النص إذا كان مخالفاً للدستور فالأولى إهماله إستناداً لمبدأ سمو الدستور وإحتلال القاعدة الدستورية للمكانة العليا في قمة هرم تدرج القواعد القانونية، وبناء عليه لا يجوز للمشرع أن يضع من القوانين ما يخالف أحكام الدستور وإن عمل ذلك صراحة أو ضمناً فإن عمله هذا يعد خروجاً على مبدأ المشروعية، فإن على المحكمة أن تمتنع عن تطبيقه فيما يعرض عليها من قضايا على اعتبار أن المحكمة تلتزم في تطبيقها للتشريعات المتفاوتة في القوة وعليها تطبيق التشريع الأعلى عند تعارضه مع تشريع أدنى مرتبة منه.

الفرع الثالث: طرق تقدير الضريبة

أن تقدير مطرح او وعاء الضريبة يعتبر لازماً للوصول إلى تحديد مبلغ الضريبة المفروضة على المكلف وهو يحقق مصلحة كل من المكلف وخزينة الدولة على حد سواء وبالتالي يحقق العدالة الضريبية، وبالنظر لأهمية الضريبة على الدخل في تحقيق العدالة الضريبية فسوف نتحدث عن طرق تقديرها في هذا الفرع.

أولاً: التقدير الذاتي

نصت الفقرة (أ) من المادة (٢٦) من قانون ضريبة الدخل رقم (٥٧) لسنة ١٩٨٥ وتعديلاته على إلزام كل شخص له مصدر دخل أو أكثر خاضع للضريبة أن يقدم في موعد لا يتأخر عن اليوم الأخير من الشهر الرابع التالي لنهاية سنته المالية إلى مكتب تقدير ضريبة الدخل المختص كشفاً يتضمن التفصيلات المتعلقة بدخله الإجمالي ودخله الخاضع للضريبة المستحقة عليه عن سنته المالية السابقة.

ومن خلال هذا النص يتبين ما يلي:

أ- الفترة الزمنية التي يجب تقديم كشف التقدير الذاتي خلالها

وهنا نفرق بين المكلفين حسب تواريخ بدء وانتهاء سنة كل منهم على النحو التالي:

١. المكلف الذي تبدأ سنته في ١/١ وتنتهي في ١٢/٣١ من السنة نفسها فإذا كانت السنة المعنية ٢٠٠٧ مثلاً فإن المدة التي يجب أن يقدم كشف التقدير الذاتي خلالها تبدأ في ٢٠٠٨/١/١ وتنتهي في ٢٠٠٨/١٢/٣١ .

٢. المكلف الذي تبدأ سنته في ٢٠٠٧/٤/١ مثلاً وتنتهي في ٢٠٠٨/٣/٣١ من السنة التي تليها فإن المدة التي يجب أن يقدم خلالها كشف التقدير الذاتي للسنة ٢٠٠٨/٢٠٠٧ تبدأ في ٢٠٠٨/٤/١ وتنتهي في ٢٠٠٨/٧/٣١ وهكذا.

ب- الأشخاص المخاطبون بتقديم كشف التقدير الذاتي

من خلال نص المادة (٢٦) من قانون ضريبة الدخل رقم (٥٧) لسنة ١٩٨٥ وتعديلاته نلاحظ كقاعدة عامة أن كل شخص معنوي أو طبيعي من المذكورين ادناه له مصدر دخل أو أكثر خاضع للضريبة ملزم بتقديم كشف التقدير الذاتي.

١- الشركات وتشمل:

١- الشركة المساهمة العامة

٢- الجمعية التعاونية من عمل يستهدف الربح

٣- الشركة ذات المسؤولية المحدودة

٤- شركة التوصية بالأسهم

٥- الشركة المساهمة الخاصة

٦- الشركة الأجنبية أو فرعها مهما كان نوعها مقيمة أو غير مقيمة

٢- الشركاء في كل من شركتي التضامن أو التوصية البسيطة اذا كان رأسمالها لا يقل عن عشرة آلاف دينار أو كان عدد مستخدميها لا يقل عن عشرة مستخدمين أو إذا كانت مشترياتها أو مبيعاتها أو ايراداتها السنوية لا تقل عن خمسين الف دينار كما ويلزم هؤلاء الشركاء بتقديم كشف الدخل المتعلق بشركتهم لغاية معرفة حصة كل منهم من أرباحها أو خسائرها.

٣- التجار الأفراد اذا كان رأسمال أي منهم لا يقل عن خمسة آلاف دينار أو اذا كان عدد مستخدمي أي منهم لا يقل عن خمسة مستخدمين أو إذا كانت المشتريات أو المبيعات السنوية لأي منهم لا تقل عن خمسة وعشرين ألف دينار.

٤- الفئات الأخرى التالية:

١- المستشفيات ٢- مستودعات الأدوية والصيدليات والمختبرات ٣- المقاولون المصنفون وغير المصنفين ٤- متعهدو خدمات التنظيف والصيانة والتوريد

وغيرها من خدمات ٥- مكاتب الاستشارات على اختلاف أنواعها ٦- مكاتب شركات الطيران والملاحة والنقل البري ومكاتب السياحة والسفر ٧- مكاتب ومؤسسات الاستخدام ٨- المكاتب العقارية ٩- مؤسسات وشركات التخليص ١٠- مكاتب الدعاية والاعلان ١١- الوكلاء والوسطاء التجاريون ١٢- المطابع ودور النشر ١٣- الفنادق والمطاعم المصنفة ودور السينما والمسارح والملاهي والمدن الترويحية والشقق الفندقية ١٤- الصيارفة والصاغة ١٥- الأطباء ١٦- المهندسون ١٧- المحامون ١٨- مدققو الحسابات ١٩- الخبراء والمستشارون ٢٠- المفوضون عن الأشخاص بمراجعة الجهات الحكومية أو الجهات الخاصة لاتمام المعاملات ٢١- السماسرة والوسطاء ٢٢- مالكو العقارات الذين يبلغ الدخل الاجمالي لأي منهم من هذه العقارات عشرة آلاف دينار فأكثر في السنة ٢٣- الجامعات الخاصة وكليات المجتمع والمدارس الخاصة والمراكز الثقافية والتعليمية ودور الحضانة ورياض الأطفال.

وبناء عليه فإن القاعدة العامة التي وردت في المادة (٢٦) بإلزام كافة الأشخاص لتقديم كشف التقدير الذاتي قد انتزع منها مجموعتان من الأشخاص كل مجموعة تمثل فئات معينة من المكلفين.

الفئة الأولى: (١)

فئات معفاة بصورة مؤقتة من تقديم كشف التقدير الذاتي

أ- الموظف أو المستخدم المقيم الذي يقتصر دخله على الوظيفة أو الاستخدام من جهة واحدة وفي آن واحد إذا كان ذلك الدخل السنوي لا يتجاوز:

٢٤٠٠ دينار للأعزب

٤٠٠٠ دينار للمتزوج الذي ليس له أولاد يعولهم

٥٠٠٠ دينار للمتزوج الذي له ولد يتولى اعالته

---

(١) الفقرة (جـ) من المادة (٢٦) من قانون ضريبة الدخل رقم (٥٧) لسنة ١٩٨٥ وتعديلاته والتعليمات رقم (٢) لسنة ٢٠٠٢ تعليمات الإعفاء المؤقت من تقديم كشوف التقدير الذاتي.

٦٠٠٠ دينار للمتزوج الذي له ولدان يتولى اعالتهما
٧٠٠٠ دينار للمتزوج الذي له ثلاثة أولاد يتولى اعالتهم
٨٠٠٠ دينار للمتزوج الذي له أربعة أولاد يتولى اعالتهم
٩٠٠٠ دينار للمتزوج الذي له خمسة أولاد يتولى اعالتهم
١٠٠٠٠ دينار للمتزوج الذي له ستة أولاد يتولى اعالتهم

ب- المكلف الذي يقتصر دخله على التجارة وتقل مبيعاته أو مشترياته السنوية عن خمسة وعشرين ألف دينار.

ج- المكلف الذي يقتصر دخله على مصدر خاضع للضريبة المقطوعة شريطة أن يقدم الكشف الخاص بذلك وأن يقوم بدفع الضريبة المترتبة عليه في الوقت المحدد لذلك قانوناً.

وإعفاء هذه الفئات من تقديم كشوف التقدير الذاتي السنوية لا يمنع من تقديمها إذا رغبت في ذلك، كما وأن إعفاء هذه الفئات أيضاً من تقديم كشوف التقدير الذاتي السنوية لا يعني إعفاءها من الضريبة.

الفئة الثانية(١):

فئات أو أشخاص معينين ملزمة بتقديم كشوف التقدير الذاتي السنوية المشار إليهم سابقاً تحت طائلة الضريبة المضافة بواقع ٢% تضاف للضريبة المستحقة عن كل شهر يتخلف فيه المكلف عن ذلك بالإضافة للملاحقة الجزائية استناداً إلى أحكام الفقرة (د) من المادة (٤٣) من قانون ضريبة الدخل رقم (٥٧) لسنة ١٩٨٥ وتعديلاته.

ولمدير عام دائرة ضريبة الدخل والمبيعات الغاء أو تخفيض الضريبة المضافة اذا اقتنع أن التأخير في تقديم الكشف كان لأسباب معقولة.

(١) الفقرة (أ) من المادة (٢٧) من قانون ضريبة الدخل رقم (٥٧) لسنة ١٩٨٥ وتعديلاته وتعليمات إلزام فئات معينة من النكلفين بتقديم كشوف الدخل السنوية تحت طائلة الغرامة.

هـ- كل من تجاوز دخله الاجمالي السنوي من مجموع دخوله الخاضعة للضريبة (عشرة آلاف دينار) سواء كان مشمولاً بأي من الفقرات (أ، ب، ج، د) أو غير مشمول بها.

جـ- الحقوق التي ترتبها طريقة التقدير الذاتي[١]:

لقد أنشأ قانون ضريبة الدخل حقوقاً لكل من المكلف والخزينة على حد سواء عند تقديم كشف التقدير الذاتي من قبل المكلف في الموعد المحدد وذلك كما يلي:

١- ففيما يتعلق بحقوق المكلف:

أ. حق المكلف في تقدير الضريبة بنفسه كونه أعرف الناس بحقيقة دخله ويتضمن هذا الحق القيام بتعبئة جميع التفصيلات المتعلقة بدخله الإجمالي ودخله الخاضع للضريبة المستحقة عليه عن سنته المالية السابقة دون تدخل من الإدارة الضريبية. وتعتبر هذه المعلومات بمثابة إقرار من المكلف من جهة ومن جهة أخرى تعتبر هذه المعلومات قرينة قانونية غير قطعية على صحتها وإذا لم يقتنع المقدر بصحة المعلومات الواردة في أي بند من بنود كشف التقدير الذاتي عليه أن يعلل ويبين الأسباب التي دعته لعدم الأخذ بوجهة نظر المكلف وإلا اعتبر ذلك البند موافقاً عليه قانوناً.[٢]

ب. حق المكلف بإيداع كشف التقدير الذاتي في البريد المسجل خلال المدة المعينة لتقديم الكشف ويعتبر ذلك تقديماً له بالمعنى المقصود[٣].

جـ دفع الضريبة المعلنة في كشف التقدير الذاتي دون أي معارضة من الإدارة الضريبية. حيث يترتب على المكلف أن يدفع مبلغ الضريبة المعترف به في

---

(١) عدنان أحمد العابد، كشف التقدير الذاتي في قانون ضريبة الدخل رقم (٥٧) لسنة ١٩٨٥ - بحث مقدم لنقابة المحامين النظاميين لغاية التسجيل في سجل المحامين الأساتذة.

(٢) الفقرة (أ/٢) من المادة (٢٩) من قانون ضريبة الدخل رقم (٥٧) لسنة ١٩٨٥ وتعديلاته.

(٣) الفقرة (ب) من المادة (٢٦) من قانون ضريبة الدخل رقم (٥٧) لسنة ١٩٨٥ وتعديلاته.

كشف التقدير الذاتي أو المبلغ المستحق كدفعة أولى من تسوية الدفع التي يقررها المدير كما يترتب عليه أن يرفق بالكشف ما يثبت دفعه للمبالغ المدفوعة.[1]

د. اعتبار التقدير الذاتي موافقاً عليه إذا لم يرسل المقدر إلى المكلف مذكرة خطية بملاحظاته يعلمه بها عدم قبول ما جاء في كشفه كلياً أو جزئياً خلال سنة من تاريخ تسلم الكشف من قبل دائرة ضريبة الدخل والمبيعات.

هـ حق المكلف في الاستفادة من الخصم التشجيعي.

حيث منح المشرع الحق لكل شخص تقدم بكشف صحيح ودفع الضريبة المعترف بها الحق بتنزيل (٦%) من هذه الضريبة إذا تم الدفع خلال السنة المشمولة بالكشف أو في الشهر الأول التالي لانتهائها والحق بتنزيل (٤%) منها إذا كان الدفع خلال الشهر الثاني التالي لانتهاء السنة نفسها والحق بتنزيل (٢%) إذا كان الدفع خلال الشهر الثالث التالي لانتهاء هذه السنة. ويمنح الخصم ذاته عن أي مبالغ دفعت على الحساب أو اقتطعت ودفعت[2].

٢- وفيما يتعلق بحقوق الخزينة فإن من حقها استيفاء الضريبة الصحيحة من خلال تدقيقها لكشف التقدير الذاتي المقدم من قبل المكلف، حيث نصت الفقرة (أ) من المادة (٢٩) من قانون ضريبة الدخل رقم (٥٧) لسنة ١٩٨٥ وتعديلاته على ما يلي:

أ. للمقدر تدقيق كشف التقدير الذاتي فإذا ظهر نتيجة التدقيق أن هناك أسباباً تستوجب عدم قبول الكشف كلياً أو جزئياً يرسل مذكرة خطية بملاحظاته إلى المكلف ويدعوه لحضور جلسة يحددها لمناقشته فيها ونتيجة لهذا:

(١) الفقرة (أ) من المادة (٢٨) من قانون ضريبة الدخل رقم (٥٧) لسنة ١٩٨٥ وتعديلاته .
(٢) الفقرة (ب) من المادة (٢٨) من قانون ضريبة الدخل رقم (٥٧) لسنة ١٩٨٥ وتعديلاته .

أ-١. إذا وافق المكلف على تعديل كشفه تحدد الضريبة على هذا الأساس ويبلغ المكلف ذلك بإشعار خطي.

أ-٢. إذا رفض المكلف تعديل كشفه فيصدر المقدر قراره بتقدير الدخل الخاضع للضريبة والضريبة المستحقة عليه وذلك في ضوء المعلومات المتوافرة لديه والمذكرة المنصوص عليها والمتضمنة عدم قبول ما جاء في كشف التقدير الذاتي معللاً كل بند من بنود قراره على حده ومبيناً الأسباب التي دعت لعدم الأخذ بوجهة نظر المكلف وإلا اعتبر ذلك البند موافقاً عليه ويبلغ المكلف بذلك خطياً ويكون هذا القرار قابلاً للاعتراض خلال ثلاثين يوماً من تاريخ تبليغه.

ثانياً: التقدير الإداري

يقسم هذا النوع من التقدير إلى ثلاثة أقسام رئيسية وهي:

أولاً: التقدير في حالة عدم تقديم كشف التقدير الذاتي.

ثانياً: التقدير من المنبع.

ثالثاً: التقدير المقطوع.

وفيما يلي شرح موجز لكل من هذه الأقسام:

١- التقدير في حالة عدم تقديم كشف التقدير الذاتي: حيث أوجبت المادة (٣٠) من قانون ضريبة الدخل رقم (٥٧) لسنة ١٩٨٥ وتعديلاته على المقدر في الأحوال التي لا يقدم فيها المكلف كشف التقدير الذاتي في الموعد المحدد أن يقوم بإجراء التقدير على ذلك المكلف في ضوء المعلومات المتوفرة لديه ويبلغه إشعاراً بالضريبة المستحقة عليه.

٢- التقدير من المنبع: ويتولى عملية التقدير من المنبع الشخص الذي يقوم بدفع الدخل للمستفيد وتتمثل عملية التقدير هذه بخصم نسبة معينة من دخل المستفيد وحسب التفصيل التالي:

أ- التقدير على دخل الأشخاص غير المقيمين

لقد نصت الفقرتان (أ،ب) من المادة (١٨) من قانون ضريبة الدخل رقم (٥٧) لسنة ١٩٨٥ وتعديلاته على ما يلي:

أ/١ يترتب على كل شخص حين دفعه دخلاً غير معفى من الضريبة لشخص غير مقيم مباشرة أو بالواسطة أن يخصم من هذا الدخل عشرة بالمائة وأن يعد بياناً يوضح فيه مقدار الدخل والمبلغ المخصوم وأن

يزود كلاً من دائرة ضريبة الدخل والمبيعات والمستفيد بنسخة من هذا البيان وأن يدفع المبلغ المخصوم إلى دائرة ضريبة الدخل والمبيعات خلال شهر واحد من تاريخ الخصم.

أ/ب يعتبر الشخص غير المقيم الذي يكون وكيلاً قانونياً أو وكيلاً تجارياً أو فرعاً أو شريكاً لمكلف غير مقيم أو له علاقة تجارية معه مسؤولاً عن القيام بالنيابة عن ذلك المكلف غير المقيم بجميع الأمور والإجراءات المنصوص عليها في قانون ضريبة الدخل.

ب- التقدير على الرواتب والأجور

حيث أوجبت الفقرة (أ/١) من المادة (١٩) من قانون ضريبة الدخل رقم (٥٧) لسنة ١٩٨٥ وتعديلاته على كل شخص مسؤول عن دفع راتب أو أجر أو علاوة أو مكافأة أو مخصصات غير معفاة من الضريبة أن يخصم منها عند دفعها الضريبة المقررة وأن يقدم لدائرة ضريبة الدخل والمبيعات كشفاً بالمبالغ التي خصمها وأن يقوم بدفع هذه المبالغ شهرياً.

جـ- التقدير على المبالغ المدفوعة لأصحاب المهن الحرة من المعنيين

حيث رتبت الفقرة (أ/٢) من المادة (١٩) من قانون ضريبة الدخل رقم (٥٧) لسنة ١٩٨٥ وتعديلاته على كل شركة أو مؤسسة عامة أو أي شخص معنوي آخرحين دفعه أي مبالغ كالتزام أو مسانهةأو اتعاب أو أجور أوما ماثل

ذلك للمقيمين من الأطباء والمحامين والمهندسين ومدققى الحسابات والخبراء والمستشارين والمفوضين عن المكلفين وغيرهم من أصحاب المهن الحرة بما في ذلك المبالغ المدفوعة مقابل بيع أو تأجير أو منح حق الامتياز لاستعمال أو استغلال أي علامة تجارية أو تصميم أو براءة اختراع أو حقوق تأليف وطبع أو أي عوض آخر عنها، أن يخصم من هذه الدخول ما نسبته (٢%) منها كدفعة على حساب الضريبة المستحقة على أي من هؤلاء الأشخاص واعداد بيان يوضح فيه مقدار الدخل والمبلغ المخصوم وتزويد دائرة ضريبة الدخل والمبيعات بنسخة من هذا البيان ودفع المبلغ الذي تم خصمه إلى الدائرة المذكورة في مدة اقصاها تسعين يوماً من تاريخ الخصم.

وتعتبر مبلغ هذه النسبة دفعة على حساب الشخص المستفيد يجري تقاص هذا المبلغ من الضريبة المفروضة على دخله الخاضع للضريبة عن السنة التي جرى فيها الخصم أو عن سنة اخرى سابقة أو لاحقة.[1]

د- يترتب وفقاً لأحكام الفقرة (أ/٤/أ) من المادة (١٩) من قانون ضريبة الدخل رقم (٥٧) لسنة ١٩٨٥ وتعديلاته

على البنوك والشركات المالية المرخصة والشركات المسموح لها بقبول الودائع ومؤسسات الاقراض المتخصصة في المملكة الأردنية الهاشمية ان تقتطع من قوائد الودائع والعمولات وأرباح الودائع المشاركة في استثمار البنوك والشركات المالية التي لا تتعاطى بالفائدة المدفوعة من قبلها لأي شخص ما نسبته (٥%) من قيمة هذه الفوائد والعمولات والأرباح وتوردها لدائرة ضريبة الدخل والمبيعات خلال ثلاثين يوماً من تاريخ استحقاقها.

(١) المادة (٢٠) من قانون ضريبة الدخل رقم (٥٧) لسنة ١٩٨٥ وتعديلاته.

ثالثاً: التقدير المقطوع للضريبة

لقد نصت المادة (٣٢) بفقراتها الثلاث على ما يلي:

أ- في الحالات التي لا تزيد فيها الضريبة النهائية المقدرة على أي شخص في أي سنة من السنوات على ألف دينار يجوز لمدير عام دائرة ضريبة الدخل والمبيعات أن يعتبر تلك الضريبة ضريبة أساسية مقطوعة عن كل سنة من السنوات التالية لتلك السنة على أن لا تزيد على خمس سنوات وعلى الشخص المذكور دفع الضريبة المقطوعة خلال ثلاثين يوماً من انقضاء كل سنة من السنوات التي تسري فيها تلك الضريبة.

ب- بالرغم من أي نص مخالف يجوز لمدير عام دائرة ضريبة الدخل والمبيعات أن يصدر قراراً يفرض بموجبه ضريبة دخل سنوية مقطوعة على فئة أو فئات معينة من المكلفين ويحدد في القرار أنواع الدخول التي يفرض عليها تلك الضريبة والسنوات التي تسري خلالها وللمدير المذكور تفويض صلاحياته هذه خطياً للمقدر.

ج- يجوز لأي شخص تنطبق عليه الضريبة الأساسية المقطوعة بمقتضى أحكام الفقرتين السابقتين أن يطلب من مدير عام دائرة ضريبة الدخل والمبيعات إعادة النظر في القرار شريطة تقديم طلب خلال ثلاثين يوماً من انقضاء السنة التي تسري تلك الضريبة عليها أو من تاريخ تبليغه اشعار التقدير وللمدير المذكور أن يخفض الضريبة أو يلغيها وفي حال الغائها يتم تقدير الضريبة وفقاً لأحكام قانون ضريبة الدخل.

د- يحق لمدير عام دائرة ضريبة الدخل والمبيعات الغاء أي من القرارات الصادرة استناداً لأحكام الفقرتين (أ، ب) من هذه المادة وان يسري هذا القرار على السنوات اللاحقة لصدوره مع عدم الاخلال بأحكام المادة (٣٣) من قانون ضريبة الدخل.

هـ- يعتبر القرار الصادر من مدير عام دائرة ضريبة الدخل والمبيعات وفقاً لأحكام هذه المادة قابلاً للاستئناف لدى محكمة استئناف قضايا ضريبة الدخل.

الفرع الرابع : طرق الطعن في قرارات تقدير الضريبة على الدخل ادارياً وقضائياً

ترد في القوانين الضريبية في العادة أحكام للفصل في المنازعات الضريبية التي تثور بين المكلفين والإدارة الضريبية غير أن هذه الأحكام لا يجوز أن يكون من شأنها الإخلال بحق المكلف في اللجوء إلى القضاء والذي يعتبر من أهم الضمانات الدستورية لحماية حقوقه وحرياته، فقد نصت المادة الثانية من الإعلان العالمي لحقوق الإنسان لسنة ١٩٤٨ على أن "لكل شخص الحق في أن يلجأ إلى المحاكم الوطنية لإنصافه من أعمال فيها اعتداء على الحقوق الأساسية التي يمنحها له القانون"، ونصت المادة العاشرة من هذا الإعلان على أن "لكل شخص الحق في محاكمة منصفة علنية أمام محكمة مستقلة ومحايدة"، كما وقد نصت الفقرة (١) من المادة (١٣) من الميثاق العربي لحقوق الإنسان لسنة ٢٠٠٤[1] على أن لكل شخص الحق في محاكمة عادلة تتوفر فيها ضمانات كافية وتجريها محكمة مختصة ومستقلة ونزيهة ومنشأة سابقاً بحكم القانون، كما وقد نصت المادة (٦٨) من الدستور المصري لسنة ١٩٧١ على أن "التقاضي حق مصون ومكفول للناس كافة ولكل مواطن حق الالتجاء إلى قاضية الطبيعي وتكفل للدولة تقريب وجهات القضاء من المتقاضين وسرعة الفصل ويحظر النص في القوانين على تحصين أي عمل أو قرار إداري من رقابة القضاء".

---

(١) المنشور على الصفحة (٤٤٧٨) - من العدد رقم (٤٦٧٥) - من الجريدة الرسمية في الأردن - الصادر بتاريخ ٢٠٠٤/٩/١٦.

كما وقد نصت الفقرة (١) من المادة (١٠١) من الدستور الأردني لسنة ١٩٥٢ على أن "المحاكم مفتوحة للجميع ومصونة من التدخل في شؤونها".

ومن خلال هذه النصوص يلاحظ أن أهم ما يستوجب البحث فيه عدم تحصين أي عمل أو قرار إداري تقوم به الإدارة وفقاً للقانون، لأن المُشرع يحرص دائماً على النص على فض المنازعات بين المكلفين بدفع الضريبة والإدارة الضريبية بالأسلوب الإداري لإقامة جسور الثقة فيما بينهم، مع مراعاة قدر من الضمانات للمكلفين، ففي مصر تختص لجان الطعن وفقاً للمواد (١١٦-١٢٥) من قانون الضريبة على الدخل رقم (٩١) لسنة ٢٠٠٥ بالفصل في جميع أوجه الخلاف بين الممول (المكلف) ومصلحة الضرائب في المنازعات المتعلقة بالضرائب على الدخل وذلك بإجراءات تحقق قدراً من الضمانات لا يستهان بها كإخطار كل من الممول (المكلف) ومصلحة الضرائب بميعاد جلسة نظر الطعن، والطلب من كل منهما تقديم ما يراه ضرورياً من البيانات والأوراق وعلى الممول (المكلف) الحضور أمام اللجان بنفسه أو بوكيل عنه، وتكون جلسات لجان الطعن سرية وتصدر قراراتها مسببة، وبصفة عامة تلتزم اللجان بمراعاة الأصول والمبادئ العامة لإجراءات التقاضي.

ومن المسلم به أن لجان الطعن وإن كانت مشكلة وفقاً للقانون لا تعدو أن تكون هيئات إدارية أعطاها القانون ولاية القضاء للفصل في خصومة بين مصلحة الضرائب والممول (المكلف)، ولا تعتبر مرحلة تقاض وإنما هي مرحلة إعادة نظر في الخلاف بين الطرفين قبل الالتجاء إلى القضاء[1]، وتأكيداً لذلك فقد نص القانون المذكور على حق مصلحة الضرائب والممول (المكلف) الطعن في قرار اللجنة أمام المحكمة الابتدائية منعقدة بهيئة تجارية.

---

(١) قرار لمحكمة النقض في مصر بالطعن رقم (٦١/٢٠٧٥) تاريخ ١٩٩٨/١١/٢٣ مشار إليه في موسوعة الدكتور زكريا بيومي - في القوانين والأحكام والفتاوى الضريبية - المرجع السابق - صفحة (١٠١٨).

وفي الأردن أعطى المُشرع في المادة (٣١) من قانون ضريبة الدخل رقم (٥٧) لسنة ١٩٨٥ وتعديلاته صلاحية جوازيه للمكلف أن يعترض إدارياً على قرارات تقدير ضريبة الدخل التي يجوز الاعتراض عليها، بموجب لائحة خطية تتضمن أسباب اعتراضه ويدعو المقدر المكلف المعترض إلى جلسة للنظر في اعتراضه[1]، وللمكلف حق تقديم البينة على أسباب اعتراضه وللمقدر حق طلب المعلومات والتفاصيل الضرورية وطلب إبراز السجلات والمستندات المتعلقة بدخل المكلف المعترض، كما أن للمقدر استجواب أي شخص يعتقد أن لديه معلومات تتعلق بالتقدير المعترض عليه، ويشترط في ذلك أن لا يستجوب المستخدم لدى المكلف المعترض أو وكيله أو أي شخص آخر يكون مؤتمناً على أسرار عمله بدون موافقة المعترض، وإذا لم يوافق المقدر على أسباب اعتراض المكلف كلياً أو جزئياً فيجوز له بقرار معلل أن يقر التقدير المعترض عليه أو يخفضه أو يزيده أو يلغيه، ويعتبر هذا القرار قابلاً للاستئناف لدى محكمة استئناف ضريبة الدخل. [2]

وقد استقر الاجتهاد القضائي في الأردن كما هو عليه الحال في مصر بأن الإجراءات أمام مقدر ضريبة الدخل ليست من مسائل الخصومة التي تعتبر من النظام العام، وأن قضايا ضريبة الدخل لا تأخذ صفة الدعوى ذات الإجراءان القضائية إلا في مرحلة الإستئناف لدى المحكمة المختصة[3].

وتعتبر الجهات الإدارية المخولة بتسوية الخلاف بين المكلف (الممول) والإدارة الضريبية في كل من مصر والأردن كما سبق القول من حيث تشكيلها وإجراءات عملها دستورية، طالما أن قراراتها قابلة للطعن أمام القضاء، أما إذا

---

(١) – تمييز حقوق رقم (٦٦/٤١٢)- منشور في الصفحة (٥٥٩)- من مجلة نقابة المحامين الأردنيين لسنة ١٩٦٧.

- تمييز حقوق رقم (٦٨/٤١)- منشور في الصفحة (٣٣١)- من مجلة نقابة المحامين الأردنيين لسنة ١٩٦٨.

(٢) الفقرة (ج) من المادة (٣١) من قانون ضريبة الدخل رقم (٥٧) لسنة ١٩٨٥ وتعديلاته.

(٣) تمييز حقوق رقم (٨٤/٦٠٠)- المنشور في الصفحة (٥٢٨)- من مجلة نقابة المحامين الأردنيين لسنة ١٩٨٥.

كانت قرارات هذه الجهات قطعية ونهائية وفقاً لأي نص في القانون الضريبي، فإن هذا النص يكون مخالفاً لأحكام الدستور فقهاً وقضاءاً في مصر وفقهاً في الأردن.

وقد أثير أمام المحكمة الدستورية العليا في مصر[١]، تحديد طبيعة مجالس المراجعة التي تفصل في التظلمات الخاصة بقرارات لجان تقدير القيمة الإيجارية المتخذة وعاء للضريبة السنوية التي فرضها القانون رقم (٥٦) لسنة ١٩٥٤ على العقارات المبنية، فقد أحالت محكمة الموضوع المادة (٢٠) من هذا القانون للمحكمة الدستورية العليا باعتبار أن المشرع قرر نهائية قرارات مجلس المراجعة وأن هذه النهائية في تقدير المحكمة نوع من الحصانة المانعة من الطعن أسبغها المُشرع على قرارات هذا المجلس، وهو ما يتعارض مع نص المادة (٦٨) من الدستور المصري لسنة ١٩٧١ المشار إليها سابقاً، والذي يحظر النص في القوانين على تحصين أي عمل أو قرار إداري من رقابة القضاء، حيث قررت المحكمة أن ما عناه المُشرع بالنهائية التي خلعها على قرارات مجالس المراجعة هي أن تكون هذه القرارات محققة لأثارها القانونية فوراً ومباشرة بمجرد صدورها بما يفيد استنفاذها عندئذ لمراحل تكوينها وليس إسباغ حصانةً عليها تحول بذاتها دون الطعن فيها إلغاء أو تعويضاً، ومن المقرر في قضاء هذه المحكمة أن عدم جواز الطعن في قرار أو عمل معين لا يكون الا بنص صريح، يقرر هذه الحصانة ويفرضها متوخياً من خلالها عرقلة حق الفرد في النفاذ إلى القضاء للحصول على الترضية القضائية التي يطلبها لرد العدوان على الحقوق التي يدعيها، وكان النص التشريعي المطعون عليه غير مقترن بهذا الحظر بل جاء مجرداً منه فإن النعي عليه بمخالفة المادة (٦٨) من الدستور يكون على غير أساس حرياً بالرفض.

---

(١) الحكم في الدعوى رقم (٦٨) لسنة (١٣) قضائية دستورية جلسة ١٩٩٢ /١١/٧، المنشور في العدد (٤٩)- من الجريدة الرسمية في مصر- تاريخ ١٩٩٢/١٢/٣.

كما قضت المحكمة الدستورية العليا في مصر [1] بعدم دستورية نص المادة (٥٧) من قانون الجمارك رقم (٦٦) لسنة ١٩٨٣، الذي يفرض نظاماً للتحكيم الإجباري كوسيلة لإنهاء المنازعات التي تقوم بين أصحاب البضائع ومصلحة الجمارك حول نوع البضاعة أو منشئها أو قيمتها وذلك بدلاً من اللجوء في شأنها إلى القضاء، وأسست المحكمة قضاءها على أن التحكيم الإجباري الأصل فيه باعتبار أن التحكيم لا يتولد إلا عن الإرادة الحرة ولا يجوز إجراؤه تسلطاً وكرهاً بما مؤداه أن اختصاص جهات التحكيم التي أنشأها النص المطعون فيه مع سائر النصوص المرتبطة به يكون منطوياً بالضرورة على إخلال بحق التقاضي بحرمان المتداعين من اللجوء في واقعة النزاع الموضوعي إلى محاكم القانون العام بوصفها قاضيها الطبيعي بالمخالفة للمادة (٦٨) من الدستور.

أما في الأردن فقد استقر اجتهاد محكمة التمييز على دستورية القوانين التي تمنع الأفراد من اللجوء إلى القضاء للنظر في بعض المنازعات كون المُشرع قد فوض حق القضاء فيها إلى هيئات أو لجان خاصة باعتبار أن هذه الهيئات أو اللجان بمثابة محاكم خاصة وفقاً للمادة (١٠٢) من الدستور الأردني لسنة ١٩٥٢ [2]، ومما لا شكل فيه أن هذا الاجتهاد لمحكمة التمييز ليس في محله، وقد انتقده جانب من الفقه [3] بقوله إن منع المحاكم العادية من نظر أية منازعة سواء فوض المُشرع هيئة أو لجنة خاصة للنظر فيها أم أنه لم يفوض ذلك من شأنه أن يخالف نص الفقرة (١) من المادة (١٠١) من الدستور المذكور والتي تنص على أن المحاكم مفتوحة للجميع ومصونة من التدخل في شؤونها.

---

(١) الحكم في الدعوى رقم (١٠٤) لسنة (٢٠)- قضائية دستورية جلسة ١٩٩٩/٧/٣، مشار إليه في مؤلف الدكتور فتحي سرور- القانون الجنائي الدستوري- المرجع السابق- صفحة (٢٨٦).

(٢) قرار محكمة التمييز رقم (٦٧/١٢)- المنشور في الصفحة (١٠٩٤)- من مجلة نقابة المحامين الأردنيين- لسنة ١٩٦٧.

(٣) فاروق الكيلاني- إستقلال القضاء- دار النهضة العربية- القاهرة- الطبعة الأولى- ١٩٧٧- صفحة (٢١٢).

وقد اعتبرت محكمة العدل العليا القوانين التي يرد فيها بعض النصوص التي تمنع هذه المحكمة من النظر في دعاوي إلغاء القرارات الإدارية الصادر بموجبها كونها قرارات قطعية وغير خاضعة للطعن، بأنها دستورية لأنها لا تشكل مصادرة مطلقة لحق التقاضي حيث لا يجوز من الناحية الدستورية حرمان الناس كافة من الالتجاء إلى القضاء طلباً للإنصاف لأن في ذلك مصادرة لحق التقاضي وتعطيل لوظيفة السلطة القضائية[1].

مما سبق يمكن القول بأن نص المادة (٣٥) من قانون ضريبة الدخل في الأردن رقم (٥٧) لسنة ١٩٨٥، والتي تجيز لوزير المالية أو الموظف المفوض من قبله أو المقدر حسب مقتضى الحال وفي أي وقت أن يصحح من تلقاء ذاته أو بناء على طلب المكلف الأخطاء الكتابية والحسابية التي تقع في القرارات والإشعارات والمذكرات عن طريق السهو العرضي ولا تكون إجراءات التصحيح تلك خاضعة للطعن، يشوبها عيب عدم الدستورية لأن مثل هذه القرارات لا تخضع للطعن الإداري أو القضائي على الرغم من أنها قد تحدث ضرراً بالمكلفين ولا يستطيعون من الالتجاء إلى القضاء طلباً للإنصاف ورفع الظلم الواقع عليهم وهي صورة من صور مصادرة حق التقاضي المحظورة دستورياً.

وقد خالفت محكمة التمييز[2] هذا الرأي الفقهي في نص المادة (٣٥) المذكورة عندما أكدت على دستورية مثل هذا النص بقولها أن قرار مأمور التقدير إذا اكتسبت الدرجة القطعية ثم وجد أن هناك خطأ في حساب مقدار الضريبة التي تستحق على الدخل الذي قدره فإنه يجوز لمأمور التقدير إجراء التصحيح الحسابي في أي وقت دون التقيد بميعاد ويكون القرار بإجراء التصحيح إستناداً لهذه الصلاحية غير قابل للطعن بالاستئناف أو التمييز.

---

(١) قرار محكمة العدل العليا رقم (٧١/١٠١)- المنشور في الصفحة (١٢٠١)- من مجلة نقابلة المحامين الأردنيين لسنة ١٩٧١.

(٢) تمييز حقوق رقم (٩٦/١١٥)- المنشور في الصفحة (٦٥٣) من مجلة نقابة المحامين الأردنيين لسنة ١٩٦٩.

وتجدر الإشارة في هذا الصدد إلى اختلاف موقف التشريع المقارن من إسناد الاختصاص بالنظر في المنازعات الضريبية والذي انقسم إلى ثلاث جهات[1] جهة القضاء العادي، جهة القضاء الإداري وجهة القضاء الخاص المستقل، ففي فرنسا يتوزع هذا الاختصاص بين جهتي القضاء العادي والإداري فيختص القضاء الإداري في الأصل بالنظر في منازعات الضرائب المباشرة كالضريبة على الدخل بينما يختص القضاء العادي بالفصل في منازعات الضرائب غير المباشرة كالضرائب الجمركية، وفي لبنان فإن كافة منازعات الضرائب مهما كان نوعها مباشرة أو غير مباشرة من اختصاص القضاء الإداري حيث يكون مجلس شورى الدولة المحكمة ذات الولاية الشاملة لكافة منازعات الضرائب المباشرة وغير المباشرة والتي لم يعين لها القانون محكمة خاصة أو لجنة إدارية ذات صفة قضائية للنظر فيها بالدرجة الأولى، أما منازعات الضرائب التي أحدث لها القانون لجاناً إدارية ذات صفة قضائية للفصل فيها بالدرجة الأولى، فيجوز استئناف قراراتها أمام مجلس شورى الدولة ينظر فيها عندئذ بوصفه محكمة الدرجة الثانية في الاستئناف، وفي مصر[2] فإن منازعات الضرائب المباشرة كالضريبة على الدخل من اختصاص القضاء العادي حيث تختص المحكمة الابتدائية منعقدة بهيئة تجارية التي يقع فيها في دائرة اختصاصها المركز الرئيسي للممول (المكلف) أو محل إقامته المعتاد أو مقر المنشأة وذلك طبقاً لأحكام قانون المرافعات المدنية والتجارية ويكون الطعن في الحكم الصادر من هذه المحكمة بطريق الإستئناف أياً كانت قيمة النزاع.

وفي الأردن فإن منازعات الضرائب المباشرة كالضريبة على الدخل والضرائب غير المباشرة كالضرائب الجمركية والضريبة العامة على المبيعات من إختصاص القضاء الخاص،حيث تختص محكمة إستئناف ضريبة الدخل بالنظر في

---

(١) الدكتور يحيى مصطفى المبشر - المنازعات الضريبية في القانون اللبناني - المرجع السابق - صفحة (١٤٤) وما بعدها.

(٢) المادة (١٢٣) من قانون الضريبة على الدخل في مصر رقم (٩١) لسنة ٢٠٠٥.

أي إستئناف يقدم للطعن في قرارات التقدير وإعادة النظر في التقدير التي يجوز إستئنافها قانوناً، وكذلك في المطالبات المتعلقة بالغرامات والمبالغ الإضافية وأي مبالغ يتوجب خصمها أو دفعها أو اقتطاعها كضريبة نهائية أو دفعه على حساب الضريبة[١]، كما وتختص محكمة الجمارك البدائية بالنظر في جميع جرائم التهرب وفي جميع الجرائم والمخالفات التي ترتكب خلافاً لأحكام قانون الجمارك وقانون الضريبة العامة على المبيعات والقوانين ذات العلاقة[٢]، ويجوز استئناف أحكام محكمة الجمارك البدائية إلى محكمة جمارك إستئنافية خاصة[٣].

ويلاحظ من خلال هذه النصوص أن المحاكم العادية أو الخاصة في مصر والأردن تختص بنظر كافة الدعاوي أياً كان مقدار الضريبة محل النزاع، والحكمة من ذلك أن القانون أولى مسألة تحديد وعاء الضريبة أهمية كبرى لأهمية موضوعها مهما يكن الخلاف بسيطاً من حيث قيمته المالية إذ قد ينطوي أقل خلاف منها على مبدأ من المبادئ الأساسية للضرائب وهي دائماً من الأهمية بحيث يكون من الحكمة عرضها ابتداءً على القضاء[٤] مما يشكل ضمانة دستورية في مجال الالتزام الضريبي باعتبار أن المنازعة الضريبية الوسيلة الوحيدة بيد المكلفين في مواجهة الإدارة الضريبية وامتيازاتها القانونية فتعيد شيئاً من التوازن المفقود بين سلطة إدارة الضريبية وامتيازاتها القانونية وبين حقوق وضمانات المكلفين الدستورية[٥].

لقد سبق القول بأن النظر في القضايا المتعلقة بضريبة الدخل والضريبة العامة على المبيعات والقضايا الجمركية في الأردن من اختصاص محاكم خاصة،

(١) الفقرة (أ/٢) من المادة (٣٤) من قانون ضريبة الدخل رقم (٥٧) لسنة ١٩٨٥ وتعديلاته.

(٢) المادة (٢٢٣) من قانون الجمارك رقم (٢٠) لسنة ١٩٩٨.

(٣) الفقرة (أ) من المادة (٢٢٤) من قانون الجمارك رقم (٢٠) لسنة ١٩٩٨.

(٤) الدكتور السيد عبد المولي- الضريبة الموحدة على دخل الأشخاص الطبيعيين- المرجع السابق- صفحة (٣٩٣).

(٥) الدكتور يحيى مصطفى المبشر- المنازعات الضريبية في القانون اللبناني- المرجع السابق- صفحة(٨).

فإن السؤال الذي يطرح نفسه في هذا الصدد هو ما مدى دستورية تشكيل مثل هذه المحاكم؟ لقد أجابت محكمة العدل العليا^(١) على هذا السؤال بقولها "ونظراً لأن الدستور في المادة (٩٩) منه أجاز إقامة محاكم خاصة بالإضافة للمحاكم النظامية والمحاكم الشرعية وأعطى السلطة التشريعية كل الحق لسن قوانين خاصة لتنفيذ أحكام النصوص الواردة فيه كما أعتبر المحاكم الخاصة نوعاً من المحاكم التي تتولاها السلطة القضائية وتستند شرعية وجودها لقانون رسم طريقة تشكيلها وصلاحيتها وإجراءاتها فيكون الطعن بعدم دستوريتها ليس له ما يسنده، كما ويلاحظ مبدأ التقاضي في منازعات الضريبة العامة على المبيعات والضرائب الجمركية على درجتين حيث يجوز الطعن في الدرجة الأولى لدى محكمة الجمارك البدائية^(٢)، ويجوز استئناف أحكام هذه المحكمة لدى محكمة الجمارك الاستئنافية^(٣).

أما القضايا المتعلقة بضريبة الدخل فالمنازعات فيها تتم على درجة واحدة حيث تختص بالنظر فيها محكمة استئناف قضايا ضريبة الدخل^(٤)، وقد اعتبرت محكمة التمييز في الأردن بأن التحقيقات التي تجري أمام مقدر ضريبة الدخل تعتبر بمثابة تحقيقات محكمة الدرجة الأولى^(٥).

ويمكن القول بأن هذا الموقف لقانون ضريبة الدخل منتقد كونه جعل درجة التقاضي على درجة واحدة، ولا يمكن التسليم بما تقول به محكمة التمييز لتبرير هذا الموقف كما وأن اجتهادها قد استقر بعكس ذلك لأن مرحلة تقدير ضريبة الدخل

---

(١) القرار رقم ١٩٩٦/٣٣ (هيئة خماسية) تاريخ ١٩٩٦/٥/٨، المنشـور علـى الصفحـة (١٧٠٠)- مـن مجلة نقابة المحامين لسنة ١٩٩٦.

(٢) - الفقرة (أ) من المادة (٣٧) من قانون الضريبة العامة على المبيعات رقم (٦) لسنة ١٩٩٤.
- الفقرة (أ) من المادة (٢٢٢) من قانون الجمارك رقم (٢٠) لسنة ١٩٩٨.

(٣) - الفقرة (أ) من المادة (٣٨) من قانون الضريبة العامة على المبيعات رقم (٦) لسنة ١٩٩٤.
- الفقرة (أ) من المادة (٢٢٤) من قانون الجمارك رقم (٢٠) لسنة ١٩٩٨.

(٤) الفقرة (أ) من المادة (٣٤) من قانون ضريبة الدخل رقم (٥٧) لسنة ١٩٨٥ وتعديلاته.

(٥) تمييز حقوق رقم (٩٠/١٠٨٠)، المنشور في الصفحة (١٢٠٢)- من مجلة نقابة المحـامين الأردنيين لسنة ١٩٩٢.

لا تأخذ صفة الدعوى ولا تعتبر من النظام العام[١]، كما وأن مأمور تقدير ضريبة الدخل ليس بمرجع قضائي ولا هو خصم لمكلف بدفع الضريبة بل هو مرجع إداري أعطاه القانون سلطة تقدير الدخل وفرض الضريبة بالطريق الذي رسمه القانون ولا تتخذ قضايا ضريبة الدخل صفة الدعوى ذات الإجراءات القضائية إلا في المرحلة الاستئنافية[٢].

ويعتبر مبدأ التقاضي على درجتين في منازعات الضرائب من الضمانات الدستورية المهمة لتحقيق العدالة الاجتماعية (الضريبية) وفقاً للمادة (١١١) من الدستور الأردني لسنة ١٩٥٢، وكما تراعي تطبيق القانون الضريبي على وجه صحيح على خصومات تتميز بالدقة الفنية والقانونية، وبذلك يقدم مبدأ التقاضي على درجتين ضماناً وثقة للمكلفين بالضرائب وخدمة إلى الخزينة العامة في آن واحد[٣].

وتجدر الإشارة هنا إلى أن المادة (١٢) من الميثاق العربي لحقوق الإنسان لسنة ٢٠٠٤[٤] نص على أن تضمن الدول حق التقاضي بدرجاته لكل شخص خاضع لولايتها.

وفيما يلي شرح مفصل لطرق الطعن الادارية والقضائية للضريبة على الدخل.

أولاً: طرق الطعن الإدارية

وتقسم هذه الطرق إلى نوعين:

١- الاعتراض على التقدير.

٢- إعادة النظر في التقدير.

---

(١) تمييز حقوق رقم ٩٩/١٥٦٦ - تاريخ ٢٠٠٠/٥/٨ غير منشور.

(٢) تمييز حقوق رقم (٨٤/٦٠٠)- المنشور في الصفحة (٥٢٨)- من مجلة نقابة المحامين الأردنيين لسنة ١٩٨٥.

(٣) الدكتور يحيى مصطفى المبشر- المنازعات الضريبية في القانون اللبناني- المرجع السابق- صفحة (٢٤٩).

(٤) المنشور على الصفحة (٤٤٧٨) - من العدد رقم (٤٦٧٥) من الجريدة الرسمية في الأردن الصادر بتاريخ ٢٠٠٩/٩/١٦.

وفيما يلي شرح موجز لكل منهما:

(١) الاعتراض على التقدير:

لقد أعطى المشرع صلاحية جوازيه للمكلف أن يعترض على قرارات تقدير ضريبة الدخل التي يجوز الاعتراض عليها بموجب لائحة خطية تتضمن ما يلي:

١- اسم المعترض وعنوانه- والمعترض هنا هو المكلف شخصياً ويضاف اسم وكيله القانوني أو المفوض عنه اذا قدم الاعتراض ممن يمثل المكلف قانوناً والمكلف قد يكون:

أ. شخص طبيعي في حالة كونه يملك مؤسسة فردية أو صاحب مهنة حرة أو شريك متضامن في كل من شركة التضامن أو شركة التوصية البسيطة.

ب. شخص معنوي مثل الشركة المساهمة العامة، الشركة ذات المسؤولية المحدودة، الشركة المساهمة الخاصة، شركة التوصية بالأسهم والجمعيات التعاونية والمؤسسات العامة والشركة الأجنبية أو فرعها مهما كانت مقيمة أم غير مقيمة.

٢- اسم المعترض عليه وهو هنا مقدر ضريبة الدخل بالإضافة لوظيفته.

٣- القرار المعترض عليه وهو هنا أحد القرارين التاليين:

أ. قرار مقدر ضريبة الدخل القاضي بتعديل كشف التقدير الذاتي بعدم موافقة المكلف استناداً إلى أحكام المادة (٢٩/أ/٢) من قانون ضريبة الدخل رقم (٥٧) لسنة ١٩٨٥ وتعديلاته.

ب. قرار مقدر ضريبة الدخل القاضي بتقدير دخل المكلف الذي لم يقدم كشف التقدير الذاتي في الموعد المحدد استناداً إلى أحكام المادة (٣٠) من قانون ضريبة الدخل رقم (٥٧) لسنة ١٩٨٥ وتعديلاته.

٤- رقم القرار وتاريخه.

٥- تاريخ وأسلوب تبليغ إشعار التقدير.

وتظهر أهمية تاريخ تبليغ إشعار التقدير في قبول الاعتراض من الناحية الشكلية حيث يجب أن يقدم الاعتراض من قبل المكلف أو وكيله القانوني خلال ثلاثين يوماً من اليوم التالي لتاريخ تبليغه إشعار التقدير، وإذا صادف أن كان آخر يوم عطلة رسمية ليوم أو لأكثر فإن مدة الاعتراض تمدد إلى دوام أول يوم بعد العطلة، وإذا قدم الاعتراض بعد انقضاء هذه المدة واقتنع المقدر بأن الشخص المعترض لم يتمكن من تقديم اعتراضه خلال المدة المذكورة من جراء غيابه عن المملكة أو مرضه أو لأي سبب معقول آخر جاز له أن يمدد تلك المدة إلى الأجل الذي يراه مناسباً.(١)

وتجدر الإشارة هنا إلى أن تبليغ إشعارات التقدير تتم بالأساليب التالية (٢):

أ. بتسليم الإشعار للمكلف أو وكيله القانوني بالذات.

ب. بإرسال الإشعار للمكلف بالبريد المسجل إلى آخر عنوان معروف لمحل عمله أو إلى آخر عنوان خاص معروف له وإذا جرى التبليغ على الوجه الأخير يعتبر الإشعار أنه بلغ بعد مرور مدة لا تزيد على عشرة أيام من يوم إرساله في البريد إذا كان الشخص المبلغ إليه مقيماً في المملكة أو في اليوم التالي لليوم الذي يصل فيه عادة إلى جهة الإرسال في سياق البريد العادي إذا لم يكن مقيماً في المملكة. ويكفي لإثبات وقوع التبليغ على هذا الوجه أن يقام الدليل على أن الرسالة المحتوية على الإشعار قد عنونت وأرسلت في البريد على الوجه الصحيح إلا إذا اقتنع المقدر أو اقتنعت المحكمة أن الشخص المرسل إليه لم يتسلم هذه الرسالة ويعتبر كل إشعار أرسل بمقتضى هذه الفقرة أنه سلم حسب الأصول إلى الشخص المعنون له فيما لو رفض ذلك الشخص أن يتسلمه.

---

(١) الفقرة (ب) من المادة (٣١) من قانون ضريبة الدخل رقم (٥٧) لسنة ١٩٨٥ وتعديلاته .

(٢) الفقرتان (أ،ب) من المادة (٢٥) من قانون ضريبة الدخل رقم (٥٧) لسنة ١٩٨٥ وتعديلاته .

جـ- إذا تعذر التبليغ وفقاً للأسلوبين السابقين في (أ،ب) فلمدير عام دائرة ضريبة الدخل والمبيعات إجراء التبليغ بالنشر في صحيفتين محليتين يوميتين ولمرتين على الأقل ويعتبر هذا النشر تبليغاً قانونياً من جميع الوجوه.

٦- ذكر أسباب الاعتراض بصورة موجزة وفي بنود مستقلة ومرقمة.

٧- على المعترض أن يدفع على الحساب عند تقديم اعتراضه مبلغاً يعادل الضريبة التي يسلم بها في لائحة اعتراضه. ويؤخذ بعين الاعتبار أي مبلغ كان المعترض قد دفعه على حساب السنة أو السنوات المعترض عليها بأي طريقة من الطرق ويرد الاعتراض من الناحية الشكلية إذا لم يتم دفع المبلغ الذي يعادل الضريبة التي يسلم بها[١].

٨- دعوة المعترض إلى جلسة للنظر في اعتراضه:

يدعو المقدر المعترض إلى جلسة للنظر في اعتراضه، وللمعترض حق تقديم البينة على أسباب اعتراضه وللمقدر حق طلب المعلومات والتفاصيل الضرورية وطلب ابراز السجلات والمستندات المتعلقة بدخل المعترض كما أن له استجواب أي شخص يعتقد أن لديه معلومات تتعلق بالتقدير المعترض عليه ويشترط في ذلك أن لا يستوجب المستخدم لدى المعترض أو وكيله أو أي شخص آخر يكون مؤتمناً على أسرار عمله بدون موافقة المعترض[٢].

وهذا ما استقر عليه اجتهاد محكمة التمييز حيث يتوجب على مقدر ضريبة الدخل عند نظره في اعتراض المكلف على التقدير دعوة المعترض لسماع أقواله وشرح اعتراضه لأن دعوة المعترض تقتضيها القواعد القانونية العامة وأن لم يرد عليها نص [٣] وفي حال عدم الالتزام بذلك يتوجب على محكمة استئناف قضايا

(١) الفقرات (جـ،د،هـ) من المادة (٣١) من قانون ضريبة الدخل رقم (٥٧) لسنة ١٩٨٥ وتعديلاته.

(٢) الفقرة (و) من المادة (٣١) من قانون ضريبة الدخل رقم (٥٧) لسنة ١٩٨٥ وتعديلاته.

(٣) تمييز حقوق رقم ١٩٦٦/٤١٢ تاريخ ١٩٦٧/٤/٢ المنشور على الصفحة (٥٥٦) من عدد مجلة نقابة المحامين بتاريخ ١٩٦٧/١/١.

ضريبة الدخل إعادة القضية إلى مقدر ضريبة الدخل للنظر في الاعتراض بعد دعوة المعترض وإتاحة فرصة له لشرح أسباب اعتراضه[1].

٩- صلاحية المقدر في مرحلة الاعتراض على التقدير:

وبعد أن يقرر المقدر قبول الاعتراض شكلاً ينظر فيه موضوعاً وذلك بدراسة كل ما جاء في إِباب الاعتراض الواردة في اللائحة وإذا وافق المقدر على ما أورده المعترض فيقوم بتعديل التقدير تبعاً لذلك[2]، ولا يعتبر هذا القرار قابلاً للطعن. وإذا لم يوافق المقدر على أسباب الاعتراض كلياً أو جزئياً فيجوز له بقرار معلل أن يقر التقدير المعترض عليه أو يخفضه أو يزيده أو يلغيه ويعتبر هذا القرار قابلاً للاستئناف[3].

وصلاحية مقدر ضريبة الدخل في مرحلة الاعتراض من الاتساع لدرجة أنها تصل إلى زيادة الضريبة المقدرة أصلاً والمعترض عليها وذلك خروجاً على القاعدة القائلة "لا يضار المعترض من اعتراضه".

(٢) إعادة النظر في التقدير:

باستعراض أحكام المادة (٣٣) من قانون ضريبة الدخل رقم (٥٧) لسنة ١٩٨٥ وتعديلاته نجدها تنظم صلاحية إعادة النظر في كشف التقدير الذاتي أو بأي إجراءات اتخذها المقدر وذلك على النحو التالي:

أ- الجهة المختصة في إعادة النظر في التقدير:

لقد أعطى المشرع اختصاص إعادة النظر في كشف التقدير الذاتي أو بأي إجراءات اتخذها المقدر لمدير عام دائرة ضريبة الدخل والمبيعات أو الموظف

---

(١) تمييز حقوق رقم ٦٨/٤١ تاريخ ١٩٦٨/٥/٢ المنشور على الصفحة (٣٢٠) من عدد مجلة نقابة المحامين بتاريخ ١٩٦٨/١/١ .

(٢) الفقرة (ز) من المادة (٣١) من قانون ضريبة الدخل رقم (٥٧) لسنة ١٩٨٥ وتعديلاته.

(٣) الفقرة (ح) من المادة (٣١) من قانون ضريبة الدخل رقم (٥٧) لسنة ١٩٨٥ وتعديلاته.

المفوض من قبله خطياً[1] والجاري عليه العمل أن لا يمارس المدير هذه الصلاحية بنفسه بل يقوم بتفويضها لعدد من كبار موظفي دائرة ضريبة الدخل والمبيعات ممن تكون لديهم الخبرة العملية الكافية في ممارسة عملية التقدير.

ب- المدة القانونية المقررة لإعادة النظر في التقدير:

يجوز لمدير عام دائرة ضريبة الدخل والمبيعات أو الموظف المفوض من قبله خطياً خلال أربع سنوات من تاريخ تقديم الكشف السنوي المنصوص عليه في المادة (٢٦) من قانون ضريبة الدخل رقم (٥٧) لسنة ١٩٨٥ وتعديلاته أو من السنة التي جرى خلالها التقدير على المكلف وفق أحكام المادتين (٣٠، ٣٢) من القانون المذكور أن يعيد النظر في كشف التقدير الذاتي أو بأي إجراءات اتخذها المقدر.[2]

جـ- الصلاحية الممنوحة لمدير عام دائرة ضريبة الدخل والمبيعات أو الموظف المفوض من قبله خطياً في إعادة النظر في التقدير:

لقد أعطى المشرع مدير عام دائرة ضريبة الدخل والمبيعات أو الموظف المفوض من قبله خطياً في إعادة النظر في التقدير صلاحية تخفيض الضريبة أو زيادتها ضمن حالات معينة. ففيما يتعلق بحالات تخفيض الضريبة بناء على طلب من المكلف وهذه الحالات هي:

جـ/١ لغايات تصحيح الأخطاء الحسابية.

جـ/٢ لغايات تعديل الإعفاءات الشخصية والعائلية والجامعية المنصوص عليها في المادتين (١٣)، (١٤) من قانون ضريبة الدخل رقم (٥٧) لسنة ١٩٨٥ وتعديلاته وكذلك تعديل أي خصم أو تقاص من الضريبة المنصوص عليه في المادة (١٨) من القانون المذكور المتعلق بدخل الشخص غير المقيم والمادة (١٩) من القانون المذكور المتعلق بالرواتب والأجور المقتطعة من قبل صاحب العمل والمبالغ المقتطعة من دخول أصحاب المهن الحرة من الأطباء

---

(١) الفقرة (أ) من المادة (٣٣) من قانون ضريبة الدخل رقم (٥٧) لسنة ١٩٨٥ وتعديلاته.

(٢) المادة (٣٣) من قانون ضريبة الدخل رقم (٥٧) لسنة ١٩٨٥ وتعديلاته.

والمحامين والمهندسين ومدققي الحسابات والخبراء والمستشارين والمفوضين عن المكلفين وكذلك المتعلقة بالضريبة المقتطعة من المستوردين وكذلك الضريبة المقتطعة من فوائد وعمولات الودائع لدى البنوك.

جـ/٣ في الأحوال التي لا تزيد فيها الضريبة المستحقة سواء تعلقت بكشف التقدير الذاتي أو التقدير الإداري أو الاعتراض على ألف دينار قبل إجراء أي تقاص.

وفيما يتعلق بحالات زيادة الضريبة المقدرة فتنحصر بالحالات التالية:

- الخطأ في تطبيق القانون.
- إغفال حقيقة أو واقعة معينة.
- لوجود مصدر دخل لم يعالج في حينه ويجوز لمدير عام دائرة ضريبة الدخل والمبيعات أو الموظف المفوض خطياً من قبله أن يعيد النظر في التقدير الذي أجري على أي شخص لمحاسبته عن دخله من أي مصدر لم يكن من الأمور والوقائع التي فصلت فيها المحكمة من حيث الموضوع عندما عرض ذلك التقدير عليها عن طريق الاستئناف أو التمييز.

د- القيود الواردة على صلاحية مدير عام دائرة ضريبة الدخل والمبيعات أو الموظف المفوض من قبله خطياً في إعادة النظر في التقدير[(١)].

أ. تقع على مدير عام دائرة ضريبة الدخل والمبيعات أو الموظف المفوض من قبله خطياً إقامة الدليل على زيادة الضريبة المقدرة.

ب. يجب على مدير عام دائرة ضريبة الدخل والمبيعات أو الموظف المفوض من قبله خطياً أن يتيح للمكلف فرصة معقولة لسماع أقواله وبسط قضيته.

---

(١) الفقرة (جـ) من المادة (٣٣) من قانون ضريبة الدخل رقم (٥٧) لسنة ١٩٨٥ وتعديلاته.

هـ- الطعن في قرارات إعادة النظر في التقدير:

يعتبر القرار الصادر من قبل مدير عام دائرة ضريبة الدخل والمبيعات أو الموظف المفوض من قبله خطياً بزيادة الضريبة أو تثبيتها أو تخفضيها قابلاً للاستئناف لدى محكمة استئناف قضايا ضريبة الدخل[(١)].

ثانياً: طرق الطعن القضائية

وتنقسم طرق الطعن القضائية في قرارات تقدير ضريبة الدخل إلى مرحلتين الأولى الاستئناف والثانية التمييز.

وفيما يلي شرح موجز لكل مرحلة:

(١) مرحلة الاستئناف

لقد حددت الفقرة (أ/٢) من المادة (٣٤) من قانون ضريبة الدخل رقم (٥٧) لسنة ١٩٨٥ وتعديلاته اختصاص محكمة استئناف قضايا ضريبة الدخل بالنظر في الاستئنافات المقدمة للطعن في قرارات التقدير وإعادة النظر في التقدير التي يجوز استئنافها بمقتضى أحكام قانون ضريبة الدخل المذكور وكذلك في المطالبات المتعلقة بالغرامات والمبالغ الاضافية وأي مبالغ يتوجب خصمها أو دفعها أو اقتطاعها كضريبة نهائية أو دفعة على حساب الضريبة وفقاً لأحكام القانون المذكور.

أ- تشكيل محكمة استئناف قضايا ضريبة الدخل:

لقد أنشئت محكمة استئناف قضايا ضريبة الدخل لأول مرة بموجب أحكام الفقرة (١) من المادة (٥٧) من قانون ضريبة الدخل رقم (٢٥) لسنة ١٩٦٤ وقد باشرت أعمالها فعلياً بتاريخ ١٩٦٥/٥/١٦. وقبل هذا التاريخ كانت تستأنف قرارات تقدير ضريبة الدخل أو إعادة النظر في التقدير إلى محكمة الاستئناف العادية. ومحكمة استئناف قضايا ضريبة الدخل هي محكمة خاصة مركزها عمان

---

(١) الفقرة (جـ) من المادة (٣٣) من قانون ضريبة الدخل رقم (٥٧) لسنة ١٩٨٥ وتعديلاته.

تكون ضمن ملاك وزارة العدل وتعقد برئاسة قاضٍ لا تقل درجته عن الثانية وعضوية قاضيين لا تقل درجة كل منهما عن الرابعة، يخضعون للأحكام القانونية التي تسري على القضاة النظاميين وتمارس اختصاصاتها وفقاً لأحكام هذا القانون والأنظمة الصادرة بموجبه وتطبق أحكام قانون أصول المحاكمات المدنية وتعقد جلساتها في المركز أو في مكان آخر تراه مناسباً[١] وقد اعتادت محكمة استئناف قضايا ضريبة الدخل أن تعقد جلساتها في مدينة إربد ومدينة العقبة للنظر في الاستئنافات المقدمة من المكلفين في محافظات اربد والمفرق والعقبة.

وتعتبر محكمة استئناف قضايا ضريبة الدخل من المحاكم الخاصة وقد جاء إنشاؤها وفقاً لأحكام المادة (٩٩) من الدستور الأردني لسنة ١٩٥٢ والتي اعتبرت المحاكم على ثلاثة أنواع: نظامية وخاصة ودينية وعلى الرغم من أن هذه المحكمة من المحاكم الخاصة إلا أنها مكونة من قضاة نظاميين وهم مستقلون لا سلطان عليهم في قضائهم لغير القانون. وأهمية كون محكمة استئناف قضايا ضريبة الدخل من المحاكم الخاصة ترجع إلى أن هذه المحكمة سوف تختص بقضايا فنية وتحتاج إلى معرفة كافية في الأمور المحاسبية والاقتصادية والإدارية هذا من جهة ومن جهة أخرى كون هذه القضايا يجب أن تعطى صفة الاستعجال وتجري المحاكمة بصورة غير علنية إلا إذا أمرت المحكمة بخلاف ذلك.

ب- أهم القرارات القابلة للاستئناف:

ب/١ قرار مقدر ضريبة الدخل في مرحلة الاعتراض والمتضمن عدم موافقته على أسباب الاعتراض كلياً أو جزئياً والقاضي بإقرار التقدير المعترض عليه أو تخفيضه أو زيادته أو إلغائه. وذلك استناداً إلى أحكام الفقرة (ح) من المادة (٣١) من قانون ضريبة الدخل رقم (٥٧) لسنة ١٩٨٥ وتعديلاته.

---

(١) الفقرة (أ) من المادة (٣٤) من قانون ضريبة الدخل رقم (٥٧) لسنة ١٩٨٥ وتعديلاته.

ب/٢ القرار الصادر عن مدير عام دائرة ضريبة الدخل والمبيعات أو من يفوضه المتعلق بطلب اعادة النظر في تقدير ضريبة الدخل المقتطعة المتضمن رد الطلب أو تخفيض الضريبة أو الغائها وفقاً لأحكام المادة (٣٢) من قانون ضريبة الدخل المذكور.

ب/٣ قرار إعادة النظر في تقدير ضريبة الدخل من قبل مدير عام دائرة ضريبة الدخل والمبيعات أو الموظف المفوض من قبله المتضمن زيادة الضريبة أو تثبيتها أو تخفيضها وذلك استناداً إلى أحكام الفقرة (جـ) من المادة (٣٣) من قانون ضريبة الدخل رقم (٥٧) لسنة ١٩٨٥ وتعديلاته.

ب/٤ قرار المقدر المتعلق بالمبلغ الواجب رده بمقتضى أحكام المادة (٤١) من قانون ضريبة الدخل رقم (٥٧) لسنة ١٩٨٥ وتعديلاته.

وتجدر الإشارة إلى أن محكمة استئناف قضايا ضريبة الدخل قد أصدرت قرارات عديدة برد الاستئناف من الناحية الشكلية كون القرارات المعروضة عليها لم تكن من القرارات القابلة للاستئناف المذكورة سابقاً وقد استقر اجتهاد محكمة التمييز بأن الاستئناف يرد شكلاً إذا لم يعترض المميز على قرار مقدر ضريبة الدخل قبل لجوئه إلى محكمة الاستئناف خاصة وأن طرق الطعن من النظام العام ولا يجوز تجاوزها[١].

ويعتبر الشخص الذي صدر عنه قرار التقدير أو قرار اعادة التقدير حسب مقتضى الحال (مستأنفاً عليه) كما وقد جاء بقرار لمحكمة التمييز:

إن القرار الذي استأنفه المميز هو قرار صادر عن الموظف المفوض عن وزير المالية في حين أن لائحة الاستئناف قدمت ضد المقدر وليس ضد الموظف المفوض مصدر القرار، فإن الاستئناف يكون مقدماً على غيرالموظف الذي يتعين

---

(١) قرار محكمة التمييز رقم (١٩٨٥/١٦٨) المنشور في الصفحة (١١٥٦) من عدد مجلة نقابة المحامين الصادر بتاريخ ١٩٨٥/١/١ .

تقديم الاستئناف ضده وبالتالي يكون الحكم برد الاستئناف شكلاً يتفق وأحكام القانون[1].

جـ- سرية المحاكمة:

الأصل أن تتم المحاكمة سواء كانت جزائية أو مدنية في جلسة علنية والمقصود بالعلنية فتح أبواب قاعة المحاكمة للجمهور دون تمييز بين فرد وآخر إلا ما يستلزمه ضبط النظام العام أو الآداب العامة.

ويعتبر مبدأ علانية المحاكمة من حقوق الإنسان الأساسية، لذلك نجدها في المادة العاشرة من الإعلان العالمي لحقوق الإنسان لسنة ١٩٤٨ والتي جاء فيها "أن لكل إنسان الحق في أن تنظر قضيته أمام محكمة مستقلة نزيهة نظراً عادلاً وعلناً"[2] كما نصت على هذا المبدأ الفقرة (٢) من الميثاق العربي لحقوق الإنسان لسنة ٢٠٠٤ [3] بقولها تكون المحاكمة علنية إلا في حالات استثنائية تقتضيها مصلحة العدالة في مجتمع يحترم الحريات وحقوق الإنسان.

وقد حرصت الدساتير الحديثة على كفالة مبدأ علانية المحاكمات بالنص عليه صراحة حيث نصت المادة (١٦٩) من الدستور المصري لسنة ١٩٧١ على أن "جلسات المحاكم علنية إلا إذا قررت المحكمة جعلها سرية مراعاة للنظام العام أو الآداب وفي جميع الأحوال يكون النطق بالحكم في جلسة علنية"، كما وقد نصت على هذا المبدأ الفقرة (٢) من المادة (١٠١) من الدستور الأردني لسنة ١٩٥٢

---

(١) قرار محكمة التمييز رقم (١٩٨٤/٤٢٠) المنشور في الصفحة (١٢١١) من عدد مجلة نقابة المحامين الصادر بتاريخ ١٩٨٤/١/١.

(٢) فاروق الكيلاني- محاضرات في قانون أصول المحاكمات الجزائية الأردني والمقارن – الجزء الأول- الطبعة الأولى- ١٩٨٥- صفحة (٥٥٩) وما بعدها.

(٣) المنشور في الصفحة (٤٤٧٨) من العدد رقم (٤٦٧٥) من الجريدة الرسمية في الأردن- الصادر بتاريخ ٢٠٠٤/٩/١٦.

بقولها بأن "جلسات المحاكم علنية إلا إذا رأت المحكمة أن تكون سرية مراعاة للنظام العام أو محافظة على الآداب". [(١)]

إلا أن المشرع الضريبي قد خرج عن مبدأ علانية المحاكمة في قضايا ضريبة الدخل أمام المحاكم المدنية لتعارض ذلك المبدأ مع مقتضيات ضرورة المحافظة على سرية المعلومات الضريبية المتعلقة بالمصلحة العامة والمكلفين على حد سواء. لذلك نصت الفقرة (ب/١) من المادة (٣٤) من قانون ضريبة الدخل رقم (٥٧) لسنة ١٩٨٥ وتعديلاته على أن "تجري المحاكمة بصورة غير علنية إلا إذا أمرت المحكمة بخلاف ذلك". والسؤال الذي يطرح نفسه في هذا الصدد هو هل يعتبر هذا النص مخالفاً لأحكام الدستور؟ وللإجابة على هذا السؤال يمكن القول بأن كلاً من النص الدستوري الوارد في الفقرة (٢) من المادة (١٠١) من الدستور، ونص الفقرة (ب/١) من المادة (٣٤) من قانون ضريبة الدخل المشار اليهما محصلة واحدة وهي منح المحكمة صلاحية إجراء المحاكمة بصورة علنية أو سرية، وحيث أن الفقرة (٢) من المادة (١٠١) من الدستور قد أجازت إجراء المحاكمة بصورة غير علنية مراعاة للنظام العام، وحيث أن إجراء المحاكمة على هذه الصورة في قضايا ضريبة الدخل هي للمحافظة على المصلحة العامة من جهة ومن جهة أخرى صيانة الحياة الخاصة للمكلف بدفع الضريبة من خلال المحافظة على سرية المعلومات الضريبية فإن نص الفقرة (ب/١) من المادة (٣٤) من قانون ضريبة الدخل المشار إليها لا يتعارض مع أحكام الدستور.

وتجدر الإشارة هنا إلى أن مبدأ علانية المحاكمة في الجرائم الضريبية الجزائية معمول به وفقاً للفقرة (٢) من المادة (١٠١) من الدستور الأردني لسنة ١٩٥٢، وأحكام المادة (١٧١)من قانون أصول المحاكمات الجزائية المتعلقة

---

(١) لقد نصت على مبدأ علانية المحاكمة المادتان (١٧١، ٢٠٣) من قانون أصول المحاكمات الجزائية في الأردن رقم (٩) لسنة ١٩٦١ علماً بأن النص الدستوري الوارد في الفقرة (٢) من المادة (١٠١) يغني عن هذين النصين حيث لا يجوز للقانون إلا الخضوع لأحكام الدستور.

بالقضايا الجنحوية، كون الجرائم الضريبية من هذا النوع من الجرائم التي تنص على أن "تجري المحاكمة علانية ما لم تقرر المحكمة إجراءها سراً بداعي المحافظة على النظام العام أو الأخلاق العامة، ويمكن في جميع الأحوال منع الأحداث أو فئة من الناس من حضور المحاكمة"، وتستهدف علانية المحاكمة تحقيق أهداف كثيرة من أهمها احترام الحقوق والحريات الشخصية وتحقيق العدالة.[1]

د- الإجراءات المتبعة في استئناف قضايا ضريبة الدخل:

د/١ تمارس محكمة استئناف قضايا ضريبة الدخل اختصاصاتها وفقاً لأحكام قانون ضريبة الدخل والأنظمة والتعليمات الصادرة بموجبه وتطبق أحكام قانون أصول المحاكمات المدنية[2].

د/٢ تقدم لائحة الاستئناف إلى محكمة استئناف قضايا ضريبة الدخل أو بواسطة رئيس محكمة الاستئناف النظامية أو رئيس محكمة البداية النظامية التي يقيم المستأنف في منطقة اختصاص أي منهما، وتدفع رسوم الاستئناف في الحالتين الأخيرتين إلى صندوق المحكمة التي قدمت اللائحة بواسطة رئيسها وترسل المحكمة التي قدم الاستئناف بواسطتها اللائحة وموفقاتها إلى محكمة استئناف ضريبة الدخل خلال عشرة أيام من تاريخ تقديمها[3].

هـ- مشتملات لائحة الاستئناف[4].

يجب أن تتضمن لائحة الاستئناف ما يلي:

---

(١) لمزيد من التفاصيل راجع : فاروق الكيلاني- محاضرات في قانون أصول المحاكمات الجزائية- المرجع السابق- صفحة (٥٦٢) وما بعدها.

(٢) الفقرة (أ) من المادة (٣٤) من قانون ضريبة الدخل رقم (٥٧) لسنة ١٩٨٥ وتعديلاته.

(٣) المادة (٧) من نظام أصول المحاكمات الضريبية في استئناف وتمييز قضايا ضريبة الدخل رقم (٨) لسنة ٢٠٠٣.

(٤) المادة (٤) من نظام أصول استئناف وتمييز قضايا ضريبة الدخل رقم (١٠) لسنة ١٩٨٦.

هـ/١ اسم المستأنف ووكيله وعنوانه للتبليغ:

المكلف وحده هو صاحب الحق في تقديم الاستئناف أما المقدر أو مدير عام دائرة ضريبة الدخل والمبيعات أو الموظف المفوض من قبله خطياً فلا يحق له الطعن في قرار التقدير باعتباره مصدر القرار. والمكلف هو الشخص الطبيعي والشخص المعنوي بما في ذلك الجمعيات التعاونية والمؤسسات العامة والشركات المساهمة العامة والشركات ذات المسؤولية المحدودة والشركات المساهمة الخاصة وشركات التوصية بالأسهم والشركات الأجنبية أو فروعها مهما كانت مقيمة أو غير مقيمة.

أما فيما يتعلق بشركات التضامن وشركات التوصية البسيطة فيتم تقديم لائحة استئناف من قبل الشريك فيها باسمه الشخصي.

هـ/٢ اسم المستأنف عليه المصدر لقرار التقدير أو قرار إعادة النظر في التقدير أو أي قرار مطالبة وذلك بصفته الوظيفية ويمثله لهذه الغاية المقدر الحقوقي المعين أو المفوض من مدير عام دائرة ضريبة الدخل والمبيعات لممارسة صلاحية مساعد المحامي العام المدني وفقاً لأحكام قانون ضريبة الدخل وقانون تشكيل المحاكم النظامية المعمول به .

هـ/٣ الرقم الضريبي للمستأنف والسنة التي يقدم الاستئناف بشأنها.

هـ/٤ تاريخ تبليغ إشعار قرار التقدير او إعادة النظر في التقدير أو المطالبة وطريقة تبليغه.

هـ/٥ مقدار ضريبة الدخل المقدرة أو المبالغ الاخرى المطالب بها في القرار المستأنف.

وعلى المستأنف أن يبين في لائحة استئنافه المبلغ الذي يسلم به من الضريبة المقدرة عليه عن كل سنة وأن يقدم إلى المحكمة مع لائحة استئنافه إيصالاً بدفعة أو بدفع المبلغ الذي وافق مدير عام دائرة ضريبة الدخل والمبيعات على استيفائه في حال تقسيطه ويرد الاستئناف إذا لم يدفع المبلغ المحدد على ذلك الوجه.

هـ/٦ بيان جميع أسباب الاستئناف بصورة موجزة وخالية من الجدل في بنود مستقلة ومرقمة ويحق للمستأنف أن يرفق بلائحة الاستئناف مذكرة توضيحية بمحتوياتها وهذه الأسباب لها أهميتها القانونية سواء للمستأنف أو المستأنف عليه أو للمحكمة المختصة، فبالنسبة للمستأنف فإنه يحدد بوضوح مسائل الخلاف بينه وبين المقدر أو مدير عام دائرة ضريبة الدخل والمبيعات أو الموظف المفوض من قبله وبالنسبة للمستأنف عليه فإنه يستطيع أن يطلب من المحكمة عدم الاستجابة لأي طلب لم يكن قد أثير أمام متخذ القرار المستأنف، وللمحكمة لمعرفة مسائل الخلاف والبت فيها[١].

هـ/٧ ما يطلبه المستأنف في استئنافه[٢]:

يجب على المستأنف أن يبين في لائحة استئنافه طلباته بوضوح كفسخ القرار المستأنف وإعفاءه من الضريبة أو تخفيضها إلى الحد المسلم به في اللائحة ويجب على المحكمة أن لا تحكم بأقل من هذا المبلغ، وتطبيقاً لهذا فقد ذهبت محكمة التمييز إلى أن ما قررته محكمة استئناف قضايا ضريبة الدخل بتخفيض نسبة الربح للبضاعة المستوردة إلى ٣٥% بدلاً من ٤٠% يؤدي إلى وقوع المستأنف في خسارة مزعومة حيث أنه أقر أمام المقدر في مرحلة التقدير بأنه حقق دخلاً صافياً يتراوح ما بين ١٠٠٠- ١٥٠٠ دينار وحيث أن مفاد ذلك أن محكمة الاستئناف استخلصت الواقعة التي توصلت إليها حول تقدير البينة استخلاصاً غير سائغ ومبني على أساس غير سليم وحيث أن التناقض في الواقعة التي استخلصتها محكمة

(١) حسن فلاح الحاج موسى- قرار تقدير ضريبة الدخل في الأردن وطرق الطعن فيه إدارياً وقضائياً- دراسة تحليلية مقارنة- إصدار نقابة المحامين- عمان- مطبعة التوفيق- صفحة (٢٠٢).

(٢) حسن فلاح الحاج موسى- قرار تقدير ضريبة الدخل في الأردن وطرق الطعن فيه إدارياً وقضائياً- المرجع السابق- صفحة (٢٠٢).

الموضوع سيجعل حكمها مستوجباً النقض لهذا تقرر بالإجماع نقض القرار المميز وإعادة الدعوى إلى محكمة الاستئناف للسير بها على ضوء ما بيناه[1].

و- ممن تقدم لائحة الاستئناف والرسوم المترتبة على ذلك:

ينبغي أن توقع لائحة الاستئناف والمثول أمام محكمة استئناف قضايا ضريبة الدخل من محام أستاذ يوكل من المستأنف لهذه الغاية ولا يشترط أن يرفق بها نسخة عن القرار المستأنف[2].

وعلى المستأنف أن يدفع عند تقديم لائحة الاستئناف رسماً مستقلاً عن كل سنه قدره (٣%) ثلاثة بالمائة من الفرق بين مقدار الضريبة المقدرة أو المطالبة المقدرة عليه والمقدار الذي يسلم به من تلك الضريبة أو المطالبة على أن لا يقل هذا الرسم عن خمسة دنانير في أية حالة من الحالات بما في ذلك حالة عدم وجود ضريبة مقدرة لوقوع المستأنف في خسارة وأن لا يزيد على مائة دينار لكل سنة مستأنفة، ولغايات تحديد رسم الاستئناف تعني عبارة "الضريبة المقدرة" مبلغ ضريبة الدخل المقدرة على المستأنف بعد إجراء التقاص المتعلق بضريبة الأبنية والأراضي المنصوص عليها في المادة (٢١) من قانون ضريبة الدخل ويضاف اليها الضريبة المضافة بموجب المادة(٢٧) من القانون المذكور وضريبة الخدمات الاجتماعية[3]". ويدفع المستأنف نصف هذا الرسم عند تجديد الاستئناف الذي أسقط لأول مرة ويدفع الرسم كاملاً اذا قام بتجديده بعد اسقاطه مرة ثانية[4] ويجوز لمحكمة استئناف قضايا

(١) قرار محكمة التمييز رقم (٢٩) في القضية رقم ١٩٨٦/٧٤٧ تاريخ ١٩٨٦/١٠/١٤ .

(٢) الفقرة (أ) من المادة (٥) من نظام أصول المحاكمات الضريبية في استئناف وتمييز قضايا ضريبة الدخل رقم (٨) لسنة ٢٠٠٣ . ويستثنى من ذلك حسب أحكام الفقرة (ب) من المادة المذكورة المحامي المزاول أو السابق والقاضي العامل أو السابق وغيرهم من الأشخاص المعفين من التدريب بموجب قانون نقابة المحامين المعمول به.

(٣) الفقرتان (أ، ب) من المادة (٨) من نظام أصول المحاكمات الضريبية في استئناف وتمييز قضايا ضريبة الدخل رقم (٨) لسنة ٢٠٠٣.

(٤) الفقرة (أ) من المادة (١٠) من نظام أصول المحاكمات الضريبية في استئناف وتمييز قضايا ضريبة الدخل رقم (٨) لسنة ٢٠٠٣.

ضريبة الدخل أن تقرر الموافقة على تقديم الاستئناف بدون دفع الرسم المقرر أو أي جزء منه بناءً على طلب خطي يقدمه المستأنف خلال المدة القانونية لتقديم الاستئناف إذا اقتنعت بأن لدى المستأنف أسباباً تبرر تأجيل دفع رسم الاستئناف على أن تتاح للمستأنف عليه فرصة الرد على الأسباب الواردة في الطلب بعد تبليغه نسخة عنه[1].

وإذا أصبح المستأنف الذي قبل استئنافه بدون دفع الرسم المقرر قادراً على دفعه في أي دور من أدوار المحاكمة او اذا قدم الاستئناف وكان الرسم المدفوع أقل من الرسم المقرر قانوناً تكلف المحكمة المستأنف تأدية الرسم المستحق أو استكمال دفعه خلال مدة لا تزيد على خمسة عشر يوماً من اليوم التالي لتاريخ تبليغه قرار التكليف تحت طائلة اسقاط الاستئناف[2]. وإذا رد الاستئناف أو اسقط لأي سبب من الأسباب يصبح الرسم غير المدفوع ديناً محكوماً به للخزينة على المستأنف ويحصل منه بواسطة دائرة التنفيذ وفقاً لأحكام نظام رسوم المحاكم المعمول به[3].

ز- القرارات التي تصدرها محكمة استئناف قضايا ضريبة الدخل:

لمحكمة استئناف قضايا ضريبة الدخل أن تقر التقدير أو تخفضه أو تزيده أو تلغيه أو أن تعيد القضية إلى المستأنف عليه لإعادة التقدير وفق التعليمات التي تستصوبها[4]. وفيما يلي شرح موجز لكل منها:

أ- للمحكمةأن تقرالتقديركماهومقدرمن قبل المقدرأو مديرعام دائرة ضريبة الدخل والمبيعات أو الموظف المفوض من قبله خطياً. وتلجأ المحكمة إلى هذا

---

(١) الفقرة (أ) من المادة (٩) من نظام أصول المحاكمات الضريبية في استئناف وتمييز قضايا ضريبة الدخل رقم (٨) لسنة ٢٠٠٣.

(٢) الفقرة (ب) من المادة (٩) من نظام أصول المحاكمات الضريبية في استئناف وتمييز قضايا ضريبة الدخل رقم (٨) لسنة ٢٠٠٣.

(٣) الفقرة (ب) من المادة (١٠) من نظام أصول المحاكمات الضريبية في استئناف وتمييز قضايا ضريبة الدخل رقم (٨) لسنة ٢٠٠٣.

(٤) الفقرة (هـ) من المادة (٣٤) من قانون ضريبة الدخل رقم (٥٧) لسنة ١٩٨٥ وتعديلاته.

القرار في حالة عجز المستأنف عن إثبات دعواه أو عدم قناعتها بالبينة المقدمة خاصة وأن عبء إقامة الدليل على أن التقدير باهظ يقع على عاتق المستأنف نفسه ولا يجوز إثبات أي وقائع لم يدع بها أمام الشخص الذي صدر عنه القرار المستأنف[1].

ب- للمحكمة أن تخفض التقدير الذي سبق وأن قدر من قبل المقدر أو مدير عام دائرة ضريبة الدخل المبيعات أو الموظف المفوض من قبله خطياً بحيث تخفض الضريبة إلى الحد المسلم به من قبل المستأنف إذا اثبت المستأنف أسباب دعواه كلياً أو أن تصبح الضريبة بين الضريبة المقدرة والضريبة المسلم بها من قبل المستأنف إذا أثبت أسباب دعواه بصورة جزئية.

ج- للمحكمة أن تزيد التقدير الذي سبق وأن قدر من قبل المقدر أو مدير عام دائرة ضريبة الدخل والمبيعات أو الموظف المفوض من قبله خطياً بحيث تصبح الضريبة المقدرة من قبل المحكمة أكثر من الضريبة المقدرة أصلاً وتعتبر هذه الصلاحية خروجاً عن قاعدة " لا يضار طاعن من طعنه " وفي هذا الصدد نشير إلى ما جاء في قرار لمحكمة التمييز[2] بأن "الاستثناء الوارد في المادة (٣٤/هـ) من قانون ضريبة الدخل يعتبر خروجاً عن قاعدة (لا يضار طاعن من طعنه) بتخويل محكمة الاستئناف بزيادة الضريبة ينبغي تفسيره كقاعدة استثنائية في أضيق حدودها.

د- للمحكمة أن تلغي التقدير وذلك في حالة كون التقدير الذي تم من قبل المقدر أو مدير عام دائرة ضريبة الدخل والمبيعات أو الموظف المفوض من قبله خطياً قد جاء مخالف لأحكام القانون سواء من حيث الشكل أو المضمون ويمكن إعطاء مثالين على ذلك:

---

(١) الفقرة (د) من المادة (٣٤) من قانون ضريبة الدخل (٥٧) لسنة ١٩٨٥ وتعديلاته.
(٢) قرار محكمة التمييز رقم (١٩٨٦/٥٧٧) الصادر عن الهيئة العامة بتاريخ ١٩٨٦/٦/١٧ من منشورات مركز عدالة.

د-أ. إلغاء الضريبة المقدرة على المستأنف بموجب قرار الموظف المفوض عن مدير عام دائرة ضريبة الدخل والمبيعات لصدوره بعد فوات المدة القانونية.

د-٢. إلغاء القرار الثاني الصادر عن المقدر بناء على ملاحظات ديوان المحاسبة وتثبيت القرار الأول الصادر عنه كونه أصبح ملزماً وقانونياً بعد أن تم إجازته من الموظف المعين للتدقيق من قبل مدير عام دائرة ضريبة الدخل والمبيعات لأن ولاية المقدر تكون قد انتهت ولا يملك صلاحية إصدار قرار جديد.

هـ- للمحكمة إعادة القضية إلى المستأنف عليه وفق التعليمات التي تستصوبها.

وقد جرت العادة أن تفسخ محكمة استئناف قضايا ضريبة الدخل القرارات المستأنفة في الحالات التي تجد فيها خطأ في تطبيق أحكام قانون ضريبة الدخل والذي يتعذر معه الفصل في الدعوى وبسط رقابة المحكمة على القضية ونشير في هذا الصدد إلى قرار لمحكمة التمييز:[١] والذي جاء فيه ما يلي: إن المادة (٣٤/هـ) من قانون ضريبة الدخل أجازت لمحكمة الاستئناف أن تعيد القضية إلى المقدر وفق التعليمات التي تستصوبها... وينبني على ذلك أن إعادة القضية إلى المقدر لإعادة وزن الأدلة وإجراء تقدير جديد هو من مقتضيات النقض الذي قررت محكمة الاستئناف إتباعه.

٢- مرحلة التمييز:

توجد على قمة التنظيم القضائي العادي في كل بلاد العالم تقريباً محكمة عليا واحدة تسمى محكمة النقض في كل من مصر- وسوريا وفرنسا ومحكمة التمييز في الأردن ولبنان ومجلس اللوردات في بريطانيا،ولها سموفوق جميع جهات القضاء العام وهي محكمة قانون وليست محكمة موضوع ، بمعنى إلغاء الحكم

---

(١) القرار رقم (١٩٨٥/٥١٦) الصادر بتاريخ ١٩٨٥/١٠/١٩ المنشور في الصفحة (٢٠٤٧) من عدد مجلة نقابة المحامين الصادر بتاريخ ١٩٨٧/١/١ .

المطعون فيه لمخالفته للقانون وذلك بهدف تحقيق الصالح العام وليس بهدف تحقيق مصلحة الخصوم.

أولاً: المحكمة المختصة والقرارات التي يجوز تمييزها وإجراءات التمييز:

تختص محكمة التمييز بالنظر في قرارات محكمة استئناف قضايا ضريبة الدخل التي يجوز تمييزها وهذه القرارات هي تلك التي يتجاوز فيها مبلغ ضريبة الدخل المقدرة من قبل المقدر أو مدير عام دائرة ضريبة الدخل والمبيعات أو الموظف المفوض من قبله (١٠٠٠٠) دينار قبل إجراء أي تقاص [١] حيث تقدم لائحة التمييز إلى محكمة استئناف قضايا ضريبة الدخل خلال مدة لا تزيد على ثلاثين يوماً من اليوم التالي لتاريخ صدور القرار إذا كان وجاهياً وإلا فمن اليوم التالي لتاريخ التبليغ اذا صدر بمثابة الوجاهي أو وجاهياً اعتبارياً، وتقوم محكمة استئناف قضايا ضريبة الدخل برفع اللائحة والحكم المميز مع أوراق الدعوى إلى محكمة التمييز بعد استيفاء الرسوم المقررة عنها وعند انتهاء المدة المحددة لتبادل اللوائح [٢].

وفي الأحوال التي تكون فيها قرارات الضريبة المقدرة من المقدر أو مدير عام دائرة ضريبة الدخل والمبيعات أو الموظف المفوض من قبله خطياً (١٠٠٠٠) دينار أو أقل فلا يجوز تمييز هذه القرارات إلا بإذن حيث يجب على طالب الإذن أن يقدم طلبه خلال عشرة أيام من اليوم التالي لتاريخ صدور الحكم اذا كان وجاهياً والا فمن اليوم التالي لتاريخ تبليغه اذا صدر بمثابة الوجاهي أو وجاهياً اعتبارياً إلى رئيس محكمة التمييز أو من يفوضه.

---

[١] الفقرة (ز) من المادة (٣٤) من قانون ضريبة الدخل رقم (٥٧) لسنة ١٩٨٥ وتعديلاته عطفاً على أحكام الفقرة (٢) من المادة (١٩١) من قانون أصول المحاكمات المدنية رقم (٢٤) لسنة ١٩٨٨.

[٢] الفقرتان (أ، ب) من المادة من (١٨) من نظام أصول المحاكمات الضريبية في استئناف وتمييز قضايا ضريبة الدخل رقم (٨) لسنة ٢٠٠٣.

إذا كان الخلاف في الحكم يدور حول نقطة قانونية مستحدثة أو على جانب من التعقيد أو تنطوي على أهمية عامة على ان يبين طالب الاذن بالتمييز النقطة التي يستند إليها في طلبه بالتفصيل تحت طائلة رد الطلب شكلاً واذا صدر القرار بالاذن بالتمييز وجب على مقدم الطلب ان يقدم لائحة التمييز خلال عشرة أيام من اليوم التالي لتاريخ تبليغه قرار الاذن ويبقى الاذن قائماً حتى صدور الحكم النهائي في الدعوى.[1]

ثانياً: لمن له حق التمييز:

يملك المقدر أو مدير عام دائرة ضريبة الدخل والمبيعات أو الموظف المفوض من قبله خطياً وكذلك المكلف حسب مقتضى الحال حق تمييز الأحكام التي يجوز تمييزها.

ثالثاً: مشتملات لائحة التمييز:

١- تقدم لائحة التمييز مطبوعة على أن تتضمن ما يلي[2]:

أ. اسم المميز ووكيله أو وظيفته وعنوانه للتبليغ.

ب. اسم المميز ضده ووكيله أو وظيفته وعنوانه للتبليغ.

ج. اسم المحكمة التي اصدرت الحكم المميز وتاريخه ورقم الدعوى التي صدر فيها.

د. تاريخ تبليغ الحكم المميز إلى المميز إذا لم يكن الحكم وجاهياً.

---

(١) الفقرة (ب) من المادة (١٦) من نظام أصول المحاكمات الضريبية في استئناف وتمييز قضايا ضريبة الدخل رقم (٨) لسنة ٢٠٠٣.

(٢) الفقرة (أ) من المادة (١٧) من نظام أصول المحاكمات الضريبية في استئناف وتمييز قضايا ضريبة الدخل رقم (٨) لسنة ٢٠٠٣.

هـ أسباب الطعن بالتمييز واضحة خالية من الجدل وفي بنود مستقلة مرقمة وعلى المميز أن يبين طلباته، وله ان يرفق بلائحة التميز مذكرة توضيحية مطبوعة تتعلق بسياسة الطعن.

٢- اذا كان المميز هو المكلف ينبغي أن توقع لائحة التمييز من محام أستاذ يوكل لهذه الغاية تحت طائلة البطلان، وترفق بها نسخ عنها وعن القرار تكفي لتبليغ المميز ضدهم مع نسخة إضافية للمحكمة مصدقة جميعها حسب الأصول على أنه إذا كان محام واحد ينوب عن أكثر من واحد من المميز ضدهم فيكتفي بتقديم نسخة واحدة عن القرار لتبليغها إليه بالنيابة عنهم [١].

٣- اذا كان المميز هو المستأنف عليه توقع لائحة التمييز من المقدر الحقوقي المعين أو المفوض من مدير عام دائرة ضريبة الدخل والمبيعات لممارسة صلاحية مساعد المحامي العام المدني وفقاً لأحكام قانون ضريبة الدخل وقانون تشكيل المحاكم النظامية الساري المفعول [٢].

رابعاً: الرسوم المقررة لتقديم لائحة التمييز:

على المميز إذا كان هو المكلف أن يدفع عن تقديم لائحة التمييز رسماً مستقلاً عن كل سنة قدره (٣%) ثلاثة بالمائة من الفرق بين مقدار الضريبة المقدرة أو المطالبة المقدرة عليه والمقدار الذي يسلم به من تلك الضريبة او المطالبة على أن لا يقل هذا الرسم عن خمسة دنانير في أي حالة من الحالات بما في ذلك حالة

---

(١) الفقرة (ج) من المادة (١٧) من نظام أصول المحاكمات الضريبية في استئناف وتمييز قضايا ضريبة الدخل رقم (٨) لسنة ٢٠٠٣.
(٢) الفقرة (ب) من المادة (١٧) من نظام أصول المحاكمات الضريبية في استئناف وتمييز قضايا ضريبة الدخل رقم (٨) لسنة ٢٠٠٣.

عدم وجود ضريبة مقدرة لوقوع المميز في خسارة وأن لا يزيد على مائة دينار لكل سنة مميزة[١].

ولغايات تحديد رسم التمييز تعني عبارة "الضريبة المقدرة" مبلغ ضريبة الدخل المقدرة على المميز بعد إجراء التقاص المنصوص عليه في المادة (٢١) من قانون ضريبة الدخل رقم (٥٧) لسنة ١٩٨٥ وتعديلاته ويضاف إليه الضريبة المضافة بموجب المادة (٢٧) من القانون المذكور وضريبة الخدمات الاجتماعية.[٢]

أما إذا كان المميز هو المقدر أو وزير المالية أو الموظف المفوض من قبله فإنه لا يدفع رسماً للتمييز لأنهم يمثلون الخزينة العامة في هذه القضايا.

خامساً: إجراءات المحاكمة ونظر الدعوى[٣]:

١. مع مراعاة أحكام قانون ضريبة الدخل المعمول به وأحكام نظام أصول المحاكمات الضريبية في استئناف وتمييز قضايا ضريبة الدخل، تطبق محكمة التمييز قانون أصول المحاكمات المدنية المعمول به.
٢. تنظر محكمة التمييز في قضايا ضريبة الدخل المميزة إليها تدقيقاً إلا إذا قررت غير ذلك من تلقاء نفسها أو بناء على طلب من المميز أو المميز ضده ووافقت المحكمة على ذلك.
٣. اذا تم حل القضية المميزة مصالحة بين مدير عام دائرة ضريبة الدخل والمميز قبل صدور الحكم القطعي بها يقدم طرفا الدعوى طلباً خطياً مشتركاً إلى محكمة التمييز لنظرالقضيةمرافعةلتسجيل المصالحة وتعين

(١) الفقرة (أ) من المادة (١٩) من نظام أصول المحاكمات الضريبية في استئناف وتمييز قضايا ضريبة الدخل رقم (٨) لسنة ٢٠٠٣.
(٢) الفقرة (ب) من المادة (١٩) من نظام أصول المحاكمات الضريبية في استئناف وتمييز قضايا ضريبة الدخل رقم (٨) لسنة ٢٠٠٣.
(٣) الفقرات (أ، ب، جـ) من المادة (٢١) من نظام أصول المحاكمات الضريبية في استئناف وتمييز قضايا ضريبة الدخل رقم (٨) لسنة ٢٠٠٣.

المحكمة بعد قبول التمييز شكلاً موعداً لرؤيتها وتدعو الطرفين للحضور لاثبات ما اتفقا عليه من صلح في محضر الجلسة ويوقع عليه من قبلهما وعلى محكمة التمييز تصديق هذه المصالحة واعتبارها حكماً قطعياً صادراً عنها.

٤. لدى الانتهاء من النظر في التمييز تصدر محكمة التمييز قرارها بقبول التمييز أو رده شكلاً وبتأييد القرار المميز أو نقضه أو اعادته إلى محكمة استئناف قضايا ضريبة الدخل لاعادة النظر فيه وفق المقتضى.

سادساً: مصير رسوم ومصاريف دعوى الاستئناف أو دعوى التمييز[1]:

يعود الحكم برسوم ومصاريف الاستئناف والتمييز وتقديرها لمحكمة الاستئناف أو التمييز حسب مقتضى الحال، وعند تقديرها للمصاريف تأخذ المحكمة بعين الاعتبار قيمة الدعوى والمدة التي استغرقتها للفصل فيها والرسوم المدفوعة للمحكمة وغيرها من الأمور ويكون قرارها لمصير الرسوم والنفقات وفقاً لما يلي:

١- يتحمل الرسوم والمصاريف وفقاً لقرار المحكمة:

أ- المكلف إذا كان تقدير المحكمة لمقدار ضريبة الدخل والخدمات الاجتماعية والضريبة المضافة أو المطالبة الواجب دفعها لا يقل عن المبلغ المقدر أو المطالب به في القرار المستأنف.

ب- الخزينة إذا كان تقدير المحكمة لمقدار ضريبة الدخل والخدمات الاجتماعية والمبالغ المضافة أو المطالبة الواجب دفعها لا يزيد على تقدير المكلف.

(١) الفقرات (أ، ب، جـ د) من المادة (٢٣) من نظام أصول المحاكمات الضريبية وفي استئناف وتمييز قضايا ضريبة الدخل رقم (٨) لسنة ٢٠٠٣.

٢/أ إذا كان مبلغ ضريبة الدخل والخدمات الاجتماعية والمبالغ المضافة أو المطالبة الواجب دفعها وفقاً لتقدير المحكمة يقع بين المبلغ المقدر أو المطالب به والمبلغ الذي قدره المكلف لتلك الضريبة فيحكم على الطرفين بالرسوم والمصاريف بنسبة المبلغ المحكوم به مطروحاً منه المبلغ المسلم به إلى مبلغ الضريبة المقدر أو المطالب به بالقرار المستأنف.

٢/ب إذا ادعى المستأنف بالخسارة وحكمت بها المحكمة يتم حساب نسبة الرسوم والمصاريف المحكوم بها على أساس الفرق بين الدخل الصافي أو الخسارة المحكوم بها وبين الخسارة المطالب بها منسوباً إلى مقدار الدخل الصافي أو الخسارة المتنازع عليه في القرار المستأنف.

٣/أ يجوز للمحكمة أن تحدد في قرارها أتعاب المحاماة المحكوم بها لأي من طرفي الدعوى مع مراعاة النسبة المقررة لاتعاب المحاماة عن المرحلة الاستئنافية المبينة وفق أحكام قانون نقابة المحامين المعمول به.

٣/ب تؤول أتعاب المحاماة المحكوم بها لمثل الدائرة لصندوق خاص ينشأ بتعليمات يصدرها مدير عام دائرة ضريبة الدخل والمبيعات لهذه الغاية وتتضمن كيفية توزيع وصرف هذه الأتعاب على موظفي الدائرة لغايات تحسين ظروف عملهم ورفع كفاءتهم الوظيفية.

المبحث الثالث
العبء الضريبي والمشاكل المرتبطة به

إن المشاكل التي تثور عند فرض الضريبة لا تتوقف عند الأحكام القانونية والفنية لها، فالضريبة بالنتيجة تمثل عبئا على المكلف الذي يتحملها، إذ أن فرضها يعني اقتطاع جزء من دخل المكلف لصالح خزينة الدولة وهذا الإجراء بحد ذاته له تأثير على سلوك المكلف تجاه الضريبة حيث يسعى جاهداً وفي أغلب الأحيان إلى

محاولة التخلص من عبء الضريبة سواء بالانعكاس الضريبي وهو نقل عبء الضريبة بعد تقديرها وتحصيلها منه إلى شخص آخر أو بالتهرب من الضريبة عندما يحاول التخلص منها وعدم دفعها كليا أو جزئيا وذلك باستغلال الثغرات الموجودة في أحكام القوانين الضريبية أو باستعمال طرق الغش والاحتيال.

والتخلص من عبء الضريبة سوف يؤثر على عدالة النظام الضريبي حيث يدفع بعض المكلفين الضريبة بصورة صحيحة وفقا لأحكام القوانين الضريبية بينما البعض الآخر يعمد إلى نقل عبئها إلى الغير أو التهرب من دفعها، فتنعدم المساواة بين المكلفين وتفقد العدالة الضريبية بالإضافة إلى المساس بحصيلة الضريبة.

الفرع الأول: انعكاس الضريبة[1]

أولاً: تعريف

يعرف انعكاس الضريبة بأنه نقل عبء الضريبة من المكلف الذي حدده القانون لدفعها إلى شخص آخر، بحيث يقتصر دور المكلف الأول على دفع المبالغ المستحقة عليه إلى خزينة الدولة بصورة مؤقتة، ثم استعادتها بعد ذلك من شخص ثالث فمثلاً يدفع التاجر الضريبة إلى إدارة الضريبة ويزيد أسعار السلع التي يبيعها بمقدار قيمة الضريبة فيحول عبء هذه الضريبة إلى المستهلك وكذلك بالنسبة للمستورد الذي يضيف قيمة الضريبة الجمركية إلى ثمن السلع أو الخدمات التي استوردها من الخارج وبالتالي ينقل عبئها إلى المستهلك وبناء عليه نستطيع أن نميز بين المكلف الذي تفرض عليه الضريبة بموجب أحكام القانون ويدفعها إلى خزينة الدولة ويسمى بالمكلف القانوني وبين الشخص الذي استقر عليه عبء الضريبة فيتحمله بصورة نهائية ويسمى المكلف الحقيقي أو الفعلي أو الاقتصادي، وعندما

(١) الدكتور عصام بشور - علم المالية العامة والتشريع المالي - المرجع السابق - صفحة (٣١٢) وما بعدها.

يتحمل أحد الأشخاص عبء الضريبة بصورة نهائية يسمى ذلك بالاستقرار الضريبي.

ثانياً: أشكال الانعكاس الضريبي

للانعكاس الضريبي عدة أشكال وهي:

١- الانعكاس البسيط والانعكاس المركب:

الانعكاس البسيط هو: نقل العبء الضريبي من المكلف القانوني إلى المكلف الحقيقي بحيث يستقر عليه ويتحمله بصورة نهائية ولا يحاول هذا الأخير نقل العبء الضريبي إلى شخص ثالث.

والمثال على ذلك ان يزيد مالك العقار المؤجر بدل الإيجار بمقدار قيمة الضريبة العقارية فيتحمل المستأجر عبء الضريبة ولا يحاول نقله إلى شخص ثالث ويكون هو المكلف الحقيقي الذي استقر عليه العبء الضريبي نهائياً.

أما الانعكاس المركب فهو: نقل عبء الضريبة أكثر من مرة ومن شخص إلى آخر قبل أن يستقر في النهاية على المكلف الحقيقي والمثال على ذلك أن يزيد المستورد ثمن بضاعته التي دفع عنها الضريبة الجمركية لينقل عبء الضريبة منه إلى تاجر الجملة وهذا الأخير يزيد في أسعار بضاعته لينقل هذا العبء إلى تاجر المفرق والذي بدوره يزيد في أسعار بضاعته لينقل هذا العبء إلى المستهلك وقد يكون هذا الأخير طبيباً أو محامياً أو مهندساً فيزيد من أتعابه نتيجة ارتفاع الأسعار بشكل عام فينقل عبء الضريبة لزبائنه وهؤلاء الزبائن قد يفعلون الشيء نفسه حتى يصعب معرفة المكلف الحقيقي.

٢- الانعكاس إلى الأمام والانعكاس إلى الخلف:

الانعكاس إلى الأمام هو: نقل عبء الضريبة من المكلف القانوني إلى المكلف الحقيقي الذي هو أمامه باعتباره أول من يتعامل معه في الدورة الاقتصادية

فينقل المنتج عبء الضريبة إلى التاجر وهذا الأخير ينقله إلى المستهلك ويحدث هذا الانعكاس عندما يكون الطلب على السلع مرتفعا في أوقات الازدهار الاقتصادي.

أما الانعكاس إلى الخلف فهو: نقل عبء الضريبة من المكلف القانوني إلى الشخص الذي سبق وأن تعامل معه في الدورة الاقتصادية كأن يطالب التاجر المنتج تخفيض أسعار منتجاته بسبب فرض ضريبة مبيعات عليها والتي تحملها التاجر، أو يرجع العامل إلى رب العمل طالبا منه أن يتحمل الضريبة على رواتبه. ويحدث هذا الانعكاس عندما يكون الطلب على السلع قليلاً بحيث لا يسمح بزيادة الأسعار بسبب حالة الركود الاقتصادي.

٣- الانعكاس الجزئي والانعكاس الكامل والانعكاس المزودج:

الانعكاس الجزئي يكون عندما يستطيع المكلف القانوني نقل جزء من عبء الضريبة الى المكلف الحقيقي ويتحمل الجزء الباقي ويحدث هذا الانعكاس عندما لا تساعد الظروف الاقتصادية على نقل العبء الضريبي بصورة كاملة، أما الانعكاس الكامل فيكون عندما يستطيع المكلف القانوني نقل كامل عبء الضريبة إلى المكلف الحقيقي.

والانعكاس المزدوج يكون هذا الانعكاس عندما لا يكتفي المكلف القانوني بنقل عبء الضريبة إلى المكلف الحقيقي كاملاً بل يستغل هذه الفرصة ليحقق ربحاً إضافياً فينقل إلى المكلف الحقيقي مبلغاً يزيد عن مبلغ الضريبة الذي دفعه إلى خزينة الدولة.

٤- الانعكاس المقصود والانعكاس غير المقصود:

الانعكاس المقصود يكون عندما يقصد المشرع أن لا يتحمل المكلف القانوني عبء الضريبة بل يرغب في ان يقوم هذا الأخير بنقله إلى المكلف الحقيقي وأنه يستطيع بكل سهولة ويسر أن ينجح في ذلك، وتطبيقاً لذلك نصت المادة (٢) من نظام ضريبة المعارف رقم (٣) لسنة ١٩٨٨ على ان تستوفي من المالك

والمستأجر في المناطق البلدية ضريبة سنوية تسمى (ضريبة المعارف) مقدارها (٢%) من بدل الايجار السنوي الصافي كما قدر بموجب قانون ضريبة الأبنية والأراضي داخل حدود المناطق البلدية المعمول به وللمالك الحق بأن يعود بضريبة المعارف التي دفعها على المستأجر، أما إذا قصد المشرع أن عبء الضريبة سوف يتحمله المكلف القانوني ويستقر عليه وعلى الرغم من ذلك استطاع هذا الأخير نقل عبء الضريبة إلى المكلف الحقيقي كان الانعكاس غير مقصود.

وتجدر الإشارة هنا إلى أن الانعكاس الضريبي لا يتوقف على قصد وإرادة المشرع بل تتحكم به عوامل العرض والطلب والأوضاع الاقتصادية فيستطيع المكلف القانوني نقل عبء بعض الضرائب التي لا يرغب المشرع نقلها، وبالمقابل قد لا يستطيع المكلف القانوني نقل عبء بعض الضرائب على الرغم من أن المشرع يرغب في نقلها.

وتنقسم الضرائب من حيث الانعكاس الضريبي إلى ثلاثة أقسام وهي:

أ- ضرائب لا تقبل الانعكاس الضريبي بطبيعتها كالضريبة على التركات.

ب- ضرائب تقبل الانعكاس الضريبي ولكن بصعوبة بالغة كالضريبة على الدخل.

جـ- ضرائب تقبل الانعكاس الضريبي بكل سهولة ويسر كالضريبة الجمركية والضريبة العامة على المبيعات.

الفرع الثاني: التهرب من الضريبة

أولاً: تعريف

التهرب من الضريبة - أو كما يسمى الغش الضريبي - هو تخلص المكلف من التزامه القانوني بدفع الضريبة المستحقة عليه كلياً أو جزئياً باتباع طرق وأساليب احتيالية مخالفة للقانون. ويمكن أن يتم التهرب من الضريبة قبل تقديرها

باستعمال المكلف بعض الوسائل الاحتيالية بحيث لا يترتب على المكلف أي التزام قانوني، أو بعد تقدير الضريبة وذلك بالامتناع عن دفعها للخزينة العامة.

والتهرب الضريبي يختلف عن الانعكاس الضريبي كون المكلف عندما يتهرب من الضريبة فإنه يحرم خزينة الدولة من بعض الإيرادات، أما في الانعكاس الضريبي فإن المكلف بعد أن يدفع مبلغ الضريبة إلى الخزينة العامة يحاول نقل عبء الضريبة منه إلى شخص آخر، لذلك لا تخسر الخزينة العامة من جراء فعل الانعكاس الضريبي شيئاً بعكس فعل التهرب الضريبي.

والتهرب الضريبي يختلف عن التجنب الضريبي، الذي يحدث عندما يمتنع المكلف عن القيام بالتصرف المنشيء للضريبة حتى يتجنب دفعها كأن يمتنع عن استيراد بعض السلع من الخارج أو يمتنع عن شراء واستهلاك سلعة معينة حتى يتجنب دفع الضرائب التي ستترتب عليها لو قام بالتصرف المطلوب. ويعتبر من التجنب الضريبي كذلك استغلال المكلف بعض الثغرات الموجودة في نصوص التشريع الضريبي والتي تكون غير واضحة وتحتاج إلى تفسير قد يكون لصالح المكلف وعندها يتجنب دفع الضريبة.

فمثلاً لو فرضت ضريبة على أرباح أسهم الشركات المساهمة العامة في حال توزيعها على المساهمين بصورة نقدية فقد تعمد بعض الشركات إلى توزيع كل أو جزء من أرباحها على المساهمين في صورة أسهم مجانية لزيادة رأس مالها حتى لا تدفع ضريبة على توزيع أرباحها ففي هذه الحالة تكون هذه الشركات قد تجنبت دفع الضريبة ولا تعد متهربة من دفعها.

والتجنب الضريبي-أو التهرب المشروع كمايسمى أحياناً-لا يشكل أيةمخالفةيعاقب عليهاالقانون حتى ولوتوفرت سوءالنيةفي بعض الحالات ويبقى

محتفظاً بصفته المشروعة لأن الواقعة المنشئة للضريبة لم تتحقق طبقاً للقانون ومن ثم فإن التزام الشخص يدفع الضريبة لم ينشأ أصلاً.[١]

ثانياً: صور التهرب من الضريبة:

للتهرب الضريبي صور مختلفة باختلاف نوع الضريبة التي يرغب المكلف التهرب منها وما إذا كانت مباشرة أو غير مباشرة وحسب رغبته في التهرب وذلك فيما إذا رغب التخلص من دفع الضريبة كلياً أو جزئياً.

ومن أهم صور التهرب من الضرائب المباشرة ما نصت عليه المادة (٤٢) من قانون ضريبة الدخل رقم (٥٧) لسنة ١٩٨٥ وتعديلاته بقولها كل من تهرب عمداً أو حاول التهرب أو ساعد أو حرض غيره على التهرب من الضريبة بأن أتى قصداً أي فعل من الأفعال التالية:

أ- قدم كشفاً غير صحيح وذلك بأن أغفل أو أنقص أو حذف منه أي دخل أو أي جزء من الدخل الذي يترتب عليه تقديم كشف بمقتضى هذا القانون[٢] وأثر على مقدار الضريبة بشكل ملموس.

ب- أدرج أي بيان كاذب أو قيد صوري أو غير صحيح في كشف أو بيان قدم بمقتضى هذا القانون.

ج- أعد أو حفظ أو سمح بإعداد أية دفاتر أو حسابات أو قيود صورية أو مزورة أو زور أو سمح بتزوير أية دفاتر أو حسابات أو قيود أخفاها أو أتلفها كلياً أو جزئياً بقصد إخفاء أو تهريب أي دخل خاضع للضريبة بمقتضى هذا القانون أو أي جزء من ذلك الدخل أو للتملص من دفع

---

(١) الدكتور شريف رمسيس تكلا - الأسس الحديثة لعلم مالية الدولة - المرجع السابق - صفحة (٢٥٤).

(٢) لقد أوجبت الفقرة (أ) من المادة (٢٦) من قانون ضريبة الدخل رقم (٥٧) لسنة ١٩٨٥ وتعديلاته على كل شخص له مصدر دخل او أكثر خاضع للضريبة ان يقدم في موعد لا يتأخر عن اليوم الأخير من الشهر الرابع التالي لنهاية سنته المالية إلى مكتب تقدير ضريبة الدخل المختص كشفاً يتضمن التفصيلات المتعلقة بدخله الإجمالي ودخله الخاضع للضريبة والضريبة المستحقة عليه عن سنته المالية السابقة.

الضريبة كلياً أو جزئياً أو للحصول دون حق على إعفاء أو تنزيل أو تقاص يسمح به هذا القانون.

د- لجأ إلى أية حيلة أو خدعة مهما كان نوعها أو أجاز استعمالها للتهرب من دفع الضريبة أو لتخفيض مقدارها بأية صورة من الصور.

هـ- إمتنع عن تقديم المعلومات التي طلب منه تقديمها أو أعطى معلومات أو بيانات غير صحيحة فيما يتعلق بأي واقعة أو أمر أو مسألة تؤثر في مسؤوليته أو في مسؤولية أي شخص آخر في دفع ضريبة الدخل أو التأثير في مقدارها.

و- أعطى خطياً أي جواب كاذب على أي سؤال أو طلب وجه إليه للحصول على معلومات أو بيانات يتطلبها هذا القانون وذلك بقصد التملص من دفع الضريبة كلياً أو جزئياً.

ثالثاً: أسباب التهرب من الضريبة:(١)

يعود التهرب من الضريبة إلى أسباب متنوعة ومتعددة: أخلاقية، قانونية، سياسية، اقتصادية، وجزائية.

١. الأسباب الأخلاقية للتهرب من الضريبة:

يعتبر المستوى الأخلاقي السائد في المجتمع هو السبب الأهم في التهرب من الضريبة فإذا ضعف هذا المستوى قل الوعي الضريبي لدى الأفراد وأدى ذلك إلى عدم اهتمامهم بالمصلحة العامة وقل إحساسهم بالمسؤولية اتجاه خزينة الدولة واعتبارهم أن الضريبة شر لا بد منها وما التزامهم بها إلا خوفاً من العقاب ومحاولتهم التهرب منها ليس باعتباره جرماً يعاقب عليه القانون بل هو نوع من

(١) الدكتور محمد سعيد فرهود - علم المالية العامة - المرجع السابق - صفحة (٤١٠) وما بعدها.

اللياقة والمهارة ومما يساعدهم في هذا كله تساهل الرأي العام تجاه مثل هذه الأنواع من الجرائم.

لذلك يصبح من واجب الدولة العمل على زيادة الوعي الضريبي لدى الأفراد للقيام بواجباتهم تجاه خزينة الدولة بحيث تتغير نظرة الرأي العام للمتهرب باعتباره مجرماً مما يقلل من التهرب الضريبي.

٢. الأسباب القانونية:

تؤثر أحكام القوانين الضريبية نفسها في ظاهرة التهرب الضريبي:

أ. فارتفاع معدل (سعر) الضريبة إرتفاعاً كبيراً يؤدي إلى التهرب منها لذلك قيل وبحق أن رفع (سعر) معدل الضريبة لا يؤدي إلى زيادة حصيلتها نتيجة محاولة المكلف التهرب منها.

ب. يزداد التهرب الضريبي في الضرائب التي يتطلب تقديرها تقديم كشف أو (إقرار) من المكلف نفسه كما هو الحال في الضريبة على الدخل. ويقل التهرب الضريبي في الضرائب التي تحصل بطريقة "الحجز عند المنبع" كالضريبة على الرواتب والأجور.

٣- الأسباب الادارية:

أن تعقيد الإجراءات الإدارية المتعلقة بتقدير وتحصيل الضريبة قد تؤدي إلى عدم تحقيق المساواة والعدالة الفعلية بين المكلفين فيؤدي ذلك إلى التهرب الضريبي، بالإضافة إلى أن سوء تنظيم الإدارة الضريبية وعدم كفاية وكفاءة العاملين لديها وعدم وجود فروع كافية لها في جميع أرجاء الدولة قد يؤدي هو الآخر إلى التهرب الضريبي.

٤- الأسباب السياسية:

إن سياسة الدولة في الإنفاق العام تلعب دوراً مهماً في التهرب الضريبي فإذا شعر المكلفون أن الدولة قد أنفقت حصيلة الضرائب التي تم تحصيلها منهم في وجوه لا تنفع ولا تعود عليهم ولاعلى أفرادالمجتمع بالفائدة قل الوعي الضريبي

لديهم وزادت مقاومتهم للضرائب، لـذلك فإنهم سيحاولون جاهـدين وبكل الطرق التهرب من دفع هذه الضرائب لشعورهم أنها تذهب هـدراً، وبالمقابـل فإذا أنفقت الدولة حصيلة الضرائب التي تحصلها من المكلفين في وجوه نافعـة فإنهم يشعرون أن ما يدفعونه يعود عليهم وعلى أفراد المجتمع ككل بالفائـدة وبالتالي لا يفكرون بالتهرب من دفعها.

٥- الأسباب الاقتصادية:

تلعب الظروف الاقتصادية السائدة في المجتمـع دوراً مهـماً في التهرب الضريبي، فالملاحظ بشـكل عـام أن الأفراد تقل مقاومتهم لفكرة الضرائب المفروضة عليهم في أوقات الازدهار والرخاء الاقتصادي لكثرة ارتفاع دخولهم وكثرة النقود بين أيديهم وبالتالي يقل التهرب الضريبي، والعكس صحيح تماماً حيث يزداد التهرب الضريبي في أوقات الكساد والأزمات الاقتصادية.

٦- الأسباب الجزائية:

إن التهرب الضريبي يعتبر جريمة يعاقب عليها القانون وبناء عليه فقـد تساعد العقوبة التي يفرضها المشرع على المتهرب مـن الضرائب عـلى الإقلال من التهرب الضريبي، فالمكلف يوازن بيـن مبلغ الضريبة المترتب عليه وبين العقوبة التي سيتعرض لها إذا هو تهرب من دفعه واكتشف أمره فإذا كانـت العقوبة قاسية تردد في ارتكاب هذا الفعل والعكس صحيح. وهذا ما جعل المشرع يعاقب جريمة التهرب الضريبي بالحبس وبالغرامة وبأن يدفع بالإضافة إلى المبلغ الذي حاول التهرب مـن دفعه مبلغاً آخر لا يقـل عـن مثلـه، هذا ويمكن إعطاء مثال على ذلك ما جاء في نص المـادة (٤٢) مـن قانون ضريبة الدخل رقم (٥٧) لسنة ١٩٨٥ وتعديلاته والذي جاء فيه ما يلي:

كل من تهرب عمداً أو حاول التهرب أو ساعدأوحرض غيره على التهرب من الضريبةبأن أتى قصداً أي فعل من من الأفعـال التالية: ....، .... يعاقب عند إدانته عن كل جرم من هذه الجرائم بالحبس لمدة تتراوح بين أسبوع

وسنة أو بغرامة لا تقل عن مائة دينار ولا تزيد على خمسمائة دينار وفي كل الأحوال يضمن مثلي النقص الذي حدث في مقدار الضريبة.

رابعاً: آثار التهرب الضريبي:

يؤدي التهرب الضريبي إلى الإضرار من الناحية المالية بالخزينة العامة والمكلفين على حد سواء. ففيما يتعلق بالخزينة العامة يؤدي التهرب الضريبي إلى انخفاض الحصيلة الضريبية وبالتالي يؤدي إلى عدم استطاعة الدولة القيام بالخدمات العامة الملقاة على عاتقها على الوجه الأكمل. وفيما يتعلق بالمكلفين يؤدي التهرب الضريبي إلى المساس بالعدالة الضريبية نظرا لأن بعض المكلفين يدفع الضريبة بينما يتهرب منها البعض الآخر جزئياً أو كليا.[(١)]

وقد تؤدي كثرة التهرب الضريبي إلى أن تزيد الدولة معدل (سعر) الضرائب المعمول بها أو أن تفرض ضرائب جديدة لتعويض خزينة الدولة عما فاتها من نقص في حصيلة الدولة من الضرائب بسبب ارتكاب أفعال التهرب الضريبي وبالتالي يزداد العبء الضريبي على المكلفين الملتزمين بأحكام القانون الضريبي الذين لا يتهربون من دفع الضرائب مما يؤدي إلى توزيع الأعباء والتكاليف العامة توزيعاً غير عادل.

خامساً: وسائل مكافحة التهرب الضريبي:[(٢)]

إن مكافحة التهرب الضريبي تستدعي العمل على تلافي أسبابه ومعالجتها وحيث أن التهرب الضريبي قد يتم داخل إقليم الدولة الواحدة أو على نطاق أكثر من دولة لذلك فإن وسائل مكافحة هذا التهرب قد تكون داخلية وقد تكون دولية.

---

(١) الدكتور محمد سعيد فرهود - علم المالية العامة - المرجع السابق - صفحة (٤١٣).

(٢) - الدكتور شريف رمسيس تكلا - الأسس الحديثة لعلم مالية الدولة - المرجع السابق صفحة (٢٥٨) وما بعدها.

- الدكتور محمد حلمي مراد - مالية الدولة - المرجع السابق - صفحة (٢٤٧) وما بعدها.

(١) ففيما يتعلق بمجال التهرب الضريبي الداخلي.

تلجأ الدولة إلى عدة وسائل لمكافحة التهرب الضريبي الداخلي ومن أهمها ما يلي:

١. تنمية الوعي الضريبي عند المكلفين وتعريفهم بضرورة الالتزام الضريبي، وهذا يتطلب تعريف الأفراد بواجباتهم الضريبية بوسائل الإعلام المختلفة وتشجيعهم على تنظيم حساباتهم المالية حتى يسهل للإدارة الضريبية محاسبتهم عن إيراداتهم الحقيقية وتعريفهم دائماً وباستمرار بمختلف الإنجازات التي تقوم بها الدولة بفضل أدائهم للضرائب.

٢. تشديد العقوبات المقررة على كل من يرتكب جريمة التهرب الضريبي مع مراعاة أن هذه الجريمة تمثل اعتداء على حقوق المجتمع لا يقل خطورة عن الاعتداء على الحقوق الفردية.

٣. اللجوء إلى الإجراءات الوقائية والمتمثلة بتعديل الأحكام القانونية المتعلقة بتقدير وتحصيل الضرائب على نحو يكفل الحد من إمكانيات التهرب الضريبي، ومنها على سبيل المثال:

أ. حجز الضريبة عند المنبع:

وتعتبر هذه الوسيلة من أهم الوسائل التي تحد من التهرب الضريبي لأنها تعمل على حجز مبلغ الضريبة المستحق عند مدين المكلف ويقوم هذا الأخير بدفعها نيابة عن المكلف للإدارة الضريبية ولا مصلحة له في مساعدة المكلف على التهرب من الضريبة وتجدر الإشارة هنا إلى أن أسلوب حجز الضريبة عند المنبع وان صلح تطبيقه بالنسبة للضريبة على الدخل ولبعض الدخول فقد يكون من الصعوبة بمكان تطبيقه بالنسبة لجميع الضرائب ولجميع الدخول. ويمكن إعطاء أربعة أمثلة عملية لتطبيق هذه الوسيلة .

المثال الأول: الزم المشرع الضريبي كل شخص حين دفعه دخلا غير معفى من الضريبة لشخص غير مقيم مباشرة أو بالواسطة أن يخصم من هذا الدخل (١٠%) عشرة بالمائة وأن يعد بيانا يوضح فيه مقدار الدخل والمبلغ المخصوم وان يزود كلا من دائرة ضريبة الدخل والمبيعات والمستفيد بنسخة من هذا البيان وأن يدفع المبلغ المخصوم إلى الدائرة المذكورة نيابة عن الشخص غير المقيم خلال شهر واحد من تاريخ الخصم^(١).

المثال الثاني: الزم المشرع الضريبي كل شخص مسؤول عن دفع راتب أو أجر أو علاوة او مكافأة أو مخصصات غير معفاة من الضريبة أن يخصم منها عند دفعها الضريبة المقررة وأن يقدم لدائرة ضريبة الدخل والمبيعات كشفا بالمبالغ التي خصمها وأن يقوم بدفع هذه المبالغ شهريا نيابة عن الموظفين والمستخدمين العاملين لديه^(٢).

المثال الثالث: الزم المشرع الضريبي كل شركة أو مؤسسة عامة أو أي شخص معنوي آخر حين دفعه أي مبلغ كالتزام أو مسانهة أو اتعاب أو أجور أو ما ماثل ذلك للمقيمين من الأطباء والمحامين والمهندسين ومدققي الحسابات والخبراء والمستشارين والمفوضين عن المكلفين وغيرهم من أصحاب المهن الحرة بما في ذلك المبالغ المدفوعة مقابل بيع أو تأجير أو منح حق الامتياز لاستعمال او استغلال أي علامة تجارية أو تصميم او براءة اختراع أو حقوق تأليف وطبع أو أي عوض آخر عنها، ان يخصم من هذه الدخول ما نسبته (٢%) منها كدفعة على حساب الضريبة المستحقة على أي من هؤلاء الأشخاص واعداد بيان يوضح فيه مقدار الدخل والمبلغ المخصوم وتزويد دائرة ضريبة الدخل والمبيعات بنسخة من هذه

---

(١)   الفقرة (أ) من المادة (١٨) من قانون ضريبة الدخل رقم (٥٧) لسنة ١٩٨٥ وتعديلاته

(٢)   الفقرة (أ) من المادة (١٩) من قانون ضريبة الدخل رقم (٥٧) لسنة ١٩٨٥ وتعديلاته

البيان ودفع المبلغ الذي تم خصمه إلى الدائرة المذكورة في مدة اقصاها تسعين يوماً من تاريخ الخصم.[1]

المثال الرابع: الزم المشرع الضريبي البنوك والشركات المالية المرخصة والشركات المسموح لها بقبول الودائع ومؤسسات الاقراض المتخصصة في المملكة الأردنية الهاشمية ان تقتطع من فوائد الودائع والعمولات وأرباح الودائع المشاركة في استثمار البنوك والشركات المالية المدفوعة من قبلها لأي شخص ما نسبته (٥%) من قيمة هذه الفوائد والعمولات والأرباح وتوردها لدائرة ضريبة الدخل والمبيعات خلال ثلاثين يوماً من تاريخ استحقاقها.[2]

ب. حق الاطلاع المقرر لموظفي الضرائب:

تعطي التشريعات الضريبية لموظفي الضرائب حق الاطلاع على الدفاتر والسجلات والوثائق لدى المكلفين للحصول على المعلومات اللازمة التي تمكنهم من تقدير الضريبة بشكل عادل للمكلف والخزينة على حد سواء، هذا من جهة ومن جهة أخرى للتأكد من عدم وجود غش أو تحايل أو إخفاء للمعلومات بهدف التهرب الضريبي.

حيث يجوز لأي موظف مفوض من موظفي دائرة ضريبة الدخل والمبيعات بموافقة مديرها أن يدخل في أي مكان يجري تعاطي عمل فيه وأن يفحص البضائع المخزونة والنقد والآلات والماكنات والدفاتر والقيود والمستندات الأخرى المتعلقة بذلك العمل كما يجوز له ضبط هذه السجلات والحسابات والمستندات والاحتفاظ بها لمدة لا تزيد على عشرين يوما ولمرة واحدة في السنة اذا اقتنع ان الاحتفاظ بها ضروري لتنفيذ أحكام قانون ضريبة الدخل[3].

---

(١) الفقرة (أ/٢) من المادة (١٩) من قانون ضريبة الدخل رقم (٥٧) لسنة ١٩٨٥ وتعديلاته.

(٢) الفقرة (أ/٤/أ) من المادة (١٩) من قانون ضريبة الدخل رقم (٥٧) لسنة ١٩٨٥ وتعديلاته.

(٣) الفقرة (ب) من المادة (٢٣) من قانون ضريبة الدخل رقم (٥٧) لسنة ١٩٨٥ وتعديلاته

جـ التبليغ من الغير:

يلزم المشرع الضريبي في بعض الأحيان أشخاصاً معينين أو جهات معينة بتبليغ الإدارة الضريبية عن المعاملات والتصرفات التي تساعدها على تقدير الضرائب على المكلفين، كما تعطي بعض الدول المكافآت المالية لكل من يقدم للإدارة الضريبية معلومات تساعدها في مراقبة كشوف التقدير الذاتي للمكلفين أو اكتشاف التهرب الضريبي. ويمكن إعطاء مثالين عمليين لتطبيق هذه الوسيلة:

المثال الأول:

لدائرة ضريبة الدخل والمبيعات طلب المعلومات الضرورية لتنفيذ أحكام قانون ضريبة الدخل من أي شخص أو جهة كانت ويشترط في ذلك أن لا يلزم موظفو الحكومة والمؤسسات العامة والسلطات المحلية على افشاء اية تفاصيل يكونون ملزمين بحكم القانون بالمحافظة عليها وكتمانها. كما يشترط عدم المساس بسرية العمليات المصرفية ويعتبر كل من يمتنع عن اعطاء هذه المعلومات انه ارتكب جرم التهرب الضريبي[١] .

المثال الثاني:

لمجلس الوزراء ان يصدر التعليمات أو الأنظمة المتعلقة بالمكافآت الخاصة بموظفي دائرة ضريبة الدخل والمبيعات وغيرهم واستحقاقها وكيفية دفعها والاكراميات التي تسير حسن تحقيق الضريبة وعدالة فرضها ويخصص سنوياً في موازنة الدولة المبالغ اللازمة للانفاق على تلك الوجوه وعلى تحسين سير العمل وحسن الأداء في الدائرة المذكورة وتطوير جهازها[٢].

د- أحكام الرقابة على كشوف التقدير الذاتي

حتى يمكن التحقق من صحة المعلومات والبيانات الواردة في كشوف التقديرالذاتي المقدمةمن المكلفين للادارةالضريبية.ويمكن بلوغ هذا الهدف من

---

(١) الفقرة (أ) من المادة (٢٣) من قانون ضريبة الدخل رقم (٥٧)

(٢) الفقرة (ب) من المادة (٤٩) من قانون ضريبة الدخل رقم (٥٧) وتعديلاته لسنة ١٩٨٥.

خلال إنشاء مركز للمعلومات لتجميع كشوف التقدير الذاتي للمكلفين ودراسة البيانات التي ترد منهم ومن المتعاملين معهم ومقارنتها ببعضها البعض.[1]

(٢) وفيما يتعلق بمجال التهرب الضريبي الدولي: حيث لم يعد التهرب من الضرائب يقف عند حدود الدولة الواحدة بل أصبح التهرب الضريبي يتم على المستوى الدولي ويتضح ذلك عندما يلجأ المكلف إلى تهريب أمواله إلى خارج البلاد حتى لا تتمكن الدوائر الضريبية من تحصيل الضرائب المفروضة عليه، أو عندما تكون بعض مصادر الدخل الخاضعة للضريبة موجودة في خارج البلاد، ويعمد المكلف إلى عدم التصريح بوجود هذه المصادر بالمرة أو يخفي جزءاً منها. لذلك تلجأ الدول إلى مكافحة هذا التهرب باتباع وسيلتين أحداهما داخلية والأخرى خارجية وهما:

أ- اتخاذ الإجراءات اللازمة لمعرفة مصادر دخل المكلفين في الخارج ومقدار الأرباح التي يحصلون عليها كأن تلزمهم الدولة بتقديم كشوف (إقرارات) بذلك، أو بالاطلاع على حسابات البنوك لمعرفة وتحديد الدخول التي يحصل عليها عملاؤها من الخارج أو بإلزام البنوك بتقديم كشوف مفصلة بذلك أو بأن تقتطع منها الضرائب المستحقة عليها مباشرة وتدفعها إلى الخزينة العامة.

ب- بعقد الاتفاقيات الدولية لمكافحة التهرب الضريبي الدولي. وتهدف هذه الاتفاقيات إلى تدعيم التعاون بين الدوائر الضريبية للدول المتعاقدة من أجل تبادل المعلومات والمساعدة اللازمة لتحصيل الضرائب التي تفرضها إحدى الدول على بعض المكلفين ولا تتمكن من تحصيلها لوجودهم أو وجود أموالهم في أراضي الدولة الأخرى. وتهدف هذه الاتفاقيات كذلك إلى منع حدوث الازدواج الضريبي الدولي حتى لا يكون للمكلف مبررا للتهرب

---

(١) الدكتور شريف رمسيس تكلا – الأسس الحديثة لعلم مالية الدولة – المرجع السابق – صفحة (٢٥٦).

الضريبي بحجة أن هذا الازدواج يستهلك جزءاً كبيراً من الأرباح المتأتية له من الخارج.

سادساً: الضمانات الدستورية المتعلقة بحريات المكلفين أثناء إجراءات مكافحة التهرب الضريبي

تقتضي عملية فرض الضريبة على المكلفين وتحصيلها ومنع التهرب من دفعها وفقاً لأحكام القانون الضريبي ملاحقة مرتكبي الجرائم الواقعة خلافاً لأحكام هذا القانون، وهذه الملاحقة تتطلب القيام ببعض الإجراءات الضرورية لجمع أدلة الإثبات والتحري عن مرتكبي هذه الجرائم والتي قد تؤدي إلى المساس بحريات المكلفين بدفع الضريبة.

لقد أحاطت الوثائق الدستورية هذه الحريات بالاحترام والقدسية فقد نصت الفقرة (١) من المادة (١٤) من الميثاق العربي لحقوق الإنسان لسنة ٢٠٠٤[1] على أن لكل شخص الحق في الحرية وفي الأمان على شخصه، ولا يجوز توقيفه أو تفتيشه أو اعتقاله تعسفاً بغير سند قانوني، كما وقد أحاطت الدساتير هذه الإجراءات بالعديد من الضمانات الدستورية الضرورية لحماية حريات المكلفين وحقوقهم في حياتهم الخاصة وهذه الضمانات متعلقة بالتفتيش ودخول الأماكن واحترام سرية المعلومات الضريبية وحرية التنقل.

(١) الضمانات الدستورية المتعلقة بالتفتيش ودخول الأماكن

من أهم حقوق الإنسان في العصر الحديث أن تحترم حياته الخاصة وأن تحفظ أسراره التي يجب إلا يطلع عليها الآخرون بغير إذنه، ويتمثل ذلك في حماية

(١) المنشور على الصفحة (٤٤٧٨)، من العدد رقم (٤٦٧٥)- من الجريدة الرسمية في الأردن- الصادر بتاريخ ٢٠٠٤/٩/١٦.

حرمة المسكن وحرمة الاتصالات والمراسلات الخاصة بمالك المسكن[1]، ونظراً لأهمية احترام الحياة الخاصة وردت ضمانات دستورية وقانونية في كافة التشريعات الحديثة بتنظيم قواعد تفتيش الأماكن والأشخاص وتفصيل أحكامه من أجل صيانة حقوق الأفراد وعدم التعسف في التدخل في حياتهم الخاصة وعدم الإعتداء على حصانة مساكنهم أو مراسلاتهم إلا إذا كان هناك مبرر لذلك[2]، ونظراً لأهمية هذه القواعد على الحريات الفردية فقد وضعت بعض أحكام التفتيش في نصوص دستورية، فقد نصت المادة (٤٤) من الدستور المصري لسنة ١٩٧١ على أن "للمساكن حرمة فلا يجوز دخولها ولا تفتيشها إلا بأمر قضائي مسبب وفقاً لأحكام القانون"، وكذلك المادة (١١) من الدستور الأردني لسنة ١٩٥٢ فقد نصت على أن "للمساكن حرمة فلا يجوز دخولها إلا في الأحوال المبينة في القانون وبالكيفية المنصوص عليها فيه"، ومن هنا يلاحظ أن أحكام تفتيش المساكن قد وضعت بقواعد دستورية نظراً لأهميتها على الحريات الفردية حتى لا يصح تجاوزها بتشريع عادي[3].

والأصل أن التفتيش سواء للأشخاص أو المساكن هو إجراء تحقيق فلا يجوز ممارسته إلا من قبل السلطة المختصة بالتحقيق وهي النيابة العامة، وهذا يعني أنه لا يجوز للضابطة العدلية القيام به ولكن المُشرع خول هذه الضابطة سلطة إجراء التفتيش في حالات استثنائية خشية ضياع الأدلة[4]، وتنطبق هذه القاعدة في مجال ملاحقة جرائم التهرب الضريبي حيث أن القوانين الضريبية في فرنسا ومصر والأردن تنص عادة على منح موظفي الضرائب صلاحية إجراء التفتيش

---

(١) الدكتور هاني الطعيمات- حقوق الإنسان وحرياته الأساسية- دار الشروق للنشر والتوزيع- عمان- ٢٠٠١-صفحة (١٢٧).

(٢) فاروق الكيلاني- محاضرات في أصول المحاكمات الجزائية- المرجع السابق- صفحة (٣٩٨).

(٣) فاروق الكيلاني- محاضرات في أصول المحاكمات الجزائية- المرجع السابق- صفحة (٤١٦).

(٤) فاروق الكيلاني- محاضرات في أصول المحاكمات الجزائية- المرجع السابق- صفحة (٣٩٩).

الإداري بهدف التحري عن ارتكاب الجريمة ومن أبرز أمثلة التفتيش الذي يجريه موظفو الجمارك في ملابس وحقائب المسافرين[١].

وفي فرنسا أجازت المادة (٨٩) من قانون الميزانية لسنة ١٩٨٤ للعاملين في إدارة الضرائب خصوصاً ممن يحددهم مدير الضرائب وبمعاونة من ضباط البوليس القضائي أن يلجأوا وبإذن من القاضي العادي للتفتيش والتحفظ من أجل البحث عن المخالفات في مجال الضرائب المباشرة، غير أن المجلس الدستوري قضى بعدم دستورية هذا النص كونه يتضمن إخلالاً بدور السلطة القضائية في حماية الحرية الفردية بما فيها حرمة المسكن وفقاً للمادة (٦٦) من الدستور الفرنسي التي تعهد إلى السلطة القضائية بحماية الحرية الفردية من جميع جوانبها.[٢]

وفي مصر نصت المادة (٩٥) من قانون الضريبة على الدخل رقم (٩١) لسنة ٢٠٠٥ على أن يلتزم الممول باستقبال موظفي مصلحة الضرائب ممن لهم صفة الضبطية القضائية وتمكينهم من الإطلاع على ما لديه من دفاتر ومستندات ومحررات، ولوزير المالية أن يأذن لموظفي المصلحة ممن لهم هذه الصفة دخول مقار عمل الممول خلال ساعات عمله دون إخطار مسبق وذلك إذا توافرت للمصلحة أسباب جدية على تهرب الممول من الضريبة.

وقد أكدت محكمة النقض في مصر[٣] على ضرورة خضوع موظفي الضرائب إلى القواعد الخاصة التي وردت في قانون الإجراءات الجنائية باعتبار أن التفتيش عملاً من أعمال التحقيق، لا يجوز الالتجاء إليه إلا بمقتضى أمر من السلطة المختصة، وحيث تتوافر الدلائل على وقوع جريمة من جرائم التهرب

(١) الدكتور محمود نجيب حسني-الدستور والقانون الجنائي-دار النهضة العربية- القاهرة- ١٩٩٢- صفحة (٩٠).

(٢) الدكتور محمد محمد عبد اللطيف- الضمانات الدستورية في المجال الضريبي- المرجع السابق- صفحة (٢١٧) وما بعدها.

(٣) نقض جنائي في الطعن رقم (١٥٩٨) سنة (٤٨)، قضائية تاريخ ١٩٨٢/١١/١٥ - مشار إليه في موسوعة الدكتور زكريا بيومي في القوانين والأحكام والفتاوي الضريبية- المرجع السابق- صفحة (١٥٧٧).

الضريبي وإذا كان الثابت بالأوراق، أن تفتيش مسكن المطعون ضده ومكتبه للمحاماة الذي أسفر عن ضبط أوراق ومستندات اعتمدت عليها مصلحة الضرائب الطاعنة في الربط الإضافي والربط الأصلي قد تم بدون إذن من السلطة المختصة، وعلى خلاف القانون فإنه يكون قد وقع باطلاً ويبطل بالتالي ما استمدت منه وما ترتب عليه مباشرة من آثار.

وترى محكمة النقض في هذا القرار أن ما ذهبت إليه مصلحة الضرائب الطاعنة من أن قوانين الضرائب لا تقيدها في سبيل ربط الضريبة والحصول على حقوق الخزانة بمشروعية الدليل فهو قول لا سند له من القانون ويتعارض مع نصوص الدستور، إذ لا يتصور أن تستباح حريات الأفراد في سبيل الحصول على موارد الدولة من الضرائب، بينما كفل الدستور هذه الحريات عند استعمال الدولة لحقها في العقاب فلم يطلق يدها في المساس بحريات الأفراد وإنما وضع من القيود والإجراءات ما يكفل صيانتها، والقول بغير هذا يجعل القانون الضريبي في منزلة أعلى من الدستور وهو أمر غير مقبول وإذا التزم فيه هذا النظر وقضى بإلغاء الربط المستمد من الأوراق والمستندات التي أسفر عنها التفتيش الباطل فإنه يكون قد أصاب صحيح القانون[1].

وفي الأردن وردت نصوص عديدة في القوانين الضريبية تمنح موظفي الضرائب سلطة إجراء التفتيش الإداري، ومن أمثلتها نص الفقرة (ب) من المادة (٢٣) من قانون ضريبة الدخل رقم (٥٧) لسنة ١٩٨٥ وتعديلاته، والتي أجازت لمدير عام دائرة ضريبة الدخل والمبيعات أو لأي موظف مفوض من قبله خطياً، أن يدخل أي مكان يجري تعاطى عمل فيه وأن يفحص البضائع المخزونة والنقد والآلات والماكنات والسجلات الحسابية والقيود والمستندات الأخرى المتعلقة بذلك العمل ، كما يجوز له ضبط هذه السجلات والحسابات والمستندات والاحتفاظ بها لمدة

(١) الدكتور محمد محمد عبد اللطيف- الضمانات الدستورية في المجال الضريبي- المرجع السابق- صفحة (٢١٦).

لا تزيد على عشرين يوماً ولمرة واحدة في السنة إذا اقتنع أن الاحتفاظ بها ضروري لتنفيذ أحكام قانون ضريبة الدخل المشار إليه، وقد اعتبرت الفقرة (جـ) من نفس المادة مدير عام دائرة ضريبة الدخل والمبيعات وموظفي الدائرة الذين يفوضهم خطياً أثناء قيامهم بأعمالهم من رجال الضابطة العدلية، وذلك في حدود اختصاصهم وفي الحالات التي تستدعي ذلك، ويكون التفويض في كل حالة على حده وعلى السلطات الرسمية أن تقدم لموظفي الدائرة المساعدة اللازمة لتمكينهم من القيام بأعمالهم.

كما وقد نصت الفقرة (ب) من المادة (٣٠) من قانون الضريبة العامة على المبيعات رقم (٦) لسنة ١٩٩٤ على أن لموظفي دائرة ضريبة الدخل والمبيعات إجراء التفتيش على عمليات الإنتاج والبيع لاحتمال وجود تهرب أو مخالفة لأحكام هذا القانون، فلا يجوز القيام بهذه الإجراءات إلا بموجب مذكرة تفتيش خاصة صادرة عن المدير، ولكل حالة على حدة وللموظف في هذه الحالة التحفظ على السجلات والقيود لمدة أقصاها ستة شهور والسلع مدة أقصاها ثلاثة أسابيع من تاريخ تقديم المكلف جميع الوثائق المطلوبة.

كما وقد نصت المادة (٢٨) من نفس القانون على ما يلي:

أ- يعتبر المدير وموظفو الدائرة المفوضون خطياً من قبله أثناء قيامهم بأعمالهم من رجال الضابطة العدلية وذلك في حدود اختصاصهم.

ب- على السلطات الرسمية المختصة أن تقدم لموظفي الدائرة المساعدة اللازمة لتمكنهم من القيام بأعمالهم.

والسؤال الذي يطرح نفسه هنا هو هل تعتبر مثل هذه النصوص دستورية وفقاً لأحكام الدستور الأردني لسنة ١٩٥٢ الذي نص على حماية الحرية الشخصية وحرمة المساكن كما سبق القول؟

وللإجابة عن هذا السؤال يمكن القول بأن مثل هذه النصوص تجيز دخول الأماكن التي يجري تعاطي العمل فيها حصراً، وبالتالي يعتبر تفتيشاً إدارياً صحيحاً ومشروعاً لأنه يستند إلى قوانين خاصة تجيزه ولا يعتبر التفتيش في مثل هذه النصوص إجراء من إجراءات التحقيق لأنه في أغلب الأحيان لا يستهدف الحصول على الدليل في جريمة وقعت، وإنما هو إجراء استدلال لربط وتحصيل الضريبة إستناداً إلى قوانين خاصة[1].

وبناءً عليه تعتبر هذه النصوص دستورية كونها لا تخول موظفي الضرائب صلاحية استعمال العنف وكسرـ وخلع الأبواب أو الصناديق أو الخزائن الموجودة في مكان العمل من أجل الحصول على السجلات والقيود والمستندات، وكل ما يرتبه القانون على امتناع المكلف عن إبراز هذه الأوراق أو إخفائها للتملص من دفع الضريبة كلياً أو جزئياً معاقبته بالعقوبات المنصوص عليها في القانون الضريبي[2]، كما أن مثل هذه النصوص تعتبر دستورية خاصة وأنها لم تجز دخول المساكن لتفتيشها لأن مثل هذا الإجراء لا يجوز أن يتم إلا وفقاً للإجراءات المنصوص عليها في قانون أصول المحاكمات الجزائية، وعند توفر دلائل كافية لوقوع جريمة التهرب الضريبي، ومن هذه الإجراءات أن يقوم بتفتيش المساكن المدعي العام بصفته جهة التحقيق الأصلية أو أن ينيب أحد موظفي الضرائب الذين لهم صفة الضابطة العدلية لإجراء أية معاملة تحقيقيه ومنها تفتيش المساكن ضمن شروط وقيود معينة[3]، وهو ما نصت عليه الفقرة (ج) من المادة (٣٠) من قانون الضريبة العامة على المبيعات رقم (٦) لسنة ١٩٩٤ عندما اشترطت عدم جواز

(١) فاروق الكيلاني- محاضرات في أصول المحاكمات الجزائية- المرجع السابق- صفحة (٤٠١).

(٢) القرار الخاص بتفسير القوانين رقم (٩) لسنة ١٩٨١ تاريخ ١٩٨١/٣/٣- المنشور على الصفحة (٣٩١)- من عدد الجريدة الرسمية رقم (٢٩٩٤) تاريخ ١٩٨١/٤/١.

(٣) لمزيد من التفاصيل راجع:
الدكتور حسن جوخدار- شرح قانون أصول المحاكمات الجزائية الأردني- الجزءان الأول والثاني- الطبعة الأولى- ١٩٩٣- صفحة (٢٩٥) وما بعدها.

تفتيش بيوت السكن إلا وفقاً للإجراءات المنصوص عليها في قانون أصول المحاكمات الجزائية وعند توفر دلائل كافية على وجود جريمة التهرب من الضريبة.

(٢) الضمانات الدستورية المتعلقة بإحتزام سرية المعاملات الضريبية

ترتبط فكرة السرية ارتباطاً وثيق الصلة بحماية الحياة الخاصة لدرجة أن قيل وبحق أن فكرة السرية أو الالتزام بعدم إفشاء الأسرار ما هي إلا وسيلة لضمان الحياة الخاصة ضد تدخل الغير[١].

وتكرس الكثير من دساتير الدول ومنها مصر والأردن مبدأ احترام الحياة الخاصة للأفراد، فالفقرة الأولى من المادة (٤٥) من الدستور المصري لسنة ١٩٧١ تنص على أن "لحياة المواطنين الخاصة حرمة يحميها القانون"، كما وقد نص الدستور الأردني لسنة ١٩٥٢على حماية بعض مظاهر الحياة الخاصة كحرمة المسكن[٢]، وسرية جميع المراسلات البريدية والبرقية والمخاطبات الهاتفية والتي لا يجوز أن تخضع للمراقبة أو التوقيف إلا في الأحوال المعينة في القانون[٣]، كما وقد نصت المادة (٢١) من الميثاق العربي لحقوق الإنسان لسنة ٢٠٠٤[٤]، بأن لا يجوز تعريض أي شخص، على نحو تعسفي أو غير قانوني، للتدخل في خصوصياته أو شؤون أسرته أو بيته أو مراسلاته أو بتشهير يمس شرفه أو سمعته، ومن حق كل شخص أن يحميه القانون من مثل هذا التدخل أو المساس.

وتعتبر الذمة المالية والدخل الخاص بالفرد من عناصر الحياة الخاصة، وإذا كانت الضرائب هي أحد عناصر الذمة المالية، لذلك يجب أن تحاط بالسرية التامة

---

(١) الدكتور ممدوح خليل بحر- حماية الحياة الخاصة في القانون الجنائي- دراسة مقارنة- مكتبة دار الثقافة للنشر والتوزيع- عمان، ١٩٩٦- صفحة (١٩٥).

(٢) المادة (١٠) من الدستور الأردني لسنة ١٩٥٢.

(٣) المادة (١٨) من الدستور الأردني لسنة ١٩٥٢.

(٤) المنشور على الصفحة (٤٤٧٨)- من العدد رقم (٤٦٧٥)- من الجريدة الرسمية في الأردن- الصادر بتاريخ ٢٠٠٤/٩/١٦.

وأي خروج عليها يجب أن يتم تنظيمه بصرامة[1]، حيث يطلع موظفو الضرائب لدى قيامهم بأعمال تقدير أو تحصيل الضريبة أو أثناء قيامهم بأعمال التفتيش ودخول الأماكن لتعقب الجرائم الضريبية أو اكتشافها بالإطلاع على البيانات المالية الخاصة بالمكلفين بدفع الضريبة، وهنا يثور التساؤل عن مدى شرعية ذلك الإجراء وعن المدى الذي يتوجب على الإدارة الضريبية فيه أن تحافظ على سرية المعلومات التي حصلت عليها نتيجة القيام بأعمال موظفوها؟ وللإجابة على هذا التساؤل لابد من البحث في موضوعين يتعلق الأول بحق الإدارة الضريبية في الإطلاع على الأسرار الخاصة بالمكلفين والثاني بالتزامها بالمحافظة عليها.

١- حق الإدارة الضريبية في الإطلاع على الأسرار الخاصة بالمكلفين بدفع الضريبة

يقوم موظفو الضرائب أثناء قيامهم بالتفتيش الإداري بالإطلاع على البيانات المالية الخاصة بالمكلفين لغايات تنفيذ أحكام القوانين الضريبية بتقدير الضريبة وتحصيلها أو تعقب أي جرم يقع خلافاً لأحكامها، فيجوز لهم في سبيل ذلك الدخول في أي مكان يجري تعاطي عمل فيه وأن يفحصوا البضائع المخزونة والنقد والآلات والماكينات والسجلات الحسابية والقيود والمستندات الأخرى المتعلقة بذلك العمل[2]، ويثور في هذا الصدد التساؤل عن الحالة التي تكون فيها المعلومات الخاصة بالمكلفين بدفع الضريبة موجودة لدى الغير، فهل يجوز لموظفي الضرائب أن يطلّعوا عليها لغايات أعمالهم؟ للإجابة على هذا التساؤل يمكن القول بأن الإدارة الضريبية تملك عدة امتيازات في مواجهة غير المكلفين هؤلاء، هذه الامتيازات

---

(١) الدكتور محمد محمد عبد اللطيف- الضمانات الدستورية في المجال الضريبي- المرجع السابق- صفحة (٢٤٧).

(٢) الفقرة (ب) من المادة (٢٣) من قانون ضريبة الدخل في الأردن رقم (٥٧) لسنة ١٩٨٥ وتعديلاته.

تلزم الغير بواجب إبلاغ الإدارة الضريبية عن المعلومات المتوفرة لديهم[1]، كما أنها تعطي الإدارة الضريبية حق الإطلاع في مواجهتهم، فقد نصت الفقرة (أ) من المادة (٢٣) من قانون ضريبة الدخل في الأردن رقم (٥٧) لسنة ١٩٨٥، على أن للمدير العام لدائرة ضريبة الدخل والمبيعات أو لأي موظف مفوض من قبله خطياً طلب المعلومات الضرورية لتنفيذ أحكام هذا القانون من أي شخص أو جهة كانت، ولكن ضمن قيود تحول دون حصول الإدارة الضريبية على المعلومات اللازمة والكافية لتقدير الضريبة بشكل عادل وتحصيلها بشكل فعال، ومن هذه القيود ما يلي:

١- عدم إلزام موظفي الحكومة والمؤسسات العامة والسلطات المحلية على إفشاء أية تفاصيل يكونون ملزمين بحكم القانون بالمحافظة عليها وكتمانها.

٢- عدم المساس بسرية العمليات المصرفية.

وعلى هذا الأساس أعتبر الديوان الخاص بتفسير القوانين[2] في الأردن أن طلب مدير عام دائرة ضريبة الدخل أو من يفوضه المعلومات من المستشفيات لمعرفة أتعاب الأطباء الذين يتعاملون معها هو طلب قانوني ينسجم مع القانون، ولا يمكن الإدلاء بمواجهته بالنصوص الواردة في الدستور الطبي، لأن طلب مدير عام دائرة ضريبة الدخل والمبيعات هو ضرورة لازمة لتفعيل نصوص قانون ضريبة الدخل، والإدعاء بسرية المعلومات التي قد يصار إلى طلبها من المستشفيات والتي قد تصل إلى

---

(١) الفقرة (أ) من المادة (٤٦) من قانون الضريبة العامة على المبيعات في الأردن رقم (٦) لسنة ١٩٩٤، تنص على أن "تقوم وزارة الصناعة والتجارة بتزويد دائرة ضريبة الدخل والمبيعات بنسخة من التسجيلات الصناعية والخدمية التي تصدر عن الوزارة التي يرغب منشؤها بإنتاج سلع أو تقديم خدمات".

(٢) القرار رقم (٦) لسنة ١٩٩٩ تاريخ ١٩٩٩/٧/٢٩ - المنشور على الصفحة (٣٥٥٠) من عدد الجريدة الرسمية رقم (٤٣٧٩) تاريخ ١٩٩٩/٩/١٦.

أسرار المرضى لا يصلح أساساً لنزع هذه الصلاحية من مدير عام دائرة ضريبة الدخل والمبيعات للأسباب التالية:

١- إن طلب المدير لا تتعلق بأسرار المرضى، وإنما قد يترتب على تدقيق الكشوف المطلوبة معرفة بعض المعلومات العامة عن أمراض المرضى وهي الوسيلة الوحيدة لإنفاذ قانون ضريبة الدخل من هذه الجهة.

٢- أن المعلومات المشار إليها حتى لو كانت سرية تظل كذلك ويمنع تسريبها إلى أي جهة لا يخولها القانون معرفتها بحكم القانون الضريبي، ولا يفترض فيها أن تصل إلى حد المغالاة في التفاصيل السرية غير الضرورية.

٣- أن المُشرع أوضح بنصوص صريحة الأحوال التي تستثنى منها وجوب إجابة طلب مدير عام دائرة ضريبة الدخل والمبيعات وهي عدم الزام موظفو الحكومة والمؤسسات العامة والسلطات المحلية على افشاء أية تفاصيل يكونون ملزمين بحكم القانون بالمحافظة عليها وكتمانها كما يشترط عدم المساس بسرية العمليات المصرفية، ولا يجوز التوسع في تفسير هذا النص، وحيث أن ما لا يتم الواجب إلا به فهو واجب فإن طلب مدير عام دائرة ضريبة الدخل والمبيعات أو من يفوضه المعلومات من المستشفيات لمعرفة أتعاب الأطباء الذين يتعاملون معها هو طلب قانوني.

كما ويلتزم المكلفون بإدارة أية أموال وفقاً للمادة (٩٩) من قانون الضريبة على الدخل في مصر رقم (٩١) لسنة ٢٠٠٥، وكل من يكون من مهنتهم دفع إيرادات القيم المنقولة، وكذلك كل الشركات والهيئات والمنشآت وأصحاب المهن التجارية وغير التجارية وغيرهم من الممولين بأن يقدموا إلى موظفي مصلحة الضرائب ممن لهم صفة الضبطية القضائية عند كل طلب الدفاتر التي يفرض عليهم قانون التجارة أو غيره من القوانين إمساكها، وكذلك غيرها من المحررات والدفاتر والوثائق الملحقة بها وأوراق الإيرادات والمصروفات لكي يتمكن الموظفون

المذكورون من التثبت من تنفيذ جميع الأحكام التي يقررها هذا القانون سواء بالنسبة لهم أو لغيرهم من الممولين، ولا يجوز الامتناع عن تمكين موظفي مصلحة الضرائب المشار إليهم من الإطلاع على أن يتم ذلك بمكان وجود الدفاتر والوثائق والمحررات وغيرها أثناء ساعات العمل العادية ودون حاجة إلى إخطار مسبق.

ولا تثور أية شبهة دستورية حول النصوص السابقة لأن الهدف منها هو تقدير الضريبة بشكل عادل من جهة ومن جهة أخرى، مقاومة التهرب من الضريبة وليس من شأن ذلك الإخلال بالحياة الخاصة للمكلفين بدفع الضريبة، طالما أن موظفي الضرائب ملزمون بالمحافظة على سرية المعلومات الضريبية التي يحصلون عليها بحكم أعمالهم.

٢- التزام الإدارة الضريبية بالمحافظة على سرية المعلومات الخاصة بالمكلفين بدفع الضريبة.

تحدد القوانين الضريبية في مصر والأردن نطاق الالتزام بسرية المعلومات المتعلقة بالمكلفين بدفع الضريبة والتي يحصل عليها موظفو الضريبة، ويخضع لهذا الالتزام جميع الموظفين الذين يناط بهم تطبيق أحكام القوانين الضريبية، ولا تخضع للسرية إلا البيانات المتعلقة بفرض أو تحصيل الضريبة أو ما يتعلق بها من منازعات فلا تشمل المعلومات التي تتوفر للجميع أو تلك المعلومات التي يستوجب القانون فيها العلانية[1].

ففي مصر نصت المادة (١٠١) من قانون الضريبة على الدخل رقم (٩١) لسنة ٢٠٠٥ على أن يلتزم كل شخص يكون له بحكم وظيفته أو اختصاصه أو عمله شأن في ربط أو تحصيل الضرائب المنصوص عليها في هذا القانون، أو في الفصل فيما يتعلق بها من منازعات بمراعاة سرية المهنة، ولا يجوز لأي من

(١) الدكتور محمد محمد عبد اللطيف- الضمانات الدستورية في المجال الضريبي- المرجع السابق- صفحة (٢٤٨).

العاملين بالمصلحة ممن لا يتصل عملهم بربط أو تحصيل الضريبة إعطاء أي بيانات أو إطلاع الغير على أية ورقة أو بيان أو ملف أو غيره إلا في الأحوال المصرح بها قانوناً.

وفي الأردن رتبت الفقرة (أ) من المادة (٤٨) من قانون ضريبة الدخل رقم (٥٧) لسنة ١٩٨٥ وتعديلاته، على كل من يضطلع بواجب رسمي لتنفيذ أحكام هذا القانون "أن يعتبر المستندات والمعلومات والكشوف وقرارات التقدير ونسخها التي يطلع عليها المتعلقة بدخل أي شخص أو مفردات أي دخل أنها سرية ومكتومه وأن يتداول بها على هذا الأساس".

وتوجد حالات استثنائية يجوز للإدارة الضريبية الخروج على مبدأ سرية المعلومات الضريبية دون أن يعتبر ذلك إخلالاً بالحياة الخاصة، ومن أهم هذه الحالات[1]:

١- إذا نص القانون على إلزام الإدارة بتقديم المعلومات الضرورية للغير، ففي هذه الحالة يرتفع واجب الالتزام بالسرية فالمادة (١٠١) من قانون الضريبة على الدخل في مصر رقم (٩١) لسنة ٢٠٠٥ لا تجيز إعطاء بيانات من الملفات الضريبية إلا بناء على طلب كتابي من الممول أو بناء على نص في أي قانون آخر.

٢- إذا طلب المكلف صاحب الشأن إفشاء المعلومات الضريبية لأن السرية مقررة لمصلحته أي لحماية حياته الخاصة، وبالتالي يكون له الحق في التنازل عن هذه الحماية، فالمادة (١٠١) من قانون الضريبة على الدخل في مصر رقم (٩١) لسنة ٢٠٠٥ لا تجيز إعطاء بيانات من الملفات الضريبية إلا بناء على طلب كتابي من الممول.

(١) الدكتور محمد محمد عبد اللطيف- الضمانات الدستورية في المجال الضريبي- المرجع السابق- صفحة (٢٤٩) وما بعدها.

٣- إذا طلب القضاء البيانات الضريبية اللازمة للفصل في نزاع معروض عليه في حال وجود نص في القانون الضريبي يجيز للعاملين في إدارة الضرائب إجابة هذا الطلب ومثال ذلك نص الفقرة (ب) من المادة (٤٨) من قانون ضريبة الدخل في الأردن رقم (٥٧) لسنة ١٩٨٥، والتي نصت على أن الشخص المعين بمقتضى هذا القانون أو المضطلع بتنفيذ أحكامه لا يجوز أن يكلف بأن يبرز أي مستند أو كشف أو قرار تقدير أو نسخ عنها أمام أية محكمة أو يبلغها أي أمر أو شيء مما يكون قد اطلع عليه في سياق تنفيذ أحكام القانون المذكور، ويستثنى من مبدأ سرية المعلومات الضريبية وفقاً لأحكام هذه الفقرة ما يلي:

أ- تقديم البيانات والمعلومات الخاصة بالمكلفين أمام محكمة استئناف قضايا ضريبة الدخل.

ب- تقديم البيانات والمعلومات أمام المحاكم الأخرى إذا كان ذلك ضرورياً لتنفيذ أحكام قانون ضريبة الدخل حسبما يقرره مدير عام دائرة ضريبة الدخل والمبيعات في كل حالة على حده،

ج- إذا كان تقديم هذه البيانات والمعلومات ضرورياً من أجل تعقب أي جرم أرتكب خلافاً لأحكام قانون ضريبة الدخل.

٤- في حال تبادل المعلومات والبيانات الضريبية بين الإدارة الضريبية وبين الجهات التي تتولى تحصيل الأموال العامة لوزارة المالية وفقاً للتنظيم الذي يصدر به قرار من وزير المالية وفقاً للمادة (١٠) من قانون الضرائب على الدخل في مصر رقم (٩١) لسنة ٢٠٠٥، وقد وسعت من دائرة تبادل المعلومات بين الإدارة الضريبية وغيرها من الجهات كالوزارات والدوائر الحكومية والمؤسسات العامة الفقرة (ب) من قانون الضريبة العامة على المبيعات في الأردن رقم (٦) لسنة ١٩٩٤.

٣- الضمانات الدستورية المتعلقة بحرية التنقل في مجال الالتزام الضريبي

تعتبر حرية الفرد في التنقل بحسب رغبته إحدى الحريات الدستورية باعتبارها جزءاً من الحرية الشخصية، وهي تتضمن الحق في مغادرة البلاد بحيث لا يجوز بشكل تعسفي أو غير قانوني منع أي شخص من مغادرة أي بلد، بما في ذلك بلده، أو فرض حظر على أقامته في أية جهة، أو إلزامه بالإقامة في أي بلد، كما لا يجوز نفي أي شخص من بلده أو منعه من العودة إليه[1].

وقد اعتبر المجلس الدستوري في فرنسا حق التنقل من مظاهر الحرية الفردية[2]، كما تضمن العديد من دساتير الدول مثل هذا الحق، فالمادة (٤١) من الدستور المصري لسنة ١٩٧١ تنص على أن لا يجوز القبض على أحد أو تفتيشه أو حبسه أو تقييد حريته بأي قيد أو منعه من التنقل إلا بأمر تستلزمه ضرورة التحقيق وصيانة أمن المجتمع، ويصدر هذا الأمر من القاضي المختص أو النيابة العامة وذلك وفقاً لأحكام القانون، كما نصت على هذا الحق الفقرة (٢) من المادة (٩) من الدستور الأردني لسنة ١٩٥٢ بأنه "لا يجوز أن يحظر على أردني الإقامة في جهة ما ولا يلزم بالإقامة في مكان معين إلا في الأحوال المبينة في القانون".

وقد يتطلب تنفيذ أحكام القوانين الضريبية تقييد حرية المكلفين بدفع الضريبة بالتنقل لإجبارهم على دفع ما يترتب عليهم من ضرائب أو لتعقب جرم ارتكب خلافاً لأحكامها، وفي هذا الصدد يثور التساؤل عن مدى دستورية مثل هذه الإجراءات؟ والإجابة على هذا التساؤل وفقاً لنص المادة (٤١) من الدستور المصري المشار إليها لا يجوز منع المكلف من السفر أو التنقل لأنه لم يدفع الضريبة المترتبة عليه أو ملاحقته بجرم ارتكبه خلافاً لأحكام القانون الضريبي لأن ذلك لا يشكل في حد ذاته تهديداً لأمن المجتمع، كما أن الأمر يجب أن يصدر من

---

(١) الفقرتين (١، ٢) من المادة (٢٧) من الميثاق العربي لحقوق الإنسان لسنة ٢٠٠٤- المنشور على الصفحة (٤٤٧٨) من العدد رقم (٤٦٧٥)- من الجريدة الرسمية الصادر بتاريخ ٢٠٠٤/٩/١٦.

(٢) الدكتور أحمد فتحي سرور- القانون الجنائي الدستوري- المرجع السابق- صفحة (٢٩٧) وما بعدها.

القاضي المختص أو النيابة العامة، وعلى ضوء ذلك يرى جانب من الفقه[1] بأن نص الفقرة (٤) من المادة (٤) من قانون فرض الضريبة على أجور ومرتبات العاملين المصريين في الخارج رقم (٢٠٨) لسنة ١٩٩٤ يشوبها عيب مخالفة الدستور كونها تحظر على الجهات المختصة تجديد الإعارة والإجازة أو إذن العمل إلا بعد تقديم ما يفيد سداد الضريبة، لمخالفة هذا النص للمادة (٤١) من الدستور المصري المشار إليها سابقاً لأن مثل هذا الحظر من شأنه أن يمنع من السفر.

وفي هذا المعنى قضت محكمة القضاء الإداري في مصر[2] بأنه لا يجوز المنع من السفر لتمكين الإدارة من استرداد مستحقات مالية على المدعي غير أن المحكمة في حكمها رأت أن الترخيص أو عدم الترخيص في السفر إلى خارج البلاد هو من الأمور المتروكة لتقدير جهة الإدارة بحسب ما تراه متفقاً مع الصالح العام فلها أن ترفض الترخيص بالسفر إذا قام لديها من الأسباب ما يبرر ذلك، والحكم في هذا الخصوص يتعارض تماماً مع نص المادة (٤١) من الدستور المصري لسنة ١٩٧١ التي لا تجيز تقييد حرية الانتقال إلا بأمر من القاضي المختص أو النيابة العامة وهو ما يعني عدم دستورية المنع من السفر بقرار إداري.

وفي الأردن نصت الفقرة (أ) من المادة (٤٠) من قانون ضريبة الدخل رقم (٥٧) لسنة ١٩٨٥ وتعديلاته على أنه "يجوز للمقدر إجراء التقدير على أي شخص على وشك مغادرة المملكة نهائياً قبل نهاية السنة وفرض الضريبة المستحقة عليه عن الفترة السابقة من السنة وتحصيل الضرائب المستحقة عليه خلال عشرة أيام من تاريخ تبليغه مذكرة خطية بذلك، ويجوز لمدير عام دائرة ضريبة الدخل والمبيعات

---

(١) الدكتور محمد محمد عبد اللطيف- الضمانات الدستورية في المجال الضريبي- المرجع السابق- صفحة (٢٧٠).

(٢) الحكم في القضية رقم (١٤٦١) لسنة (٤٩) قضائية دستورية تاريخ ١٩٩٥/٤/١٨، مشار إليه في مؤلف الدكتور محمد محمد عبداللطيف- الضمانات الدستورية في المجال الضريبي- المرجع السابق- هامش صفحة (٢٦٩).

أن يطلب من السلطات المختصة عدم السماح له بمغادرة المملكة إلى أن تسوى قضيته أو يقدم كفالة لضمان دفع الضريبة.

كما وقد نصت الفقرة (ب) من نفس المادة على أنه "بالرغم مما ورد في أي قانون آخر لرئيس الوزراء بناء على تنسيب وزير المالية إصدار أي أوامر يراها مناسبة بهدف تحصيل الضريبة المستحقة على المكلفين بما في ذلك منع المتخلفين منهم عن السفر إلى خارج المملكة.

ويلاحظ على نص المادة (٤٠) بفقرتيها أنها تخالف أحكام المادة (٧) من الدستور الأردني لسنة ١٩٥٢ بما تنطوي عليه من تقييد للحرية الشخصية في التنقل بغير مسوغ، كما أن هذا النص قد أطلق يد الإدارة الضريبية من جهة، ويد رئيس الوزراء من جهة أخرى لتقييد حرية التنقل لأي شخص مكلف بدفع الضريبة حتى قبل تقديرها واكتسابها الدرجة القطعية لمجرد أن ذلك الشخص على وشك مغادرة المملكة أو أنه قد امتنع عن دفع الضريبة المستحقة عليه، وبذلك فإن هذا النص يفتقر إلى الضرورة التي تسوغ تقييد حرية المكلفين بدفع الضريبة في التنقل لأن التخلف عن سداد دين الضريبة يقتضي التنفيذ على أموالهم بحجزها حجزاً تنفيذياً أو احتياطياً وبيعها جبراً وليس حجز المكلفين أنفسهم ومنعهم من حرية التنقل التي كلفها الدستور، كما تضمنت بعض القوانين الضريبية نصوصاً تتعلق بتوقيف مرتكبي الجرائم الضريبية، ومثال ذلك ما نصت عليه الفقرتين (أ،ب) من المادة (١٩٢) من قانون الجمارك في الأردن رقم (٢٠) لسنة ١٩٩٨ والتي جاء فيها ما يلي:

أ- لا يجوز التوقيف الاحتياطي للأشخاص إلا في الحالات التالية:

١- في حالات جرم التهريب المشهود.

٢- عند القيام بأعمال الممانعة التي تعيق التحقيق في جريمة التهريب أو ما في حكمه.

٣- عندما يخشى ـ فرار الأشخاص أو تواريهم تخلصاً من العقوبات والجزاءات والتعويضات التي يمكن أن يحكم بها عليهم.

ب- يصدر قرار التوقيف عن مدير عام دائرة الجمارك أو من يفوضه بذلك، وتبلغ النيابة العامة المختصة خلال (٢٤) ساعة، ويجوز للمدير تمديدها مهلة مماثلة ولمرة واحدة بعد موافقة النيابة العامة إذا اقتضت ضرورة التحقيق ذلك شريطة أن يحال الموقوف إلى المحكمة الجمركية حال انتهاء التحقيق.

ويلاحظ على مثل هذه النصوص أن المُشرع أعطى صلاحية التوقيف لمدير عام دائرة الجمارك وذلك يعد إخلالاً بإحدى الضمانات الأساسية التي يجب أن يتمتع بها المشتكى عليه (المتهم) وهي عدم جواز توقيفه إلا بقرار صادر عن النيابة العامة أو القاضي المختص من جهة ومن جهة أخرى تطلق يد الإدارة الجمركية في التجاوز على حريات الأفراد بهدف تحصيل الإيرادات الجمركية، كما أنه يتنافى مع مقتضيات مبدأ أصل البراءة والذي يقتضي معاملة المتهم معاملة الأبرياء حتى تثبت إدانته ولا يسوغ بأية حال الخروج على هذا المبدأ الدستوري بتوقيف المشتكى عليه (المتهم) من قبل جهة إدارية.

كما يؤخذ على نص المادة (١٩٢) من قانون الجمارك المذكورة، أنها أطلقت يد الإدارة الجمركية في تقييد حرية الأفراد عن طريق التوقيف في جميع الجرائم والمخالفات الجمركية وبغض النظر عن جسامتها حتى ولو كان الفعل الذي تم إسناده إلى المتهم لا يشكل جريمة أو لا يمثل سوى مخالفة جمركية تستوجب الغرامة كتعويض مدني لدائرة الجمارك حيث أنها أجازت التوقيف في الحالات التي يخشى فيها من فرار الأشخاص أو تواريهم تخلصاً من العقوبات والجزاءات والتعويضات، ويمثل ذلك مساساً بالحرية الشخصية وتقييداً لها دون وجود جريمة مرتكبة خلافاً لأحكام المادة السابعة من الدستور والتي نصت على صيانة هذه الحرية، كما ويؤدي هذا الوضع إلى عدم انسجام واضح في النصوص القانونية، فوفقاً للمادة (١١٤) من قانون أصول المحاكمات الجزائية في الأردن رقم (٩) لسنة

١٩٦١ لا يملك المدعي العام الذي يمثل السلطة المختصة بإجراء التحقيق أن يقرر توقيف المتهم إلا في جرائم على درجة من الجسامة كالجنايات وجرائم الإيذاء والسرقة بينما يملك مدير عام دائرة الجمارك صلاحية التوقيف في كل مخالفة جمركية ولو لم تكن تمثل جريمة معاقباً عليها بعقوبة جزائية.

الفرع الثالث: الازدواج الضريبي:

أولاً: تعريف:

يعرف الازدواج الضريبي بأنه "فرض نفس الضريبة أكثر من مرة على نفس المكلف وعلى نفس المال الخاضع للضريبة.

ويلاحظ أن اصطلاح الازدواج الضريبي غير مقصور على دفع الضريبة مرتين فقط كما يفهم من تفسير كلمة "ازدواج" تفسيراً حرفياً، وإنما يقصد بهذا الاصطلاح دفع المكلف للضريبة أكثر من مرة سواء تعدد دفعها مرتين أو ثلاث مرات أو أربع... الخ، وقد سميت هذه الحالة بالازدواج الضريبي كونها الحالة الغالبة إذ يغلب أن تتعدد الضريبة مرتين[١]، وبالمقابل قد تعدد الضريبة أكثر من ذلك فقد يلتزم مكلف بأحكام قانون الضريبة في أكثر من دولة بسبب ارتباطه بكل منها برابطة معينة .

حيث تختلف القوانين الضريبية على الدخل في الأخذ بمعيار واحد وأكثر من المعايير التالية[٢]:

(١) الدكتور محمد حلمي مراد- مالية الدولة- المرجع السابق- صفحة (٢٠٦) وما بعدها.

(٢) لمزيد من التفاصيل راجع الدكتور عبدالرحمن هادي صالح- اقليمية ضريبة الدخل في القانون العراقي- دراسة مقارنة- رسالة دكتوراة مقدمة إلى كلية الحقوق- جامعة القاهرة- ١٩٨٣- صفحة (٤) وما بعدها.

أولاً: معيار رابطة التبعية السياسية (الجنسية)

تستطيع الدولة استناداً إلى هذا المعيار أن تفرض الضريبة على دخل كل من يتمتع بجنسيتها وبصرف النظر عن مكان وجوده أو موقع أمواله أو مركز مزاولة نشاطه، وذلك لما لها من سيادة على إقليمها وعلى سكان هذا الإقليم، فالمواطن الذي يحصل على الحقوق المتمثلة بالحماية والرعاية والامتيازات واستعمال المرافق العامة التي توفرها له الدولة يجب أن يؤدي الواجبات التي تفرضها عليه، ومن أهمها واجب دفع الضريبة، ويعتبر هذا الواجب في هذه الحالة كواجب الخدمة العسكرية[1].

ثانياً: معيار رابطة التبعية الاجتماعية (الإقامة)

تستطيع الدولة استناداً إلى هذا المعيار أن تفرض الضريبة على كل شخص يقيم على أراضيها حتى ولو كان أجنبياً باعتبار أن هذا الأخير يترتب عليه التزامات وتنهض له حقوق تتلاءم مع طبيعة هذه الإقامة، فالشخص الذي يقيم في دولة ما بهذا الوضع يترتب عليه أن يساهم في الأعباء والتكاليف العامة مقابل تمتعه بمنافع الخدمات العامة التي وفرتها له الدولة وأهمها حماية شخصه وأمواله وتهيئة الظروف اللازمة لتنمية موارده ومصادر دخله[2].

ثالثاً: معيار رابطة التبعية الاقتصادية (مصدر الدخل)

إستناداً إلى هذا المعيار فإن للدولة التي يتحقق فيها المال من أي مصدر كان ومهما كان تصنيفه الحق في إخضاع أرباح هذا المال للضريبة، وبصرف النظر عن جنسية صاحب المال، وسواء كان مقيماً في لدولة أو غير مقيم وسواء كان شخصاً طبيعياً أو معنوياً، المهم ما في الأمر هو أن يتحقق المال في الدولة

(١) الدكتور عادل الحياري- الضريبة على الدخل العام- المرجع السابق، صفحة (١٣٨) وما بعدها.

(٢) الدكتور عبدالرحمن هادي صالح- إقليمية ضريبة الدخل في القانون العراقي- المرجع السابق- صفحة (١٥).

المعنية ليكون هذا التحقق سبباً كافياً لإخضاعه للضريبة خاصة وأن الضريبة كفريضة مالية تتخذ من المال بكل صوره وعاء لها.

وهذا المنطق يقضي بأن تلاحق الضريبة المال حيث يوجد بالإضافة إلى أن الضريبة إقليمية وقانونها إقليمي أيضاً ولا تخرج عن هذه القاعدة إلا استثناء وفقاً لقانون أو لاتفاقية دولية[١].

ويرى جانب من الفقه[٢] أن فكرة هذا المعيار تقوم بالأصل على الروابط الاقتصادية بين الشخص والدولة حيث انتهى الرباط الشخصي الذي كان يربط الحكام بالرعايا مفسحاً المجال لروابط ذات صبغة اقتصادية.

وأن أول من قال بهذا المعيار هو الفقيه الألماني (جورج شانز) في مؤلفه (الالتزام الضريبي) المنشور في سنة ١٨٩٢، والذي يعتبر أساس توزيع اختصاص الدول في فرض الضريبة هو معيار التبعية الاقتصادية[٣]، وذلك باعتبار أن فرض الضريبة على أساس هذا المبدأ يحقق العدالة في توزيع الأعباء الضريبية بين من يساهمون في النشاط الاقتصادي للدولة، كما أنه يحقق الحل المثالي لمشكلات توزيع الاختصاص الضريبي، فالدولة التي يتحقق المال في إقليمها قد ساهمت في إنتاج هذا المال بطريقة أو بأخرى حيث أنها قد وفرت له أسباب الأمن والحماية فمن العدل أن تستوفي فرضيتها المالية مقابل ذلك[٤].

---

(١) الدكتور عبدالله حسن هادي صالح- إقليمية ضريبة الدخل في القانون العراقي- المرجع السابق- صفحة (٣٠) وما بعدها.

(٢) الدكتور دولار علي وآخرون- المالية العامة- منشأة المعارف- الإسكندرية- ١٩٦١- صفحة (٣٤٣).

(٣) الدكتور أحمد ممدوح مرسي- الضريبة على الإيرادات علماً وعملاً- الطبعة الأولى- الجزء الأول- مطبعة فتح الله الياس- القاهرة- ١٩٤٠- صفحة (١١).

(٤) الدكتور زكي عبد المتعال- علم المالية والتشريع المالي المصري- مطبعة فتح الله الياس- القاهرة- ١٩٤١- صفحة (٤٠٠).

ثانياً: شروط الازدواج الضريبي.

يشترط لوجود الازدواج الضريبي توفر الشروط الأربعة التالية:

الشرط الأول: وحدة الشخص الخاضع للضريبة

قد لا يثير هذا الشرط أية صعوبة بالنسبة للأشخاص الطبيعيين على العكس من ذلك بالنسبة للشركات المساهمة العامة أو ذات المسؤولية المحدودة مثلاً. فإذا فرضت الضريبة على أرباح الشركة أو الشركاء ثم فرضت الضريبة على توزيع أرباح الأسهم والحصص الموزعة من قبل الشركة على المساهمين أو الشركاء فيها، فلا يمكن القول بوجود ازدواج ضريبي في هذه الحالة من الناحية القانونية لأن الضريبة الأولى مفروضة على الشركة باعتبارها شخصية معنوية مستقلة مالياً وإدارياً والضريبة الثانية مفروضة على المساهمين أو الشركاء في الشركة.

ولكن من الناحية الاقتصادية فالازدواج الضريبي حاصل كون الشركة ما هي إلا مجموع المساهمين أو الشركاء وأرباح الشركة هي نفسها التي توزع عليهم في صورة ربح لكل سهم أو حصة من رأسمالها. وبناء عليه يلاحظ أن الأرباح نفسها تخضع للضريبة مرتين:

الأولى: عند تحقق هذه الأرباح لدى الشركة.

والثانية: عند توزيع هذه الأرباح على المساهمين والشركاء.

الشرط الثاني: وحدة المال الخاضع للضريبة

حتى يتحقق الازدواج الضريبي يجب أن تفرض الضريبة أكثر من مرة واحدة على نفس المطرح أو الوعاء الخاضع للضريبة، وبالتالي فإذا اختلف هذا المطرح أو الوعاء فلا يمكن القول بوجود ازدواج ضريبي. ويمكن إعطاء مثالين على ذلك :

المثال الأول:

إخضاع الدخول بما فيها الفوائد والعمولات وعوائد الاستثمارات المالية وأرباح المتاجرة بالعملات والمعادن الثمينة والأوراق المالية المتحققة خارج المملكة الأردنية الهاشمية لأي شخص أردني أو مقيم وتكون ناشئة عن أمواله وودائعه من المملكة[1].

وهنا يلاحظ أن الدخل المتحقق خارج المملكة يخضع للضريبة في الأردن كما وقد خضع للضريبة في الدولة أو الدول التي تحقق فيها هذا الدخل.

المثال الثاني:

إخضاع ما نسبته (٢٠%) من مجموع الدخل الصافي بعد تنزيل ضريبة الدخل الأجنبية الذي تحققه فروع الشركات الأردنية العاملة خارج المملكة الأردنية الهاشمية والمعلن في حساباتها الختامية المصادق عليها من مدقق الحسابات الخارجي[2].

وهنا نلاحظ أن المشرع قد تلافى عملية الازدواج الضريبي على نفس الدخل الخاضع للضريبة مرتين لذلك نص صراحة على تنزيل ضريبة الدخل الأجنبية للتوصل إلى ضريبة الدخل الأردنية.

الشرط الثالث: وحدة الضريبة المفروضة على المكلف، وحدة الواقعة المنشئة لها

ويتطلب توفر هذا الشرط ان يدفع المكلف أكثر من ضريبة على نفس مطرح أو وعاء المال الخاضع للضريبة بالرغم من أن الواقعة المنشئة للضريبة هي نفسها وتحققت لمرة واحدة فقط. أما إذا تحققت تلك الواقعة أكثر من مرة وتكرر تبعا لذلك فرض الضريبة على المكلف أكثر من مرة أيضاً فإن الأمر لن يتعلق بازدواج ضريبي حيث أنه من المنطق أن يخضع المكلف للضريبة بعدد

---

(١) الفقرة (ب/١) من المادة (٣) من قانون ضريبة الدخل رقم (٥٧) لسنة ١٩٨٥ وتعديلاته.

(٢) الفقرة (ب/٢) من المادة (٣) من قانون ضريبة الدخل رقم (٥٧) لسنة ١٩٨٥ وتعديلاته.

المرات التي قام فيها بالفعل المنشىء لها، ومثال ذلك بالنسبة للضريبة الجمركية فهي تفرض عند عبور البضاعة حدود الدولة الواحدة فإذا عبرت نفس البضاعة بحدود ثلاث أو أربع دول وفرضت الضريبة الجمركية عليها في كل دولة من هذه الدول لا يمكن القول أننا في هذه الحالة أمام ازدواج ضريبي على الرغم من وحدة المال الخاضع للضريبة ووحدة الضريبة نفسها كون الواقعة المنشئة للضريبة والتي هي عبارة عن أعمال قانونية أو مادية معينة مختلفة وقد تكررت هنا بعبور البضاعة حدود أكثر من دولة.

ونتيجة لذلك يمكن القول بأن اختلاف الضرائب المتعددة في الطبيعة أو في النوع سوف لا يؤدي إلى الازدواج الضريبي بالمفهوم السابق. فالمكلف الذي يقوم باستيراد بضاعة معينة لاستعماله الشخصي مثلا ويدفع عنها ضريبة جمركية ويدفع ضريبة مبيعات عند شراء سلعة أو خدمة ويدفع ضريبة على الدخل المتأتي له من عمل تجاري أو صناعي أو مهنة حرة أو رواتب وأجور ... الخ. ويدفع ضريبة أبنية وأراضي عن أملاكه العقارية... الخ. كل ذلك لا يعتبر مكونا لمشكلة الازدواج الضريبي كون هذه الضرائب مختلفة في النوع والطبيعة بالإضافة لاختلاف المطرح أو الوعاء الخاضع للضريبة في كل حالة. ويمكن القول أننا هنا بصدد تعدد للضرائب بمعنى ان يتحمل مطرح أو وعاء المال الخاضع للضريبة الواحد أكثر من ضريبة. وبالمقابل حتى يحدث الازدواج الضريبي يجب أن تكون الضرائب التي يدفعها المكلف عن نفس مطرح او وعاء المال الخاضع للضريبة هي نفس الضرائب أو ضرائب متشابهة على الأقل. فمثلا تفرض الدولة (أ) ضريبة على الدخل المتأتي من الايجارات، بينما تفرض الدولة (ب) ضريبة ابنية وتحسب على اساس الايجارات المتأتية من هذه الأبنية بحيث تدفع فعلا من الدخل. وهنا يثور التساؤل هل نحن أمام ازدواج ضريبي في هذه الحالة؟ وللإجابة على ذلك نفرق بين الازدواج الضريبي القانوني والازدواج الضريبي الاقتصادي ، فالازدواج الضريبي لا يعتبر متحققا من الوجهة القانونية في هذه الحالة نظرا لعدم تطابق

الضريبتين حيث ان احدهما ضريبة على الدخل والأخرى ضريبة على رأس المال، غير ان الازدواج الضريبي يعتبر متوافراً من الوجهة الفعلية أو الاقتصادية نظرا لتشابهما إلى حد بعيد. ونظراً للصعوبة في تحديد مقياس التشابه بين الضرائب في الدول المختلفة حدت بالدول إلى عدم الاقتصار في الاتفاقيات الدولية التي تبرمها لتجنب الازدواج الضريبي على تعريفات نظرية، بل تعمد إلى تعيين الضرائب التي تعتبر متشابهة في الدولة المتعاقدة.

الشرط الرابع: وحدة المدة الزمنية المفروضة عليها الضريبة

حتى تتحقق ظاهرة الازدواج الضريبي لا بد أن تكون المدة الزمنية التي تفرض عليها الضريبة أكثر من مرة هي نفسها أما إذا فرضت الضريبة مثلا على دخل المكلف في سنة معينة ثم فرضت مرة أخرى على دخله في سنة أخرى لن يكون هناك ازدواج ضريبي، كأن يدفع المكلف ضريبة دخل على أرباحه التجارية عن سنة (٢٠٠٨) ويدفع نفس الضريبة على أرباحه عن سنة (٢٠٠٩) ففي هذا المثال لا نكون أمام فترة زمنية واحدة تدفع عنها الضريبة أكثر من مرة بل نكون أمام أكثر من فترة زمنية تستحق الضريبة عن كل منها سواء دفعت لدولة معينة أو لعدة دول.

ويرى جانب من الفقه[1] أن شرط وحدة المال الخاضع للضريبة يغني عن شرط وحدة المدة الزمنية المفروضة عليها الضريبة وأن هذا الشرط الأخير ليس شرطا مستقلا ولا محل له لأن اختلاف المدة يؤدي إلى اختلاف المال الخاضع للضريبة وهو ما ينفي بالتالي ظاهرة الازدواج الضريبي. ونؤيد ما يراه جانب آخر من الفقه[2] بأن وجهة النظر هذه وإن صحت في مجال الضرائب على الدخل حيث

---

(١) الدكتور محمد حلمي مراد – مالية الدولة – المرجع السابق – صفحة (٢٠٨).

(٢) الدكتور ناصر عبيد الناصر – المالية العامة – مطبعة الداودي – منشورات جامعة دمشق – دمشق – ١٩٩٧ – ١٩٩٨ – صفحة (١٣٥).

يؤدي في الغالب الأعم اختلاف المدة الزمنية إلى اختلاف المال الخاضع للضريبة فإنه لا يصح في مجال الضرائب على رأس المال كضريبة الأبنية المفروضة على البناء الذي يسكن فيه المكلف حيث لا يؤدي دائما اختلاف المدة إلى اختلاف المال الخاضع للضريبة ولذلك فإن شرط وحدة المدة الزمنية المفروضة عليها الضريبة يظل محتفظاً باستقلاله في مواجهة شرط وحدة المال الخاضع للضريبة.

ثالثا: أنواع الازدواج الضريبي:

يقسم الازدواج الضريبي من حيث نطاقه إلى ازدواج داخلي وآخر دولي كما ويقسم من حيث الاعتراف به أو وجوب تلافيه إلى ازدواج مقصود وأخر غير مقصود.

١- أنواع الازدواج الضريبي من حيث نطاقه:

أ- الازدواج الضريبي الداخلي:

ويحدث هذا النوع من الازدواج الضريبي عندما تتوافر شروطه ضمن حدود الدولة الواحدة سواء كانت دولة اتحادية أو موحدة.

ففي الدولة الاتحادية يحدث الازدواج الضريبي متى توافرت شروطه، إذا فرضت السلطة الاتحادية ضريبة معينة على مكلف معين وفي نفس الوقت فرضت سلطة الولاية الضريبة نفسها عليه مرة أخرى.

وفي الدولة الموحدة يحدث الازدواج الضريبي متى توافرت شروطه، إذا فرضت السلطة المركزية ضريبة معينة على مكلف معين وفي نفس الوقت فرضت السلطة المحلية (المحافظة، المدنية، القرية) الضريبة نفسها عليه مرة أخرى.

ب- الازدواج الضريبي الدولي:

يتحقق الازدواج الضريبي على المستوى الدولي: إذا فرضت الضريبة أكثر من مرة من قبل دولتين أو أكثر ويعود السبب في ذلك إلى اختلاف التشريعات الضريبية بين الدول حيث تستقل كل دولة بوضع تشريعها الضريبي الذي يلائمها

بغض النظر عن باقي التشريعات الضريبية للـدول الأخرى. ومـن هنا يجد المكلف نفسه وخاصة إذا كان مستثمراً لدى عدة دول أنه ملزما بأحكام قانون الضريبة لدولة (أ) استناداً إلى مبدأ الجنسية في الخضوع للضريبة وبأحكام قانون الضريبة لدولة (ب) استناداً إلى مبدأ الإقامة في الخضوع للضريبة وبأحكام قانون الضريبة للدولة(جـ) استناداً إلى مبدأ مصدر الدخل أو موقع المال وهكذا وبالتالي يتعدد فرض الضريبة على هذا المكلف بواسطة سلطات الدول الثلاث متى توافرت الشروط الأخرى للازدواج الضريبي والتي سبق الحديث عنها.

٢- أنواع الازدواج الضريبي من حيث الاعتراف به أو وجوب تلافيه:

أ- الازدواج المقصود:

هو ذلك الازدواج الذي يتعمد المشرع تحقيقه وحدوثه وذلك لعدة أسباب منها:[١]

- لزيادة حصيلة الضرائب وبالتالي الحصول على إيرادات أكثر لمواجهة العجز في الموازنة العامة، لذلك تفرض ضرائب إضافية على نفس المطرح أو الوعاء الخاضع لضريبة معينة.

- الرغبة في إخفاء معدل (سعر) الضريبة المفروضة بتوزيعها على ضريبتين أو أكثر من نفس النوع كأن تفرض ضريبة على دخل الشركة الخاضع للضريبة بنسبة (١٥%) مثلاً ومن ثم تفرض ضريبة اخرى بنسبة (١٠%) في حال قيام الشركة بتوزيع أرباحها على المساهمين .

- تحقيق قدر أكبر من العدالة الضريـبية ومراعاة المقدرة التكليفية بفرض ضريبة عامة على الدخل إلى جانب الضرائب المفروضة علـى فروع الـدخل لمراعاة مبدأ التكليف التصاعدي في فرض الضريبة.

---

(١) الدكتور محمد سعيد فرهود – علم المالية العامة – المرجع السابق – صفحة (٣٦٦) وما بعدها.

– ومـن أمثلـة الازدواج الضريبي المقصود اخضـاع مـا نسـبته (٢٠%) مـن مجموع الدخل الصافي بعد تنزيل ضريبة الدخل الأجنبية الذي تحققه فـروع الشـركات الأردنيـة العاملـة خارج المملكـة والمعلـن في حسـاباتها الختامية المصادق عليها من مدقق الحسابات الخارجي. [١]

وعلى الرغم مما سبق يجـب معرفة ان الازدواج الضريبي الداخلي لا يعني بالضرورة ان يكون دائما مقصودا بـل يكون غالبا غـير مقصود. حيـث يقصد المشرع حدوث مثل هذا الازدواج ويرغب فيه.

ب- الازدواج الضريبي غير المقصود:

يعتبر الازدواج الضريبي غير مقصود إذا كان المشرع الضريبي لم يقصد ولم يتعمد إحداثه. وغالبا ما يكون الازدواج الضريبي الدولي غير مقصود. والسبب في ذلك هو استقلال كل دولة بتشريعاتها الضريبية عن تشريعات الدول الأخرى.

ومـع ذلـك فقـد يكـون الازدواج الضريبـي الـدولي مقصود إذا هـدف المشرع منه تحقيق بعض الأهداف كفرض ضريبة على دخل معين يأتي من الخارج لشخص يتمتع بجنسية الدولة إلى جانب الضريبة التي تفرضها الدولة الأجنبيـة التي تسـتثمر فيهـا رؤوس الأمـوال هذه، والهدف مـن ذلـك هـو الحـد من هجرة رؤوس الأموال الوطنية إلى الخارج.

ويمكن إعطاء مثالين على ذلك من واقع التشريع الأردني:

المثال الأول: نصت الفقرة (ب/١) من المادة (٣) من قانون ضريبة الدخل رقم (٥٧) لسنة ١٩٨٥ وتعديلاته على أن يخضع للضريبة الدخول بما فيها الفوائد والعمولات وعوائد الاستثمارات المالية وأرباح المتاجرة بالعملات والمعادن الثمينة والأوراق المالية المتحققة خارج المملكة لأي شخص أردني أو مقيم وتكون ناشئة عن أمواله وودائعه من المملكة.

---

(١) الفقرة (ب/٢) من المادة (٣) من قانون ضريبة الدخل رقم (٥٧) لسنة ١٩٨٥ وتعديلاته.

المثال الثاني: نصت الفقرة (ب/٢) من قانون ضريبة الدخل رقم (٥٧) لسنة ١٩٨٥ وتعديلاته على أن يخضع للضريبة (٢٠%) من مجموع الدخل الصافي بعد تنزيل ضريبة الدخل الأجنبية الذي تحققه فروع الشركات الأردنية العاملة خارج المملكة.

رابعاً: آثار الازدواج الضريبي:

قد يحدث الازدواج الضريبي الدولي آثاراً بالأشخاص الذين يستثمرون رؤوس أموالهم في أكثر من دولة واحدة، مما يؤدي إلى إعاقة حركة انتقال الأشخاص ورؤوس الأموال، في الوقت الذي أصبحت العلاقات الاقتصادية الدولية بحاجة ضرورية إلى إزالة كافة العقبات التي تقف في طريق نموها هذا بالإضافة إلى أن ظاهرة الازدواج الضريبي تؤدي إلى الاخلال بمبدأ العدالة الضريبية بسبب تعرض المكلف لدفع الضريبة أكثر من مرة عن نفس المال ونفس الواقعة المنشئة للضريبة. وقد قدمت التطبيقات العملية الأمثلة التي تبين الآثار الضارة للازدواج الضريبي ومنها مثلاً أن أحد رجال الأعمال الذي طالبته الدوائر الضريبية المختلفة بدفع ضرائب مقدارها (١٠٣%) من الأرباح التي حققها، ومنها كذلك ما حدث بشأن الازواج الضريبي في مسائل التركات حيث فرضت الضريبة بنسبة (١٢٥%) من أموال التركة التي توفي عنها صاحبها من قبل عدة دول. [(١)]

خامساً: تجنب الازدواج الضريبي [(٢)]

ولما كانت قاعدة وفرة الضريبة والرغبة في زيادة حصيلتها قد دفعت بالمشرعين عند إصدار القوانين الضريبية إلى الأخذ بمبدأ عمومية الضريبة، بحيث

---

(١) الدكتور زين العابدين ناصر – علم المالية العامة – المرجع السابق – صفحة (٣١١) وما بعدها.

(٢) لمزيد من التفاصيل راجع
- جهاد سعيد خصاونة- المالية العامة والتشريع الضريبي- المرجع السابق- صفحة (١٤٧) وما بعدها.
- الدكتور محمد حلمي مراد- مالية الدولة- المرجع السابق- صفحة (٢٠٦).

تفرض الضريبة على جميع الأشخاص من الذين تتكشف مقدرتهم المالية على دفع الضريبة عن طريق ما يملكون من أموال أو ما يحصلون عليه من دخول أو عن طريق ما ينفقونه، كما وتفرض الضريبة على كافة أنواع الأموال لدى كل شخص منهم، وهو ما يسمى بقاعدة عمومية الضريبة الشخصية والمادية الذي هو من متطلبات مبدأ العدالة الضريبة والتي تتطلب إخضاع جميع الأشخاص وكافة الأموال للضريبة.

وغالباً ما يؤدي الأخذ بهذه القاعدة إلى حدوث ظاهرة الازدواج الضريبي سواء على الصعيد المحلي أو على الصعيد الدولي، والتي تخل بمبدأ العدالة الضريبية بسبب تعرض المكلف لدفع الضريبة أكثر من مرة عن نفس المال ونفس الواقعة المنشئة للضريبة ونفس المدة الزمنية، لذلك يقضي بمبدأ العدالة الضريبية تخفيفاً لآثار ظاهرة الازدواج الضريبي أن ينص القانون الضريبي على تجنبه على الصعيدين المحلي والدولي.

١- تجنب الازدواج الضريبي على المستوى المحلي

لا توجد صعوبة تذكر فيما يتعلق بمنع الازدواج الضريبي الداخلي بسبب وجود سلطة عليا في الدولة قادرة أن تفرض القواعد القانونية اللازمة لمنع هذا الازدواج إذا كان من النوع غير المقصود، أو أن ينص القانون الضريبي في حال كون الازدواج الضريبي مقصوداً على خصم الضريبة التي دفعها المكلف عن الوعاء الخاضع للضريبة، من الضريبة الأخرى المفروضة على نفس هذا الوعاء. ويمكن إعطاء مثال على ذلك في المادة (٢١) من قانون ضريبة الدخل في الأردن رقم (٥٧) لسنة ١٩٨٥ وتعديلاته والتي تنص على أن يجري تقاص ضريبة الأبنية والأراضي داخل مناطق البلديات التي يدفعها المكلف في أي سنة عن البناية أو الأرض المأجورة التي تأتي له منها دخل من ضريبة الدخل المستحقة عليه بمقتضى أحكام هذا القانون، على أن لا يتجاوز مبلغ التقاص المسموح به قيمة الضريبة

المستحقة عن تلك السنة، وبهذا التقاص يكون منع الازدواج الضريبي قد تحقق والعدالة الضريبية قد توفرت.

وبناء على ما سبق فقد حدث اخلالاً بمبدأ العدالة الضريبية عندما عدل نص المادة (٢١) المذكورة بموجب القانون المؤقت المعدل لقانون ضريبة الدخل في الأردن رقم (٣٩) لسنة ٢٠٠٣ [(١)]، عندما نص على خصم ضريبة الأبنية والأراضي المدفوعة من الدخل الإجمالي باعتبارها نفقة من النفقات لأن مثل هذا الوضع لا يمنع الازدواج الضريبي إلا بصورة جزئية، وبالتالي لا يحقق العدالة الضريبية ويعتقد بأن المبرر لمثل هذا التعديل هو القول بعدم وجود ازدواج ضريبي عندما يدفع المكلف ضريبة الأبنية والأراضي وضريبة الدخل لاختلاف الضريبتين عن بعضهما البعض، إلا أن هذا القول لا يستقيم لأن الازدواج الضريبي يحدث عندما تكون الضرائب التي يدفعها المكلف عن نفس وعاء المال الخاضع للضريبة وهو ما يحدث في مثل هذه الحالة حيث أن بدلات إيجار البناء أو الأرض المأجورة هي وعاء لضريبة الأبنية والأراضي من جهة، وهي كذلك وعاء الضريبة لدخل من جهة أخرى بالإضافة إلى أن المقصود بوحدة الضريبة المفروضة وكما هو متفق عليه فقهاً هي نفس الضريبة أو ضريبة مشابهة وهو ما يجرى عليه العمل في مشاريع إتفاقيات تجنب الازدواج الضريبي حسب نموذج هيئة الأمم [(٢)].

وحتى لو قلنا بعدم تشابه الضريبتين المشار اليهما أعلاه غير أن الازدواج الضريبي يعتبر متوافراً من الوجهة الفعلية أو الاقتصادية، فالازدواج الضريبي الاقتصادي على الأقل موجود.

---

(١) المنشور في الصفحة (٢٠٢٥) من العدد (٤٥٩٥) من الجريدة الرسمية الصادر بتاريخ ٢٠٠٣/٤/٣٠ والذي نصت المادة الاولى منه على أن يعمل به اعتباراً من تاريخ نشره في الجريدة الرسمية.

(٢) نموذج إتفاقية الأمم المتحدة لتجنب الازدواج الضريبي بين البلدان المتقدمة النمو والبلدان النامية لسنة ١٩٨٠- منشورات إدارة الشؤون الاقتصادية والاجتماعية.

لذلك فقد أحسن مجلس الأمة صنعاً عندما رفض مثل هذا التعديل على نص المادة (٢١) المشار اليها أعلاه وأعاد الوضع كما كان عليه قبل التعديل وذلك بخصم ضريبة الأبنية والأراضي من ضريبة الدخل المستحقة[١].

٢- تجنب الازدواج الضريبي على المستوى الدولي

من المستحسن أن ينطلق منع الازدواج الضريبي الدولي من القانون الضريبي نفسه بحيث يبتعد عن فرض الضريبة على الأموال التي يظهر أن للدول الأجنبية أولوية واضحة في إخضاعها لضرائبها، وإن كان لابد من ذلك فيستحسن تخفيفاً لآثار الازدواج الضريبي الدولي وتحقيقاً للعدالة الضريبية أن ينص القانون الضريبي على خصم الضرائب الأجنبية التي يدفعها المكلف عن نفس المال من الوعاء الضريبي الخاضع للضريبة الوطنية.

وتطبيقاً لذلك فإن من المآخذ التي أخذت في مصر على القانون رقم (٢٠٨) لسنة ١٩٩٤، بشأن الضرائب على مرتبات وأجور المصريين العاملين في الخارج أن المُشرع قرر خصم الضريبة الأجنبية من وعاء الضريبة المفروضة بمقتضىـ هذا القانون، ويرى جانب من الفقه [٢] أن ما يحقق العدالة الضريبية ويمنع الازدواج الضريبي هو خصم الضريبة الأجنبية من مبلغ الضريبة على مرتبات وأجور العاملين المصريين في الخارج، وينسحب هذا المأخذ على نص الفقرة (ب/٢) من المادة (٣) من قانون ضريبة الدخل رقم (٥٧) لسنة ١٩٨٥ وتعديلاته والتي أوجبت تنزيل ضريبة الدخل الأجنبية من الدخل الخاضع للضريبة لفروع الشركات الأردنية العاملة في خارج المملكة، والبالغ (٢٠%) من مجموع الدخل الصافي لأي فرع، وهذا الوضع لا يحقق العدالة الضريبية كونه لا يعمل

---

(١) القانون المعدل لقانون ضريبة الدخل رقم (١٨) لسنة ٢٠٠٤ المنشور في الصفحة (٢٢٦٧) من العدد (٤٦٦٢) من الجريدة الرسمية الصادر بتاريخ ٢٠٠٤/٦/١.

(٢) الدكتور محمد محمد عبد اللطيف- الضمانات الدستورية في المجال الضريبي- المرجع السابق- صفحة(١٧٠).

على تجنب الازدواج الضريبي بصورة كلية وإنما يعتبر عاملاً للتخفيف من حدته.

ولتوضيح ذلك نعرض المثال التالي:

الدخل الصافي لفرع الشركة الأردنية في الخارج	١١.٠٠٠ دينار
ينزل منه ضريبة الدخل الأجنبية	١.٠٠٠ دينار فرضاً
الدخل الصافي لفرع الشركة بعد تنزيل ضريبة الدخل الأجنبية	١٠.٠٠٠ دينار
الدخل الخاضع للضريبة ٢٠%	٢٠٠٠ دينار
ضريبة الدخل المستحقة ٣٥%	٧٠٠ دينار

بينما العدالة الضريبية تتطلب تقاص ضريبة الدخل الأجنبية من الضريبة المستحقة على الفرع على النحو التالي:

الدخل الصافي لفرع الشركة في الخارج	١١.٠٠٠ دينار
الدخل الخاضع للضريبة ٢٠%	٢.٢٠٠ دينار
ضريبة الدخل المستحقة ٣٥%	٧٧٠ دينار
تقاص ضريبة الدخل الأجنبية ٢٠%×١٠٠٠ دينار	٢٠٠ دينار
رصيد ضريبة الدخل المستحقة	٥٧٠ دينار

وتعتبر الاتفاقيات الدولية الثنائية والمتعددة الأطراف هي أنجح وسيلة لتجنب الازدواج الضريبي الدولي كونها تهدف بوجه عام لتوزيع الاختصاص الضريبي بين الدول المتعاقدة على مصادر الدخول المختلفة وفقا لعدة مبادئ عامة نلخصها فيما يلي من واقع أحكام اتفاقية تجنب الازدواج الضريبي ومنع التهرب من الضرائب المفروضة على الدخل ورأس المال بين دول مجلس الوحدة الاقتصادية العربية لسنة ٢٠٠٠ .(١)

---

(١) المنشورة بالعدد رقم (٤٤٦٣) من الجريدة الرسمية الصادرة بتاريخ ٢٠٠٠/١١/١ وقد ممثل المملكة الأردنية الهاشمية في اجتماع الخبراء لاعداد مشروع هذه الاتفاقية الدكتور جهاد سعيد خصاونة.

١- يخضع الدخل الناتج عن أموال عقارية للضريبة في الدول المتعاقدة التي توجد بها تلك الأموال.

٢- تخضع الأرباح التي يحققها مشروع تجاري أو صناعي في احدى الدول المتعاقدة للضريبة في الدولة التي يوجد فيها المشروع فقط.

٣- تخضع الأرباح الناتجة من تشغيل السفن أو الطائرات في النقل الدولي للضريبة في الدولة المتعاقدة التي يوجد فيها مركز الإدارة الفعلي للمشروع.

٤- تخضع أرباح الأسهم التي تدفعها شركة مقيمة في احدى الدول المتعاقدة لشخص مقيم في دولة متعاقدة أخرى للضريبة في تلك الدولة الأخرى.

٥- تخضع الفوائد الناجمة عن استثمار رؤوس الأموال في مختلف أشكالها للضريبة في الدولة المتعاقدة التي تنتج فيها تلك الفوائد ويجوز ان تخضع هذه الفوائد للضريبة في الدولة التي يقيم فيها الشخص المستفيد.

٦- تخضع الاتاوات (براءة الاختراع والعلامة التجارية...الخ) التي تنشأ في احدى الدول المتعاقدة وتدفع الى شخص مقيم في دولة متعاقدة اخرى للضريبة في الدولة التي تنشأ فيها تلك الاتاوات ويجوز أن تخضع للضريبة في الدولة المتعاقدة الأخرى.

٧- يخضع الدخل الذي يحققه شخص مقيم في احدى الدول المتعاقدة من خدمات مهنية أو أنشطة أخرى ذات طبيعة مستقلة في دولة متعاقدة أخرى للضريبة في الدولة التي يقيم بها الشخص.

٨- تخضع الرواتب والأجور وما في حكمها التي يستمدها شخص مقيم في احدى الدول المتعاقدة من وظيفة للضريبة في تلك الدولة المتعاقدة فقط.

٩- تخضع مكافآت اعضاء مجلس الادارة وغيرها من المكافآت المماثلة التي يحصل عليها شخص مقيم في احدى الدول المتعاقدة بصفته عضوا بمجلس

ادارة أو عضو بمجلس آخر مشابه أو موظف من مستوى الادارة العليا في شركة مقيمة في دولة متعاقدة اخرى للضريبة في تلك الدولة الأخرى.

١٠- يخضع الدخل الذي يستمده شخص مقيم في دولة متعاقدة من عمله كفنان مثل فنان المسرح او السينما او الاذاعة او التلفزيون او الموسيقى او الرياضي من انشطته الشخصية التي تزاول في دولة متعاقدة اخرى للضريبة في تلك الدولة الأخرى.

المبحث الرابع
الآثار الاجتماعية والاقتصادية للضرائب (١)

في البداية كانت الضريبة أداة مالية لحصول الدولة على الإيرادات اللازمة لتغطية نفقاتها العامة وذلك بتوزيع أعبائها على المكلفين بدفعها. وبناء على ذلك يجب أن تكون الضريبة محايدة لا تهدف إلى إحداث أي تغيير في الحياة العامة الاجتماعية منها والاقتصادية، وفيما بعد وكون الضريبة تؤثر بطبيعتها في المراكز المادية للمكلفين فقد استخدمت من قبل الدولة كأداة لتحقيق سياستها الاقتصادية والاجتماعية ويمكن تلخيص هذه الآثار فيما يلي:

أولا: الآثار الاجتماعية للضريبة:

ويمكن تلخيص الآثار الاجتماعية للضريبة فيما يلي:

(١) **إعادة توزيع الدخول وتقليل الفوارق بين الثروات:** تستخدم الدولة الضريبة بشكل عام لإعادة توزيع الدخل القومي وتقليل الفوارق بين الثروات وقد اعتمدت الدولة في بداية الأمر الضريبة على التركات والضريبة الاستثنائية على رأس المال لتحقيق هذا الهدف إلا أنه سرعان ما تبين أن هذه الوسيلة

---

(١) الدكتور محمد حلمي مراد – مالية الدولة – المرجع السابق – صفحة (٢٢٥) وما بعدها.

بطيئة ولا تحدث التغييرات المطلوبة لذلك استخدمت إنجلترا ضريبة الدخل منذ بدء الحرب العالمية الثانية للتغيير في نسب الدخول، فرفعت من نسب التصاعد حتى وصلت الضريبة إلى اقتطاع ٩٥% من الدخول التي تزيد على (٦٠٠٠) جنيه في السنة فكان لهذه الضريبة أثرها في توزيع الدخول في إنجلترا بحيث أن الدخول الكبيرة التي تزيد على (٦٠٠٠) جنيه في السنة كادت تنقرض، وإن أصحاب الدخول التي تزيد على (٤٠٠٠) جنيه ولا يتجاوز (٦٠٠٠) جنيه نقصوا من (١٢٠٠٠) مكلف في سنة ١٩٣٨/ ١٩٣٩ إلى (٩٥٠) مكلف في سنة ١٩٤٤/ ١٩٤٥ وفي نفس الوقت زاد عدد أصحاب الدخول الصغيرة والذين يملكون ما بين(١٥٠-٥٠٠) جنيه من (٦.٣٢٠.٠٠٠) مكلف إلى (١٢.٤٥٥.٠٠٠) مكلف.[١]

(٢) **تشجيع النسل:** تستخدم الضريبة أحياناً كأداة لتشجيع النسل فيما تقرره من إعفاءات ضريبية معينة عن كل ولد من أولاد المكلف.

فقد استخدمت هذه الوسيلة في ألمانيا النازية عندما كان القانون الضريبي يمنح المزيد من الإعفاءات العائلية رغبة في زيادة عدد السكان. إلا أن هذا الوضع قد تغير بعد هزيمتها في الحرب العالمية الثانية حيث أدخل مجلس رقابة الحلفاء في سنة ١٩٤٦ تعديلات على القانون الضريبي الألماني ألغت بموجبها الإعفاءات العائلية التي كانت تمنح للمكلف قاصدة من ذلك مكافحة كثرة النسل.

وفي التشريع الأردني فقد أعفت الفقرة (أ) من المادة (١٣) من قانون ضريبة الدخل رقم (٥٧) لسنة ١٩٨٥ وتعديلاته مبلغ (٥٠٠) دينار في السنة عن كل ولد من أولاد المكلف يتولى اعالته دون ان يحدد عدد هؤلاء الأولاد وهدف

(١) بحث منشور بمجلة (The Economist) الإنجليزية في عددها الصادر بتاريخ ٢١ إبريل/ ١٩٤٦ بعنوان (The National Finance) مشار إليه في مؤلف الدكتور محمد حلمي مراد - مالية الدولة - المرجع السابق - صفحة (٢٢٧).

المشرع من هذه الإعفاءات ليس هو تشجيع النسل بل لمراعاة الأعباء العائلية للمكلف للتوصل إلى مقدرته التكليفية لفرض الضريبة العادلة عليه.

ويؤخذ على أسلوب الإعفاءات العائلية كوسيلة لتشجيع النسل أن المكلف الفقير أو المتوسط الحال قد لا يشعر بهذه الاعفاءات بسبب كثرة أولاده وقلة دخله، ولذا فإن الاتجاه الحديث في تشجيع النسل يميل إلى منح مساعدات وإعانات مالية بسبب زيادة الأعباء العائلية.

(٣) معالجة أزمة السكن:

فقد استخدمت فرنسا في سنة ١٩٤٥ الضريبة العقارية على المساكن الفسيحة التي لا يشغلها عدد كاف من الأشخاص بمراعاة المساحة بالنسبة لعدد السكان وذلك بفرض ضريبة مرتفعة عليها بقصد إجبار هؤلاء الأشخاص على تأجير المساكن الزائدة عن حاجتهم للغير للتخلص من الضريبة وبالتالي يقلل من أزمة السكن التي تعاني منها البلاد كما وتخصص حصيلة هذه الضريبة لإنشاء مساكن جديدة وتحسين المساكن القائمة.

ثانيا: الاثار الاقتصادية للضرائب:

ويمكن تلخيص الآثار الاقتصادية للضرائب فيما يلي:

١. تشجيع بعض أوجه النشاط الاقتصادي:

يستخدم المشرع أحياناً الضريبة لتشجيع بعض النشاطات الاقتصادية تحقيقا لأهداف معينة كتشجيع الاستثمار في المجالات المختلفة التي يرغب المشرع في الاستثمار فيها كما قد تستخدم الضريبة لتشجيع الصناعة الوطنية وذلك بفرض الضريبة الجمركية على السلع الأجنبية بصورة مرتفعة لكي تستطيع الصناعة المحلية منافستها.

ويمكن إعطاء المثالين التاليين على ذلك من واقع التشريع الأردني.

المثال الأول: لقد أعفت الفقرة (أ/٩) من قانون ضريبة الدخل رقم (٥٧) لسنة ١٩٨٥ وتعديلاته الدخل الذي يتأتى من الأرض المستثمرة في الزراعة أو البستنة أو التحريج أو من تربية الماشية أو الدواجن أو الأسماك أو النحل بما في ذلك الدخل الناجم عن تحويل منتجاتها إلى سلع أخرى بطريق العمل اليدوي البسيط.

المثال الثاني: لقد اعفت الفقرة (ب/١) من المادة (١٣) من قانون مؤسسة المناطق الحرة رقم (٣٢) لسنة ١٩٨٤ الأرباح المتأتية من النشاط الاقتصادي من ضريبة الدخل للبضائع التي يتم تصديرها إلى خارج المملكة الأردنية الهاشمية وكذلك تجارة الترانزيت والأرباح المتأتية من البيع أو التنازل عن البضائع داخل حدود المناطق الحرة.

٢. التميز في المعاملة الضريبية حسب أشكال المشاريع الاستثمارية وأحجامها:

يميز المشرع أحياناً في المعاملة الضريبية للمشاريع الاستثمارية حسب أشكالها بقصد التشديد على بعضها دون الآخر. ويمكن إعطاء أمثلة على ذلك حيث تفرض ضريبة دخل على الشركات المساهمة العامة التي تعمل في مجال البنوك بنسبة ٣٥% بينما تخضع الشركات المساهمة التي تعمل في مجال الصناعة مثلاً لنسبة ١٥% [١]، بينما يوزع دخل شركات التضامن بين الشركاء فيها كل حسب حصته، ويعامل معاملة الشخص الطبيعي وتفرض عليه الضريبة بعد تنزيل الإعفاءات الشخصية والعائلية على أساس مبدأ التصاعد. [٢]

٣. معالجة الأزمات الاقتصادية:

تستخدم الدولة الضريبة وسيلة في التخفيف من سلبيات فترتي الازدهار والركود في الدورة الاقتصادية، ففي فترة الازدهار الاقتصادي تلجأ الدولة إلى زيادة الضرائب الحالية أو فرض ضرائب جديدة لتحقيق هدفين: **أولهما** امتصاص الأرباح والدخول من المواطنين لتقليل الاستهلاك خوفاً من زيادة الطلب عن

---

(١) الفقرة (ب) من المادة (١٦) من قانون ضريبة الدخل رقم (٥٧) لسنة ١٩٨٥ وتعديلاته .

(٢) الفقرة (د) من المادة (٣) من قانون ضريبة الدخل رقم (٥٧) لسنة ١٩٨٥ وتعديلاته.

العرض كثيراً. **وثانيهما** هو تمكين الدولة من تكوين احتياطي مـن الإيـرادات لإنفاقه في فترة الركود وذلك في حالات استثنائية للغاية خلافاً للأصل بأن الدولة لا تدخر للمستقبل. أما في فترة الكسـاد والركـود الاقتصـادي فتلجـأ الدولـة إلى العمل على تخفيض معدل (سـعر) الضرائب لتخفيـف العبـء الضريـبي عـن المشروعات خلال هذه الفترة لكي تتمكن من تخفيض أسعار منتجاتها لزيادة حركة التداول وزيادة الطلب على السلع بالإضافة لاستخدام الدولة ما ادخرته في فترة الرخاء والازدهار من حصيلة الضرائب في الإنفاق الحكومي وإنشـاء المشروعات الاستثمارية لزيادة فرص العمل لبعث الحياة من جديد في النشاط الاقتصادي.

الفصل الرابع
القروض العامة

المبحث الأول
تعريف القرض العام وبيان خصائصه [1]

القرض العام هو عبارة عن مبلغ من المال تحصل عليه الدولة عن طريق الالتجاء إلى الجمهور أو البنوك أو غيرها من المؤسسات المالية نظير تعهدها بدفع فائدة او مرابحة سنوية محددة عن المبالغ المدفوعة، وترد قيمة هذه المبالغ دفعة واحدة أو على أقساط وفق شروط القرض.

ومن خلال هذا التعريف وتحليله يتبين أن للقرض العام الخصائص التالية:

أولاً: القرض العام مبلغ من المال.

والمال قد يكون عيناً أو نقداً والصفة النقدية للقروض العامة هي الصفة الغالبة في العصر الحديث كما هو الحال في الضرائب والرسوم كما مر معنا على الرغم من ذلك تبقى الصفة العينية للقروض العامة أكثر وجوداً في التطبيقات العملية عندما يشترط المقرض اذا كان شركة صناعية مثلاً بأن تقرض الدولة قرضاً بمبلغ معين وتشترط أن تقدمه عيناً كالحديد أو الاسمنت ...الخ لتمويل مشروعاً معيناً تقوم الدولة بتنفيذه.

---

(١) الدكتور محمد حلمي مراد – مالية الدولة – المرجع السابق – صفحة (٢٥٥).

ثانيا: القرض العام يدفع بصورة اختيارية.

الأصل في القرض العام أن يتم بإرادة حرة لا أثر للإكراه فيها، فيدفع المقرض مبلغ القرض بصورة اختيارية ووفق شروط وأحكام عقد القرض وغالبا ما تكون هذه الأحكام والشروط محددة مسبقاً من قبل الدولة وما على المقرض إلا أن يقبل الاشتراك في القرض او أن لا يشترك فيه وليس للدولة مبدئيا سلطة إجباره على ذلك ولكنه إذا قبل بالاشتراك في القرض ليس له الحق في مناقشة أحكام وشروط عقد القرض.

وتفقد هذه الصفة قيمتها عندما تقع الدولة بأزمة اقتصادية أو مالية خطيرة أو عندما تواجه عدوانا خارجيا أو كوارث طبيعية حيث تلجأ في مثل هذه الحالات إلى فرض القروض على مواطنيها بصورة إجبارية، ففي هذه الحالة لا تختلف القروض العامة عن الضريبة إلا أنها غير نهائية أي أن المقرض يستعيد قيمة القرض مع الفوائد المترتبة عليه في المستقبل.

ونظراً لخطورة القروض الاجبارية اشترطت المادة (١٢) من الدستور الأردني لسنة ١٩٥٢ بأن لا تفرض قروض اجبارية إلا بمقتضى القانون.

ثالثاً: القرض العام يدفع من قبل أحد أشخاص القانون العام أو القانون الخاص.

تلجأ الدولة إلى الاقتراض من الأشخاص الطبيعيين أو المعنويين سواء كانوا يتمتعون بجنسيتها أو من الأجانب كما تلجأ الدولة أحياناً إلى الدول والمؤسسات المالية الأجنبية والدولية للاقتراض منها، ومن الطبيعي أن يختلف نوع القرض وتأثيره في الحياة الاقتصادية والاجتماعية تبعا للجهة المقرضة.

رابعاً: القرض العام يدفع للدولة.

يعتبر القرض العام نوعا من الإيرادات العامة التي تدخل الخزينة العامة للدولة لذلك ينحصر عقد القرض بأشخاص القانون العام سواء أكان هذا الشخص

هو السلطة المركزية أم كان من المؤسسات العامة التي تتمتع بشخصية معنوية وباستقلال مالي وإداري أم كانت سلطة محلية على مستوى المدينة أو القرية.

خامساً: القرض العام يتم بموجب عقد.

تحصل الدولة على القروض العامة بموجب عقد بين طرفين:

الطرف الأول: هو المقترض، وهو الدولة أو الهيئات أو المؤسسات العامة أو السلطات المحلية التي تتعهد برد مبلغ القرض بالإضافة للفوائد أو المرابحة السنوية المترتبة عليه بموجب أحكام العقد طوال فترة سداد القرض.

والطرف الثاني: هو الدائن الذي يتعهد بإقراض مبلغ من المال إلى الطرف الأول.

ويعتبر عقد القرض من العقود الإدارية للسببين التاليين:

السبب الأول: لأنه يتعلق بنشاط مرفق عام من مرافق الدولة يسعى لتحقيق منفعة عامة تسمو على المنافع الخاصة.

والسبب الثاني: لأنه يتضمن شروطاً استثنائية غير مألوفة في عقود القانون الخاص، كالمزايا المالية التي يمنحها المدين إلى المقرض من إعفاءات ضريبية وجوائز ومكافآت... الخ. والتي لا يمكن أن تتضمنها العقود الخاصة.

سادسا: القرض العام يصدر بقانون.

تقوم الحكومة بعقد القروض العامة بإصدار إسناد الدين العام استنادا إلى إذن مسبق يصدر من قبل السلطة التشريعية ويتضمن موافقة ممثلي الشعب، على استدانة مبلغ من المال يغذي خزينة الدولة العامة. ويقتصر هذا الإذن غالبا على المبادىء الأساسية التي تتضمن مبلغ القرض ومنح مزايا وضمانات معينة لتشجيع الاكتتاب في سندات القروض العامة ويترك للحكومة التفصيلات كطريقة الإصدار وسعر الفائدة وأول ما ظهرت هذه الخاصية في فرنسا عام ١٩٦ ٢، ثم انتشرت في

الدول الغربية بعد ذلك وقننتها معظم هذه الدول في دساتيرها لما في ذلك من محافظة على حقوق الشعب المالية.

وخاصية عقد القروض العامة يجب ان تكون بقانون ترجع إلى السببين التاليين:

السبب الاول: حفاظاً على صلاحيات السلطة التشريعية المالية، وإتاحة الفرصة لها لمناقشة السياسة المالية للحكومة وتأكيد مبدأ الرقابة الشعبية على أعمال السلطة التنفيذية.

السبب الثاني: للانعكاسات التي تحدثها القروض العامة من النواحي الاقتصادية والاجتماعية، وبخاصة من الناحية السياسية. فكم من دول وممالك فقدت سيادتها واستقلالها من جراء القروض المتراكمة في ذمتها تجاه الدول الأجنبية.

سابعاً: القرض العام يتضمن مقابل الوفاء:

يختلف القرض العام عن باقي إيرادات الدولة المالية بأنه يدخل خزينة الدولة بصورة مؤقتة وله مقابل (فائدة أو مرابحة)، بعكس الضريبة مثلا التي توصف بأنها إيراد نهائي دون مقابل فتتعهد الدولة بإعادة أصل القرض إلى الدائن، مضافا إليه فائدة أو مرابحة سنوية مقابل اقراضه أمواله لخزينة الدولة خلال فترة القرض ويترتب على الدولة عندما تقترض أن تفكر في العبء المالي الناجم عن القرض، ويلزمها ذلك ألا تستخدم إيرادات القروض العامة إلا في إنفاق استثماري منتج يمكن أن يقدم مردوداً في المستقبل يفي برأسمال القرض وفوائده أو ارباحه.

المبحث الثاني
أنواع القروض العامة

يمكن تقسيم القروض العامة إلى عدة أقسام مختلفة بحسب الزاوية التي ننظر من خلالها إلى هذه القروض.

أولا: القروض الاختيارية والقروض الإجبارية

ويمكن تقسيم القروض العامة حسب طريقة العقد وتبعا لاعتماد مبدأ الاختيار في الاشتراك بالقرض أو اللجوء إلى الإكراه أو الإجبار إلى:

١- القروض الاختيارية:

الأصل في القروض العامة أن تكون بصفة اختيارية بمعنى أن يكون للأفراد الحرية الكاملة في الاكتتاب في سندات القروض العامة أو عدم الاكتتاب فيها حسب ظروفهم الخاصة واعتباراتهم المالية المحيطة بهم، فقد يعمد الأفراد إلى المقارنة بين الفائدة التي يمكن أن تعطيها سندات القروض العامة وبين فرص الاستثمار الأخرى المتاحة أمامهم وعلى ضوء ذلك يقررون الاكتتاب في سندات القروض العامة من عدمه.

وإذا ما رغب الشخص بإرادته الحرة الاكتتاب في سندات القروض العامة عليه أن يلتزم بشروط وأحكام عقد القرض العام التي تضعها الدولة وتعلمها للجمهور قبل الاكتتاب بهذه السندات.

٢- القروض الإجبارية:

وهي القروض التي لا تكون للأشخاص حرية الاكتتاب أو عدم الاكتتاب في سنداتها، وإنما تلجأ الدولة لإجبار الأشخاص على عملية الاكتتاب في سندات القروض العامة حسب أحكام القانون. وقد تعقد الدولة في بداية الأمر عقدا اختياريا

ثم فيما بعد تقوم بتحويله إلى قرض إجباري عندما تؤجل ميعاد سداده دون أن تحصل على موافقة المقرضين على هذا التأجيل.

وتلجأ الدولة إلى القروض الإجبارية للأسباب التالية:

أ. عندما تضعف ثقة الأشخاص في الدولة بحيث لو ترك هؤلاء الأشخاص على حريتهم فإنهم لا يلجأون إلى الاكتتاب في سندات القروض العامة التي تصدرها الدولة بسبب عدم الطمأنينة من جانبهم إزاء اقتصاد الدولة وقدرتها على رد مبلغ القرض وفوائده أو ارباحه والوفاء بالتزاماتها بالنسبة له.

ب. في حالات التضخم بما يصاحبه من آثار تؤدي إلى ارتفاع مستوى الأسعار وإلى انخفاض قيمة النقود كثيراً لذلك تضطر الدولة إلى اللجوء للقروض الإجبارية لكي تمتص جزءا من كمية النقود السائلة الموجودة لدى الأشخاص للحد من آثار التضخم السائد.

وفي الغالب يتم عقد القروض الإجبارية دون ان ترتب للمكتتبين فيها أية فوائد أو مزايا. وبالنظر لسلبيات الآثار المترتبة على عقد القروض الإجبارية فإن الدولة لا تلجأ إليه إلا في حالات الضرورة القصوى.

ومن التطبيقات العملية للقروض الإجبارية أن تقوم الدولة بإلغاء الأوراق النقدية المتداولة واستبدال أوراق نقدية جديدة بها لذلك يسرع المواطنون إلى البنك لتبديل ما يملكون من نقود وعندها تحجز الدولة جزءاً من كمية المال المستبدل وتتعهد برد الجزء المحتجز خلال فترة معينة وبالتالي تكون قد فرضت فرضاً اجبارياً وتعيد إلى المواطن القسم الباقي. وهو قامت به الحكومة الفرنسية في بداية عام ١٩٤٨ عندما أعلنت عن سحب الأوراق ذات قيمة عشرة آلاف فرنك من التداول ودعت المواطنين إلى استبدال غيرها بها. ولكنها لم تعد الأوراق البديلة إلى أصحابها الا في نهاية السنة وكأنها عقدت قرضا إجبارياً لمدة سنة.(١)

---

(١) الدكتور عصام بشور - علم المالية العامة والتشريع المالي - المرجع السابق - صفحة (٣٦٣) وما بعدها.

ونظراً لخطورة القروض الاجبارية فقد اشترطت المادة (١١٢) من الدستور الأردني لسنة ١٩٥٢ بأن لا تفرض فروض جبرية الا بمقتضى القانون.

ثانياً: القروض الداخلية والقروض الخارجية:

ويمكن تقسيم القروض العامة من حيث مصدر القرض إلى:

١. القروض الداخلية: ويكون القرض داخلياً إذا اشترك بالاكتتاب في سنداته أشخاص طبيعيون أو معنويون داخل الدولة المقترضة فهو يعتمد على السوق المحلي حيث تلجأ الدولة إلى المدخرات المحلية التي تسمح بتغطية مبلغ القرض العام شريطة أن يكون هناك فائض من هذه المدخرات عن حاجة السوق الداخلي للاستثمارات الخاصة.

ويطلق على القرض الداخلي حسب المفهوم السابق اصطلاح "القرض الوطني" والذي يكون الهدف منه وطنياً كأن يكون ضرورياً لتغطية نفقات الطوارىء كنفقات الحروب أو الكوارث الطبيعية أو يكون الهدف منه هو تخليص الدولة من عبء المديونية الخارجية الذي يثقل كاهلها.

ومن أهم الخصائص التي تمتاز بها القروض الداخلية ما يلي: [1]

أ- أنه يمثل نوعاً من إعادة توزيع جزء من الثروة لصالح الدولة وما يرتب على ذلك من إعادة توزيع الدخل القومي بين الادخار والاستهلاك وهو ما يؤثر بالضرورة في مستوى الدخل القومي.

ب- أنه لا يؤدي إلى نقصان في الثروة الوطنية وإنما ينقل جزءا منها إلى الدولة من الأشخاص الدائنين.

ج- أنه يتيح للدولة جزءاً من الثروة بالعملة الوطنية فهو لا يؤثر ابتداء أو انتهاء على سعر صرف العملة أو ميزان المدفوعات.

---

(١) الدكتور زين العابدين ناصر - علم المالية العامة - المرجع السابق - صفحة (٣٥٧) وما بعدها.

د- أنه يقوم بتحميل الاقتصاد القومي عبء الادخار الذي يمثله أي عبء الحرمان من الاستهلاك وهو الأمر الذي يشكل عبئاً عينياً على الجيل الحاضر.

هـ- لا يؤدي القرض الداخلي إلى أعباء نقدية يتحملها الاقتصاد القومي ككل أو يتحملها أفراد الجيل الذي يحرر القرض مع فوائده أو ارباحه ذلك أن الجماعة في هذه الحالة تكون مدينة لنفسها وتقوم بإجراء المدفوعات لنفسها كذلك.

٢. **القروض الخارجية:**

ويكون القرض خارجياً إذا كان المكتتبون في سنداته من الأشخاص الطبيعيين أو المعنويين الأجانب ومن خارج إقليم الدولة المقترضة وانه يطرح في الأسواق المالية الخارجية، وتلجأ الدولة المقترضة في القروض الخارجية إلى المدخرات الأجنبية في دولة أخرى أو تلجأ إلى مؤسسة من مؤسسات التمويل الدولي لإقراضها.

ولجوء الدولة إلى القروض الخارجية يعود للسببين التاليين:

السبب الأول: عندما لا تكون في الدولة مدخرات أو رؤوس أموال وطنية كافية لتغطية الدين العام الذي ترغب في الحصول عليه.

السبب الثاني: في حالة الضرورة عندما تضطر الدولة بالاستعانة برؤوس الأموال الأجنبية لاستخدامها في التنمية الاقتصادية أو الاجتماعية أو لتغطية العجز في ميزان مدفوعاتها.

وقد تلجأ الدولة عند تحسن ظروفها وأوضاعها الاقتصادية إلى تحويل القروض العامة الخارجية إلى قروض عامة داخلية وذلك قبل حلول أجل سدادها عندما تقوم الدولة أو مواطنيها بشراء سندات القروض العامة من الدائنيين الأجانب.

ومن ناحية أخرى فقد يتحول القرض الداخلي إلى قرض خارجي وذلك إذا ما تحولت ملكية السندات من ملكية للأشخاص المقيمين داخل الدولة إلى ملكية أشخاص أجانب.

ومن أهم الخصائص التي تمتاز بها القروض الخارجية ما يلي:

أ. أنه يؤدي مباشرة إلى زيادة الثروة القومية فهو ينقل جزءا من ثروة البلاد الأخرى التي قامت أو قام مواطنوها بالإقراض إلى الدولة ومن ثم فإنه يؤدي إلى زيادة القوة الشرائية المتداولة. وبالمقابل يؤدي سداد أقساط القروض الخارجية مع فوائدها إلى نقص في الثروة الوطنية حيث ينقل جزءاً منها من داخل الدولة إلى خارجها متوجهاً إلى دولة أخرى أو إلى الأفراد الدائنين التابعين لدول أجنبية.

ب. أنه يضيف رصيداً من الثروة أو القوة الشرائية بالعملات الأجنبية وهو ما يمثل أهمية كبرى وبصفة خاصة عندما يكون هناك عجز في ميزان مدفوعات الدولة المقترضة أو عندما يكون رصيد هذه الدولة من العملات الأجنبية من الضآلة بحيث لا يستطيع القيام بأعباء التنمية الاقتصادية.

ج. أنه يؤدي إلى أعباء نقدية يتحملها الاقتصاد القومي ككل كون الدولة المستفيدة من القروض الخارجية تكون مدينة للخارج وبالتالي تكون ملتزمة برد قيمة القرض وفوائده أو ارباحه للخارج بالعملة الأجنبية مما يؤدي إلى تحمل الجيل الذي يدفع وكذلك تحمل اقتصاده القومي أعباء نقدية وهو ما يرتب أعباء مالية على ميزان المدفوعات.

د. أنه يؤدي إلى عواقب سياسية خطيرة يمكن من خلالها أن تتدخل الدول الأجنبية المقرضة أو الدول التي يكون الأفراد المقرضون من مواطنيها في الشؤون الداخلية للدولة المقترضة في النواحي الاقتصادية والسياسية والاجتماعية للدولة المقترضة.

ثالثاً: القروض الدائمة والقروض المؤقتة

تنقسم القروض العامة من حيث مدة القرض وفق معيار حلول أجل القرض واستحقاقه إلى قروض مؤبدة وقروض مؤقتة.

١- القروض الدائمة (المؤبدة):

يكون القرض دائماً أو مؤبداً إذا كانت الدولة غير ملتزمة برد قيمة القرض مع فوائده وأرباحه خلال فترة زمنية معينة، فالدولة هي التي تقرر الوقت المناسب لها للوفاء بسداد قيمة القرض وفوائده أو أرباحه دون أن يكون للدائنين حق الاعتراض على ذلك.

لا شك أن هذا النوع من القروض العامة يكون لصالح الدولة لأنها تقوم بسدادها في الوقت التي يتوافر لديها المال اللازم لذلك. وبالمقابل ونظراً لعدم التزام الدولة بسداد القرض خلال مدة معينة من شأن ذلك أن يؤدي إلى الاقتراض بصورة مستمرة بحيث تتراكم ديونها وتعجز عن سدادها مما جعل بعض الدول تمنع عقد مثل هذه القروض في قوانينها. ومنها التشريع الأردني حيث نصت الفقرة (ب) من المادة (١٢) من قانون الدين العام وادارته رقم (٢٦) لسنة ٢٠٠١ وتعديلاته.

على عدم جواز أن تزيد المدة الواقعة بين تاريخ إصدار السندات وتاريخ الوفاء بها على ثلاثين سنة.

٢- القروض المؤقتة (المتموجة):[١]

يكون القرض مؤقتاً أو متموجاً إذا كانت الدولة ملتزمة برد قيمة القرض مع فوائده وأرباحه في تاريخ معين وحسب الأحكام والشروط المتفق عليها في عقد القرض.

ويمكن تقسيم القروض المؤقتة من حيث مدتها إلى قروض قصيرة الأجل وقروض متوسطة الأجل وقروض طويلة الأجل. وتلجأالدولةإلى مثل هذه

---

(١) الدكتور محمود رياض عطية - مؤجر في علم المالية - المرجع السابق - صفحة (٣٢٥) وما بعدها.

القـروض لسـد حاجـة نقديـة مؤقتـة للخزينـة العامـة بإصـدار أذون الخزينـة العادية أو لتغطية عجز حقيقي في الموازنة العامة وذلك بإصدار أذون الخزينة غير العادية.

ففيما يتعلق بأذون الخزينة العادية فتلجأ الدولـة إليهـا عنـدما تكـون بحاجـة إلى الأمـوال بصـورة مؤقتـة وعنـدما تكـون الموازنـة العامـة متوازنـة (إيراداتها تغطي نفقاتها) ولكن الدولة بحاجة ماسـة إلى صرف نفقـات معينـة قبل تحصيل ما يكفي لتغطيتها من الإيرادات العامة. وهو ما يسـمى (بـالعجز النقدي وهـو عجز مؤقـت) لـذلك فـإن الدولـة تصـدر قـروض قصيرة الأجـل لتغطيته وهو ما يعرف بأذون الخزينة العادية وهو نوع من السندات الإذنيـة تصدرها الدولة وتتعهد فيها بأن تدفع مبلغا معينا في تاريخ معين لاحق.

ويرجـع العجـز النقـدي أو العجـز المؤقـت في الخزينـة العامـة التـي تستعمل أذون الخزينة العادية لتغطيته لعدم وجود تطابق زمني بين تحصـيل إيرادات وصرف نفقات الموازنة العامة فبعض النفقات العامة يتطلـب إنفاقهـا في بعض شهور السنة كفوائد الديون العامة.

ونفقات موزعة بشكل منـتظم عـلى مـدار شـهور السـنة، كرواتـب وأجور الموظفين أما الايرادات فلها توزيعها الخاص بها ايضاً والـذي غالبـا لا يطابق التوزيع الشهري للنفقات ولهـذا تزيـد الإيـرادات عـلى النفقـات في أشهر معينـة. ففـي هـذه الحالـة لا توجـد مشـكلة تـذكر وبالمقابـل تزيـد النفقات على الإيرادات في أشهر أخرى لذلك تجد الدولـة نفسـها في حاجـة مؤقتة إلى الأموال لمعالجة الأمر، لذلك تصدر أذونات عاديـة عـلى الخزينـة باعتبارها حلقة وصل بين فترتين من السنة المالية تتميز إحـداهما بـنقص الإيرادات وتتميز الأخرى بزيادتها ولهذا السبب فإن إذن الخزينة تصـدرها دولة موازنتها متوازنة، أي أن جميع إيرادتها تغطي جميع نفقاتهـا ويكـون في إمكان الخزينة تسديد جميع الاذونات التي احتاجت إلى إصدارها ولهذا كانت أقصى مدة لهذه الاذونات هي مدة الموازنة أي سنة وتصدر أذونات

الخزينة عادة لمدة ثلاثة أشهر وقد تصل لمدة ستة أشهر أو تسعة أشهر أو إثنى عشر شهراً على الأكثر.

ومجموع ما يطرح من أذونات الخزينة للاكتتاب العام ليس ثابتا بل يتغير باستمرار تبعا لحاجة الخزينة العامة. ولما كان من غير المستطاع أن يحدد مقدماً مقدار الدين الذي تمثله الاذونات التي ستصدر أثناء السنة فليس من الممكن تحديد مقدار الفوائد أو الأرباح اللازمة لدفعها، والذي يمتاز بانخفاض سعر الفائدة لقصر أجل السداد.

وفيما يتعلق باذونات الخزينة غير العادية فإنها تستخدم في تغطية عجز حقيقي للموازنة العامة أو لأهداف أخرى وتستحق هذه الأذونات السداد بعد سنتين أو ثلاث أو خمس سنوات على الأكثر.

والفرق بين اذونات الخزينة العادية واذونات الخزينة غير العادية أن ميعاد استحقاق الأولى لا يتجاوز السنة بينما يتجاوز ميعاد استحقاق الثانية السنة شريطة ان لا تتجاوز خمس سنوات وإلا أصبحت سندات قرض ثابتة مهما كان الاسم الذي يطلق عليها.

وغالباً ما تلجأ الدولة إلى تحويل القروض المؤقتة إلى قروض ثابتة عندما تصدر الدولة هذا النوع الأخير من القروض طويلة الأجل بمبلغ القرض المراد تثبيته وتدعو حملة الأذونات إلى الاكتتاب بإذوناتهم في القرض الجديد كما تدعو غيرهم إلى الاكتتاب النقدي وتسدد منه أذونات من لا يرغب في تثبيت قرضه.

المبحث الثالث
أصول تنظيم القروض العامة

الفرع الأول: قانونية القروض العامة

ينظم القروض العامة في الأردن قانون الدين العام وادارته رقم (٢٦) لسنة ٢٠٠١ وتعديلاته وهو قانون يتضمن أحكاماً قانونية عامة ومجردة وآمرة مثله مثل أي قانون عادي آخر وتستمد التطبيقات العملية لإصدار القروض العامة من أحكامه وخاصة القروض العامة الداخلية. أما فيما يتعلق بالقروض العامة الخارجية والتي تتم بصورة إتفاقية بين الحكومة الأردنية من جهة وحكومة الدولة المقرضة من جهة أخرى فقد أثيرت مسألة ضرورة عرض اتفاقيات القروض العامة على السلطة التشريعية لاقرارها أم أنها من اختصاص السلطة التنفيذية وحدها؟ وفقاً لاحكام الفقرة (٢) من المادة (٣٣) من الدستور الأردني لسنة ١٩٥٢ والتي تنص على ما يلي: "المعاهدات والاتفاقات التي يترتب عليها تحميل خزانة الدولة شيئاً من النفقات أو مساس في حقوق الأردنيين العامة والخاصة لا تكون نافذة إلا إذا وافق عليها مجلس الأمة، ولا يجوز في أي حال أن تكون الشروط السرية في معاهدة أو اتفاق ما مناقضه للشروط العلنية".

يلاحظ من خلال هذا النص أن المشرع الدستوري قد ذكر المعاهدات والاتفاقات وهذا يدل على أنهما يختلفان عن بعضهما، فما هو المقصود بالمعاهدات والاتفاقات؟ رد على هذا التساؤل المجلس العالي لتفسير الدستور بقراره رقم (٢) لسنة ١٩٥٥بقوله أن لفظة (معاهدات)بمعناهاالعام تتصرف إلى الاتفاقات التي تعقدهادولتان أوأكثرسواءأكانت تتصل بالمصالح السياسيةأوالاقتصاديةأوغيرها، وبمعناهاالخاص تتصرف إلى الاتفاقات الدوليةالهامةذات الطابع السياسي

كمعاهدات الصلح ومعاهدات التحالف وما شابهها. أما ما تبرمه الدول في غير الشؤون السياسية فقد اصطلح الفقه الدولي على تسميته بالاتفاقية أو الاتفاق.

أما الاتفاقات المالية التي تبرمها الدولة مع أي شخص طبيعي أو معنوي كالبنوك أو الشركات مثلا فهي غير مشمولة بحكم هذه المادة ولا يحتاج نفاذها إلى موافقة مجلس الأمة حتى ولو كانت هذه الاتفاقات تحمل الخزانة شيئاً من النفقات.

ونحن نرى ما يراه جانب من الفقه[1] أن مفهوم المخالفة للفقرة (٢) من المادة (٣٣) أن الاتفاقات المالية التي تجري بين الأردن وغيرها من الدول كالاتفاق الذي تعلق بقرض حكومي مثلاً يجب أن يعرض على مجلس الأمة للموافقة عليه وبخاصة أن القرض يحمل الخزانة العامة شيئاً من النفقات عند سدادها، وهذه النفقات قد تستدعي زيادة في الضرائب مما يؤثر في حقوق الأردنيين العامة والخاصة. هذا من جهة ومن جهة أخرى فإن اتفاقية القرض مع دولة أجنبية قد تترتب عليها نتائج خطيرة بحيث قد يصبح القرض سلاحاً بيد الدولة المقرضة تتخذ منه ذريعة للتدخل في شؤون الدولة المقترضة ووسيلة للحد من حريتها.

كل ما سبق يتعلق بالقرض العام الخارجي، أما فيما يتعلق بالقرض العام الداخلي وهو الذي تقوم الدولة بموجبه بالاقتراض من الأشخاص الطبيعيين والمعنويين في داخل المملكة فلم يأت الدستور بأي نص يشير إلى مسألة عرض الاتفاق على السلطة التشريعية للموافقة عليه. ونرى ان القرض العام الداخلي هو من اختصاص السلطة التنفيذية وحدها تمارس هذا الاختصاص ضمن أحكام قانون الدين العام رقم (٢٦) لسنة ٢٠٠١.

(١) الدكتور عادل الحياري – القانون الدستوري والنظام الدستوري الأردني – الطبعة الأولى – ١٩٧٢ – صفحة (٦٩٩) وما بعدها.

الفرع الثاني: شروط إصدار القروض العامة ومزاياها:

أولا: مبلغ القرض العام

اشترطت الفقرة (أ) من المادة (١٢) من قانون الدين العام رقم (٢٦) لسنة ٢٠٠١ "على أن تحدد القيمة الاسمية الاجمالية لأي اصدار من اصدارات السندات الحكومية في شروط ذلك الاصدار" وبناء عليه يصدر القرض العام بمبلغ معين ومحدد كعشرين مليون دينار أردني مثلا وتسمى قيمة القرض الإجمالية، واصدار سندات قرض عام في حدود هذا المبلغ فقط، وإعلان الاكتتاب فيها للجمهور خلال مدة معينة ويقفل الاكتتاب فيه بمجرد تغطية قيمته أو بانتهاء المدة المحددة للاكتتاب. وإذا زاد المبلغ المكتتب فيه عن قيمة القرض الإجمالية قامت الدولة بتخفيض أنصبة المكتتبين بصورة أو بأخرى بما يكفل رد الزيادة لهم. فإذا زاد الاكتتاب عن قيمة القرض الإجمالية خمس مرات مثلا أعطى كل مكتتب سندات بمقدار خمس ما اكتتب به وأحياناً يراعى صغار المكتتبين الذين لا تتجاوز قيمة اكتتاباتهم مبلغاً معيناً فلا تخفض منها شيئاً تشجيعاً لصغار المكتتبين وإنما يجري التخفيض فيما زاد عن هذا الحد.

وفي حالات استثنائية قد لا تحدد الحكومة مبلغ القرض الإجمالي وإنما تكتفي بتحديد مدة معينة للاكتتاب العام وتقبل جميع الاكتتابات التي تقدم خلالها وتصدر الحكومة مثل هذه الحالة قروض عالية غير محددة القيمة وذلك عندما تكون بحاجة ماسة إلى مبالغ مالية باهظة لمواجهة حربا معينة أو أزمة اقتصادية أو كوارث طبيعية أو إذا اعتقدت أن الاكتتاب العام سوف لا يغطي قيمة القرض الإجمالية وتخشى الحكومة ان تتأثر ثقة الأشخاص فيها خاصة إذا ما شعروا أنها قد عجزت عن الحصول على هذه المبالغ وعدم تحديد قيمة القرض الإجمالية يعطي

الحكومة الفرصة أن تعلن دائماً عن اكتفائها بالمبلغ الذي اكتتب به الأشخاص حفاظاً على ثقتهم فيها.

ثانياً: شكل سندات القروض العامة

تكون إصدارات الدين العام حسب أحكام المادة (٥) عطفا على أحكام المادة (٢) من قانون الدين العام رقم (٢٦) لسنة ٢٠٠١ على أي من الأشكال التالية:

١. **السندات المسجلة:** وتعني عبارة سند مسجل "هو سند الدين العام الذي تسجل قيمته الإسمية باسم مالكه وأي تغيير يقع على ملكية السند أو رهنه أو حجزه يجب أن يسجل في سجل خاص يسمى سجل السندات الحكومية ينظم لدى البنك المركزي لهذه الغاية، وتسلم لكل مكتتب شهادة بذلك ولا تنقل ملكية هذه السندات إلا بعد إثبات ذلك في السجل الخاص، وبهذا المعنى تشكل القيود المدونة في سجلات السندات التي يحتفظ بها البنك المركزي إثباتاً قانونياً لملكية حامليها لها، ولا تدفع قيمة هذه السندات إلا لمن تكون مقيدة على اسمه كما ولا تدفع الفوائد المترتبة عليها إلا بعد توقيع مالكها على كوبوناتها بالتسليم.

وفائدة هذا النوع من السندات أنها تكون بمأمن من السرقة والضياع والتلف وبالمقابل يؤخذ عليها صعوبة تداولها في التعامل التجاري.

٢. **السندات لحاملها:** وتعني عبارة سند لحامله "هو سند الدين العام الذي لا يسجل باسم مالكه وتنتقل ملكيته من شخص إلى آخر بمجرد التسليم وينص على حق حامله في استيفاء قيمته الإسمية والفوائد والجوائز المستحقة في المواعيد المحددة لها".

والسندات لحاملها لا تشتمل على أسماء مالكيها ولا تكون مسجلة لدى إدارة القروض العامة بأسماء أشخاص معينين. وبناء على ذلك فإن ملكية هذه السندات تكون لحاملها وتداولها يتم بمجرد التسليم وذلك بنقلها من يد شخص إلى يد شخص آخر دون حاجة لإجراء أي قيد في السجلات ، وغالباً ما تلحق بالسندات لحاملها

قسائم أو كوبونات قابلة للانفصال عن السند ويتضمن كل منها الفائدة المستحقة في تاريخ معين وتدفع هذه الفائدة في المواعيد المحددة لحامل السند دون التحقق من شخصيته وتحتفظ الدولة بالقسائم لديها بعد دفع الفوائد لحامل السند وبهذا المعنى تشكل أذونات الخزينة أو السندات لحاملها أو قسائم الفوائد للحكومة أو البنك المركزي أو وكلائه إثباتاً قانونياً لملكية حامليها لها. ويمتاز هذا النوع من السندات بسهولة التداول بالتعامل التجاري حيث لا يوجد في هذا التداول القيود والإجراءات الشكلية المتعلقة بتداول السندات الإسمية وبالمقابل فمن سلبياتها تعرضها لخطر الضياع أو السرقة ولا سبيل لحمايتها كون مجرد الحيازة في المنقول سنداً للملكية.

٣. **السندات المسجلة و/أو السندات لحاملها:** " وهي السندات المختلطة التي تأخذ شكلاً وسطاً بين السندات الإسمية والسندات لحاملها " فتكون إسمية بالنسبة للمبلغ المكتتب به (أصل الدين) ويتم تسجيل اسماء المكتتبين في السجل الخاص والذي تحتفظ به إدارة الدين العام ولا تنتقل ملكيتها الا بإجراء التعديلات اللازمة في السجل الخاص وفائدة هذا النوع من السندات بأن أصل الدين يكون بمأمن من السرقة والضياع والتلف ومن سلبياته صعوبة تداول أصل الدين.

ومن ناحية أخرى فإن السندات المختلطة تكون بمثابة السندات لحاملها فيما يتعلق بتحصيل الفوائد المترتبة عليها حيث ترفق بأصل الدين قسائم أو كوبونات يتعلق كل منها بالفائدة التي تدفع في تاريخ معين ويتم دفع الفائدة لحامل القسيمة أو الكوبون المطلوب دون التحقق من شخصيته وهذا بدوره يجعل تداول قسائم وكوبونات فوائد هذا النوع من السندات يتم بكل سهولة ويسر ولكنها بالمقابل تكون عرضة لمخاطر الضياع والسرقة والتلف مما يفقد أصحابها حقهم فيها، لذلك قيل وبحق أن السندات المختلطة تحاول الجمع بين مزايا كل من السندات الإسمية والسندات لحاملها.[١]

---

(١) الدكتور زين العابدين ناصر - علم المالية العامة - المرجع السابق - صفحة (٣٦٩) وما بعدها.

الفرع الثالث : مزايا وضمانات القرض العام

أولا: فائدة القرض:

الأصل أن الدولة عندما تقترض قرضا عاما انها تلتزم برد مبلغ القرض بالإضافة لفائدة معينة تتمثل بنسبة مئوية من أصل القرض وذلك لقاء استعمال الدولة لأموال المكتتبين في القرض العام وتدفع لهم بصورة دورية. وتعتمد الدولة في تحديدها لسعر الفائدة الذي تدفعه على القرض العام على سعر الفائدة السائد في السوق لأن انخفاض سعر الفائدة في القروض العامة عن سعر الفائدة السائد في السوق يجعل الأشخاص لا يقبلون على الاكتتاب في سندات القروض العامة وأحياناً تلجأ الدولة إلى تحديد سعر الفائدة على القروض العامة بشكل أعلى من سعر الفائدة في السوق مما يرتب أعباء ضخمة على مالية الدولة. والجاري عليه العمل هو أن تعمل الدولة على تناسب مستوى سعر الفائدة في السوق ومدة القرض (قصير، متوسط، طويل الأجل) ومقدار مبلغ القرض، واحتمال تغير سعر الفائدة، والمزايا التي تمنحها للمكتتبين في سندات القروض العامة.

ثانياً: مكافأة السداد:

الأصل أن تكون قيمة السند الإسمية الإجمالية بمبلغ معين (١٠٠) دينار مثلاً وتصدره الحكومة بنفس القيمة (أي أن تسديده من قبل الحكومة بـ (١٠٠) دينار أيضاً) ويعتبر في هذه الحالة أن القرض العام قد اصدر بسعر التكافؤ. أما إذا اصدرته بأقل من تلك القيمة بـ (٨٠) دينار مثلا اعتبر ان القرض العام قد صدر بأقل من سعر التكافؤ أي أن المكتتب يدفع (٨٠) دينارا عند الاكتتاب وعند تسديد قيمة السند الإسمية الإجمالية من قبل الحكومة يتسلم مبلغ (١٠٠) دينار ويسمى

الفرق وهو (٢٠) دينار مكافأة أو جائزة تسديد والهدف من ذلك هو تشجيع الجمهور للمشاركة في الاكتتاب العام.

ثالثاً: جوائز اليانصيب:

تلجأ الحكومة أحياناً إلى تشجيع الأشخاص على الاكتتاب في سندات القروض العامة وخاصة صغار المكتتبين منهم وذلك بمنحهم جوائز يانصيب للسندات التي تصدرها بواسطة سحب بعض السندات بالقرعة وذلك عند رد أصل القرض العام وتستحق السندات الفائزة جوائز معينة قد تزيد على قيمة أصل القرض.

رابعاً: إعفاء فوائد وجوائز سندات القروض العامة من الضرائب:

قد ينص المشرع بهدف تشجيع الأشخاص على الاكتتاب في سندات القروض العامة على إعفاء هذه السندات وفوائدها وجوائزها من الضرائب والرسوم وبناء عليه فقد نصت الفقرة (ب/٥) من المادة (٧) من قانون ضريبة الدخل رقم (٥٧) لسنة ١٩٨٥ وتعديلاته على ان يعفى من ضريبة الدخل فوائد اذونات الخزينة وسندات التنمية واسناد قرض الخزينة وسندات المؤسسات العامة باستثناء الفوائد المتأتية للبنوك والشركات المالية فيعفى ما نسبته (٢٥%) من هذه الفوائد.

وتعتبر الإعفاءات الضريبية هذه خروجاً على قاعدة العدالة التكليفية والمساواة بين المكلفين وخاصة فيما يتعلق بالضريبة الموحدة على الدخل والتي تأخذ بمبدأ التكليف التصاعدي، إذ يعفى كبار المكتتبين من مبالغ أكبر بكثير مما يعفى منها متوسطي أو صغار المكتتبين لأن دخل كبار المكتتبين يخضع للضريبة في شرائحه العليا لسعر ضريبي أعلى مما يخضع له دخل صغار المكتتبين.

خامساً: قبول سندات القروض العامة في تسديد بعض الضرائب:

قد تجيز الدولة أحياناً تسديد بعض أنواع الضرائب بواسطة سندات القروض العامة على أساس قيمتها الإسمية ففي هذه الحالة يستطيع المكلف أن يدفع الضريبة المترتبة عليه بهذه السندات ويتجنب دفعها نقداً ومن شان ذلك أن يؤدي إلى قلة حصيلة الخزينة العامة من إيرادات الضرائب بالإضافة إلى أنه يؤدي إلى استهلاك جزء من الدين العام قبل حلول ميعاد الوفاء به.

ومع ذلك فإن مثل هذه الميزة لسندات القروض العامة من شأنها أن تجعل هذه السندات على درجة عالية من السيولة إذ تعتبر بمثابة النقود في يد المقرض يمكنه التصرف فيها أو استخدامها عند اللزوم.

سادساً: الضمانات ضد التقليات النقدية:(١)

كثيراً ما يمتنع الأشخاص عن الاكتتاب في سندات القروض العامة خشية انخفاض قيمة النقود، فلو أن شخصاً أقرض الدولة (١٠٠٠) دينار مثلا فإن الدولة إذا قامت برد نفس هذا المبلغ بعد خمس سنوات مثلا فإن الشخص يكون قد تعرض لخسارة بمقدار النقص الذي طرأ على القوة الشرائية للنقود بسبب الارتفاع المستمر في مستوى الأسعار الناتج عن حدوث التضخم. لذلك تلجأ الدولة إلى عدة إجراءات أو وسائل تمكن من المحافظة على القيمة الحقيقية للقرض العام حتى يطمئن الأشخاص إلى استرداد مبلغ القرض العام بنفس قيمته وقت الإقراض.

وتستطيع الدولة في سبيل ذلك أن تلجأ إلى أحد أسلوبين:

الأسلوب الأول: تحديد سعر فائدة مرتفع جدا يعوض ما قد يطرأ من انخفاض في قيمة النقود وما يترتب عليه من رد المبالغ المقترضةبقيمة أقل من قيمتها الحقيقية

---

(١) الدكتور زين العابدين ناصر - علم المالية العامة - المرجع السابق - صفحة (٣٧٨) وما بعدها.

عند الإقراض. ويعاب على هذا الأسلوب أنه يؤدي إلى عبء مالي ضخم يقع على الخزينة العامة للدولة.

الأسلوب الثاني: ربط قيمة القرض العام الحقيقية بقيمة مال عيني ترتفع بارتفاع المستوى العام للأسعار وبالتالي تكون متابعة للتقلبات النقدية فإذا انخفضت قيمة النقود فإن ذلك يؤدي إلى ارتفاع قيمة هذا المال وبالتالي فإن الدائن لا يتعرض لخطر انخفاض قيمة القرض العام الحقيقية على أثر انخفاض قيمة النقود ويمكن للدولة أن تختار هذا المال العيني من بين نوعين من الأموال وهما:

النوع الأول: ربط القرض العام بالذهب

ففي هذه الحالة تقوم الدولة بربط المبلغ الأصلي للقرض بقيمة الذهب فتلتزم برده على أساس قيمته بالنسبة للذهب عند سداد القرض العام، وعادة ما تتضمن شروط ربط القرض بالذهب أن يكون ذلك قاصراً على اتجاه الذهب إلى الصعود دون اتجاهه إلى الهبوط وفي الحالة الأخيرة فإن الوفاء بقيمة القرض العام يتم على أساس القيمة الإسمية لسنداته وليس أقل من ذلك.

النوع الثاني: ربط القرض العام بالعمولات الأجنبية

ففي هذه الحالة تقوم الدولة باختيار إحدى العملات الأجنبية الثابتة نسبيا وتربط بها سداد القرض العام فترد أصل القرض العام على أساس قيمة هذه العملة عند السداد. وقد يحدث أن تعود إلى المكتتبين بسندات القروض العامة مبالغ القرض العام بقيمة أكبر في حالة ارتفاع قيمة العملة الأجنبية إذا ارتفعت خلال الفترة من بداية القرض العام إلى وقت سداده ويكون الوفاء بقيمة القرض العام على أساس القيمة الأسمية لسنداته في حال انخفاض قيمة العملة الأجنبية خلال الفترة المقررة لسداد القرض العام.

سابعاً: الضمانات الشخصية والعينية لسداد القروض العامة:

الأصل أن يعقد القرض العام دون ضمانات خاصة للمقرضين سوى مجرد التزام الدولة باحترام شروط عقد القرض العام حسب اصدارات الدين العام السنوية والاعلان عنها وشروط الاكتتاب فيها.

ولكن يحدث أحياناً أن يكون للقرض العام وخاصة الخارجي منها ضمانات خاصة شخصية أو عينية، والضمانات الشخصية تكون بالنسبة للقرض العام الخارجي إذ يتطلب الدائنون الأجانب بأن تقوم دولة أو أكثر بضمان الدولة المقترضة بأن تتعهد بالوفاء بسداد الدين وفوائده في الوقت المحدد إذا ما قصرت الدولة المقترضة عن ذلك. والتطبيقات العملية لمثل هذه الضمانات في الوقت الحاضر قليلة جدا لأن اشتراط مثل هذه الضمانات من شأنه المساس بكرامة الدولة المقترضة والتدخل في شؤونها الداخلية. أما بالنسبة للضمانات العينية للقرض العام فتكون عندما يتم تخصيص مورد طبيعي من موارد الدولة كالبترول أو الذهب أو تخصيص إيراد معين من إيرادات الدولة كإيرادات الضرائب الجمركية أو ضريبة الدخل لسداد أصل القرض العام وفوائده أو أرباحه. وقد طبقت الضمانات العينية في التشريع المقارن كثيراً ومنها على سبيل المثال القرض العام المصري حتى سنة ١٩٤٠ حيث كانت حصيلة الضرائب على الأراضي الزراعية ضامنة لخدمة هذا الدين، وكذلك القرض العام العراقي الذي عقد في لندن سنة ١٩٣٧ كان مضموناً بإيرادات الحكومة من شركات النفط.[1]

ويؤخذ على هذا النوع من الضمانات أنه يعتبر قيداً على سيادة الدولة المالية بحيث لا تستطيع التصرف بإيرادات معينة ولا المساس بها كونها مخصصة لنفقات معينة بالإضافة إلى فتح الباب على مصراعيه لتدخل الدول الأجنبية في

(١) الدكتور هشام محمد صفوت العمري - اقتصاديات المالية العامة والسياسة المالية - المرجع السابق - صفحة (٢٧٤).

شؤون الدولة المقترضة من خلال ما هو متبع في العادة من إنشاء هيئة مراقبة دولية تتولى الإشراف على تنفيذ تعهد الدولة المقترضة بالتنفيذ.

وتطبيقاً لذلك فقد تضمنت المادتان (١٤ ، ١٩) من قانون الدين العام رقم (٢٦) لسنة ٢٠٠١ ضمانات للدين العام الأردني تتمثل بما يلي:

١- ترصد في قانون الموازنة العامة سنويا المبالغ الكافية للوفاء باستحقاقات الدين العام وخدمته.

٢- يمثل الدين العام التزاماً مطلقاً وغير مشروط على الحكومة ولهذه الغاية تتساوى السندات والقروض الحكومية في أولوية الالتزام بتسديدها.

الفرع الرابع: طرق إصدار القروض العامة:

تلجأ الدولة في إصدار القروض العامة إلى طرق مختلفة لكل طريقة مزاياها وعيوبها ويمكن تلخيص أهم هذه طرق بما يلي:

أولا: الاكتتاب العام المباشر:

وتقوم الدولة في هذه الطريقة بطرح سندات القرض العام أمام الجمهور مباشرة من أجل الاكتتاب فيها معلنة بذلك شروط القرض العام ومزاياه وضماناته والموعد المحدد للاكتتاب، ودعوة من يرغب من الجمهور في الاكتتاب في سندات القرض العام أن يذهب إلى البنوك أو الجهات المعينة لقبول طلبات الاكتتاب ليقدم طلباً يبين فيه عدد السندات التي يرغب في شرائها وقيمة المبالغ المكتتب فيها. وقد تشترط الحكومة دفع كل المبلغ المكتتب فيه أو نسبة مئوية منه.

وتمتاز هذه الطريقة بأنها توفر على الخزينة العامة المبالغ التي تحصل عليها البنوك فيما لو لجأت الدولة إلى بيع سندات القرض العام لها كما وأنها تؤدي إلى تمكن الدولة من الإشراف والرقابة على عملية إصدار القرض العام فتحول دون احتكار كبار الماليين سندات القرض العام والمضاربة عليها ، ومنح صغار

المكتتبين بعض المزايا كعدم تخفيض اكتتاباتهم عند حـد معـين إذا تـم تغطيـة القرض العام بأكثر من قيمته.

ومن سلبيات هذه الطريقة في إصـدار سـندات القرض العام احتمال عدم تغطية قيمة القرض الإسمية الإجمالية كاملة مما يضعف الثقة في ماليـة الدولة.

ثانياً: الاكتتاب عن طريق البنوك:

وفي هذه الطريقة تقوم الدولة ببيع سندات القرض العام لبنك أو أكثر بسعر أقل من قيمتها الإسمية وبعد ذلك يتولى البنـك بيـع هـذه السـندات للجمهور بالقيمة الإسمية ويعتبر الفرق إيرادا للبنك لقاء قيامه بهذه العمليـة. وبـذلك يغطـي البنـك قيمـة القرض العام بأكملـه ويتحمـل وحـده مخاطرة الاكتتاب في حالة وجـود سندات لم يتمكن مـن بيعها. ومن مميزات هـذه الطريقـة أن الدولة تضمن بيع جميع سندات القرض العام وتحصل عـلى قيمـة القرض الذي تحتاج إليه وتضمن تغطية القرض العام بأكملـه دون أن يتعـرض مركزها المالي للخطر، بالإضافة إلى أن ثقة الجمهور تزداد في حالة تدخل البنوك وكفالتها للقرض العام وما يتمتع به العاملون لـديها مـن خـبرة ودرايـة كافيـة بأحوال السوق المالي.

ومن سلبيات هذه الطريقة حرمان خزينة الدولة من جزء من الأمـوال والذي يمثل الفرق بين القيمـة الإسمية الإجمالية للقرض (وهـو المبلـغ الـذي أصبحت الدولة مدينة بـه للأشخاص حـاملي سندات القرض العام بالإضافة لفوائده أو ارباحه) والمبلـغ الـذي تدفعـه البنوك فعـلا للدولة ثمناً لسندات القرض العام.

ومن المؤكد أن هذا الفرق والذي يعتبر إيراداً للبنك وحرمـت منـه خزينـة الدولة أكثر بكثير من الفائدة أو العمولة التي يتقاضاها البنك عندما تستعين بـه الدولة في طريقة الاكتتاب العام كونها تمثل في هـذه الحالـة عمولة بسيطة. بينما تلعب البنوك دوراً هاماً عندما تشتري سندات القرض العام جميعها وتتولى بيعهـا للجمهور إذ تحقق ربحا كبيراً، والجاري عليه العمل في هذا العصر أن يعهد إلى البنك

المركزي عملية إصدار سندات القرض العام لحساب الدولة مقابل عمولة معينة وهذا هو موقف المشرع الأردني حيث نصت المادة (١٦) من قانون الدين العام رقم (٢٦) لسنة ٢٠٠١ على ان يتولى البنك المركزي اصدارات الدين العام وعلى محافظ البنك المركزي تزويد وزير المالية بتقارير شهرية عن أوضاع هذا الدين منظمة بالصورة المتفق عليها بينهما.

ثالثا: الاكتتاب عن طريق السوق المالي:

وفي هذه الطريقة تقوم الدولة ببيع سندات القرض العام في سوق الأوراق المالية (البورصة) وعلى دفعات وحسب الأسعار السائدة فيه. وتطبيقاً لذلك فقد نصت المادة (١٧) من قانون الدين العام وادارته رقم (٢٦) لسنة ٢٠٠١ وتعديلاته على ان يتم تداول السندات الحكومية في بورصة عمان ويجوز تداولها خارج البورصة. وطريقة الاكتتاب عن طريق السوق المالي بسيطة للغاية وسهلة من الناحية العملية وتستفيد الدولة باتباعها هذه الطريقة من ارتفاع أسعار السندات في سوق الأوراق المالية لبيع سندات القرض العام بأعلى سعر ممكن دون تحمل عمولة خاصة في مقابل ذلك، ويعاب على هذه الطريقة أنها لا تصلح إلا في القروض العامة الصغيرة وفي الأحوال التي لا تكون فيها الدولة بحاجة ماسة إلى المال والسبب في ذلك ان طرح الدولة كمية كبيرة من سندات القرض في فترة قصيرة سوف يؤدي إلى انخفاض كبير في أسعار هذه السندات وأسعار الأوراق المالية الأخرى بوجه عام.

وتجدر الإشارة إلى أن الدولة قد تلجأ لأكثر من طريق من الطرق الثلاثة السابقة لإصدار قرض عام واحد. فهي قد تقوم بطرح جزء من القرض العام للاكتتاب العام، ثم تقوم ببيع بعض سندات القرض العام للبنوك حتى تحصل على بعض الأموال بسرعة (وفي مثل هذه الحالة فإنها لن تحتاج لدفع عمولة كبيرة للبنوك لأنها لن تبيعهم كل القرض) كما انها قد تقوم بحجز السندات المتبقية

بعد قفل باب الاكتتاب في القرض العام لبيعها فيما بعد في بورصة السوق المالي.[1]

الفرع الخامس: انقضاء القرض العام:[2]

يؤدي القرض العام إلى زيادة الأعباء التي يتحملها الجيل القادم بالإضافة إلى ما يجب أن يتحمله من النفقات التي يلزم القيام بها في وقته بدفع أصل وفوائد أو أرباح قروض عقدتها الأجيال السابقة لذلك يتوجب على كل جيل أن يعمل على انقضاء القروض التي استفاد منها وأن لا يحمل عبئها إلى الجيل الآخر تطبيقاً لقاعدة "الاصل ان لا يحمل جيل اعباء جيل آخر". وينقضي القرض العام بعدة طرق وهي: الوفاء، التثبيت، التبديل. وفيما يلي موجز لكل منها:

أولاً: الوفاء.

يعتبر الوفاء هو الوسيلة الطبيعية لانقضاء القرض العام ويتحقق الوفاء عندما تقوم الدولة بتسديد قيمة القرض العام دفعة واحدة بعد أن كانت قد دفعت الفوائد أو الأرباح المترتبة عليه. ويحدث مثل هذا التسديد في سندات القرض العام قصيرة الأجل التي تعقدها الحكومة لمواجهة نقص طارىء ومؤقت في إيراداتها العامة ويتم التسديد في الوقت المحدد للوفاء به ولا يجوز من حيث المبدأ تسديده قبل حلول الموعد المحدد لذلك، كون هذا الموعد مقرر لمصلحة الدائن والمدين على حد سواء فقد يتضرر الدائن من تسديد القرض قبل الموعد المحدد لأن من

(١) الدكتور شريف رمسيس تكلا – الأسس الحديثة لعلم مالية الدولة – المرجع السابق – صفحة (٣١٥).

(٢) - الدكتور شريف رمسيس تكلا – الأسس الحديثة لعلم مالية الدولية – المرجع السابق – صفحة (٣١٥).

- الدكتور هشام محمد صفوت العمري – اقتصاديات المالية العامة والسياسة المالية – المرجع السابق – صفحة (٢٧٧) وما بعدها.

شأن ذلك حرمانه من بعض الفوائد أو الأرباح المترتبة عليه عن المدة الباقية لحلول موعد السداد.

وإذا ما رغبت الدولة في إعطاء نفسها حق تسديد القرض قبل حلول أجله يجب أن ينص صراحة على ذلك في شروط عقد القرض العام.

ثانياً: تثبيت القرض العام.

يقصد بتثبيت القرض العام: تحويل القرض قصير الأجل إلى قرض آخر متوسط أو طويل الأجل وذلك عندما تقوم الدولة عند حلول أجل القرض العام الأول بإصدار قرض عام آخر بنفس القيمة ولمدة أطول ليحل محله.

وتثبيت القروض العامة قد يكون إجبارياً أو اختياريا.

١- التثبيت الإجباري:

عندما تكره الدولة الأشخاص المكتتبين في سندات القرض العام على قبول الاكتتاب بسندات قروض عامة جديدة بدلا من السندات التي حل أجلها وأصبح من حق المكتتبين استرداد القيمة الإسمية الإجمالية للسندات المكتتب بها من قبلهم ويعتبر ذلك إخلالاً بشروط عقد القرض العام ويعتبر بمثابة توقف جزئي عن الدفع لذا يجب أن لا تلجأ إليه الدولة باعتباره إفلاساً جزئياً لها.

٢- التثبيت الإختياري:

ويتمثل في قيام الدولة بتخيير حاملي سندات القرض العام الذي حل موعد تسديده بين أمرين:

الأمر الأول: أن يستردوا القيمة الإسمية الإجمالية لسندات القرض العام التي يحملونها.

والأمر الثاني: أن يقبلوا استبدال سندات القرض العام التي يملكونها بسندات قرض عام جديد. وحتى تضمن الدولة من المكتتبين في سندات القرض العام اختيار الأمر

الثاني يجب ان تعمل على أن تكون شروط وأحكام القرض العام الجديد مجزية من حيث المزايا المالية وإلا فإن حاملي سندات القرض العام سيختارون الأمر الأول.

ثالثاً: تبديل القرض العام.

يقصد بتبديل القرض العام هو إحلال قرض عام جديد بقرض عام قديم مساو له في القيمة الإسمية الاجمالية ولكنه منخفض عنه بسعر الفائدة. ومثال ذلك أن تبدل الدولة قرض عام بسعر فائدته (٩%) بقرض عام آخر سعر فائدته (٥%). نتيجة لانخفاض سعر الفائدة السائد في السوق إلى حد يعتبر معه السعر المقرر للقرض العام مرتفعاً بصورة غير ملائمة. وتهدف الدولة من عملية التبديل هذه تخفيف عبء المديونية الذي تتحمله الخزينة العامة.

وتتم عملية تبديل القرض العام بصورة إجبارية أو بصورة اختيارية.

١- التبديل الإجباري للقرض العام

ويكون هذا النوع من التبديل إذا خفضت الدول سعر فائدة سندات القرض العام دون موافقة حاملي هذه السندات أو بمعنى آخر دون منحهم حق الخيار بين تبديل قرضه العام بقروض عامة أخرى أقل فائدة أو استرداد القيمة الإسمية الاجمالية لسنداتهم وأحياناً يكون هذا التبديل مستتراً عندما تفرض ضريبة دخل على فوائد وأرباح سندات القرض العام المعفاة أصلاً من الضريبة ويعتبر مثل هذا التبديل من الأمور المنتقدة لأنه يعني إهدار كامل للصفة العقدية للقرض العام.

٢- التبديل الإختياري للقرض العام

ويكون هذا النوع من التبديل عندما تخير الدولة حملة سندات القرض العام بين قبول سندات القرض العام الجديدة ذات سعر الفائدة المنخفض أو استرداد القيمة الإسمية الإجمالية لسنداتهم، وهو النوع الشائع للتبديل.

وتثبيت وتبديل القرض العام يمكن ايجاد السند القانوني له في نص الفقرة (ب) من المادة (١١) من قانون الدين العام رقم (٢٦) لسنة ٢٠٠١ والتي تنص على ما يلي:

"يقرر وزير المالية بعد التشاور مع محافظ البنك المركزي خطة اصدارات الدين العام السنوية والاعلان عنها وشروط الاكتتاب فيها ويجوز له بالطريقة ذاتها اجراء أي تعديل على هذه الخطة.

خاتمة الباب الثاني

تنقسم الإيرادات العامة وفقا لقانون الموازنة العامة لسنة ٢٠٠٨ بصورة أساسية إلى الإيرادات المحلية والمنح المالية والإيرادات الرأسمالية والمنح الفنية لتمويل مشاريع إنمائية.

القسم الأول: الإيرادات المحلية

وتنقسم الإيرادات المحلية إلى قسمين: الإيرادات الضريبية والإيرادات غير الضريبية.

أولا: الإيرادات الضريبية

ويتم تصنيف الإيرادات الضريبية إلى الفصول والمواد التالية:

الفصل رقم (١): الضرائب على الدخل والأرباح.

المادة (١): الشركات المساهمة.

المادة (٢): الأفراد.

المادة (٣): الموظفون والمستخدمون.

المادة (٤): ضريبة الخدمات الاجتماعية.

الفصل رقم (٢): الضرائب على معاملات التجارة الخارجية.

المادة رقم (١): الرسوم الجمركية.

المادة رقم (٢): الغرامات والمصادرات الجمركية.

المادة رقم (٣): الضريبة الإضافية على المستوردات الجمركية.

المادة رقم (٤): ضريبة المبيعات على السلع المستوردة.

الفصل رقم (٣): الضرائب على المعاملات المحلية.

المادة رقم (١): ضريبة المبيعات على السلع المحلية.

المادة رقم (٢): ضريبة المبيعات على الخدمات.

المادة رقم (٣): الضريبة الإضافية على كميات الكهرباء المستهلكة.

المادة رقم (٤) ضريبة مبيعات الفنادق والمطاعم.

المادة رقم (٥): ضريبة تذاكر السفر بالجو.

المادة رقم (٦): الضريبة الإضافية على مبيعات دائرة الأراضي والمساحة.

المادة رقم (٧): الضريبة الإضافية على رخص السيارات والسواقين.

المادة رقم (٨): الضريبة الإضافية على عقود التأمين.

المادة رقم (٩): ضريبة المغادرين.

المادة رقم (١٠): ضريبة بيع العقار.

المادة رقم (١١): ضرائب أخرى.

ثانياً: الإيرادات غير الضريبية

الفصل رقم (٤): الرخص

المادة (١): رخص سير المركبات.

المادة (٢): رخص تسجيل المركبات.

المادة (٣): رخص سوق المركبات.

المادة (٤): رخص الاستيراد.

المادة (٥): رخص أخرى. مثل رخص حمل السلاح، رخص بيع الطوابع، رخص كتبة الاستدعاءات، رخص الصيد، رخص المهن، رخص تدقيق الحسابات، رخص منقذي السباحة.

الفصل رقم (٥): الرسوم

المادة (١): رسوم المحاكم النظامية

المادة (٢): رسوم المحاكم الشرعية.

المادة (٣): رسوم تسجيل الأراضي.

المادة (٤): رسوم جوازات السفر.

المادة (٥): رسوم وثائق الأحوال المدنية.

المادة (٦): رسوم الخدمات القنصلية.
المادة (٧): رسوم طوابع الواردات.
المادة (٨): رسوم البيطرة ومحاجر الحيوانات.
المادة (٩): رسوم الامتحانات العامة، رسوم التقدم لامتحان الثانوية العامة، رسوم تصديق الشهادات.
المادة (١٠): رسوم تسجيل الشركات.
المادة (١١): رسوم الطيران.
المادة (١٢): رسوم تصاريح العمل.
المادة (١٣): رسوم الإقامة.
المادة (١٤): رسوم التلفزيون.
المادة (١٥): رسوم الآثار العامة.
المادة (١٦): رسوم أرقام السيارات العمومية.
المادة (١٧): رسوم أخرى، وتشمل رسوم تسوية الأراضي، ورسوم محكمة الأراضي، رسوم الجنسية والتجنس، رسوم أفلام السينما، رسوم الآثار والسياحة، رسوم تسجيل العلامات التجارية، رسوم أرقام السيارات العمومية، رسوم التسويق الزراعي، رسوم حراج السيارات.

الفصل رقم (٦): الإيرادات من المؤسسات العامة

المادة (١): حصة الخزينة من صافي أرباح البنك المركزي.
المادة (٢): عوائد المؤسسة الأردنية للاستثمار.
المادة (٣): إيرادات الإذاعة والتلفزيون.
المادة (٤): فائض إيرادات مؤسسة الموانىء.
المادة (٥): صافي أرباح المؤسسة الاستهلاكية المدنية.
المادة (٦): فائض إيرادات هيئة تنظيم قطاع الاتصالات.
المادة (٧): حصة الخزينة من ارباح شركة الاتصالات الأردنية.

الفصل رقم (٧): إيرادات بدل الخدمات الحكومية.

المادة (١): اثمان الخرائط والمطبوعات.
المادة (٢): إيرادات بدل خدمات المرور على الطرق.
المادة (٣): إيرادات الأبنية والأراضي وتأجير القاعات والمقاصف.
المادة (٤): إيرادات بيع الأراضي الأميرية وإيجارها.
المادة (٥): حصة الخزينة من ضريبة المسقفات والأراضي.
المادة (٦): أثمان مياه قناة الملك عبدالله.
المادة (٧): الطوابع البريدية.
المادة (٨): أجور الطرود البريدية.
المادة (٩): أجور الصناديق البريدية.
المادة (١٠): التسويات الدولية البريدية.
المادة (١١): أخرى: كرسوم البريد الممتاز والحوالات البريدية والمقاصة الدولية الخاصة بالرسائل.

الفصل رقم (٨): الإيرادات المختلفة

المادة رقم (١): فوائد القروض المستردة.
المادة رقم (٢): المسترد من المصروف في السنين السابقة.
المادة رقم (٣): الغرامات والمصادرات.
المادة رقم (٤): غرامات الحمولات المحورية الزائدة.
المادة رقم (٥): الاقتطاعات التقاعدية.
المادة رقم (٦): عائدات التعدين.
المادة رقم (٧): إيرادات الغاز الطبيعي.
المادة رقم (٨): تعويضات فروقات أسعار الديزل للشاحنات غير الأردنية.
المادة رقم (٩): فوائد عائدات التخاصية.

المادة رقم (١٠): إيرادات أخرى مثل إيرادات المدارس المهنية، ايرادات المستنبتات، ايرادات الجريدة الرسمية، أثمان لوازم الدوائر الحكومية، ثمن لوحات السيارات، ايرادات البعثات العلمية، اجور الاعلانات، اقساط القروض المستردة، اثمان الوحدات السكنية المستردة، بدل تمثيل مجالس ادارة الشركات والمؤسسات.

القسم الثاني: المنح المالية
وخصص لها الفصل رقم (٩)
المادة (١): منحة مجموعة السوق الأوروبية المشتركة.
المادة (٢): منح ملتزم بها.
المادة (٣): منح منتظرة.

الباب الثالث

الموازنة العامة

الفصل الأول
تعريف الموازنة العامة وبيان خصائصها

تعريف: تعرف الموازنة العامة بأنها: "خطة مالية تصدر بصك تشريعي تقدر فيها النفقات العامة والايرادات العامة للدولة، وتحدد العلاقة بينهما وتوجههما معاً نحو تحقيق أهداف معينة خلال فترة زمنية قادمة غالباً ما تكون سنة".

المبحث الأول
خصائص الموازنة العامة (١)

من خلال هذا التعريف يتبين أن للموازنة العامة الخصائص التالية:

أولاً: الموازنة العامة خطة مالية:

لقد أعطيت للموازنة العامة صفات عديدة ومتنوعة فوصفت بأنها بيان، خطة، عملية، برنامج...الخ، وهي أقرب ما تكون إلى الخطة. وهي خطة مالية كونها تتألف من النفقات العامة والإيرادات العامة والمقصود بالنفقات العامة تلك المبالغ النقدية التي يتم صرفها من قبل الدولة إشباعاً لحاجة عامة وتحقيقاً لتدخل الدولة في المجالين الاقتصادي والاجتماعي. والمقصود بالإيرادات العامة: تلك الوسيلة المالية التي تستطيع الدولة من خلالها تأمين المال اللازم لتغطية نفقاتها العامة.

---

(١) - الدكتور عصام بشور- علم المالية العامة- المرجع السابق- صفحة (٤٠٦) وما بعدها.
- الدكتور رشيد الدقر- علم المالية العامة- المرجع السابق- صفحة (٣٤٠) وما بعدها.
- الدكتور حسن عواضة- المالية العامة- المرجع السابق- صفحة (٤١) وما بعدها.

ثانياً: الموازنة العامة تصدر بقانون

أن الموازنة العامة التي تتضمن النفقات العامة والايرادات العامة اللازمة لتغطيتها من المسائل المهمة التي تؤثر في حياة الشعوب، لذلك أوجبت الدساتير عرضها على السلطة التشريعية لدراستها وإبداء الرأي فيها وتقرير ما تراه مناسباً بشأنها والواقع أن الموازنة العامة تتيح للسلطة التشريعية فرصة تحديد السياسة المالية التي يجب أن تسير عليها الحكومة لذلك تراقب الأمة بواسطة ممثليها أعمال السلطة التنفيذية رقابة فعالة لمراعاة المصلحة العامة. (١)

وفيما يتعلق بالموازنة العامة في الأردن فإنها تتألف من قانون الموازنة العامة لكل سنة مالية وفقاً لنص الفقرة الأولى من المادة (١١٢) من الدستور والتي توجب أن "يقدم مشروع الموازنة العامة إلى مجلس الأمة قبل ابتداء السنة المالية بشهر واحد على الأقل للنظر فيه وفق أحكام الدستور " ويتضمن قانون الموازنة العامة أحكاماً معينة ومن أهمها ما يلي:

أ. تقدير الإيرادات العامة والنفقات العامة للحكومة للإثنى عشر شهراً المنتهية بتاريخ ٣١/ كانون أول من السنة المالية بما في ذلك العجز أو الفائض الناتج عن المقابلة بينهما، كما وتقدر فيه مصادر التمويل المستخدمة لتغطية عجز الموازنة العامة ولتسديد أقساط القروض الداخلية والخارجية.

ب. يتم الانفاق من المخصصات المرصودة في هذا القانون بناء على أوامر عامة أو خاصة وبموجب حوالات مالية شهرية مصدقة من قبل مدير عام دائرة الموازنة العامة

وتلحق بقانون الموازنة العامة جداول إجمالية وتفصيلية تحتوي على ما يلي:

---

(١) الدكتور عادل الحياري- القانون الدستوري والنظام الدستوري في الأردن- المرجع السابق- صفحة (٧٩٣) وما بعدها.

- إجمالي الإيرادات العامة المقدرة للسنة المالية المنتهية في ٣١/ كانون أول.
- إجمالي النفقات العامة المقدرة للسنة المالية في ٣١/ كانون أول.
- إجمالي الإيرادات وإجمالي النفقات لكل وحدة حكومية (وزارة، دائرة، مؤسسة) للسنة المنتهية في ٣١/ كانون أول.

ثالثاً: الموازنة العامة تقدير وتخمين لمضمونها:

إن الموازنة العامة كخطة أو برنامج تعد لسنة قادمة وتبدأ عملية إعدادها في منتصف السنة السابقة لها وعندها يتم تقدير النفقات العامة التي ستنفقها الدولة وبالمقابل يتم تقدير الإيرادات العامة التي ستحصلها الدولة خلال هذه المدة وبالتالي تقدير كل منها على وجه التقريب وتتوخى الدقة في تقديرها بقدر الإمكان.

فالنفقات العامة يمكن تقدير بعضها تقديراً دقيقاً إلى حد ما كرواتب وأجور العاملين لدى الوحدات الحكومية المختلفة وكذلك نفقات خدمة الدين العام كأقساط القروض العامة المستحقة والفوائد والأرباح المترتبة عليها. ولكن البعض الآخر من هذه النفقات العامة يصعب تقديرها بدقة كالنفقات التشغيلية للوحدات الحكومية باعتبارها عرضة للتغيير والتبديل.

وكذلك الحال في تقدير الإيرادات العامة إذ لا يمكن تقديرها بصورة صحيحة، فضريبة الدخل مثلا تتوقف حصيلتها على مقدار الأرباح المتحققة للشركات والأفراد في السنة السابقة لسنة التكليف الضريبي وهو ما ينطبق على الضرائب الجمركية التي تزداد وتنقص بنسبة ما يدخل البلاد من البضائع. وهناك أيضاً الضريبة العامة على المبيعات التي تتأثر بمدى الاقبال على شراء السلع والخدمات وبناء عليه يتوقف تحصيل الضريبة على العوامل الاقتصادية والاجتماعية والسياسية السائدة في المجتمع وبالتالي لا يمكن التكهن بها في المستقبل لذلك لا يمكن معرفة المبالغ التي ستحصل منها فعلاً خلال السنة لأن عملية التحصيل تتوقف على هذه العوامل بالإضافة إلى عوامل أخرى إدارية وفنية.

لذلك تعتبر الموازنة العامة وثيقة يقدر فيها ما سوف يدخل خزينة الدولة من إيرادات عامة وما سوف تحتاج إليه الدولة من نفقات عامة خلال السنة القادمة.

رابعاً: الموازنة العامة محددة المدة (سنوية):

فالموازنة العامة في نفقاتها العامة وإيراداتها العامة يجب أن توضع لمدة زمنية معينة وأن تكون هذه المدة واحدة في كلاهما، وقد عملت أغلب دول العالم على تحديد هذه المدة بسنة واحدة أي بـإثني عشر ـ شهراً لأسباب معينة.

خامساً: الموازنة العامة إجازة مسبقة:

فالموازنة العامة لا تنفذ ما لم تأذن السلطة التشريعية بتنفيذها وذلك تأييداً لحق الشعب في مراقبة الإنفاق والتحصيل. وبناء عليه لا يجوز أن ينفق المال في أي جهة من الجهات ولا أن تحصل ضريبة مـن أي نـوع مـا لم تأذن بذلك السلطة التشريعية باعتبارها ممثلة للأمة وقد حصلت الأمة على هذا الحق بعد جهاد طويل ومتواصل وأصبح لممثلي الأمة في المجالس التشريعية الحق بمراقبة سياسة الحكومة المالية كما أعطي لهم الحق بمراقبة تصرفاتها في كافة مرافق الحياة العامة ووجوه التحصيل والإنفاق. وإجازة الموازنة العامة من السلطة التشريعية هي نتيجة طبيعية لتقسيم الصلاحيات بين السلطات العامة للدولة، فالسلطة التنفيذية هي التي تقوم بإعداد مشروع قانون الموازنة العامة والسلطة التشريعية هي التي تصوت عليها من أجل إقرارها وهي التي تعطي الحكومة الإجازة بصرف النفقات العامة وتحصيل الإيرادات العامة، ومن ثم تقوم السلطة التنفيذية بتنفيذ قانون الموازنة العامة تحت رقابة السلطة التشريعية.

سادساً: الموازنة العامة تحقق أهداف الدولة:

تؤدي الموازنة العامة دوراً مهما في قيام الدولة بوظائفها الإدارية وفي تنفيذ خططها الاقتصادية والاجتماعية حيث لا يمكن تقديم أية خدمة أو تنفيذ أي مشروع إلا إذا رصدت الاعتمادات اللازمة له في الموازنة العامة.

المبحث الثاني
الموازنة العامة وتفرقتها عن بعض المصطلحات المالية الأخرى [١]

عرفنا أن الموازنة العامة تتعلق بمدة قادمة فهي تحتوي على تقدير النفقات العامة والايرادات العامة للدولة التي قد تتحقق وقد لا تتحقق. وعلى الرغم من التشابه بين تعريف الموازنة العامة وكل من الموازنة القومية والحساب الختامي والحسابات القومية والموازنة الحكومية، إلا أن الموازنة العامة تتميز عن كل منهم بما يلي:

(١) **الموازنة القومية**- أو الموازنة الاقتصادية كما تسمى أحياناً- تتضمن التقديرات المتعلقة بتطور الأنشطة الاقتصادية في كل من القطاع الخاص والقطاع العام بإظهار تقديرات كل من الإنفاق القومي والإيراد القومي ومدى توازنهما خلال فترة زمنية مقبلة (سنة) بقصد التعرف على إمكانيات الطلب الكلي العام في تحقيق التوازن الاقتصادي.

والموازنة القومية تحتوي على عنصرين:

---

(١) الدكتور هشام صفوت العمري- اقتصاديات المالية العامة والسياسة المالية- المرجع السابق- صفحة ٢٩٢ وما بعدها.

العنصر الأول:

النفقات القومية (الإنفاق الكلي): والتي تمثل جملة الأموال والخدمات المتوقع أن تستهلكها أو تدخرها البلاد.

العنصر الثاني:

الإيرادات القومية (الطلب الكلي): فإنها تمثل إنتاج النشاط الاقتصادي بمختلف أنواعه.

والموازنة القومية (الاقتصادية) تختلف عن الموازنة العامة في أنها تضم تقدير النفقات العامة والإيرادات العامة المتوقعة للدولة كلها- حكومة وأفراد- أثناء مدة قادمة (سنة) بينما تقتصر موازنة الدولة على تقدير النفقات العامة والإيرادات العامة المتوقعة للحكومة فقط.

(٢) **الحساب الختامي للدولة**- أو كما يسمى أحياناً قطع حساب الموازنة- هو عبارة عن بيان للنفقات العامة التي أنفقت فعلاً والإيرادات العامة التي حصلت فعلاً خلال سنة مالية منتهية بحيث يمكن من المقارنة بين الأرقام الفعلية التي يتضمنها هذا الحساب الختامي مع ما يقابلها من تقديرات تتضمنها موازنة الدولة للتعرف على مدى دقة وواقعية هذه التقديرات على نحو يساعد في إعداد موازنات السنوات المالية القادمة.

(٣) **الحسابات القومية** - عبارة عن بيان تفصيلي بأرقام إنتاج مختلف قطاعات المجتمع وتوزيعه بين أوجه الاستهلاك والاستثمار سواء بالنسبة للأفراد أو الهيئات العامة لفترة زمنية منتهية وغالباً ما تكون (سنة). لذلك تختلف الموازنة العامة عن الحسابات القومية في أن الأولى تتعلق بتقدير النفقات العامة والايرادات العامة للحكومة لسنة قادمة والثانية تتعلق بالنفقات والإيرادات الفعلية للمجتمع ككل لفترة زمنية منتهية.

(٤) **الميزانية العمومية** - تمثل المركز المالي للمؤسسات والشركات في تاريخ معين عن طريق احتواء الموازنة التجارية على أصول وخصوم المؤسسة أو الشركة في ذلك التاريخ في حين تمثل الموازنة العامة للدولة تخمينات لما يتوقع تحصيله من ايرادات عامة وما يتوقع انفاقه خلال فترة زمنية مقبلة وخطة عمل لهذه الفترة يلتزم بها لضبط مالية الدولة.

الفصل الثاني
المبادىء العامة في إعداد الموازنة العامة

وهذه المبادىء تنحصر في أربعة مبادىء رئيسية وهي:
مبدأ سنوية الموازنة العامة، مبدأ وحدة الموازنة العامة، مبدأ شـمول الموازنـة العامة، ومبدأ شيوع الموازنة العامة.

وسنبحث هذه المبادىء بشيء من التفصيل مـع بيان التطورات التـي طرأت عليها والاستثناءات الواردة على كل منها وذلك على النحو التالي:

المبحث الأول
مبدأ سنوية الموازنة العامة

ويقضي هذا المبدأ بضرورة أن تعد الحكومة في كل سـنة موازنـة عامـة لسنة قادمة وتعرضها عـلى السـلطة التشريـعية لأخـذ موافقتهـا عليهـا وهـذه الموافقة تعطى مبدئياً لسنة واحدة.

أولا: مبررات مبدأ سنوية الموازنة العامة[1]:

١. إن السنة هي الوحدة الزمنية الكاملة التي تتقلب فيهـا الفصـول الأربعـة بتمامها، بما يرافق ذلك من اختلاف في الإيرادات العامـة والنفقـات العامـة تبعاً لاختلاف الفصول. فتقدير نفقات وإيرادات الموازنة العامة لسنة كاملة يكون أقرب إلى الصواب وأبعد عن الخطأ. إذ لو أعدت الموازنة لأقل مـن سنة لكان الاختلاف كبيراً جداً بين إيرادات ونفقات موازنة للربيع والصيف

―――――――――――

(١) الدكتور رشيد الدقر- علم المالية العامة- المرجع السابق- صفحة (٣٦٧) وما بعدها.

وأخرى للخريف والشتاء. وكذلك الحال لو أعدت لأكثر من سنة، لثلاث سنوات مثلاً لكان الفاصل بين إعدادها وتنفيذها طويلاً إلى درجة يكثر فيها احتمال تغير الإيرادات العامة والنفقات العامة عما قدرت عليه لأنه يصعب التكهن سلفاً بما سيكون عليه الوضع الاقتصادي في البلاد كما يصعب التنبؤ مسبقاً بما يعرض من وجوه الإنفاق العام خلال مدة طويلة.

٢. إن المجالس التشريعية مؤتمنة من قبل الشعب على حقه الدستوري في إقرار ومراقبة تحصيل الأموال العامة وإنفاقها فيتوجب على هذه المجالس أن لا تتخلى عن حقها هذا لمدة طويلة تتجاوز السنة لتكون دائمة الاطلاع على المالية العامة وعلى ما قد يعرض عليها من تبدلات بين سنة وأخرى.

والسنة هي أقصى مدة يستطيع المجلس النيابي التخلي فيها عن سلطته إلى الحكومة وأقصر مدة تستطيع الحكومة فيها تنفيذ الموازنة.

٣. إن إعداد الموازنة العامة من الحكومة يتطلب جهوداً كبيرة ووقتاً طويلاً فتكرار هذا العمل في أوقات متقاربة معناه إضاعة معظم أوقات الحكومة في إعداد الموازنات العامة وإنصرافها عن العناية بأمور الدولة الأخرى.

٤. ان مناقشة مشروع قانون الموازنة العامة والتصديق عليه من قبل السلطة التشريعية تتطلب وقتاً طويلاً فلو جعلت مدة الموازنة العامة أقل من سنة لأخذت هذه الأعمال معظم وقت السلطة التشريعية وانصرافها عن العناية بالأمور التشريعية والرقابية الأخرى.

٥. ان الايرادات العامة تختلف اختلافاً كبيراً بين وقت وآخر لذا كان من الضروري وضع الموازنة العامة لسنة كاملة تمر فيها الأشهر والفصول والمواسم ولو جعلت مدة الموازنة العامة أكثر من سنة لبعدت المسافة بين تقدير الايرادات العامة والنفقات العامة من جهة ووقت تحصيلها وانفاقها من جهة أخرى وكان ذلك سبباً في كثير من الأخطاء وسوء التقدير للايرادات العامة والنفقات العامة على حد سواء.

٦. إن السنة مدة كافية لوضع معظم البرامج وتنفيذها فلو وضعت الموازنة لأقل من سنة لما استطاعت الحكومة أن تحقق هذه البرامج لضيق الوقت ولو وضعت لأكثر من سنة لكان احتمال تبدل الحكومات وعدم إشرافها بالذات على تنفيذ البرامج التي وضعتها داعياً لها للتراخي والإهمال في وضع موازنة يغلب أن لا تكون مسؤولة عنها في المستقبل وخاصة في الدول التي يكثر فيها تقلب الوزارات.

ثانياً: السنة المالية وبدايتها

يختلف تاريخ بداية السنة المالية من دولة إلى أخرى تبعاً لاختلاف نظمها الإدارية والتشريعية مراعية في ذلك أن تكون المدة بين تحضير الموازنة العامة والبدء في تنفيذها أقل ما يمكن لكي تكون تقديرات الموازنة العامة أقرب إلى الصحة.

ولقد كانت السنة المالية تبدأ في الأردن في اليوم الأول من شهر نيسان وتنتهي في اليوم الأخير من شهر آذار من السنة التالية.

٦٤/٤/١ - ٦٥/٣/٣١ مثلاً وتسمى السنة المالية ٦٥/٦٤. وعندما صدر قانون السنة المالية رقم (٢٧) لسنة ١٩٦٦ فقد نصت المادة (٢) منه على سنة انتقالية تبدأ في اليوم الأول من شهر نيسان وتنتهي في اليوم الحادي والثلاثين من شهر كانون الأول لسنة ١٩٦٦ أي من ١٩٦٦/٤/١ وحتى ١٩٦٦/١٢/٣١ أي لمدة تسعة شهور وحسب أحكام المادة (٥) من قانون السنة المالية المذكور يستوفى من المكلفين (٧٥%) من الضرائب والرسوم السنوية عن السنة المالية (عن هذه السنة الانتقالية) وتستوفى بنفس النسبة الغرامة المفروضة بسبب التخلف عن دفع الضريبة أو الرسم في الموعد المحدد في القانون.

واعتبارا من السنة ١٩٦٧ وما يليها من السنين تبدأ السنة المالية حسب أحكام المادة (٣) من قانون السنة المالية المذكور في اليوم الأول من شهر كانون

الثاني من كل سنة وتنتهي في اليوم الحادي والثلاثين من شهر كانون الأول من السنة ذاتها. أي من ١٩٦٧/١/١ – ١٩٦٧/١٢/٣١ وتسمى السنة ١٩٦٧ وهكذا.

وفيما يتعلق بقانون الموازنة العامة للسنة المالية ٢٠٠٩ فيأخذ بالسنة المالية كسنة للموازنة حيث نصت المادة (٢) منه على أن تقدر إيرادات ونفقات الحكومة للإثني عشر شهراً المنتهية بتاريخ ٢٠٠٩/١٢/٣١ .

ثالثاً: ختام السنة المالية

وكون سنة الموازنة العامة إثنا عشر شهراً تبدأ في ١/١ من السنة وتنتهي في ١٢/٣١ من السنة نفسها وعندها تختم حسابات السنة المالية وذلك بتسجيل المبالغ التي أنفقت فعلاً والإيرادات العامة التي حصلت فعلاً خلال السنة ولكن الأمور لا تجري عادة بكل هذه البساطة. فقد يتأخر أحد المكلفين عن دفع ضريبة الابنية مثلاً المستحقة عليه لسنة ٢٠٠٨ إلى ما بعد انتهاء السنة، فيدفعها في بداية سنة ٢٠٠٩ وفي مثل هذه الحالة هل يتم تسجيل ما دفع من قبل هذا المكلف لحساب سنة ٢٠٠٨ باعتبار أن هذه الضرائب قد ترتبت عليه في السنة المذكورة، وأنها قد رصدت في موازنة السنة نفسها أم يتم تسجيل الضرائب المدفوعة كإيراد للسنة ٢٠٠٩ لأنها دفعت خلالها. ونفس الوضع قد يتحقق بالنسبة للنفقات العامة.

والسؤال الذي يطرح نفسه هنا هو كيف يتم تسجيل هذه المبالغ؟ والجواب على ذلك أنه يتم بأحد الأسلوبين التاليين: [1]

الأسلوب الأول: أسلوب حساب القطع أو حساب الإدارة. (الأسلوب النقدي)

وبموجب هذا الأسلوب تغلق حسابات السنة المالية في اليوم الأخير منها بحيث تسجل في حساب واحد كافة الإيرادات العامة التي حصلت وكافة النفقات

---

(١) الدكتور عصام بشور- المالية العامة والتشريع المالي- المرجع السابق- صفحة (٤٥٣) وما بعدها.

العامة التي أنفقت بين اليوم الأول من السنة المالية واليوم الأخير منها. وبناء عليه تسجل الإيرادات العامة التي حصلت وكذلك النفقات العامة التي أنفقت بعد اليوم الأخير من السنة المالية في حسابات السنة التالية. ويعتمد في تنظيم حسابات الموازنة العامة وفقاً لهذا الأسلوب على الوقت الذي حصلت فيه الإيرادات العامة أو صرفت فيه النفقات العامة، ولا علاقة للسنة التي تعود لها الإيرادات العامة أو النفقات العامة. ففي حالة تحصيل ضريبة دخل مثلاً في سنة ٢٠٠٨ فإنها تسجل إيراداً لهذه السنة ولو كانت مفروضة على الدخول المتحققة في سنة ٢٠٠٧ وما قبل، وكذلك الأمر بالنسبة للنفقات العامة فإنها تسجل هي الأخرى في حساب السنة التي دفعت خلالها من الخزينة العامة.

ويعتبر أسلوب حساب القطع من الأساليب البسيطة والسهلة كونه يعتمد على إقفال السنة المالية في آخر يوم منها مما يظهر نتائج حسابات الموازنة العامة في أقرب وقت ممكن مما يؤدي إلى الاستعانة بها لتقدير الايرادات العامة والنفقات العامة للسنة المقبلة، كونه يبين ما تم تحصيله وما تم إنفاقه فعلاً في أقرب سنة إليها فيكون مقياساً صحيحاً وأقرب إلى الحقيقة.

ومن سلبيات اتباع أسلوب حساب القطع أنه يسجل في حسابات سنة مالية الإيرادات العامة والنفقات العامة العائدة أو المستحقة على سنة أخرى فيجمع حسابات سنوات متعددة مما لا يعطي فكرة صحيحة عن مدى تنفيذ الموازنة العامة.

الأسلوب الثاني: أسلوب حساب الدورة أو حساب الإتمام.
(أسلوب الاستحقاق)

وبموجب هذا الأسلوب يتم تسجيل الإيرادات العامة في السنة التي تحققت فيها حتى ولو أنها حصلت في سنة تالية وكذلك تسجيل النفقات العامة في السنة المالية التي تم فيها عقد النفقة وليس في سنة صرفها.

ويتطلب الأخذ بهذا الأسلوب تمديد السنة المالية إلى أكثر من إثني عشر ـ شهراً فتبقى حسابات السنة المالية ٢٠٠٨ مثلاً مفتوحة إلى نهاية الشهر الثالث من

السنة ٢٠٠٩ وتسمى هذه الفترة الإضافية بالمدة المتممة. وهنا نفرق بين السنة المالية ومدتها إثنا عشر شهراً والدورة المالية التي تشمل السنة المالية والمدة المتممة لها والمؤلفة من ثلاثة أشهر.

ويمتاز أسلوب حساب الدورة أو حساب الإتمام بأنه يبين الوضع الحقيقي للسنة المالية المعنية بصورة أفضل من أسلوب حساب القطع فيسجل لحساب السنة المنتهية الحقوق والالتزامات التي تصرف حتى نهاية المدة المتممة- أي خلال مدة خمسة عشر ـ شهراً- في حين يقتصر ـ ذلك في أسلوب حساب القطع على إثنى عشر شهراً.

ومن أهم ما يؤخذ على هذا الأسلوب إجبار الإدارة المالية على مسك حسابات سنتين ماليتين في وقت واحد أثناء المدة المتممة: الأولى للسنة المالية الماضية والثانية للسنة المالية الجديدة وقد يؤدي ذلك إلى بعض التداخل في الحسابات وإلى أعباء إدارية على الإدارة المالية.

رابعاً: موقف التشريع المالي الأردني

يأخذ المشرع المالي الأردني بأسلوب حساب القطع أو حساب الإدارة (الأساس النقدي) لتسجيل النفقات العامة والإيرادات العامة في الحسابات المالية حيث نصت المادة (٢) من التعليمات التطبيقية للشؤون المالية رقم (١) لسنة ١٩٩٥ الصادرة بموجب أحكام المادة (٥٨) من النظام المالي رقم (٣) لسنة ١٩٩٤ على ما يلي:

يجب على الدائرة استخدام الأساس النقدي في قيد إيراداتها المقبوضة ونفقاتها المصروفة فالإيرادات التي لم تقبض خلال السنة المالية الجارية لا تسجل في الدفاتر المحاسبية، وكذلك فإن النفقات التي لم تصرف خلال السنة المالية الجارية تلغى.

خامساً: الاستثناءات من مبدأ سنوية الموازنة العامة:

إن مبدأ سنوية الموازنة العامة لم يطبق في أي وقت من الأوقات بشكل مطلق لوجود عدة استثناءات تتطلبها طبيعة الحياة المالية أو السياسية أو الاقتصادية فهناك الموازنات التي توضع لفترة أقل من سنة أو أكثر من سنة وفيما يلي شرح موجز لأهم هذه الاستثناءات :

١. الاعتمادات الشهرية المؤقتة (أو الموازنة الإثنا عشرية). الأصل أن الموازنة العامة توضع لفترة زمنية قادمة (عادة ما تكون سنة) وقبل بدء السنة المالية المعنية يجب أن تكون الموازنة العامة جاهزة للتنفيذ. إلا أنه وفي كثير من الأحيان تبدأ السنة المالية قبل إقرار الموازنة العامة من السلطة التشريعية وفي هذه الحالة لا تستطيع السلطة التنفيذية البدء في صرف النفقات العامة قبل منح الإجازة بالإنفاق من قبل السلطة التشريعية وهذا بالطبع غير ممكن حيث لابد من وجود طريقة معينة تضمن استمرار الإنفاق على مرافق الدولة المختلفة حتى تقوم بالمهام الموكولة إليها وهذه الطريقة هي الاعتمادات الشهرية المؤقتة (الموازنة الإثنا عشرية) وبموجب هذه الموازنة يتم تخصيص الاعتمادات اللازمة لتغطية النفقات العامة التي لا يمكن تأجيل صرفها حتى إقرار الموازنة العامة وعلى أساس جزء من إثني عشر جزءاً من موازنة السنة المالية السابقة وعلى حساب موازنة السنة المالية القادمة.

وقد أخذ الدستور الأردني لسنة ١٩٥٢ بهذه الطريقة حيث نصت المادة (١١٣) منه على ما يلي:

" إذا لم يتيسر إقرار الموازنة العامة قبل ابتداء السنة المالية الجديدة يستمر الإنفاق باعتمادات شهرية بنسبة ١/١٢ لكل شهر من موازنة السنة السابقة " .

المبحث الثاني
مبدأ وحدة الموازنة العامة

أولاً: تعريف

يقصد بمبدأ وحدة الموازنة العامة أن توجد في الدولة الواحدة موازنة واحدة تنظم موازنة الدولة كلها حيث تتضمن كافة النفقات العامة مهما كانت أوجه إنفاقها وكذلك كافة الإيرادات العامة للدولة مهما تعددت وتنوعت مصادرها.

ويعتمد مبدأ وحدة الموازنة العامة على عدة اعتبارات سياسية ومالية واقتصادية.

أ. فمن الناحية السياسية:

مبدأ وحدة الموازنة العامة يجعل من السهل على السلطة التشريعية ممارسة حقها في الرقابة الفعالة على المالية العامة للدولة وذلك بجمع النفقات العامة والايرادات العامة للدولة ضمن وثيقة واحدة مما يسهل اطلاع ممثلي الأمة على إجمالي النفقات العامة والإيرادات العامة وأنواع كل منها مما يمكن من إجراء مفاضلة بينهما.

ب. ومن الناحية المالية:

يمكن مبدأ وحدة الموازنة العامة السلطة التنفيذية من إعطاء فكرة صحيحة وسريعة عن المركز المالي للدولة في السنة المعنية فيجعل الموازنة العامة بسيطة وواضحة مما يسهل مقارنة النفقات العامة مع الإيرادات العامة وبيان التعادل بينهما ليتبين إن كان نتيجة الموازنة العامة عجز أو فائض أو توازن وهذا المبدأ يمثل الطريقة الصحيحة لمراقبة تنفيذ الموازنة العامة مراقبة فعالة سواء من قبل ممثلي الدولة أو من قبل السلطات المختصة.

جـ ومن الناحية الاقتصادية:

مبدأ وحدة الموازنة العامة يمكن من إعطاء فكرة صحيحة عـن نسـبة النفقات العامـة أو الإيرادات العامـة إلى الـدخل القـومي كون كافة الأرقام موجودة في وثيقة واحدة.

ثانياً: الاستثناءات من مبدأ وحدة الموازنة العامة [1]

على الرغم من أهمية مبدأ وحدة الموازنة العامة نجـد أنـه تـرد عليـه الكثير من الاستثناءات ومن أهمها:

(١) الموازنات المستقلة:

يمنح المشرع المؤسسات العامة شخصية معنوية مستقلة عـن شخصية الدولة ويترتب على ذلك ذمـة ماليـة مستقلة ويكون لها موازنـة خاصة بهـا ومستقلة عن الموازنة العامة للدولة. وتتميز الموازنات المستقلة بما يلي:

أ. لا تنطبق عليها الأحكام والقواعد التي تخضع لها الموازنـة العامـة للدولـة إلا إذا نص على ذلك صراحة، وبناء عليـه لا تخضع لإشراف وزارة الماليـة وقـد تختلف بدايتها عن بداية ونهاية السنة المالية للدولة.

ب. الأصل أن تغطي إيراداتها نفقاتها فإذا حققت فائضاً احتفظت به لنفسـها وإن حققت عجزاً فإنها تغطية مـن فائض السـنوات السـابقة ان وجـد أو بالاقتراض أو بالمساعدات من الدولة أو من غيرها أو من أي ايرادات أخرى.

جـ لا تعرض الموازنات المستقلة على السلطة التشريعية للمصادقة عليها وأن عرضت عليها فيتم مناقشتها فقط، وبالتالي لا تعتمدها هذه الأخيرة كونهـا تعد من قبل مجلس إدارة المؤسسة وتقر من مجلس الوزراء.

(١) الدكتور محمد سعيد فرهود- علم الماليـة العامـة- المرجع السابق- صـفحة (٥٣٠) ومـا بعدها.

وقد أخذ التشريع الأردني بهذا الاستثناء حيث عامل موازنات المؤسسات المستقلة التالية على سبيل المثال بصورة منفصلة عن الموازنة العامة للدولة: سلطة المياه، مؤسسة الموانى، ومؤسسة الضمان الاجتماعي، مؤسسة سكة حديد العقبة، مؤسسة الاسكان والتطوير الحضري، المؤسسة الاردنية للاستثمار، مؤسسة المناطق الحرة، مؤسسة التدريب المهني، وزارة الأوقاف والشؤون والمقدسات الاسلامية، صندوق التأمين الصحي، الخط الحديدي الحجازي، صندوق توفير البريد، مجمع اللغة العربية، المعهد الوطني للتدريب، صندوق قصور الكلى، ضريبة المعارف، صندوق المعونة الوطنية، مؤسسة تشجيع الاستثمار، صندوق التنمية والتشغيل، مؤسسة المواصفات والمقاييس، المؤسسة العامة لحماية البيئة، وهيئات تنظيم قطاعات النقل والكهرباء والطاقة النووية، مؤسسة الاذاعة والتلفزيون، المؤسسة التعاونية الأردنية، سلطة اقليم البتراء، المجلس الأعلى للشباب، مؤسسة الايتام، السلطة البحرية، المجلس الأعلى للاعلام، الصندوق الوطني لدعم الحركة الشبابية، هيئة الاعلام المرئي والمسموع، مركز تكنولوجيا المعلومات، المؤسسة العامة للغذاء والدواء، هيئات التأمين والأوراق المالية، سلطة منطقة العقبة الخاصة، المؤسسة الأردنية لتطوير المشاريع الاقتصادية.

(٢) الموازنات الملحقة :

ويقصد بالموازنات الملحقة تلك الموازنات المنفصلة عن موازنة الدولة والتي تشتمل على إيرادات ونفقات بعض المؤسسات العامة التي لا تعتبر مستقلة عن الدولة بل هي جزء منها، ولكن المشرع منحها استقلال مالي وإداري لاعتبارات عديدة منها الرغبة في تحرير هذه المؤسسات من القيود المالية التي تفرضها الدولة في عقد وصرف نفقاتها أو رغبة في الحكم على مدى كفاءتها في إدارة المرافق العامة وتحقيقها للربح أو للخسارة.

وتتميز الموازنات الملحقة بما يلي:

أ. تخضع الموازنات الملحقة وعلى عكس الموازنات المستقلة للقواعد والأحكام التي تخضع لها موازنة الدولة وتخضع لإشراف وزارة المالية.

ب. لا يظهر في الموازنة العامة للدولة سوى فائض أو عجز الموازنات الملحقة ففي حالة ما إذا كان رصيد الموازنة الملحقة دائناً (فائض) فإنه يظهر في الموازنة العامة للدولة في جانب الإيرادات العامة وفي حالة ما إذا كان رصيد الموازنة الملحقة مديناً (عجز) فإنه يظهر في الموازنة العامة للدولة في جانب النفقات العامة في شكل إعانة للمؤسسة ذات الموازنة الملحقة.

جـ. تعرض الموازنة الملحقة وتناقش وتعتمد من قبل السلطة التشريعية.

وقد أخذت الموازنة العامة في الأردن لسنة ٢٠٠٨ بهذا الاستثناء حيث ورد في الفصل السابع من بند الإيرادات من المؤسسات العامة ما يلي:

المادة (١) حصة الخزينة من صافي أرباح البنك المركزي.

المادة (٢) عوائد المؤسسة الأردنية للاستثمار.

المادة (٣) إيرادات الإذاعة والتلفزيون.

المادة (٤) فائض إيرادات مؤسسة الموانىء.

المادة (٥) صافي أرباح المؤسسة الاستهلاكية المدنية.

المادة (٦) فائض إيرادات هيئة تنظيم قطاع الاتصالات.

المادة (٧) حصة الخزينة من أرباح شركة الاتصالات الأردنية.

(٣) حسابات الخزينة الخاصة:

وهي حسابات خاصة تسجل فيها إيرادات معينة تدخل الخزينة العامة بصورة مؤقتة ولا تعتبر إيرادات عامة وكذلك تسجل فيها نفقات معينة تصرف من الخزينة العامة ولا تعتبر نفقات عامة، لذلك سميت بالحسابات خارج الموازنة العامة كونها بعيدة عن هذه الموازنة.

ومن أمثلة حسابات الخزينة الخاصة ما يلي:

أ. الكفالات التي تطلب من المحاسبين والموظفين الماليين دفعها نقداً أحياناً عند تعيينهم وتعاد إليهم عند انتهاء سببها.

ب. القروض التي تمنحها الدولة للسلطات المحلية أو المؤسسات العامة للقيام ببعض المشروعات والتي يجب أن تعود إلى الخزينة العامة عند استحقاقها.

جـ. التأمينات التي يدفعها المقاولون أو المتعهدون نقداً أحياناً ضماناً لقيامهم وتنفيذهم للأعمال المطلوبة منهم حسب شروط عقد المقاولة أو التعهد والتي سترد إليهم في المواعيد المحددة لذلك.

وحسابات الخزينة الخاصة لا تخضع للقواعد والإجراءات المحاسبية التي تخضع لحسابات الموازنة العامة ولا تعرض على السلطة التشريعية. ومن فائدتها عدم تضخيم الايرادات العامة والنفقات العامة للدولة في الموازنة العامة دون سبب حقيقي بل تظهر كل منهما على حقيقته.

وتقسم حسابات الخزينة الخاصة في التشريع الأردني إلى الأنواع التالية:

النوع الأول: السلف[1]

وتمثل السلفة مبلغاً من المال يصرف مقدماً للمصلحة العامة لغاية محددة وتسترد بعد الانتهاء من هذه الغاية وتصرف على حساب مخصصات مرصودة في قانون الموازنة العامة ولا يجوز استعمالها لغير الغاية التي تصرف من أجلها.

(١) لمزيد من التفاصيل أنظر الفصل الرابع، المواد (٨٥) وحتى (٩٨) من التعليمات التطبيقية للشؤون المالية الصادرة بموجب المادة (٥٨) من النظام المالي رقم (٣) لسنة ١٩٩٤ .

النوع الثاني: الأمانات والتأمينات[1]

تمثل الأمانات المبالغ المقبوضة أو المقتطعة كوديعة لحساب مستحقيها أو لصرفها على نشاط معين وتقيد الأمانات المقبوضة من قبل الدائرة لحساب الغير في حساب الأمانات.

وتمثل التأمينات المبالغ التي يدفعها الأشخاص إلى الدوائر في حالات معينة لضمان حقوق الخزينة بذمة الغير وتخضع في قبضها وصرفها للأحكام القانونية الخاصة بها.

النوع الثالث: المساعدات والهبات والتبرعات

تقيد المساعدات والهبات والتبرعات النقدية والعينية التي تقدم لأي دائرة من الغير بمقتضى اتفاقيات مع حكومات أو مؤسسات أو هيئات خارجية. أمانة لدى وزارة المالية باسم تلك الدائرة وتخضع في طريقة وإجراءات قبضها وقيدها ومراقبتها وصرفها لأحكام النظام المالي وتحول أرصدتها بعد مرور (٥) سنوات من تاريخ قيدها إلى حساب الإيرادات العامة.

ويجب إعلام وزير المالية خطياً بأية مساعدات أو هبات أو تبرعات نقدية أو عينية مقدمة لأي دائرة. وتقدر قيمة المساعدات أو الهبات أو التبرعات العينية من قبل لجنة يشكلها وزير المالية مكونة من وزارة المالية ومن ديوان المحاسبة ومن الدائرة المعنية على أن يتم إدخالها وإخراجها في قيود الدائرة المعنية بموجب مستندات أصولية وتصرف للغاية التي قدمت من أجلها بإشراف الوزير المختص.

ويتم قيد المساعدات والهبات والتبرعات النقدية الممنوحة للدوائر بدون إتفاقيات تحدد أوجه الإنفاق منها لحساب الإيراد العام.[2]

---

(١) لمزيد من التفاصيل أنظر الفصل الخامس، المواد (٩٩) وحتى (١٠٩) من التعليمات التطبيقية للشؤون المالية رقم (١) لسنة ١٩٩٥ الصادرة بموجب المادة (٥٨) من النظام المالي رقم (٣) لسنة ١٩٩٤ .

(٢) المادتين (٤٨)، (٤٩) من التعليمات التطبيقية للشؤون المالية رقم (١) لسنة ١٩٩٥ الصادرة بموجب المادة (٥٨) من النظام المالي رقم (٣) لسنة ١٩٩٤ .

المبحث الثالث
مبدأ شمول الموازنة العامة

أولاً: تعريف

ويقصد بمبدأ شمول الموازنة العامة: " أن تشتمل الموازنـة العامـة عـلى جميع النفقات العامة وكافة الايرادات العامة مهما اختلفت أنواعها وتعددت مصادرها دون أي اقتطاع أو إنقـاص أو إغفـال ". ويقضي۔ هـذا المبـدأ ربـط النفقات العامة للموازنة العامة بإيراداتها العامة ربطـاً وثيقـاً، فتحصيـل الإيرادات العامة يتطلب بالمقابل صرف نفقات عامـة وصرف بعض النفقات العامة يـؤدي إلى تحصيل إيرادات عامة. وبنـاء عليـه يجب أن تسجل كـل الأموال التي أنفقت من الموازنة العامـة في جانب النفقـات العامـة مهـما كان نوعها وغايتها وبالمقابل أن تسجل كل الأموال التي حصلت في جانب الإيرادات العامة مهما كان مصدرها ومقدارها.

ويمكن إعطاء المثال التالي لتوضيح هذا المبدأ.

اذا قدرت إيرادات الضرائب على الدخل والأرباح لسـنة ٢٠٠٩ مثـلاً بـ (١٠٠،٠٠٠،٠٠٠) دينار وقدرت نفقاتها (٥،٠٠٠،٠٠٠) دينار مـن أجـل تحصيـل المبلغ المطلوب منهـا، وتتمثـل هـذه النفقـات بالرواتب والأجـور والنفقـات التشـغيلية كالإيجارات والهـاتف والتلكس والبـرق والبريـد والمـاء والكهربـاء والمحروقـات والصيانة.. الـخ. فـإن مبـدأ الشـمول يوجب أن يسـجل مبلغ (١٠٠،٠٠٠،٠٠) دينار في جانب الإيرادات العامة وبالمقابل أن يسـجل مبلغ (٥،٠٠٠،٠٠٠) دينار في جانب النفقات العامة فيمنع هذا المبدأ إجراء التقاص بين الإيرادات العامة والنفقات العامة لدائرة ضريبة الدخل والمبيعات.

ويستنتج من هذا المثال أن مبدأ شمول الموازنة العامة يتطلب ما يلي:

١. أن تسجل في الموازنـة العامـة كافة النفقـات العامـة وكافة الإيرادات العامة على اختلاف أنواعها ومصادرها.

٢. أن تسجل في الموازنة العامة كافة الإيـرادات العامـة التـي تتأتـى نتيجـة لصرف بعض النفقات العامة.

٣. أن تسجل في الموازنة العامة كافة النفقات العامـة التـي تلـزم لتحصيل بعض الإيرادات العامة.

٤. أن لا يتم إجراء أي تقاص بين الإيرادات العامة والنفقات العامة.

ثانياً: الاستثناء من مبدأ الشمول (مبدأ الصوافي) ويقضي هذا المبـدأ أن تسجل في الموازنة العامة الإيرادات العامة صافية أي بعد تنزيل النفقـات العامـة التـي أنفقت في سبيل الحصول عليها كما وتسجل النفقـات العامـة صافية أيضاً أي بعد تنزيل ما حصلته الإدارة المختصـة مـن إيرادات عامـة لحسـاب الخزينـة العامة.

وتطبيقاً لمبدأ الصوافي فإن إيرادات الضـرائب علـى الدخل والأربـاح الواردة في المثال السابق تسجل في جانب الإيرادات العامـة للموازنـة العامـة بمبلغ (٩٥.٠٠٠.٠٠٠) دينـار ولـيس (١٠٠.٠٠٠.٠٠٠) دينـار وأن لا تسـجل في جانب النفقات العامة للموازنة العامة أي مبلغ.

وإذا فرضنا أن رسوم دائرة الأحوال المدنية والجوازات تدر علـى خزينـة الدولة مليون دينار في السنة وكانت نفقات الدائرة لنفس السنة مليون ونصف دينار ففي هذه الحالة يسجل مبلغ نصف مليـون دينار في جانـب النفقـات العامة وبالمقابل لا يسجل في جانـب الايرادات العامـة أي مبلغ كونـه قـد تـم حسم إيرادات الدائرة من نفقاتها.

ثالثاً: مقارنة مبدأي الشمول والصوافي [1]

(١) مزايا مبدأ الصوافي:

أ. إن مبدأ الصوافي أقل تعقيداً من مبدأ الشمول فمثلاً أن إحدى الدوائر الحكومية ترغب في استبدال سيارات قديمة لديها بسيارات جديدة فإنها حسب مبدأ الصوافي تستطيع أن تبيع السيارات القديمة بمبلغ معين وتطلب من خزينة الدولة مبلغاً آخر لتكملة ثمن السيارات الجديدة. أما في مبدأ الشمول فيجب على الدائرة أولاً أن تبيع السيارات القديمة ويسجل ثمنها إيراداً عاماً في موازنة الدولة ومن ثم تطلب الدائرة الحكومية من خزينة الدولة ثمن السيارات الجديدة بالكامل. والتعقيد هنا واضح بالإضافة للخسارة التي قد تلحق بخزينة الدولة بسبب فروقات الأسعار بين بيع السيارات القديمة وشراء السيارات الجديدة.

ب. إن مبدأ الصوافي يبسط أرقام الموازنة العامة بحيث تكفي نظرة بسيطة إلى هذه الأرقام لمعرفة النتائج المالية لكل دائرة حكومية من حيث تحقيق الفائض أو العجز أو التوازن.

(٢) مزايا مبدأ الشمول:

أ. إن مبدأ الشمول يكفل قيام السلطة التشريعية بممارسة حق الرقابة الفعالة على كافة الإيرادات العامة والنفقات العامة وبالتالي إقرار ما تراه ضرورياً وملائماً لمصلحة الأمة وعدم السماح بإنفاق أي مبلغ بدون موافقتها بعكس مبدأ الصوافي الذي يحول دون ذلك لأن الإيرادات العامة التي تحصل من الأمة وتتفق لخدماتها العامة لا يمكن أن تحدد وتراقب فعلاً إذا لم يرد لها ذكر صحيح في الموازنة العامة.

---

(١) الدكتور رشيد الدقر- المالية العامة- المرجع السابق- صفحة (٣٥٠) وما بعدها.

ب. إن مبدأ الشمول يكفل بيان حقيقة الأوضاع المالية في الدولة كونه يظهر بكل وضوح حقيقة الوضع المالي للدولة بحيث تتضمن الموازنة العامة جانب يتعلق بجميع الايرادات العامة وجانب آخر بجميع النفقات العامة للدولة بعكس مبدأ الصوافي الـذي يحجب كثيراً مـن النفقات تحت الإيرادات وكثيراً من الإيرادات تحت النفقات فلا تظهر تفاصيل المعاملات المالية في الدولة.

جـ. إن مبدأ الشمول يكفل الاقتصاد في الإنفاق العام وعـدم التبـذير كونـه يتطلب وضع كافة تفاصيل التحصيل والإنفاق تحت نظر المراقبين لمعرفة الضروري واللازم، على العكس تماماً من مبدأ الصوافي الذي يشجع الدوائر غالبـاً عـلى زيادة نفقاتهـا العامـة لسهولة إخفاء النفقـات العامـة وراء الإيرادات العامة التي حصلتها.

رابعاً: الاستثناء من مبدأ الشمول

ومع أن مبدأ الشمول يعتبر من المبادىء التي تحرص عليه الكثير مـن الدول لتنظيم موازناتها العامة إلا أن مبدأ الصوافي لا يزال يعمل به في موازنات بعض المؤسسات العامة التي تتمتع بالاستقلال المالي والإداري وتنفرد في وضع موازنتها دون أن يذكر في الموازنة العامة التي تعرض على السلطة التشريعية إلا رصيد إيرادات هذه المؤسسات في حالة زيادة إيراداتها عـلى نفقاتها أو رصيد نفقاتها إذا كانت هذه النفقات أكثر من إيراداتها. ومن الأمثلة عـلى ذلك مـن واقع الموازنة العامة الأردنية لسنة ٢٠٠٩ ما ورد فيها تحت بيان الإيرادات مـن المؤسسات المواد التالية:

المادة (٣) عوائد المؤسسة الأردنية للاستثمار.

المادة (٤) فائض إيرادات مؤسسة الموانىء.

المادة (٥) صافي أرباح المؤسسة الاستهلاكية المدنية.

المادة (٦) فائض إيرادات هيئة تنظيم قطاع الاتصالات.

المبحث الرابع
مبدأ شيوع الموازنة العامة [1]

أولاً: تعريف

ويقصد بمبدأ شيوع الموازنة العامة: "عدم تخصيص إيراد معين لنفقة معينة " وبمفهوم آخر تغطية مجموع النفقات العامة بمجموع الإيرادات العامة وبصورة إجمالية وعلى وجه الشيوع بحيث تصبح الخزينة العامة كبحيرة واحدة تصب فيها جداول الإيرادات وتتفرع منها جداول النفقات دون تخصيص أو توزيع.

وبناء على هذا المبدأ فإن الموازنة العامة عندما تعرض على السلطة التشريعية للمصادقة عليها فيتم ذلك بالمصادقة على النفقات العامة بحيث يخصص لكل نوع منها اعتماداً محدداً لا تستطيع الحكومة تعديه حين الإنفاق، وبالمقابل يتم المصادقة على الإيرادات العامة بصورة إجمالية دون تخصيص إيراد معين لنفقة معينة. وتمثيلاً لمبدأ الشيوع تشبه الخزينة العامة ببحيرة واحدة تصب فيها جداول وأنهار الإيرادات العامة وتتفرع منها جداول وأنهار النفقات العامة دون أي تخصيص أو توزيع.

ثانياً: الاستثناء من مبدأ الشيوع (مبدأ التخصيص) والذي يعني تخصيص بعض الإيرادات العامة لتغطية بعض النفقات العامة كأن تخصص الرسوم القضائية لنفقات المحاكم والرسوم المفروضة على استهلاك الدخان لمكافحة التدخين ورسوم ورخص المركبات لإصلاح الطرق التي تسير عليها السيارات والمركبات. ويمكن اعطاء مثال على مبدأالتخصيص ما جاءفي الفقرة(جـ)من المادة(١٢) من

(١) الدكتور رشيد الدقر- علم المالية العامة- المرجع السابق- صفحة (٣٦٣) وما بعدها.

قانون مؤسسة الحسين للسرطان رقم (٧) لسنة ١٩٩٨ حيث نصت على ان تتكون الموارد المالية للمؤسسة من حصتها التي تقرر لها من الايرادات المتأتية من ضريبة المبيعات المفروضة على مبيعات السجائر بحيث لا يقل عن مليوني دينار.

ثالثاً: مقارنة بين مبدأي الشيوع والتخصيص.

(١) مزايا مبدأ الشيوع:

أ. إن مبدأ الشيوع يساعد على وفرة الإيرادات العامة في الموازنة العامة بحيث أن تخصيص إيرادات ضريبية أو رسوم معينة لهدف معين قد يكون سبباً في امتناع المكلفين عن دفع هذه الضريبة أو الرسم، فالذين يدخنون لا يجدون في مكافحة التدخين سبباً ومبرراً لدفعهم الرسوم المخصصة لهذه المكافحة.

ب. إن مبدأ الشيوع يكفل التضامن الضروري بين أركان الموازنة العامة التي تقوم في ماهيتها على فكرة التكافل والتضامن بين مختلف إيرادات الدولة في سبيل سد مختلف نفقاتها على أساس من التضامن والتعاون وهذا لا يتحقق إلا إذا اتبع مبدأ التخصيص بين كل إيراد ونفقة.

(٢) سلبيات مبدأ التخصيص:

أ. إن موافقة السلطة التشريعية على تخصيص إيراد معين لنفقة معينة في سنة من السنوات يصبح ليس من السهولة في المستقبل إمكان تخصيص هذا الإيراد لنفقة أخرى حتى ولو زالت ضرورة النفقة الأولى المخصص لها أو ظهرت نفقة جديدة أكثر ضرورة.

ب. إن مبدأ التخصيص يشجع على الإسراف والتبذير في الإنفاق العام إذ أن الإيراد المخصص لنفقة معينة إذا زادت عن ضرورات هذه النفقة شجعت المسؤولين على الإسراف لإنفاق هذا الفائض بحجة أنه مخصص لهذه النفقة دون غيرها.

رابعاً: الاستثناءات من مبدأ شيوع الموازنة العامة

(١) الموازنات المستقلة عن الموازنة العامة:

تعتبر موازنات بعض المؤسسات العامة المستقلة مالياً وإدارياً استثناء من مبدأ شيوع الموازنة العامة لأنها تتضمن تخصيص إيراداتها لتغطية نفقاتها الخاصة.

(٢) المساعدات والهبات والتبرعات المشروطة:

قد يتبرع بعض الأشخاص للدولة أو مؤسساتها العامة بمبالغ معينة من المال بشكل هبات أو وصايا لتحقيق هدف معين كإنشاء مدرسة أو مستشفى أو دار أيتام أو عجزة... الخ. ويجب على الدولة في هذه الحالة أن تحترم إرادة المتبرع أو الموصي وتنفيذ رغبته أو وصيته وتعمل على تخصيص المبالغ المدفوعة لها لتنفيذ الغاية التي تم التبرع لأجلها.

ويفرق التشريع المالي الأردني في معاملة المساعدات والهبات والتبرعات فيما إذا كانت مشروطة أم غير ذلك على النحو التالي:[١]

ففيما يتعلق بالمساعدات أو الهبات أو التبرعات النقدية أو العينية بعد تقييم قيمتها نقداً المشروطة الممنوحة للدوائر فيتم إدخالها وإخراجها في قيود الدائرة المعنية بموجب مستندات أصولية وتصرف للغاية التي قدمت من أجلها بإشراف الوزير المختص.

وفيما يتعلق بالمساعدات والهبات والتبرعات النقدية أو العينية الممنوحة للدوائر بدون إتفاقيات تحدد أوجه الإنفاق منها فيتم قيدها لحساب الإيراد العام وتعامل معاملة الإيرادات العامة وبالتالي لا تعتبر هذه المبالغ استثناء لمبدأ شيوع الموازنة العامة بعد تقييم قيمتها نقداً.

---

(١) المادتان (٤٨، ٤٩) من التعليمات التطبيقية للشؤون المالية الصادرة بموجب المادة (٥٨) من النظام المالي رقم (٣) لسنة ١٩٩٤ .

المبحث الخامس
المراحل التي تمر بها الموازنة العامة
(دورة الموازنة العامة)

تمـر دورة الموازنـة العامـة بأربعـة مراحـل رئيسـية تبـدأ بالتحضـير (الإعداد)، ثم الاعتماد (الإقرار) مـن السلطة التشريـعية، ثم التنفيـذ وهنـاك مرحلـة رابعة تصاحب مرحلة التنفيذ وتمتد لتكون لاحقـة عليـه وهـي مرحلـة مراقبة تنفيذ الموازنة العامة. وتتضمن كل مرحلة من هذه المراحل إجراءات معينة تختلـف مـن تشريـع إلى آخر الأمـر الـذي يسـتلزم التعـرض للجوانب الأساسية لهـذه المراحل والإشـارة إلى الجانب العملـي فيما يتعلق بالتشريـع الأردني.

أولاً: مرحلة إعداد (تحضير) الموازنة العامة:
يعهد التشريع الأردني كما هو عليه الحال في أغلب التشريعات الأخرى إلى السلطة التنفيذية بمهمة إعداد (تحضير) الموازنة العامة للأسباب التالية:

١. تعتبر السلطة التنفيذية أقدر على معرفـة نفقـات وإيرادات الـوزارات والدوائر الحكومية التابعة لها لما لديها من معلومـات فنيـة بالأوضـاع الاقتصادية المؤثرة والمتأثرة في الموازنة العامة.

٢. أن السلطة التنفيذية هي المسؤولة عـن تنفيـذ الموازنـة العامـة تحـت طائلة المسؤولية لذلك فإنها سوف تبذل في إعدادها كل الدقة والعناية.

٣. إن الموازنة العامة تعتبر خطة سنوية عامـة للسـلطة التنفيذيـة ملزمـة بالسير عليها وهذا يتطلب أن يترك لها حق تحضيرها وإعدادها.

وفيما يلي الخطوات الرئيسة لمرحلة اعداد (تحضير) مشروع قانون الموازنة العامة في الأردن [1]:

أ- صدور بلاغ رئيس الوزراء:

يصدر رئيس الوزراء بلاغاً رسمياً في شهر تموز من كل عام يتضمن هذا البلاغ التعليمات التي تتعلق بإعداد مشروع قانون الموازنة العامة ومشاريع الموازنات العامة المستقلة والتي يجب أن تأخذها الوزارات والدوائر والمؤسسات الحكومية بعين الاعتبار عند إعداد موازنتها للسنة المقبلة وتقدير النفقات العامة والإيرادات العامة وضرورة عدم المبالغة والمغالاة في ذلك وأن يستند التقدير في مجمله على الاتجاهات السياسية العامة للدولة والأحوال الاقتصادية الداخلية والخارجية واتجاهاتها فضلاً عن مراعاته للقوانين والأنظمة والتعليمات والقرارات الجديدة التي صدرت بعد إقرار الموازنة العامة للسنة السابقة بما لها من آثار قد يترتب عليها نفقات أو إيرادات جديدة.

ب- واجبات الوحدات الإدارية الحكومية:

عندما تستلم الوحدة الحكومية بلاغ رئيس الوزراء يجب عليها أن تعمم على المسؤولين في مديرياتها المختلفة طالبة منهم تصوراتهم وتوقعاتهم ومقترحاتهم لأنشطتها وأعمالها للسنة المالية القادمة وذلك بتقدير النفقات العامة اللازمة للقيام بأعمالها وتقدير الإيرادات العامة المتوقع تحصيلها إن وجدت. وبعد الانتهاء منها ترسل إلى الإدارة العليا للوحدة الحكومية وتعرض على الجهة المكلفة بإعداد مشروع الموازنة العامة لدراستها بهدف التنسيق فيما بينها والخروج بتصور وتقدير واحد شامل لأنشطة الوحدة الإدارية الحكومية، هذا مع ضرورة مراعاة مشاركة المحافظين والحكام الإداريين بدراسة مشاريع المديريات المتواجدة في مختلف مناطق المملكة والتي تطلب إدراجها في موازنة الوحدة الإدارية الحكومية.

---

(١) محمد أحمد حجازي- المحاسبة الحكومية والإدارة العامة- الطبعة الأولى- ١٩٩٢- صفحة (١٤٤) وما بعدها.

وبعد الانتهاء من مشروع موازنة الوحدة الإدارية الحكومية يرسل من قبلها إلى دائرة الموازنة العامة مرفق به كافة الدراسات والوثائق والمستندات المؤيدة لتقديراتها كما هي واردة في بلاغ رئيس الوزراء ضمن المدة المحددة لذلك.

ج- واجبات دائرة الموازنة العامة:

تقوم دائرة الموازنة العامة باستلام كافة مشاريع الموازنات المقدمة من الوحدات الإدارية الحكومية، وعندها يبدأ الموظفون المختصون (منظمو الموازنة) بدراسة وتحليل التقديرات الواردة في مشاريع الموازنات ومناقشتها مع المسؤولين في كافة الوحدات الإدارية الحكومية استناداً للصلاحيات المخولة لدائرة الموازنة العامة بموجب المادة (٥) من قانون تنظيم الميزانية العامة لسنة ١٩٦٢ والتي تنص على ما يلي:

تتمتع دائرة تنظيم الميزانية العامة بالصلاحيات وتقوم بالأعمال التالية:

١. إعداد الميزانية العامة السنوية للمملكة الأردنية الهاشمية.

٢. اقتراح رصد المخصصات اللازمة لتنفيذ السياسة العامة التي يرسمها مجلس الوزراء.

٣. تنقيح طلبات التخصيصات المالية التي تتقدم بها كافة دوائر الحكومة بالتخفيض أو الزيادة أو الجمع أو المقابلة أو المراجعة.

٤. تمحيص كافة البرامج والأعمال والمشاريع التي تطلب لها مخصصات بغية التأكد من جدواها وعلاقتها بعضها ببعض.

٥. التأكد من حذف الازدواجات غير الضرورية في البرامج والتمويل.

٦. التثبت من مطابقة طلبات التخصيصات للسياسة الاقتصادية والمالية والقرارات الأخرى التي يتخذها مجلس الوزراء.

٧. طلب المعلومات اللازمة من كافة الدوائر الحكومية فيما يتعلق بكافة البرامج والأعمال والمشاريع وتمويلها.

8. الاطلاع على كافة الوثائق والمخابرات والقيود المالية لأية دائرة من دوائر الحكومة.
9. تدقيق وتحليل الأعمال الإدارية والبرامج لكافة دوائر الحكومة وإعداد ما يلزم لتطويرها وتحسينها بالتعاون مع ديوان الموظفين.
10. إعداد بيان مفصل بالعمليات الضرورية لإقرار الميزانية على أن يحدد لكل من هذه العمليات وقت معين تتم فيه بحيث تنجز الموافقة النهائية على الميزانية العامة قبل اليوم الأول من شهر كانون الثاني من كل سنة.

وبعد ذلك تتم مناقشة مشاريع الموازنات المقدمة من الوحدات الإدارية الحكومية المختلفة للوصول إلى تقديرات واقعية، وغالباً ما تقوم دائرة الموازنة العامة بتخفيض نفقات الجهات الإدارية الحكومية المختلفة وتزيد الإيرادات المطلوبة منها للسنة القادمة لأن هذه الوحدات الحكومية- في رأي دائرة الموازنة العامة- تبالغ كثيراً في زيادة نفقاتها العامة وبالمقابل تخفض تقدير الإيرادات العامة المطلوب تحصيلها من قبلها. وإذا حدث الخلاف على ذلك يعرض الأمر على وزير المالية الذي يستطيع هو الآخر أن يقترح التعديلات اللازمة على مشروع موازنة كل وحدة حكومية، فإذا لم يوافق الوزير المختص على هذه التعديلات فإن الخلاف يعرض على رئيس الوزراء أو مجلس الوزراء ليفصل فيه، وبعد ذلك تقوم دائرة الموازنة العامة بتوحيد مشروعات موازنات كافة الوحدات الحكومية الإدارية في مشروع موازنة موحد حيث تجمع كل الإيرادات العامة في جانب وتجمع كذلك كل النفقات العامة في جانب آخر ويجمع الجدولين في وثيقة واحدة يبين فيها التوازن بينهما إن وجد أو مقدار الفائض أو العجز ويرفع إلى وزير المالية للمصادقة عليه ورفعه إلى المجلس الاستشاري للموازنة العامة.

د- المجلس الاستشاري للموازنة العامة:

يتألف المجلس الاستشاري للموازنة العامة مـن وزيـر الماليـة ووزيـر الصناعة والتجارة ووزير التخطيط ومحافظ البنـك المركـزي ورئيس ديـوان المحاسبة لإبداء رأيه في تقدير الواردات والنفقات والرسوم والضرائب والسياسة العامة للميزانية.

وغالبـاً ما تقوم لجنة فنية منبثقة عن المجلس الاستشاري ممثلـة بكافـة الجهات التي يتكون منها المجلس بدراسة الأوضاع الماليـة والاقتصادية والنقدية تمهيداً لوضع التصورات الخاصة بكل قطاع ورفع توصياتها إلى المجلس.

وعلى ضوء تقرير اللجنـة يقوم المجلس الاستشاري بدراسـة وتحليـل تقديرات مشروع الموازنة العامة وبيـان مـدى انسجامها مـع السياسـة العامـة للدولة آخذه بعين الاعتبار كافة الأوضاع الماليـة والاقتصادية والنقديـة تمهيـداً لرفع المشروع إلى مجلس الوزراء.

هـ- مجلس الوزراء:

توجب تعليمات رئيس الوزراء دائماً على أن يتم تقديم مشروع قانون الموازنة العامة إلى مجلس الوزراء خلال شهر تشرـين أول مـن السـنة السـابقة للسنة المالية المعنية وذلك تمهيداً لدراسته ومناقشته وإجراء التعديلات اللازمة عليه والتأكد من أن تقديرات مشروع الموازنة العامة تحقق الصالح العام ضمن معطيات السياسـة العامـة للحكومة وضمن إمكانياتها المتاحـة وبعـد الموافقة عليه من قبل مجلس الوزراء يكون مشروع قانون الموازنة العامة قـد وصل إلى صورته النهائية تمهيداً لرفعه إلى السلطة التشريعية. ويجب أن يقدم هذا المشروع من قبل رئيس الوزراء إلى مجلس الأمة ضمن مدة معينة حددتها الفقرة (١) من المادة (١١٢) من الدستور بقولها " يقدم مشروع قانون الموازنة العامة إلى مجلس الأمة قبل ابتداء السنة المالية بشهر واحد على الأقل للنظر فيه وفق أحكام الدستور.

ثانياً: طرق تقدير النفقات العامة والإيرادات العامة:

كون الموازنة العامة خطة عمل الحكومة لسنة قادمة فلابد ان يتم تقدير النفقات العامة والإيرادات العامة المتوقع تحصيلها في تلك السنة ويجب مراعاة الدقة في هذه التقديرات حتى تكون مطابقة للواقع بقدر الامكان، وبناء عليه فإن هناك عدة طرق لتقدير كل من النفقات العامة والإيرادات العامة.

١- طرق تقدير النفقات العامة:

لا توجد هناك طرق معينة لتقدير النفقات العامة لذلك فهي تخضع لطريقة التقدير المباشر حيث يكون هذا التقدير وفقاً للحاجات المنتظرة، وهو لا يثير أية صعوبة من الناحية الفنية وكل ما في الأمر أن يكون تقديراً صادقاً ويطلق لفظ "اعتمادات" على المبالغ المقترحة للنفقات العامة.

والأصل في اعتمادات الموازنة العامة أنها اعتمادات محددة أي أنه لا يجوز تجاوزها إلا بإذن مسبق من السلطة التشريعية. وتطبيقاً لهذا الأصل فقد نصت الفقرة (٣) من المادة (١١٢) من الدستور الأردني لسنة ١٩٥٢ على ما يلي:

"لا يجوز نقل أي مبلغ في قسم النفقات من الموازنة العامة من فصل إلى آخر إلا بقانون".

ويتم تقدير النفقات العامة في الموازنة العامة تبعاً للتقسيم الوظيفي (حسب الأنشطة) أو تبعاً للتقسيم الإداري (حسب الوحدات الحكومية) أو حسب التقسيم الاقتصادي (نفقات جارية ونفقات رأسمالية)... الخ.

٢- طرق تقدير الإيرادات العامة:[١]

تعتبر طرق تقدير الإيرادات العامة من الصعوبة بمكان كونها تتأثر بالعوامل الاقتصادية والسياسية والاجتماعية المتقلبة. وعليه فقد وجدت ثلاث طرق لتقدير الإيرادات العامة وهي:

(١) الدكتور محمد سعيد فرهود- علم المالية العامة- المرجع السابق- صفحة (٥٤٧) وما بعدها.

أ- طريقة حسابات السنة قبل الأخيرة (التقدير القياسي):

وحسب هذه الطريقة يتم تقدير إيرادات السنة المالية المقبلة على أساس الإيرادات التي تحققت فعلاً في آخر سنة عرفت نتائجها مع إدخال بعض التعديلات التي قد تدعو إليها بعض الاعتبارات الخاصة، كإلغاء ضريبة موجودة أو فرض ضريبة جديدة أو تغيير معدل أو سعر ضريبة مفروضة بالزيادة أو النقصان... الخ. ومثال ذلك أن تتخذ أرقام الإيرادات الفعلية لسنة ٢٠٠٨ أساساً لتحضير موازنة سنة ٢٠٠٩ ولا تتطلب هذه الطريقة مجهوداً كبيراً سوى الأخذ بنتائج السنة قبل الأخيرة، وهي تمثل آخر حساب ختامي، ويعاب على هذه الطريقة أن الظروف في السنة المقبلة غالباً ما تتغير عما كانت عليه في السنة السابقة وهذا ما يؤدي إلى عدم دقة تقدير الإيرادات العامة.

ب- طريقة الزيادات السنوية:

وحسب هذه الطريقة يؤخذ بعين الاعتبار نسبة الزيادة التي حصلت فعلاً في الإيرادات العامة خلال فترة زمنية سابقة (الخمس سنوات السابقة مثلاً) ويؤخذ المعدل الوسطي لها ويعتبر رقماً تقديرياً للإيرادات في السنة القادمة.

ويعاب على هذه الطريقة أنها لا تؤدي إلى نتائج مطابقة للواقع حيث أن التقديرات لا تراعي التطورات الاقتصادية وسنوات الازدهار والركود.

ج- طريقة التقدير المباشر:

وحسب هذه الطريقة يترك للسلطة التنفيذية التي تقوم بتقدير الإيرادات العامة حرية كبيرة جداً بالاسترشاد بما جاء في الطريقتين السابقتين بالإضافة لمراعاة التغيرات المتوقع حدوثها في النشاط الاقتصادي والدخل القومي والأنظمة المالية وغيرها من الاعتبارات الأخرى.

المبحث السادس
اعتماد (إقرار) الموازنة العامة

أولاً: اختصاص السلطة التشريعية باعتماد الموازنة العامة:

كون السلطة التشريعية هي التي تمثل أفراد الأمة الذين يتحملون عبء الضرائب والرسوم التي تفرض عليهم لتمويل خزينة الدولة العامة لذلك أعطيت حق اعتماد (إقرار) مشروع قانون الموازنة العامة للاطلاع على سياسة السلطة التنفيذية ومراقبتها للسنة القادمة باعتبار أن الموازنة العامة هي عبارة عن برنامج الحكومة لهذه الفترة.

وبناء على ذلك لا تستطيع الحكومة البدء بتنفيذ مشروع قانون الموازنة العامة قبل إقراره من السلطة التشريعية. ويعبر عن ذلك من الناحية المالية بقاعدة "أسبقية الاعتماد على التنفيذ" ولو سمح بالتنفيذ قبل الاعتماد لضعف حق السلطة التشريعية في رقابة أعمال الحكومة ووضعت أمام الأمر الواقع.

ثانياً: إجراءات اعتماد (إقرار) الموازنة العامة:

١. خطاب وزير المالية:

يبدأ مناقشة مشروع قانون الموازنة العامة وزير المالية بخطاب الموازنة العامة يشرح فيه برامج الحكومة المقترحة المختلفة للسنة القادمة[١] ويتضمن خطاب الموازنة العامة أبرز ملامح مشروع قانون الموازنة العامة للسنة المقبلة والذي يمثل الخطة السنوية التي ستعتمدها الحكومة لتنفيذ سياساتها المالية والمساهمة في تحقيق أهدافها في مختلف المجالات الاقتصادية والاجتماعية والتنموية، ويوضح وزير المالية في خطابه المواضيع التالية:

---

(١) الفقرة (أ) من المادة (٧) من قانون تنظيم الميزانية العامة رقم (٣٩) لسنة ١٩٦٢ .

أ- إجمالي الإيرادات العامة وإجمالي النفقات العامة والعجز المالي للموازنة لهذه السنة وأسبابه.

ب- المؤشرات الاقتصادية التي تؤثر على مشروع الموازنة العامة ومنها الناتج المحلي الإجمالي، المستوى العام للأسعار، الفقر والبطالة، سوق رأس المال وسوق العقار، السياسة المالية للدين العام الخارجي والداخلي، السياسة النقدية وميزان المدفوعات.

٢. إجراءات اعتماد (إقرار) مشروع قانون الموازنة العامة من قبل السلطة التشريعية:

بعد سماع مجلس النواب لخطاب الموازنة العامة الذي يلقيه وزير المالية فإن مشروع قانون الموازنة العامة يعامل معاملة القوانين العادية في الإجراءات المتبعة لاعتماده والمصادقة عليه، حيث يحال هذا المشروع إلى اللجنة المالية والاقتصادية في مجلس النواب التي تقوم بدراسته وتحليل ومناقشة كل ما جاء فيه وبحضور وزير المالية ومدير عام دائرة الموازنة العامة للإجابة على أي سؤال أو استفسار. ويحق للجنة أن تستدعي أي مسؤول عن أية وحدة حكومية لسماع وجهة نظره حول أي موضوع يحدد في هذا المشروع ولها أن تستعين بأي خبير اقتصادي أو مالي سواء من داخل السلطة التنفيذية أو من خارجها لدراسة ما جاء في مشروع الموازنة العامة وبيان رأيه فيه. وبعد ذلك تعد اللجنة المالية تقريراً يتضمن ملاحظاتها على هذا المشروع والتوصيات اللازمة وترفعه إلى رئيس مجلس النواب الذي يعمل على عقد جلسة خاصة لمناقشة مشروع قانون الموازنة العامة بناء على تقرير اللجنة المالية الذي يقوم مقرر اللجنة بتلاوة تقرير اللجنة الذي رفع مع مشروع قانون الموازنة العامة إلى مجلس النواب. وبعد ذلك يتم مناقشة المشروع من قبل السادة أعضاء مجلس النواب وبحضور رئيس الوزراء وهيئة الوزارة وبعد الانتهاء من المناقشة والتصويت عليه يرفع من قبل رئيس

مجلس النواب إلى رئيس مجلس الأعيان بصرف النظر عن إقراره كما جاء من الحكومة أو تعديله أو رفضه. وفي مجلس الأعيان يتم اتباع الإجراءات نفسها التي اتبعت في مجلس النواب، وفي حال إقرار مشروع قانون الموازنة العامة من قبل مجلس الأعيان كما جاء من مجلس النواب يرفع إلى جلالة الملك للمصادقة عليه وإصداره ونشره في الجريدة الرسمية أما إذا لم يوافق عليه مجلس الأعيان كما أقره مجلس النواب سواء كان قرار مجلس الأعيان بالرفض أو القبول أو التعديل فإنه يعيده إلى مجلس النواب مرفقاً بالصيغة التي يراها ويقوم مجلس النواب بمناقشة الموضوع المختلف عليه من جديد وعلى ضوء مقترحات مجلس الأعيان فإذا وافق على هذه المقترحات أعاد المشروع مرة ثانية لمجلس الأعيان للموافقة عليه ورفعه إلى جلالة الملك للتصديق عليه وإصداره ونشره في الجريدة الرسمية أما إذا لم يوافق مجلس النواب على مشروع قانون الموازنة العامة بالصيغة التي ورد بها من مجلس الأعيان وأصر على موقفه فإن المشروع يحال لمجلس الأعيان فإذا قبله هذا الأخير دون تعديل يرفع لجلالة الملك للتصديق عليه وإصداره ونشرة في الجريدة الرسمية أما إذا أصر مجلس الاعيان هو الآخر على عدم الموافقة عندها يقوم رئيس مجلس الأعيان بالدعوة إلى جلسة مشتركة بين المجلسين، وفي هذه الحالة اشترطت المادة (٩٢) من الدستور الأردني لسنة ١٩٥٢ لقبول المشروع أن يصدر قرار المجلس المشترك بأكثرية ثلثي الأعضاء الحاضرين فإذا رفض المشروع في الجلسة المشتركة لا يقدم مرة ثانية إلى المجلس في الدورة نفسها[١].

(١) الدكتور عادل الحياري، القانون الدستوري والنظام الدستوري في الأردن- الطبعة الأولى - عمان - ١٩٧٢- صفحة (٧٧٦) وما بعدها.

٣. القواعد الدستورية الواجب اتباعها في إقرار الموازنة العامة من قبل مجلس الأمة[(١)]:

إذا استعرضنا أحكام الدستور الأردني لسنة ١٩٥٢ التي عالجت مسألة إقرار مشروع قانون الموازنة العامة نلاحظ أن هناك مجموعة من القواعد الدستورية يجب اتباعها من قبل مجلس الأمة.

أ. كيفية الاقتراع:

لقد نصت الفقرة (٢) من المادة (١١٢) من الدستور الأردني لسنة ١٩٥٢ على ما يلي:

"يقترع على الموازنة العامة فصلاً فصلاً".

وبناء على هذا النص لا يجوز لمجلس الأمة أن يقترع على الموازنة العامة بمجملها دفعة واحدة بل يجب أن يجري الاقتراع على كل فصل من فصول الموازنة العامة، ويتضمن الفصل الواحد نفقات وإيرادات الوحدة الإدارية الحكومية (وزارة، دائرة، مؤسسة). والهدف من ذلك حتى يتمكن مجلس الأمة من الاطلاع على تفصيلات الموازنة العامة من حيث مصادر الإيرادات والجهات التي تصرف فيها النفقات ذلك أن الموازنة العامة قد تكون مقبولة بمجملها ومن حيث النتيجة ولكن التوزيعات التفصيلية ضمن الفصول قد لا تكون كذلك، وقد تلحق بعض الظلم ببعض الفئات أو قد لا تتفق مع سياسة الدولة المالية. وإذا كانت مهمة مجلس الأمة في هذا الشأن هي قبل كل شيء مهمة رقابية فيجب إعطاء هذا المجلس حق الرقابة على تفصيلات الموازنة العامة.

ب- يجوز إنقاص النفقات العامة دون زيادتها:

لقد نصت الفقرة (٤) من المادة (١١٢) من الدستور الأردني لسنة ١٩٥٢ على ما يلي:

(١) الدكتور عادل الحياري- القانون الدستوري والنظام الدستوري في الأردن- المرجع السابق- صفحة (٧٩٥) وما بعدها.

" لمجلس الأمة عند المناقشة في مشروع قانون الموازنة العامة أو في القوانين المؤقتة المتعلقة بها أن ينقص من النفقات في الفصول بحسب ما يراه موافقاً للمصلحة العامة وليس له أن يزيد من تلك النفقات لا بطريقة التعديل ولا بطريقة الاقتراح المقدم على حدة على أنه يجوز بعد انتهاء المناقشة أن يقترح وضع قوانين لإحداث نفقات جديدة".

وبناء على هذا النص فإن الدستور قد أجاز لمجلس الأمة أثناء مناقشته لمشروع قانون الموازنة العامة أن ينقص من النفقات المقترحة من قبل الحكومة ولكن لا يجوز له أن يقوم بالزيادة عليها وإذا أراد مجلس الأمة زيادة بعض النفقات العامة فله أن يقترح بعد انتهاء المناقشة وضع قوانين لإحداث نفقات جديدة. ويعتبر المبدأ الدستوري القاضي بعدم إعطاء مجلس الأمة صلاحية زيادة النفقات العامة تطبيقاً لقاعدة دستورية أخرى وهي أن الحكومة تطلب النفقات العامة ومجلس الأمة يعطي.

ج- لا يجوز فرض أو إلغاء أو تعديل ضريبة موجودة:

لقد نصت الفقرة (٥) من المادة (١١٢) من الدستور الأردني لسنة ١٩٥٢ على ما يلي:

" لا يقبل أثناء المناقشة في الموازنة العامة أي اقتراح لإلغاء ضريبة موجودة أو فرض ضريبة جديدة أو تعديل الضرائب المقررة بزيادة أو نقصان يتناول ما أقرته القوانين المالية النافذة المفعول...".

د- لا يجوز تعديل النفقات العامة أو الواردات المربوطة بعقود:

لقد نص عجز الفقرة (٥) من المادة (١١٢) من الدستور الأردني لسنة ١٩٥٢ على ما يلي "... ولا يقبل أي اقتراح بتعديل النفقات أو الواردات المربوطة بعقود". ويكمن وراء هذا النص أن النفقات العامة والإيرادات العامة المرتبطة بعقود غالباً لا يكون للحكومة صلاحية مرنة في تغييرها أو تعديلها وبالتالي من الأفضل

أن تقر كما هي وبخاصة أن مثل هذه النفقات والإيرادات المربوطة بعقود كانت قد عرضت على مجلس الأمة سابقاً ووافق عليها.

هـ- سنوية الموازنة العامة:

أخذ الدستور الأردني بمبدأ سنوية الموازنة فنصت الفقرة (٦) من المادة (١١٢) من الدستور بقولها "يصدق على واردات الدولة ونفقاتها المقدرة لكل سنة مالية بقانون الموازنة العامة على أنه يجوز أن ينص القانون المذكور على تخصيص مبالغ معينة لأكثر من سنة واحدة".

والمقصود من هذه القاعدة إتاحة الفرصة لمجلس الأمة لفرض رقابة فعالة على أعمال السلطة التنفيذية المالية، لأن الرقابة لو تأخرت لمدة أطول من السنة، قد تصبح غير فعالة ومع ذلك فقد أجازت الفقرة المذكورة تخصيص مبالغ معينة لأكثر من سنة واحدة لأن بعض المشروعات الطويلة الأجل وخطط التنمية قد تحتاج إلى مخصصات لأكثر من سنة.

غير أن الدستور الأردني قد راعى مسألة احتمال تأخر المناقشة في الموازنة العامة بحيث أن السنة المالية المعنية قد تبدأ قبل إصدار قانون الموازنة العامة لهذه السنة، ففي هذه الحالة يصدر أمر مالي من قبل وزير المالية يعادل ١٢/١ من مجموع المرصود في موازنة السنة السابقة ويصدر هذا الأمر شهرياً لحين صدور قانون الموازنة العامة للسنة المقبلة. وعلى هذا نصت المادة (١١٣) من الدستور بقولها "إذا لم يتيسر إقرار قانون الموازنة العامة قبل ابتداء السنة المالية الجديدة، يستمر الإنفاق باعتمادات شهرية بنسبة ١٢/١ لكل شهر من موازنة السنة السابقة ".

المبحث السابع
تنفيذ الموازنة العامة

حتى يصبح قانون الموازنة العامة واجب التنفيذ بعد اعتماده من قبل مجلس الأمة يجب أن يصادق عليه جلالة الملك استناداً إلى أحكام المادة (٣١) من الدستور والتي تنص على أن الملك يصدق القوانين ويصدرها وهو ما يسمى بعملية إصدار القانون والتي تعني أن مجلس الأمة قد أقر القانون المراد إصداره ضمن حدود الإجراءات التي قررها الدستور بالإضافة إلى أنه تكليف من رئيس السلطة التنفيذية بتنفيذ أحكام القانون كل حسب اختصاصه وذلك بعد نشره في الجريدة الرسمية استناداً إلى أحكام الفقرة (٢) من المادة (٩٣) من الدستور والتي تنص على ما يلي:

" يسري مفعول القانون بإصداره من جانب الملك ومرور ثلاثين يوماً على نشره في الجريدة الرسمية إلا إذا ورد نص في القانون على أن يسري مفعوله من تاريخ لاحق".

وبعد نشر قانون الموازنة العامة تقوم السلطة التنفيذية بواسطة أجهزتها المتعددة بعمليات تنفيذ قانون الموازنة العامة وتعتبر هذه المرحلة من أهم وأدق المراحل التي تمر بها الموازنة العامة.

ولما كانت الموازنة العامة تتضمن الإيرادات العامة والنفقات العامة لذلك فإن تنفيذها يتناول نوعين من العمليات هي: تحصيل الإيرادات العامة التي أجيز تحصيلها، وصرف النفقات العامة التي اعتمد صرفها.

أولاً: تحصيل الايرادات العامة:

إن حق الحكومة في تحصيل الإيرادات العامة ينشأ أصلاً من أحكام القوانين الضريبية والمالية السارية المفعول.

وتتولى تحصيل الإيرادات العامة بشكل عام الوحدات الحكومية الإدارية المختصة بذلك قانوناً، فرسوم جوازات السفر ووثائق الأحوال المدنية مثلاً تحصلها دائرة الأحوال المدنية والجوازات العامة ورسوم المحاكم تحصلها المحاكم بمختلف أنواعها ورسوم البرق والبريد تحصلها وزارة البريد والضريبة على الدخل والضريبة على المبيعات تحصلها دائرة ضريبة الدخل والمبيعات، والضرائب الجمركية تحصلها دائرة الجمارك وهكذا.

ثانياً: إنفاق المصروفات العامة(1):

إن الموازنة العامة تقرر اعتمادات للإنفاق العام وهذه الاعتمادات تبين الحد الأقصى للمبالغ المسموح بإنفاقها في الأغراض المحددة لكل منها. وبناء عليه فإن النفقات العامة- على العكس من الإيرادات العامة- تخضع لقاعدة تخصيص الاعتمادات، وعلى السلطة التنفيذية أن تلتزم بهذه القاعدة ويمنع عليها تحويل اعتماد الغرض المخصص له في الموازنة إلى إنفاق آخر، وهذا ما نصت عليه الفقرة (٣) من المادة (١١٢) من الدستور الأردني لسنة ١٩٥٢:

" بحيث لا يجوز نقل أي مبلغ في قسم النفقات من الموازنة العامة من فصل إلى آخر إلا بقانون".

وعملية صرف النفقة العامة تتطلب بالإضافة إلى وجود اعتماد لهذه النفقة في الموازنة العامة التي وافقت عليها السلطة التشريعية أن تمر بالمراحل التالية:

١- عقد النفقة:

عقد النفقة: هو الرابطة القانونية التي تنشأ بين الدولة ودائنيها متى توافرت الاعتمادات اللازمة لصرف النفقة في موازنة الدولة العامة كقرار تعيين موظف أو الاتفاق مع متعهد على القيام بمشروع معين.

---

(١) الدكتور محمد سعيد فرهود- علم المالية العامة- المرجع السابق- صفحة (٥٦٠) وما بعدها.

٢- تصفية (تحقق) النفقة:

وهو التقدير الفعلي للمبلغ الواجب دفعه والتأكد من حلول موعد استحقاقه ومن أنه لم يسبق دفعه أو تسويته بواسطة المقاصة وقد يتطلب الأمر تقديم بعض المستندات التي تثبت ترتب الدين في ذمة الدولة.

٣- الأمر بالدفع:

ويعني صدور الأمر بالدفع من الموظف المختص إلى الخزينة العامة بصرف مبلغ الدين كما حددته مرحلة تصفية النفقة أو هو أمر خطي يوجهه (آمر الصرف) إلى المحاسب ليدفع مبلغاً محدداً من المال إلى شخص معين.

٤- دفع النفقة:

ويقصد به الدفع الفعلي للمبلغ الصادر به أمر الدفع إلى صاحب الحق فيه.

ثالثاً: القواعد الدستورية الواجب اتخاذها من قبل الحكومة بشأن تنفيذ الموازنة العامة[(١)]

إن واجب السلطة التنفيذية هو تنفيذ قانون الموازنة العامة وهذا الواجب أدى إلى قيام بعض القواعد الدستورية التي لابد للسلطة التنفيذية من اتباعها وهي كما يلي:

١- لا يجوز فتح اعتمادات لنفقات عامة إضافية إلا بقانون:

لا يجوز للسلطة التنفيذية أن تقوم بصرف أي مبلغ إلا بمقتضى قانون الموازنة العامة فإذا لم تف هذه المبالغ المقررة بموجب قانون الموازنة العامة فلا يجوز أن تفتح اعتمادات إضافية دون الرجوع إلى السلطة التشريعية. وفي هذا الشأن نص عجز المادة (١١٥) من الدستور الأردني لسنة ١٩٥٢ بقوله " لا

---

(١) الدكتور عادل الحياري- القانون الدستوري والنظام الدستوري في الأردن- المرجع السابق- صفحة (٧٩٩) .

يخصص أي جزء من أموال الخزانة العامة ولا ينفق لأي غرض مهما كان نوعـه إلا بقانون".

وبناء عليـه لا يجوز عقـد أي نفقـة أو صرف أي سـلفة لـيس لهـا مخصصات في قانون الموازنة العامة وإذا اقتضت المصلحة العامة صرف نفقات إضافية فيتوجب إصدار قانون ملحق بالقانون المذكور.

٢- لا يجوز نقل النفقات العامة من فصل إلى آخر إلا بقانون.

وهـذه القاعـدة مـن شـأنها ألا تجيـز للسـلطة التنفيذيـة أن تنقـل أي اعتماد لنفقـة عامة معينة ورد في فصل معيـن مـن فصـول الموازنة العامـة إلى فصل آخر حتى لو أن الاعتمادات قد زادت في ذلك الفصـل الـذي يـراد النقل منه. ذلك أن صلاحية نقل النفقـات العامـة مـن فصل إلى فصل آخر يعـود للسلطة التشريعية، وفي هذا الصدد نصت الفقـرة (٣) مـن المـادة (١١٢) مـن الدستور الأردني لسنة ١٩٥٢ عـلى مـا يـلي: "لا يجـوز نقـل أي مبلغ في قسـم النفقات من الموازنة العامة من فصل إلى آخر إلا بقانون ". ومفهـوم المخالفـة لهذا النص المتقدم يعطي الإمكانية للسلطة التنفيذية بنقل المخصصـات مـن مادة إلى مادة داخل الفصل نفسه وتعالج عملية النقل هذه في الغالب أحكـام قانون الموازنة العامة لكل سنة بالنص على ما يلي:

أ. يجوز نقل المخصصات من مواد النفقـات الجاريـة إلى مـواد النفقـات الرأسمالية في الفصل نفسه بقرار من وزير المالية- الموازنـة العامـة و لا يجوز النقل بالعكس.

ب. لا يجوز نقل المخصصات من الرواتب والأجور والعلاوات الواردة تحت المجموعـة (١٠٠) في النفقـات الجاريـة إلى أيـة مجموعـة أخـرى أو بالعكس.

٣- الأوامر المالية اللازمة للصرف من مخصصات الموازنة العامة:

لقد نصت المادة (٤) بفقرتيها (أ، ب) من النظـام المـالي رقم(٣) لسنة ١٩٩٩ على ما يلي:

أ- أن يتم إنفاق المخصصات المرصودة في الموازنة العامة بناء على أوامر مالية عامة أو خاصة وبموجب حوالات مالية على النحو التالي:

أ-١. يصدر رئيس الوزراء الأوامر المالية الخاصة بإذن الإنفاق من مخصصات جلالة الملك والأسرة المالكة كون المادة (١١٦) من الدستور تنص على ما يلي: تدفع مخصصات الملك من الدخل العام وتعين في قانون الموازنة العامة.

أ-٢. يصدر وزير المالية الأوامر المالية العامة بإذن الإنفاق من مخصصات النفقات الجارية بعد اعداده من قبل دائرة الموازنة العامة يتم بموجبها الترخيص للوحدات الحكومية الانفاق من المخصصات الجارية المرصودة في مشروع قانون الموازنة العامة. كما يصدر الأوامر المالية الخاصة بإذن الإنفاق من مخصصات النفقات الرأسمالية المرصودة في قانون الموازنة العامة.

ب- يصدر مدير عام دائرة الموازنة العامة الحوالات المالية الشهرية للنفقات الواردة في موازنة الوحدة الحكومية استناداً إلى الأوامر المالية الصادر بمقتضى الفقرة (أ) من هذه المادة. كما انه يجوز وفقاً لاحكام قانون الموازنة العامة اصدار حوالات مالية بمخصصات لأكثر من شهر واحد للنفقات الرأسمالية اذا ما توافرت اسباب خاصة لتجاوز مخصصات الشهر الواحد.

المبحث الثامن
الرقابة على تنفيذ الموازنة العامة

أولاً: أهمية الرقابة

يقصد بالرقابة على تنفيذ الموازنة العامة التأكد من أن السلطة التنفيذية قد قامت بتنفيذ الموازنة العامة وفق مضمون الإجازة التي منحتها إياها السلطة

التشريعية. وبواسطة هذه الرقابة يتم التحقـق مـن أن صرف النفقـات العامـة وكذلك تحصيل الإيرادات العامة قد تم وفق أهداف الموازنة العامة. والرقابـة تكشف عن الأخطاء والتجاوزات التي حدثت وتحدد المسؤولية وكل ذلـك مـن أجل ضمان حسن تطبيق أحكام الموازنة العامة.

ثانياً: أنواع الرقابة

يمكن تقسيم طرق الرقابة على تنفيذ الموازنة العامة مـن حيـث الجهـة التي تقوم بها بالرقابة الإدارية التي تقوم بهـا السـلطة التنفيذيـة نفسـها عـلى أعمالها مباشرة أو بواسطة جهة مستقلة، والرقابة البرلمانية وهي التي تقوم بها السلطة التشريعية على أعمال الحكومة. كما ويمكن تقسيمها من حيـث الوقت الذي تفـرض فيـه الرقابـة إلى رقابـة سـابقة عـلى التنفيـذ ورقابـة لاحقـة عـلى التنفيذ.

(١) الرقابة الإدارية على تنفيذ الموازنة العامة:

تمارس وزارة المالية الرقابة الداخلية الذاتيـة بواسطة وحـدة الرقابـة المالية التي تشكل بقرار من وزير المالية في كـل وزارة أو دائـرة أو مؤسسـة أو سلطة أو هيئة عامة تدخل الموازنة العامة للحكومـة وتتكون مـن موظف أو أكثر من موظفي وزارة المالية تناط بها مسؤوليـة مراقبة تطبيق أحكام النظـام المالي والقوانين والأنظمة والتعليمات ذات العلاقة ويجوز لـوزير الماليـة إناطـة هذه المهمة بوحدات الرقابة الداخلية المشكلة في الدائرة نفسها إذا ما تبين بأن هذه الوحدة تستطيع القيام بذلك بكفاءة. [١]

وتقوم وحـدة الرقابـة الماليـة مـن خـلال تطبيـق أحكـام النظـام المـالي والتعليمات التطبيقية للشـؤون الماليـة الصـادرة بموجبه بواجبـات كثيرة مـن أهمها:

---

(١) الفقرة (أ) من المادة (٥١) من النظام المالي رقم (٣) لسنة ١٩٩٤ .

١- تـدقيق تحصيلات الإيـرادات عـلى اخـتلاف أنواعهـا لـدى الوحـدات الحكومية المخولة بتحصيلها للتأكد من أن التحصيل قـد تـم في أوقاتـه المحددة وفقاً للقوانين والأنظمة المعمول بها.

٢- التأكد من وجود اعتمادات في الموازنة العامة كافيـة لتغطيـة النفقـات العامـة المـراد صرفهـا وتـدقيق المسـتندات قبـل الصرف للتأكـد مـن قانونيتها.

كما وتقوم أجهزة دائرة الموازنة العامة بالرقابة على تنفيـذ الموازنـة العامـة من خلال تدقيقها للأوامر الماليـة والحـوالات الماليـة الشـهرية وطلبـات تنزيـل ونقل المخصصـات وكـذلك مـن خـلال الاطـلاع عـلى المواقـف الماليـة الشـهرية للوحدات الإدارية الحكومية[1].

(٢) رقابة ديوان المحاسبة على إيرادات الدولة ونفقاتها

نصت المادة (١١٩) من الدسـتور الأردني عـلى مـا يـلي: يشـكل بقـانون ديوان محاسبة لمراقبة إيراد الدولة ونفقاتها وطرق صرفها.

١. يقدم ديوان المحاسـبة إلى مجلـس النـواب تقريـراً عامـاً يتضـمن آراءه وملحوظاته وبيان المخالفات المرتكبة والمسؤولية المترتبة عليها وذلك في بدء كـل دورة عاديـة أو كلـما طلـب مجلـس النـواب منـه ذلـك. كـما ويتضـمن التقريـر المـواد المتعلقـة بالرقابـة عـلى الايـرادات العامـة والنفقات العامة من واقع قانون ديوان المحاسبة.

٢. ينص القانون على حصانة رئيس ديوان المحاسبة.

واستناداً إلى أحكام هذا النص فقد تم تشكيل ديوان المحاسبة بموجـب القانون رقم (٢٨) لسنة ١٩٥٢، ومن خلال نصوص هذا القانون يتبين ما يلي:

أ- يتمتع ديوان المحاسبة بالشخصية المعنوية المستقلة عن السلطةالتنفيذية حيث يتولى إدارته رئيس يعين بإرادة ملكية بناء على تنسيب مجلس الوزراء، ويبلغ

(١) محمد أحمد حجـازي- المحاسـبة الحكوميـة والإدارة العامـة- المرجـع السـابق- صـفحة (١٦١).

هذا التعيين إلى مجلس النواب ولا يجوز عزله أو نقله أو إحالته على التقاعد أو فرض عقوبات مسلكية عليه إلا بموافقة مجلس النواب المذكور اذا كان المجلس مجتمعاً أو بموافقة الملك بناء على تنسيب مجلس الوزراء اذا كان المجلس غير مجتمع وعلى رئيس الوزراء في هذه الحالة ان يبلغ المجلس عند اجتماعه ما اتخذ من الإجراءات مشفوعة بالايضاح اللازم واما ما يتعلق به من المعاملات الذاتية فمرجعه رئاسة الوزراء[1]، ولا يجوز أن يكون رئيس الديوان عضواً في مجلس الأعيان أو في مجلس النواب[2]، ويعين ديوان المحاسبة براتب الوزير العامل وعلاواته ويمارس صلاحيات الوزير في تنظيم الديوان وإدارة أعماله ومراقبة إنفاق مخصصاته وفي تعيين الموظفين وترفيعهم ونقلهم واحالتهم على التقاعد ومنحهم الاجازات واتخاذ الإجراءات التأديبية بحقهم وبتطبيق نظام الانتقال والسفر عليهم.[3]

ب- يتولى ديوان المحاسبة المهام التالية:

أ. مراقبة واردات الدولة ونفقاتها وحساب الامانات والسلفات والقروض والتسويات والمستودعات على الوجه المبين في قانون ديوان المحاسبة.

ب. تقديم المشورة في المجالات المحاسبية للجهات الخاضعة لرقابة الديوان.

ج. الرقابة على الأموال العامة للتأكد من سلامة انفاقها بصورة قانونية وفاعلة.

د. التأكد من سلامة تطبيق التشريعات البيئية المعمول بها بالتنسيق مع الجهات ذات العلاقة.

هـ التثبت من أن القرارات والإجراءات الإدارية في الجهات الخاضعة لرقابة الديوان تتم وفقاً للتشريعات النافذة.[4]

---

(١) المادة (٥) من قانون ديوان المحاسبة رقم (٢٨) لسنة ١٩٥٢ وتعديلاته .

(٢) المادة (٦) من قانون ديوان المحاسبة رقم (٢٨) لسنة ١٩٩٢ وتعديلاته.

(٣) المادة (٧) من قانون ديوان المحاسبة رقم (٢٨) لسنة ١٩٩٣ وتعديلاته.

(٤) المادة (٣) من قانون ديوان المحاسبة رقم (٢٨) لسنة ١٩٩٢ وتعديلاته.

ج- يكون ديوان المحاسبة فيما يتعلق بالواردات مسؤولاً عن :

أ. التدقيق في تحققات الضرائب والرسوم والعوائد المختلفة للتثبت من ان تقديرها وتحقيقها قد تما وفقاً للقوانين والأنظمة المعمول بها.

ب. التدقيق في معاملات بيوع الأراضي والعقارات الاميرية وتفويضها وتأجيرها.

ج. التدقيق في تحصيلات الواردات على اختلاف انواعها للتثبت من ان التحصيل قد جرى في أوقاته المعينة وفقا للقوانين والأنظمة المتعلقة بها ومن ان قانون جباية الأموال الاميرية قد جرى تطبيقه على المكلفين الذين تخلفوا عن الدفع ومن ان التحصيلات قد دفعت لصندوق الخزينة وقيدت في الفصول والمواد المخصصة لها في الميزانية العامة.

د. التدقيق في معاملات شطب الواردات والاعفاء منها للتثبت من عدم اجراء شطب أو اعفاء في غير الحالات والأصول المنصوص عليها في القوانين والأنظمة المعمول بها. [1]

د- يقدم رئيس ديوان المحاسبة تقريراً سنوياً عن الحساب الخاص لكل سنة مالية يبسط فيه ملاحظاته ويقدمه إلى مجلس النواب ويرسل صوراً عنه إلى رئيس الوزراء ووزير المالية وعليه أن يضمن هذا التقرير ملاحظاته عن الدوائر والمؤسسات التي كلف التدقيق في حساباتها مع بيان المخالفات المرتكبة والمسؤولية المترتبة عليها وذلك في بدء كل دورة عادية أو كلما طلب مجلس النواب منه ذلك. ولرئيس الديوان في أي وقت أن يقدم لمجلس النواب تقارير خاصة يلفت فيها نظره إلى أمور يرى أنها من الخطر والأهمية بحيث تستلزم تعجيل النظر فيها. [2]

---

(١) المادة (٨) من قانون ديوان المحاسبة رقم (٢٨) لسنة ١٩٩٢ وتعديلاته.

(٢) المادة (٢٢) من قانون ديوان المحاسبة رقم (٢٨) لسنة ١٩٩٢ وتعديلاته.

(٣) رقابة مجلس الأمة على تنفيذ قانون الموازنة العامة:

ان الرقابة على تنفيذ قانون الموازنة العامة هي في الأصل من اختصاص السلطة التشريعية للتأكد من مدى تقيد السلطة التنفيذية باجازة الجباية والانفاق. ويمارس مجلس الأمة رقابته على تنفيذ الموازنة العامة بعدة طرق ومن أهمها:

١. عندما يفرض عليه مشروع قانون نقل الاعتمادات في قسم النفقات العامة في الموازنة العامة من فصل إلى فصل استناداً إلى أحكام الفقرة (٣) من المادة (١١٢) من الدستور الأردني لسنة ١٩٥٢.

٢. عندما يعرض عليه مشاريع قوانين لإحداث نفقات عامة طارئة استناداً إلى أحكام الفقرة (٤) من المادة (١١٢) من الدستور الأردني لسنة ١٩٥٢.

٣. عند ممارسة أعضاء مجلس الأمة في رقابة السلطة التنفيذية بشكل عام والمتمثلة بالسؤال والاستجواب والتحقيق وإبداء الرغبة و سماع العرائض والمسؤولية الوزارية عما يصل إلى علمهم من معلومات عن تنفيذ الموازنة العامة.

وآخر دعوانا أن الحمد لله رب العالمين

قائمة المراجع

أولاً: الكتب

١- الدكتور محمد حلمي مراد - مالية الدولة - القاهرة ١٩٦٤ .

٢- الدكتور رشيد الدقر - علم المالية العامة - الطبعة الثانية- الجزء الثاني- مطبعة الجامعة السورية- دمشق - ١٩٦٢.

٣- الدكتور محمد لبيب شقير- المالية العامة - القاهرة- ١٩٥٧ .

٤- الدكتور حسن عواضه - المالية العامة - دار النهضة العربية- بيروت- الطبعة الرابعة- ١٩٧٨ .

٥- الدكتور شريف رمسيس تكلا- الأسس الحديثة لعلم مالية الدولة- دار الفكر العربي- القاهرة – ١٩٧٨ .

٦- الدكتور محمد سعيد فرهود- علم المالية العامة – معهد الادارة العامة- الرياض- ١٩٨٢.

٧- الدكتور هشام العمري- اقتصاديات المالية العامة والسياسة المالية- مطبعة عصام- بغداد- ١٩٨٦.

٨- الدكتور عصام بشور- المالية العامة والتشريع المالي – الطبعة الثانية- منشورات جامعة دمشق ١٩٧٧/ ١٩٧٨.

٩- الدكتور برهان الدين جمل- المالية العامة – مكتبة الأسد- دمشق- ١٩٩٢.

١٠- الدكتور محمود رياض عطية- موجز في المالية العامة- دار المعارف- ١٩٦٩.

١١- الدكتورة زينب عوض الله- مبادئ المالية العامة – الدار الجامعية للطباعة والنشر- بيروت- ١٩٩٨.

١٢- الدكتور زين العابدين ناصر- علم المالية العامة- بدون دار نشر- بدون سنة نشر.
١٣- الدكتور عبد الأمير شمس الدين- الضرائب العلمية وتطبيقاتها العملية- دراسة مقارنة مع أحكام الضرائب المباشرة- الطبعة الأولى- المؤسسة الجامعية للدراسات والنشر والتوزيع- بيروت - ١٩٨٧.
١٤- الدكتور محمد محمد عبد اللطيف- الضمانات الدستورية في المجال الضريبي- منشورات جامعة الكويت- الكويت- ١٩٩٩.
١٥- الدكتور علي خطار شطناوي- القضاء الاداري الأردني- الكتاب الأول- قضاء الإلغاء- مؤسسة وائل للنسخ السريع- عمان- ١٩٩٥ .
١٦- الدكتور أحمد رسلان- الحقوق والحريات العامة في عالم متغير- دار النهضة العربية- القاهرة- ١٩٩٣ .
١٧- الدكتور محمود حافظ- القضاء الإداري في الأردن- منشورات الجامعة الأردنية- عمان- الطبعة الأولى- ١٩٨٧.
١٨- الدكتور حسين خلاف- الأحكام العامة في قانون الضريبة- دار النهضة العربية- القاهرة- ١٩٦٦.
١٩- الدكتورة نبيلة عبد الحليم كامل - الرقابة القضائية على دستورية القوانين "القضاء الدستوري" - دار النهضة العربية- القاهرة- ١٩٩٣.
٢٠- الدكتور السيد عبد المولى- الضريبة الموحدة على دخل الأشخاص الطبيعيين- دار النهضة العربية- القاهرة- ١٩٩٥.
٢١- الدكتور محمد كمال الجرف- قانون الضريبة - منشورات جامعة القاهرة- كلية الحقوق - ١٩٦٧.
٢٢- الدكتور محمد كمال الجرف- الضرائب المقارنة بين النظام الإسلامي والنظم المعاصرة- منشورات كلية الحقوق- جامعة القاهرة - ١٩٧٦/١٩٧٥.

٢٣- رفاعي الهزايمة- الاعفاءات من الضريبة على الدخل في الأردن- الطبعة الأولى- المطبعة الأردنية ومكتبتها- عمان- ١٩٨٣.

٢٤- الدكتور هاشم الجعفري- مبادئ المالية العامة والتشريع المالي- الطبعة الثالثة- مطبعة سلمان الاعظمي- بغداد- ١٩٦٨/١٩٦٧.

٢٥- الدكتور محمد مبارك حجير- الضرائب وتطور اقتصاديات الدول العربية- منشورات معهد البحوث والدراسات العربية- جامعة الدول العربية- القاهرة- ١٩٦٦/١٩٦٥.

٢٦- الدكتور عبد الحميد محمد القاضي- اقتصاديات المالية العامة والنظام المالي في الإسلام- مطبعة الرشاد- الاسكندرية- ١٩٨٠.

٢٧- الدكتور جهاد سعيد خصاونة- مطرح الضريبة على الدخل في التشريع الضريبي الأردني- دراسة تحليلية- نقابة المحامين الأردنيين- مطبعة التوفيق- عمان- ١٩٩٥.

٢٨- الدكتور عبد العال الصكبان- علم المالية العامة- الطبعة الثانية- الجزء الأول- مطبعة الارشاد- بغداد- ١٩٦٦.

٢٩- فاروق الكيلاني- استقلال القضاء- دار النهضة العربية- القاهرة – الطبعة الأولى- ١٩٧٧.

٣٠- الدكتور يحيى مصطفى المبشر- المنازعات الضريبية في القانون اللبناني.

٣١- الدكتور فاروق الكيلاني- محاضرات في قانون أصول المحاكمات الجزائية الأردني والمقارن- الجزء الأول- الطبعة الأولى- ١٩٨٥.

٣٢- الدكتور هاني الطعيمات- حقوق الإنسان وحرياته الأساسية- دار الشروق للنشر والتوزيع- عمان- ٢٠٠١.

٣٣- الدكتور محمود نجيب حسني- الدستور والقانون الجنائي- دار النهضة العربية- القاهرة- ١٩٩٢.

٣٤- الدكتور حسن جوخدار- شرح قانون أصول المحاكمات الجزائية الأردني- الجزءان الأول والثاني- الطبعة الأولى- ١٩٩٣.

٣٥- الدكتور ممدوح خليل بحر- حماية الحياة الخاصة في القانون الجنائي- دراسة مقارنة- مكتبة دار الثقافة للنشر والتوزيع- عمان – ١٩٩٦.

٣٦- الدكتور زكي عبد المتعال- علم المالية والتشريع المالي المصري- مطبعة فتح الله الياس- القاهرة- ١٩٤١.

٣٧- الدكتور ناصر عيد الناصر- المالية العامة – مطبعة الداودي- منشورات جامعة دمشق- ١٩٩٧/ ١٩٩٨.

٣٨- محمد أحمد حجازي- المحاسبة الحكومية والإدارة العامة – الطبعة الأولى- عمان- ١٩٩٢.

٣٩- الدكتور عادل الحياري- القانون الدستوري والنظام الدستوري الأردني- الطبعة الأولى- ١٩٧٢.

ثانياً: الرسائل الجامعية

١- الدكتور ابراهيم ابو رحمة- الضريبة الموحدة على الدخل نظرياً وتطبيقياً- رسالة دكتوراة مقدمة الى كلية الحقوق- جامعة عين شمس- ١٩٩٢.

٢- الدكتور حسن فلاح- أهم أوجه منازعات الضريبة على الدخل في الأردن- رسالة دكتوراة مقدمة إلى كلية الحقوق- جامعة القاهرة- ١٩٩٥.

٣- الدكتور سالم المفلح- تكاليف الدخل في التشريع الضريبي الأردني- دراسة مقارنة مع النظام الضريبي في مصر وفرنسا- رسالة دكتوراة مقدمة إلى كلية الحقوق- جامعة عين شمس- ١٩٩٠.

٤- الدكتور عادل الحياري- الضريبة على الدخل العام- رسالة دكتوراة مقدمة إلى كلية الحقوق- جامعة القاهرة- ١٩٦٨.

٥- الدكتور عبد الرحمن هادي صالح- اقليمية ضريبة الدخل في القانون العراقي- دراسة مقارنة- رسالة دكتوراة مقدمة إلى كلية الحقوق- جامعة القاهرة- ١٩٨٣.

٦- الدكتور قدري نقولا عطية- ذاتية القانون الضريبي وأهم تطبيقاتها- رسالة دكتوراة مقدمة إلى كلية الحقوق- جامعة الاسكندرية- ١٩٦٠.

٧- الدكتور محمود عمر معتوق علي، مبدأ المشروعية وتطبيقاته في النظام الجماهيري- رسالة دكتوراة مقدمة إلى كلية الحقوق- جامعة عين شمس- القاهرة- ٢٠٠١.

٨- الدكتور موفق المحاميد- مدى خضوع الدخل غير المشروع لضريبة الدخل- دراسة مقارنة- رسالة دكتوراة مقدمة إلى كلية الدراسات القانونية العليا- جامعة عمان العربية للدراسات العليا- عمان- ٢٠٠٣.

٩- الدكتور جهاد سعيد خصاونة- الضمانات الدستورية للالتزام الضريبي وفقاً للتشريع الأردني- دراسة مقارنة- رسالة دكتوراة مقدمة الى كلية الدراسات القانونية العليا- جامعة عمان العربية للدراسات العليا – ٢٠٠٦.

ج- الدوريات

١- الدكتور أحمد محمود حسني- قضاء النقض الضريبي- المبادئ التي أقرتها محكمة النقض في ستة وستين عاماً (١٩٣١-١٩٩٧) منشأة المعارف- الاسكندرية- ١٩٩٨.

٢- الدكتور أحمد فتحي سرور- الغرامة الضريبية- بحث منشور في مجلة القانون والاقتصاد- السنة (٣٠) العدد الأول- اذار- ١٩٦٠.

٣- الدكتور أحمد مليجي- موسوعة النقض والدستورية العليا- الطبعة الأولى- ٢٠٠٤.

٤- الدكتور السيد خليل هيكل- ظاهرة تقوية مركز رئيس الجمهورية في كل من الدستورين الفرنسي والمصري- دراسة خاصة للمادة (١٦) من دستور فرنسا والمادة (٧٤) من دستور مصر- بحث منشور في مجلة الدراسات القانونية – كلية الحقوق- جامعة اسيوط- عدد شهر يونيو- ١٩٨٥.

٥- موسوعة الدكتور زكريا بيومي في القوانين والأحكام والفتاوى الضريبية- بدون دار نشر- سنة النشر- ٢٠٠٠ – الجزء الأول- المجلد الأول- الضريبة الموحدة على دخل الأشخاص الطبيعيين- الضريبة على أرباح شركات الأموال- الجزء الأول- المجلد الثاني: الأحكام العامة لضرائب الدخل.

٦- الدكتور زكريا محمد بيومي- موسوعة الضريبة على دخل الأشخاص الطبيعيين- القاهرة- ١٩٩٤.

٧- الدكتور طعمه صفعك الشمري- قانون ضريبة الدخل الكويتي رقم (٣) لسنة ١٩٥٥- بحث منشور في مجلة الحقوق- جامعة الاسكندرية- السنة (٢٠) عدد شهر اذار ١٩٩٦.

٨- الدكتور عبد الرزاق السنهوري- مخالفة التشريع للدستور والانحراف في استعمال السلطة التشريعية- بحث منشور في مجلة مجلس الدولة- السنة الثالثة- يناير ١٩٥٢- دار النشر للجامعات المصرية- القاهرة.

٩- الدكتور عبد العزيز أحمد فتوح- مدى ملاءمة الأخذ بنظام الضريبة الموحدة في المجتمع المصري- مقال منشور في مجلة الأهرام الاقتصادي- العدد الصادر بتاريخ (٣) اغسطس ١٩٩٢.

١٠- الدكتور عبد الفتاح مراد- موسوعة الجمارك والاستيراد والتصدير.

١١- الدكتور عثمان عبد الملك الصالح- الأسس الدستورية للضرائب والرسوم والتكاليف- بحث منشور في مجلة الحقوق للبحوث القانونية والاقتصادية- جامعة الاسكندرية- السنة (١٩) العدد الأول- ١٩٨٨.

١٢- المؤسسة الجامعة لأحكام المحكمة الدستورية العليا في مصر- الصادرة عن المكتب الفني للموسوعات القانونية- الجزء الأول والجزء الثاني- ١٩٩٨.

١٣- مجموعة الإجتهادات القضائية الصادرة عن محكمة التمييز الأردنية في قضايا ضريبة الدخل والضريبة العامة على المبيعات- مجموعة الإجتهادات الكاملة- طبعة عام ٢٠٠٠.

١٤- مجموعة القرارات التفسيرية الصادرة عن الديوان الخاص بتفسير القوانين والمجلس العالي لتفسير الدستور منذ سنة (١٩٣٠-١٩٧٥) الجزء الأول، الجزء الثاني- إصدار نقابة المحامين الأردنيين- عمان- ١٩٧٦.

١٥- الدكتور نعمان أحمد الخطيب- القوانين المؤقتة في النظام الدستوري الأردني- دراسة مقارنة- بحث منشور في مجلة العلوم القانونية والاقتصادية الصادرة عن كلية الحقوق- جامعة عين شمس- القاهرة- العددين الأول والثاني- يناير ويوليو- ١٩٨٨.

١٦- الدكتور محمد كامل ليله- لمحة عن التطور الدستوري في عهد الثورة- بحث منشور في المجلة المصرية للعلوم السياسية- الصادرة عن الجمعية المصرية للعلوم السياسية- العدد (١٢) لشهر إذار ١٩٦٢.

١٧- الدكتور محمد علوان- المعاهدات الدولية في النظام القانوني الأردني- بحث منشور في مجلة نقابة المحامين الأردنيين- العددين (٣، ٤) لسنة ١٩٧٦.

Printed in the United States
By Bookmasters